《任继愈哲学文丛》编委会

《任继愈哲学文丛》出版说明

这套《任继愈哲学文丛》（以下简称“《文丛》”）收集了任继愈先生全部哲学论著。《文丛》编委会诸位编委分工负责，补充了已经出版的文集或单行本未收录的论著，认真校勘了文字，根据其内容编入对应分册。

依据内容，《文丛》分为《中国哲学总论编》、《天人之际编》、《儒家与儒教哲学编》、《道家与道教哲学编》、《诸子哲学编》、《佛教哲学编》（上、下）、《宗教学与无神论编》7种，共8册。

收入《文丛》的著作基本上保留原名，个别著作的名称适当地做了一些调整，其原名在脚注中予以说明。

收入《文丛》的著作一般采用作者亲自校阅订正的最后版本进行校勘工作，对文中出现的错字、别字、漏字，以及引文中的误植、标点符号错误等问题，均按出版规范做了订正。

《文丛》所收著作，编者于每篇篇名后增加一条注释并用“*”注明，在脚注中介绍该篇著作的出版或发表情况。

《文丛》中一些引文的方式和引文出处等与现在都有或多或少的差异，此次整理和编辑时，参照文物保护“修旧如旧”的原则，一仍其旧，一般不做变动。

限于编者的水平，整理、编辑和校勘过程中可能有一些疏漏和错误的地方，诚望读者批评指正。

《任继愈哲学文丛》编委会

2021年5月6日

目　录

先秦诸子

汉唐诸子

宋明诸子

近代诸子

现当代诸子

先秦诸子

《孙子兵法》中的辩证法因素*

一、《孙子兵法》在哲学史中的地位

相传《孙子兵法》是春秋时代齐人孙武的著作。据近人研究，这部书可能导源于纪元前5世纪末的孙武而完成于纪元前4世纪中叶的孙膑。春秋战国时代各种学派的著作都不是由一个人执笔写成的，而是由各家学说的信奉者不断地补充、发展，经过若干年才写成书的①。

《孙子兵法》一向被认为是极有价值的兵书，被人尊为“兵经”，也是世界上最早的一部兵书。书中所讲到的只是依据古代战争的条件下总结出来的战争基本原理，而并不是专门从哲学的世界观的高度来观察整个世界。它不像老子那样提出一般的思维规律和事物变化、发展的规律。但是《孙子兵法》所讲的不是关于战争的

* 据《中国哲学史论》，上海人民出版社，1981年6月版。原载《光明日报》，1954 年4月21日。

① 根据近年来的考古发现，《孙子兵法》与《孙膑兵法》两书俱在，可以断定《孙子兵法》为孙武的书。

制度、措施，它提出了如何认识战争发展的规律并如何运用这些规律来控制战争发展的方向。它讲的是战略思想和原则，所以也具有哲学的意义。

战争这一门科学的特点规定了它不同于古代一般自然科学，当时的自然科学仅仅停留在对自然界的观察、记录、分析、计算这些方面（如生物学、农业科学、天文学等等）。战争这一种科学又不同古代一般的社会政治思想，马克思主义以前的政治思想理论都由于受剥削阶级的局限，因而不能正确反映客观事实，更不能发现社会发展的规律。《孙子兵法》所讲的是阶级社会中的一种社会现象——战争——的发展和变化的规律。假定《孙子兵法》的作者是孙武，那么，孙武的伟大成就主要并不在于他是一个成功的军事家，而在于他是一个军事思想家。

战争是政治斗争的继续，当然也是阶级矛盾斗争的表现（统治阶级之间的矛盾斗争，也是阶级斗争，并且和统治者与被统治者的阶级斗争密切联系着的），战争是社会现象之一。正如毛泽东同志所指出的“战争现象是较之任何别的社会现象更难捉摸，更少确实性，即更带所谓‘盖然性’。但战争不是神物，仍是世间的一种必然运动”[①]。因此，它就有被认识的可能。战争中使人不能忽略双方矛盾斗争的实质和作用。战争的胜败，小则决定个人的生死，大则关系国家的存亡，因此，它迫使人们不得不虚心地认识矛盾斗争的实际发展。矛盾对立的现象和矛盾对立的法则必然突出地通过战争而显现出来。并且，战争是敌对双方力量的对比，除了双方的物质

① 《论持久战》,《毛泽东选集》第二卷，人民出版社，1966年7月版，第458页。

条件，双方人为的主观能动性也起着极大的决定作用。在具体战争中，胜败之机，决于顷刻，事实上不允许用主观想象办事，也不允许从容长期细心研究，何况双方情况随时都在变化。世界上一切现象都是在矛盾斗争中发展变化着，都不能离开这一总的规律。而战争所表现的矛盾斗争的发展变化就更为鲜明。

《孙子兵法》中固然没有把辩证法作为一般的哲学方法提出来，但《孙子兵法》运用了辩证法的一些基本原则来认识战争并运用这些原则来驾驭战争，把战争引向胜利。所以《孙子兵法》中反复申述这些原则不能违反。实践证明，古今用兵者凡是违反了《孙子兵法》中的这些原则的，往往要在战争中遭到失败。

古代的辩证法只是科学的辩证法的萌芽，都带有比较原始的形态。比如中国的老子以及古希腊的赫拉克利特的辩证法都是根据当时不很完备的科学知识，基本上按照自然界的本来面貌来认识世界的。古代的辩证法只是大体上概括了事物发展的总原则，都带有自发性，而不是在严格的科学知识基础上产生的。《孙子兵法》中的辩证法也是建立在古代一定的科学基础上带有原始的自发性的特点。

对《孙子兵法》正如对老子及赫拉克利特一样，我们不能做过高的要求。因为辩证法不是某一个天才人物偶然发现的，乃是在历史发展的一定的阶段上，合乎规律地产生的。《孙子兵法》虽然只是在军事范围内卓越地提出了矛盾对立、转化等基本原则，而这些原则又是与唯物主义的观点相结合的。所有这些成就都值得我们今天十分珍视。

日丹诺夫在《关于西方哲学史的发言》中曾说过："既然有马克思辩证法的存在，在哲学史中应当包括辩证法产生的历史，表明辩证法产生的条件是什么。”研究中国哲学史也不能例外，首先要推翻资产阶级哲学史家所维护的唯心论和形而上学的“正统”。我们要发扬中国哲学史中的辩证法和唯物论的优良传统，要发掘那些长期被埋没了的宝藏。因此，我们不能把眼光仅仅停留在孔、墨、老、庄的旧范围以内。《孙子兵法》就是被旧哲学史家所摒斥的极有价值的思想学说之一。

《孙子兵法》毕竟是通过古代战争理论来体现辩证法原则的著作。作者不懂得军事学，不能结合军事实际深入研究，只能作为一般的哲学思想方法加以简单的阐述，当然所理解得一定不会深刻，甚至难免错误，希望能得到指正。

二、认识要符合客观实际

《孙子兵法》中提出取得胜利要有五个条件：

> 一曰道，二曰天，三曰地，四曰将，五曰法。[①]

五个条件中首先是人民与统治者的看法一致（“道”），其次谈到时间（“天”）、地点（“地”）、指挥官（“将”）及军队组织（“法”）等等条件。同时，《孙子兵法》中指出要解决敌我双方对立的矛盾（战胜即是矛盾的解决），必须避免主观和片面的错误认识，而是要从比较全面的观点来认识矛盾的双方面。

---

① 《孙子兵法·计篇》。

知彼知己者，百战不殆；不知彼而知己，一胜一负；不知彼不知己，每战必殆。[①]

从全面看问题，必须考虑矛盾双方的具体情况以及其他条件，如国际的关系、地理的条件、交通条件等：

故不知诸侯之谋者，不能豫交；不知山林、险阻、沮泽之形者，不能行军；不用向导者，不能得地利。[②]

仅仅知道矛盾的一方面而不知道矛盾的另一方面，就没有必胜的把握。因为战争只能服从矛盾对立的规律，而不能用主观片面的臆测来认识事物：

知吾卒之可以击，而不知敌之不可击，胜之半也；知敌之可击，而不知吾卒之不可以击，胜之半也；知敌之可击，知吾卒之可以击，而不知地形之不可以战，胜之半也。故知兵者，动而不迷，举而不穷。故曰：知彼知己，胜乃不殆；知天知地，胜乃不穷。[③]

又说：

故智者之虑，必杂于利害。杂于利而务可信也，杂于害而患可解也。[④]

---

① 《孙子兵法·谋攻篇》。

② 《孙子兵法·军争篇》。

③ 《孙子兵法·地形篇》。

④ 《孙子兵法·九变篇》。

故不尽知用兵之害者，则不能尽知用兵之利也。[①]

就战争来说，固然要知彼知己，才能够百战不殆，作为一般的思想方法来说，也还是“科学的真理”。毛泽东同志在《矛盾论》及《论持久战》中，对于《孙子兵法》中这条原则曾给以很高的估价。

由于能从矛盾的双方考虑问题，并且从矛盾双方有关的各方面考虑问题，才能够掌握矛盾发展的方向，所以《孙子兵法》能比较全面地估价战争在矛盾斗争中的地位，它能从比战争更高的观点来认识战争，而不陷于纯军事观点。它不迷信战争可以解决一切问题：

凡用兵之法，全国为上，破国次之；全军为上，破军次之。……是故百战百胜，非善之善者也；不战而屈人之兵，善之善者也。[②]

因此，《孙子兵法》中说，最好的策略是粉碎敌人向我发动战争的企图（“上兵伐谋”）；其次的策略是利用国际矛盾，孤立敌人，使敌人不敢发动战争（“其次伐交”）；再次的策略才是用兵作战（“其次伐兵”）；最下策才是攻城（“其下攻城”）。所以说：

故善用兵者，屈人之兵而非战也，拔人之城而非攻也，毁人之国而非久也，必以全争于天下，故兵不顿而利可全，此谋攻之法也。[③]

---

① 《孙子兵法·作战篇》。

② 《孙子兵法·谋攻篇》。

③ 同上。

三、强与弱的互相转变

毛泽东同志的集中绝对优势兵力歼灭敌人的有生力量这一卓越的战略指导原则，不仅是游击战的原则，也是一般的战争的指导原则。这正是辩证法中从量到质的互相转变的根本原则的具体运用。正是用量的变化以达到质的变化的手段。毛泽东同志曾指出，不但在游击战争中以多击少是我们的战役和战斗的方针，即使“战略反攻阶段，我之技术条件增强，以弱敌强这种情况即使完全没有了，我仍用多兵从外线采取速决的进攻战，就更能收大批俘获的成效。例如我用两个或三个或四个机械化的师对敌一个机械化的师，更能确定地消灭这个师。几个大汉打一个大汉之容易打胜，这是常识中包含的真理”①。

《孙子兵法》一再提出如何利用双方兵力数量对比的关系以控制战争发展的方向，并提出在各种不同情况下，如何利用量的对比关系创造对于自己有利的战争形势。《孙子兵法》中提出利用数量的优势，争取主动，以达到以众击寡获得胜利的原则：

> 故形人而我无形，则我专而敌分。我专为一，敌分为十，是以十共（按：“共”即“对付”）其一也，则我众而敌寡。能以众击寡者，则吾之所与战者约矣。吾所与战之地不可知，

① 《论持久战》，《毛泽东选集》第二卷，人民出版社，1966年7月版，第454页。

不可知则敌所备者多。敌所备者多，则吾所与战者寡矣。[①]

故用兵之法，十则围之，五则攻之，倍则分之，敌能则战之，少则能逃之，不若则能避之。[②]

可见由量的变化在矛盾对立的双方必然引起的质的变化，《孙子兵法》对此是有相当认识的。常能保持以众击寡，自然也容易每战必胜。

四、为战争形势的转化创造条件

战争也像其他自然现象和社会现象一样，不是静止不动的，而是在不断地变化的状态中。而这种不断地变化也有其规律，就是向着它的相反的方面转化。自然界固然是“五行无常胜，四时无常位，日有短长，月有死生”[③]。作为社会现象之一的战争也不能例外：“乱生于治，怯生于勇，弱生于强。”[④]

矛盾对立转化的法则是自然界的一般法则，也是社会现象的法则。但一切转化都在一定的客观条件之下进行着。为了取得战争的胜利，矛盾的解决并不在于知道这个转化的道理，更主要的是《孙子兵法》中提出了为矛盾对立的转化创造条件。只就战争范围来

① 《孙子兵法·虚实篇》。

② 《孙子兵法·谋攻篇》。

③ 《孙子兵法·虚实篇》。

④ 《孙子兵法·势篇》。

说，就是为战争的胜利创造条件。《孙子兵法》在战略思想中的伟大贡献并不在于指出战争的胜败有一定的规律，而在于它进一步指出如何根据这一矛盾对立的规律来创造条件，把战争引向胜利，把矛盾对立的旧形势改造得对于自己有利。

因此，《孙子兵法》不把战争的胜败（即矛盾对立的转化）看作战争直接行动的结果，相反，它把战争的胜败看成矛盾双方的许多条件的对比的结果。矛盾的转化乃是被主观及客观条件所决定，所以《孙子兵法》并不强调战争行动，而强调促成战争胜利的条件：

> 昔之善战者，先为不可胜，以待敌之可胜。不可胜在己，可胜在敌。故善战者，能为不可胜，不能使敌之可胜。①

又说：

> 故善战者，立于不败之地，而不失敌之败也。是故胜兵先胜而后求战，败兵先战而后求胜。②

为胜利、为解决矛盾对立的形势创造条件，必须根据矛盾对立的规律充分发挥人的主观能动的作用，有利条件不是等待来的，而是主动争取得来的：

> 故善战者，致人而不致于人。……攻而必取者，攻其所不

① 《孙子兵法·形篇》。

② 同上。

守也。守而必固者，守其所不攻也。[①]

五、根据具体条件发挥原则性与灵活性

普遍原则必须与具体情况相结合。以上所讲的这些辩证法的一些基本观念，在《孙子兵法》中已有一定程度的认识。但如何通过实际行动来认识这些原则并如何利用这些原则，也还是一个复杂的问题。《孙子兵法》中也提供了一些重要的见解，就是根据具体情况，掌握中心环节。

凡战者，以正合，以奇胜。故善出奇者，无穷如天地，不竭如江河。终而复始，日月是也。死而复生，四时是也。声不过五，五声之变，不可胜听也；色不过五，五色之变，不可胜观也；味不过五，五味之变，不可胜尝也。战势不过奇正，奇正之变，不可胜穷也。[②]

奇正的变化固然“不可胜穷”，但有一定的原则：

夫兵形象水，水之形，避高而趋下；兵之形，避实而击虚。水因地而制流，兵因敌而制胜。故兵无常势，水无常形；能因敌变化而取胜者，谓之神。[③]

① 《孙子兵法·虚实篇》。

② 《孙子兵法·势篇》。

③ 《孙子兵法·虚实篇》。

但是原则不等于死的公式，必须看具体情形，在纷乱复杂的矛盾现象中及时掌握住中心环节，而不应把一切矛盾现象平列同等看待。所以在战争中，必要时：

> 涂有所不由，军有所不击，城有所不攻，地有所不争，君命有所不受。[①]

六、结　语

中国人民是勤劳、勇敢、爱好和平的，并且有爱好和平、保卫自由的光荣传统。今天，争取世界持久和平已经成为全世界爱好和平的人民的共同要求。但是，爱和平并不就是反对一切的战争。我们反对一切阻碍历史进步的、掠夺性的非正义的战争，而不反对保卫和平的、正义的战争。抗美援朝的伟大胜利正说明了我们保卫和平的决心和力量。

《孙子兵法》在中国历史上，曾对于促成全国的统一，在抵抗外族或驱逐外族侵略时都起过重大的作用。但本文目的乃在于从《孙子兵法》中发现它的辩证法的因素，并不涉及战争的本质。

《矛盾论》曾指出，事物矛盾的法则，即对立统一的法则，是自然和社会的根本法则，因而也是思维的根本法则。不论人们意识到或没有意识到，客观世界（自然和社会）总是按照对立统一的法

① 《孙子兵法·九变篇》。

则发展着的。作为思维的方法来看，必须它是自觉地，在一定的程度上运用对立统一的法则的思想方法才是辩证法。《孙子兵法》也如同其他一些古代的自发的辩证法和唯物论一样，它认识的深度是不够的，因为它的科学的基础不够。由以上所列举的证据和说明，不难看出《孙子兵法》的价值并不限于战争的原则这一方面，因为在不同的程度上，它确实反映了一些辩证法的基本原则，尽管这些原则是萌芽状态的，是素朴的。

因此，作者主张在中国哲学史中应当给《孙子兵法》以一定的地位。这些不成熟的意见是否妥当，还希望得到读者的指正。

中国古代大军事家孙武*

在中国古代春秋末期（约在公元前5世纪后半期），出现了一位杰出的军事家——孙武。相传孙武是《孙子兵法》的作者。他生长在齐国（相当于今天的山东省地区）。他活动的时代大致和孔子同时，年龄比孔子小。他在齐国时已经是一位有学识的军事学家，并开始著作兵书。后来他跑到南方的吴国（相当于今天的江苏省南部地区）做了将军。《史记》上记载，他曾和吴国大将伍子胥一同攻打楚国，一连攻下了楚国的许多城市，最后把楚国的首都——郢（在今天湖北省江陵附近）也攻下了，把楚昭王赶出了楚国。吴国和楚国比起来，吴是小国，楚是大国。但是在吴楚战争中，吴军转战数千里，攻城陷阵，势如破竹。吴国击败楚国这一巨大事件，使得北方的大国，像齐国和晋国（晋国相当于今天的山西省的地区）也为之震惊，南方的越国（相当于今天的浙江省的地区）也被吴国的军威所慑服。史书记载中曾说，这是由于“伍子胥、孙武之谋”，才能够使吴国“西破强楚，北威齐晋，南服越人”。

孙武在中国以及在世界军事史上，之所以有不朽的地位，并不

---

* 原载《八一杂志》1956年第108期。

在于他有战功，更重要的在于他是一位卓越的军事思想家。他的军事思想都保存在《孙子兵法》这部经典著作中。

《孙子兵法》被后人尊为“兵经”，这是世界上最古的、成系统的军事学的著作。这部不朽的著作曾被译成多国的文字，在世界上起着影响。法国名将拿破仑带兵打仗就经常摆一部《孙子兵法》在身边。从《孙子兵法》影响的广泛，也可以想见它的价值。这部书是根据古代的战争总结出来的战争基本原理。也有人认为这部书中所谈到的战争规模很大，常说“带甲十万”，也谈到有关用骑兵作战的地方，因而断定这部书是战国时期的作品。据近来历史家的研究，认为《孙子兵法》这部书可能导源于孙武，完成于战国时代的孙膑（孙膑是孙武的后代子孙）。中国古书（包括一切学派的著作）都不是由一个人亲手执笔写成的，是由各家学说的信奉者不断地补充、发展，经过若干年才写成定本的。《孙子兵法》中包括战国时期的情况是完全可以理解的。先秦古书《老子》《墨子》《易经》和其他著作差不多都有这样的情况。

《孙子兵法》的价值在哪里呢？现在可以分作以下几点来谈谈。

第一，《孙子兵法》提出了颠扑不破的名言“知己知彼，百战不殆”①。这就是说，首先要摸清楚敌我双方的情况，不盲目打仗。《孙子兵法》中不止一次地提到这条原理。在《地形篇》中说，作战时只知道我方的优势而不知道敌方的优势，打起仗来只有一半胜利的希望（“知吾卒之可以击，而不知敌之不可击，胜之半也”）；只知道敌人的弱点而不知道我方的弱点，打起仗来也只有

① 《孙子兵法·谋攻篇》。

一半胜利的希望（“知敌之可击，而不知吾卒之不可以击，胜之半也”）；知道了敌人的弱点，又知道我方的优势，如果不知道地形对我方不利，打起仗来也只有一半胜利的希望（“知敌之可击，知吾卒之可以击，而不知地形之不可以战，胜之半也”）。只有“知彼知己，胜乃不殆；知天知地，胜乃不穷”①。

作战之前要先了解敌我双方全面情况，这是任何时代都要遵守的战争原理；谁要违反了这一原理，必然遭到失败，这是历史上无数次战争的实践所证明了的。其实不仅作战要先了解情况，做其他工作又何尝不要先了解情况？所以毛主席对《孙子兵法》中这条原理给了很高的估价。毛主席在《中国革命战争的战略问题》中说：“有一种人，明于知己，暗于知彼，又有一种人，明于知彼，暗于知己，他们都是不能解决战争规律的学习和使用的问题的。中国古代大军事学家孙武子书上‘知己知彼，百战不殆’这句话，是包括学习和使用两个阶段而说的，包括从认识客观实际中的发展规律，并按照这些规律去决定自己行动克服当前敌人而说的；我们不要看轻这句话。”

第二，《孙子兵法》提出了在战术上以多量兵力集中打击敌人的少量兵力的原理。《孙子兵法》的《虚实篇》中说：“我专为一，敌分为十，是以十攻其一也，则我众而敌寡。”意思是说，我集中兵力为一，敌分散兵力为十，我仍可以用十个打它一个。这就是我多敌少。怎样造成这样以多胜少的局面呢？他又说：“吾所与战之地不可知，不可知则敌所备者多。敌所备者多，则吾所与战者

① 《孙子兵法·地形篇》。

寡矣。”大意是说，我方要善于隐蔽自己的作战意图，敌人不知道我方从哪里进攻，必然处处防守。处处防守，就必然分散兵力。兵力一分散，我就可以以多打少。

在我军的军事思想和军事实践中，接受了并大大地发展了这一宝贵的遗产，在革命战争中用它消灭了不少敌人。毛主席说：“我们的战略是‘以一当十’，我们的战术是‘以十当一’，这是我们制胜敌人的根本法则之一。”

第三，《孙子兵法》提出了为战争的胜利准备条件并争取主动的原则。《孙子兵法》中说，打胜仗的军队总是先准备好了一切胜利的条件然后求战；相反，打败仗的军队总是不知道准备好胜利的条件，先打仗再求胜。他说：“胜兵先胜而后求战，败兵先战而后求胜。”①《孙子兵法》中经常提到：“善战者，立于不败之地”，“先为不可胜，以待敌之可胜”②。正由于准备充分，能立于不败之地，所以要处处争取主动，要指挥敌人，不要被敌人指挥：“善战者致人而不致于人。”③能够做到这样，我方无论进攻或防守就都有把握。

第四，《孙子兵法》虽然是一部杰出的军事学的著作，可是它没有陷于单纯军事观点，它没有主张战争万能论。它能够从比战争更广泛的范围来估量战争。它说：“不尽知用兵之害者，则不能尽知用兵之利也。”④

---

① 《孙子兵法·形篇》。

② 同上。

③ 《孙子兵法·虚实篇》。

④ 《孙子兵法·作战篇》。

孙子指出最好不要用战争而取得胜利："百战百胜，非善之善者也；不战而屈人之兵，善之善者也。"[①]因此孙子虽然没有认识战争和政治的关系，但是它已初步接触这一问题的实质。它说最好的策略是粉碎敌人向我发动战争的企图（"上兵伐谋"）；其次的策略是利用国家之间的矛盾，孤立敌人，使他不敢发动战争（"其次伐交"）；再次的策略才是用兵作战（"其次伐兵"）；最下的策略是攻城（"其下攻城"）。

《孙子兵法》不能不受到历史条件的局限，因而也不可避免地带着一些不好的东西。

毫无疑问，现代战争与古代战争是迥乎不同了，孙子的许多原理是大大过时了，其治兵的方法更是过时了。但是，这位伟大的古代军事家给我们留下的遗产是极其宝贵的，是有很大研究价值的，我们必须批判地加以接受。

① 《孙子兵法·谋攻篇》。

认识论的起点*

——《孙子兵法》序

泰山瑰巍，东海苍茫，海岳钟秀，厥育圣哲。鲁有文圣孔丘，齐有武圣孙武，滕有科圣墨翟。三圣炳耀，相映呈辉。孔墨之言，广被天下；孙子兵法，历久弥新。近世以来，举凡企业筹谋、都市建设、博弈竞技、国际折冲，每借鉴于《孙子兵法》，其影响已超出战阵范围。此书言简意深，体大思精，撮其旨要，要归“知己知彼”四字。世之决策者，三复斯言，其庶几乎！

* 曾收入《皓首学术随笔·任继愈卷》。

《孙膑兵法》的哲学思想*

一

山东临沂出土竹简，在大批兵书中有《六韬》《尉缭子》《孙武兵法》和《孙膑兵法》①。其中引起学术界注意的是《孙膑兵法》的发现。这一丰硕的收获是文物、考古战线上的又一巨大成绩。这一重大发现，在文物、考古以及历史学界将引起广泛的重视。

《孙武兵法》和《孙膑兵法》同时发现，顺利地解决了中外学术界长期悬而未决的一个问题，即《孙子兵法》完全是春秋孙武的兵书，未夹杂战国孙膑的著作。我们哲学史工作者也为此感到十分欣庆。

临沂竹简的出土，用事实向全世界宣布在中国共产党领导下我国文化的兴旺繁荣的景象。

---

* 原载《文物》1974年第3期。收入本书时文字略有改动。

① 为了区别孙武的著作《孙子兵法》，本文称孙武的著作为“《孙武兵法》”，孙膑的著作为“《孙膑兵法》”。

二

孙膑比孙武晚了一百多年。孙武略相当于孔丘时代，孙膑则与孟子、商鞅同时。从春秋到战国，当时斗争的形势有了更大的发展。

春秋时奴隶制正在崩溃，封建制刚刚形成。孔丘的政治目标在为奴隶制打气，力图挽救其危亡，不使它一败涂地。战国时期，奴隶制已被六国各自建立的封建制所代替。奴隶制已成为残余势力，封建制已成定局，奴隶制的拥护者的政治目标是寻找机会进行复辟。

再从政治形势看，春秋时的大国，如五霸的政治势力虽已凌驾于周天子之上，各小诸侯国不得不听命于大的诸侯国，而大诸侯国尚不敢把周天子一脚踢开。战国时期，由于多年的兼并战争，各诸侯国分别被几个大国消灭掉，到了中期只剩下十几个国家，最后只剩下七国。这七国之中，秦、齐、楚势力最大，他们所争的已不再是挟天子以令诸侯那样的霸权，他们所追求的是由他们亲手统一全中国，建成统一的封建王朝。

战国时期，各个大国都想利用一切机会扩大势力，统一全中国，但又谁也一下子没有这个力量，谁也吃不掉谁。秦国的根据地虽然在陕西，却从未忘记向东方发展。秦、齐两国曾一度相约不称王而称“帝”，秦称“西帝”，齐称“东帝”。楚国把附近的小国一个一个消灭了，成为七国中领土最大的一个，也在想独霸中国。《孙膑兵法》也透露了当时统一全中国的新形势。它说：

> 夫安万乘国，广万乘王，全万乘之民命者，唯知道。知道者，上知天之道，下知地之理，内得其民之心，外知敌之情，陈则知八陈之经，见胜而战，弗见而（止），此王者之将也。

这些国家的统治者差不多都表达了统一全中国的愿望。难道这仅仅是他们的主观梦想吗？我们不能这样看。主观愿望也需要有一定客观条件为根据。一百年前为什么他们就不能这样想呢？在春秋时期，楚国国君打听一下周王朝的鼎的轻重大小，便被保守派斥为“大逆不道”，遭到申斥。战国时期，各大国称雄称霸，都要求统一全中国，在客观上已有了可能。就看谁的力量大、条件好，由谁去完成它了。

这个条件，就是建立的封建制度比较完善，消灭奴隶制残余比较彻底，堵住奴隶主阶级复辟的一切道路。历史发展表明，这方面秦国做得比较好，所以最后由秦国完成了统一全中国的使命，并不是偶然的。

实现统一，经济上要巩固，政治上要稳定，还要兵力强大。因为最后完成统一总要通过战争，靠纵横捭阖的政客手腕是不行的。完成这一历史任务的指导思想是法家的理论。法家指出建设国家的基本路线是发展农业生产和壮大兵力。这就是从吴起、商鞅以来不断提倡的教民耕战的政策。在战国时期，只有通过武力才能消灭分散割据的局面，只有消灭了各国分散割据的局面，才更有利于生产发展，生产力才能进一步解放。也只有实现统一，消灭各国旧贵族，才可以更彻底地禁绝奴隶主复辟的可能。

孙膑是军事专家，没有多讲政治理论，不像商鞅、韩非为了集中全力打击奴隶主阶级的复辟势力，提出了整套的法家政治路线。孙膑的书只是战国中期关于战争的规律和战争经验的总结。这里的规律只是指用兵之道，不是指对战争的性质、战争的产生和消亡的认识，这样的认识在马克思主义产生以前是不会有的。但在客观上，它是为新兴封建地主阶级服务的，是为统一全中国提供条件的。这种人正是孟轲为之咬牙切齿，主张要处以极刑的人（“善战者服上刑”）。没落奴隶主阶级的代言人既然和他势不两立，就可以断定他是进步的，是反儒家路线的，是站在法家一边的。

关于孙膑这个人在当时的历史作用，还可以从《史记》中看出一个大致轮廓：

> （孟子）游事齐宣王，宣王不能用。适梁，梁惠王不果所言，则见以为迂远而阔于事情。当是之时，秦用商君，富国强兵；楚、魏用吴起，战胜弱敌；齐威王、宣王用孙子（按：指孙膑）、田忌之徒，而诸侯东面朝齐。①

司马迁对孟轲的不被重用，言辞间有些惋惜，但他毕竟对战国时期各国的政治斗争形势勾画出两条对立的路线。以孟轲为代表的儒家，遭到可耻的失败。站在儒家对立面的法家，如商鞅、吴起、孙膑、田忌，则推动了封建社会前进，使他们所在的国家收到富国强兵的实效。

① 《史记·孟子荀卿列传》。

三

在对待战争的态度问题上，孙膑和其他法家一样，认为战争是不可避免的，只有通过战争才能解决问题。这种思想对于促进当时封建国家统一是必要的。他说：

> 战胜而强立，故天下服矣。昔者，神戎（按：即神农）战斧遂（按：疑为传说中的地名），黄帝战蜀禄（按：即涿鹿），尧伐共工，舜伐□管（按：疑为有苗）[1]，汤放桀，武王伐纣，商奄反，故周公浅（按：疑为“伐”字）之。

孙膑列举古代历史及传说中的“圣王”，都是通过战争战胜了敌人，而统治天下的（“天下服”）。“圣人”尚且不能避免战争，一般的统治者就更不用说了。孙膑接着说：

> 故曰：德不若五帝，而能不及三王，智不若周公，□（按：疑为“而”字）我欲积仁义，式礼乐，垂衣裳，以禁争夺，此尧舜非弗欲也，不可得，故举兵绳之。

这是说光靠仁义、礼乐来治理天下，不用战争，像尧舜那样的“圣人”也办不到，只有用战争来解决问题。孙膑这里没有指名道姓地批判儒家孔孟的“仁义忠恕”之道与“和为贵”的思想，但矛头所

① 舜伐有苗，见《荀子》《淮南子》等书。

向，确是直接指向儒家的。儒家孔孟之道竭力鼓吹“仁义”，反对用兵，妄图用“仁义”的说教来反对新兴地主阶级的革新，以复辟奴隶制度。林彪完全承袭了孔孟的反动理论，大叫什么“恃德者昌，恃力者亡”。他反对的是无产阶级专政，是为了变无产阶级专政为资产阶级专政。但是决定历史前进的是革命的人民，而不是少数反动派。不论是孔孟代表的没落奴隶主阶级，还是林彪代表的反动资产阶级，都要遭到彻底毁灭的下场。儒家到了战国时期处处与法家唱对台戏。法家把耕战政策作为治国的根本路线。儒家则叫嚷讲打仗的要“服上刑”，因为当时的战争，从总的趋势看，是走向统一的战争；而儒家则主张分封割据，以利于奴隶主复辟势力的活动，所以反对打仗。儒家还提出开垦荒地、发展生产的也应受到重罚，因为“辟草莱，任土地”势必破坏了井田的疆界。疆界（阡陌）一废弃，复辟奴隶制的井田制就更没有指望了。

孙膑首先肯定战争不可避免，也不应避免。古代五帝三王没有不用兵的。但是对于从事战争，却主张慎重。

《孙武兵法》主张对战争的行动要慎重，不能有丝毫大意，《计篇》说：“兵者，国之大事，死生之地，存亡之道，不可不察也。”

《孙膑兵法》也有类似的见解，它说：

> 夫兵者，……战胜，则所以存亡国而继绝世也；战不胜，则所以削地而危社稷也。是故兵者不可不察。

这里讲的“战胜，则所以存亡国而继绝世”，意思是说可以挽救国家的灭亡，与孔丘的复辟奴隶主的“兴灭国，继绝世”意义不同。

战不胜，轻则削地，重则亡国，所以要慎重（“不可不察”）。以用兵为儿戏，掉以轻心而失败的，不是没有，如赵奢的儿子赵括，尽管他“善读父书”，结果却使赵国遭到覆军杀将的失败。无论孙武还是孙膑，他们都是有丰富实践经验的军事家，深知用兵的利与害，所以主张慎重。

《孙膑兵法》又说：

> 乐兵者亡，而利胜者辱。兵非所乐也，而胜非所利也。事备而后动。

这是说用兵要持慎重的态度，不顾主客观的诸种条件进行战争的，反会遭到失败的耻辱。

他说：

> 用兵无备者伤，穷兵者亡。齐三世其忧矣。

齐国当时还是大国，而且在孙膑的指挥下确也打过几个胜仗，但是孙膑看到齐国“穷兵”，连年作战带来隐忧。果然到了齐滑王时，表面上曾一度强盛，到后来却败于燕国，以致身死国破，齐国从此衰落。这与《孙武兵法·作战篇》讲的“不尽知用兵之害者，则不能尽知用兵之利也”，意思是一样的。

四

孙膑认为用兵打仗，不能凭主观愿望办事，要根据具体情况。

《孙膑兵法》中有丰富的朴素唯物主义思想。

对待强大的敌人，又不能不战，有没有办法呢？（“敌众且武，必战，有道乎？”）

> 孙（膑）子曰：有。埤垒广志，严正辑众，辟而骄之，引而劳之，攻其无备，出其（不意）[①]。

这与《孙武兵法》十分相近：

> 兵者，诡道也。……卑而骄之，佚而劳之，亲而离之，攻其无备，出其不意。[②]

只是《孙膑兵法》说得更明确。比如孙武说“卑而骄之”，孙膑说“辟而骄之”，避让敌人，使敌人骄傲轻敌。孙武说“佚而劳之”，对待处于安逸状态的敌人，要使它疲劳，如何使它疲劳，孙武没有具体讲明方法。孙膑则说“引而劳之”，引导敌人，使其陷于疲劳。他们的基本意思是一样的。

《孙膑兵法》还提出，战争之前，对于成败要有充分的认识。作战之前固然要考虑成熟，之后，也要考虑到胜利的善后工作。这才算是认识用兵作战的道理：

> 可有功于未战之前，故不失；可有功于已战之后，故兵出而有功，入而不伤，则明于兵者也。

要取得胜利，不能光看到物质装备方面的条件，还要考虑更多的条

---

① “不意”二字，拟补。

② 《孙子兵法·计篇》。

件，它说：

□□（甲坚）[①]兵利不得以为威，士有勇力而不得以为强。

□□□□（高城深池不得）[②]以为固，甲坚兵利不得以为强，士有勇力不得以卫其将，则胜有道矣。

胜利在于一定的物的及人的条件，如条件不具备，还可以创造条件。

敌人众，能使之分离而不相救也。

《孙膑兵法》体现唯物主义精神的，还表现在《将失》一篇中。他在这里集中论述率领什么样的军队就会招致战斗的失败。名曰“将失”，不只是讲将帅本身的问题，而是讲的造成带兵失败的许多条件。例如，部队被牵制住，不能自由调动（“失所以往来”）；号令不行，士兵不统一（“令不行，众不壹”）；下面不服从，士兵不去拼命（“下不服，众不为用”）；民众与军队不协作，仇视军队（“民苦其师”）；军队疲沓（“师老”）；军队想家（“师怀”）；军队多次自相惊扰（“军数惊”）；行军时，日暮路远，队伍都急于到达宿营地，一心赶路，失去戒备（“日暮路远，众有至气”）；命令改动次数太多，军队对命令采取敷衍的态度，不认真执行（“令数变，众偷”）；军队有恐敌心理（“众恐”）；打了些侥幸仗，军队因而轻敌麻痹（“多幸，众怠”）；

---

① “甲坚”二字，据下文，拟补。

② “高城深池”，据《孙武兵法》的大意，拟补。

下不了决心（“多疑”）；将帅不愿听到自己的过失（“恶闻其过”）；急于作战，意志分散（“期战，心分”）；战斗中照顾了前方，造成后方空虚；或照顾了后方，造成前方空虚；或照顾右翼，造成左翼空虚；或照顾左翼，造成右翼空虚（“战而忧前者后虚，忧后者前虚，忧左者右虚，忧右者左虚”），等等。孙膑书中列举的“将失”的条件共有三十二种。我们这里不必一一列举。

这里《孙膑兵法》列举了三十二种打败仗的条件，未必完全正确。条目的多少不是主要的。值得重视的是孙膑看到战争的胜与败都不是偶然的。它有它的一定的条件，这些条件是决定战争胜败的基础。如果违犯了这些条件，不论谁来指挥作战，不论是什么军队，都免不了被打败。

关于将帅的失败也总结了若干经验。《孙膑兵法》中讲到指挥官打败仗的一些条件：

> 一曰不能而自能，二曰骄，三曰贪于位，四曰贪于财，……八曰寡勇，九曰勇而弱，十曰寡信，……十五曰缓，十六曰怠，……十九曰自私，廿曰自乱。

上面列举的是指挥官的缺点。有了这些缺点之一，就会造成战争的失败。在《孙武兵法》中，对于为将的一些要求，已有所论述，孙膑对孙武的兵法也有所吸取。因为战争是社会现象，它是客观存在的，不是哪个人的发明创造。在相同或类似的条件下，同样的观点可以得出相同或相似的结论，《孙膑兵法》与《孙武兵法》有相同或相似之处，应当看到是不可避免的。

从上面列举的“将失”的条件中可以看出，《孙膑兵法》继承了《孙武兵法》的这个重要精神，即比较看重和发挥人的主动精神。在旧唯物主义的哲学中，一般地讲，唯物主义者往往忽视了主观能动的这一方面，而把主观能动精神留给唯心主义者去讲。马克思曾指出：

> 和唯物主义相反，能动的方面却被唯心主义发展了，但只是抽象地发展了……[①]

这里，马克思讲的是黑格尔的哲学的情况。在中国哲学史上，这一现象也是值得注意的，的确有不少唯物主义者往往忽视了能动方面。而孙武和孙膑的兵法既有尊重客观条件的唯物主义精神，也有发挥了人的能动作用的方面，所以值得重视。

战国时期，新兴地主阶级正处在上升时期，当时法家的杰出思想家荀子、韩非都具有人定胜天的积极主动思想。《孙膑兵法》中也体现了这一精神。

《孙膑兵法》也讲到作战中要调动敌人，争取主动：

> 以决胜败安危者，道也。敌人众，能使之分离而不相救也。
>
> 积粮□（盈）军能使饥，安处不动能使劳，得天下能使离……

孙膑又讲到“以一击十”，用少击众的方法是“攻其不备，出其不意”。

---

① 《关于费尔巴哈的提纲》,《马克思恩格斯全集》第三卷，人民出版社，1960年12月版，第3页。

五

《孙膑兵法》还有另一个重要内容，是它的朴素的辩证法思想。它讲到对待敌我双方长处和短处，不能片面，既要从长处中看到短处，也要从不足之处发现长处。它说：

> 故善战者，见敌之所长，则知其所短；见敌之所不足，则知〔其所有余〕。[①]

孙膑还讲到战争中要善于因势利导，利用形势：

> 敌战势，胜者益之，败者代之，劳者息之，饥者食之。故民见□人而未见死，蹈白刃而不旋踵。故行水得其理，漂石折舟，用民得（下缺）……

这是说战斗顺利时，就发展其胜利成果；不顺利时，把败了的军队替换下来，让疲劳的得到休息，让饥饿的得到饱食。这样，就有利于打胜仗。

孙膑认为要做到：

> 善者能使敌卷甲趋远，倍道兼行，倦〔弊〕[②]而不得息，饥渴而不得食。以此薄敌，战必不胜矣。

① “其所有余”，根据上文，拟补。

② 竹简字缺，疑为“弊”字。

这是说，善于作战的，要使敌人远道奔驰；如果我方倍道兼行，疲倦，饥渴，就要打败仗。

又据《史记》，孙膑在齐国将军田忌门下时，曾帮助田忌赛马取胜。这件事应当看作他的朴素的军事辩证法思想的具体运用。过程是这样的：田忌和齐威王赛马，赌输赢。孙膑先观察了一下，他们的马各分上、中、下三等，双方的实力差不多。孙膑对田忌说：“你只管多下赌注罢，我能让你得胜。”田忌为赛马下了千金的赌注。比赛要开始了，孙膑对田忌说：“用你的下等的马和对方的上等马比赛，主动输掉这一局。然后用你上等的马和对方中等的马比赛，用你的中等的马和对方的下等的马比赛。这样你就能稳胜两局。”田忌用了孙膑的办法。果然一负两胜取得胜利。这事虽小，却可以看出孙膑的朴素的辩证法思想：要有所失，才能有所得，要从全面考虑利害得失。

孙膑善于分析作战双方的形势并从中抓住主要矛盾。历史上长期被人们传诵的“围魏救赵”的战略，就是他利用矛盾，避实击虚，一再取得胜利的范例。

公元前353年，魏国围攻赵国都城邯郸。赵国向齐国求救。齐王令将军田忌同孙膑出兵救赵。孙膑认为魏国全力出兵攻赵，国内空虚，应当直接进攻魏国的首都大梁，魏国必然回军自救，邯郸的围困自然解除。齐国采用了孙膑的战略，乘魏国的军队的疲惫，大败魏军。这是历史上有名的“围魏救赵”的故事。后来魏国又攻韩国。韩国向齐求救。孙膑仍然用上述的战略，不救韩，直攻魏，魏国回救，被迫放弃攻韩，遭到孙膑的伏击，魏国大将庞涓自杀，魏太子被捉。

伟大领袖毛主席在《抗日游击战争的战略问题》中曾指出，为了打破敌人的围攻，可以采取“围魏救赵”的办法：

> 如果敌在根据地内久踞不去，我……以一部留在根据地内围困该敌，而用主力进攻敌所从来之一带地方，在那里大肆活动，引致久踞之敌撤退出去打我主力；这就是‘围魏救赵’的办法。①

毛主席对孙膑的战略思想曾给以肯定，并指出其中有值得借鉴的地方，给我们提供了古为今用的光辉范例。

孙膑的朴素的辩证法思想还表现在他提出要主动地打破平衡，避免敌我僵持，要从绝对中看到相对，又要从相对中看到绝对，这样才可以取得胜利。《孙膑兵法》中说：

> 盈胜虚，径胜行，疾胜徐，众胜寡，佚胜劳。

这是说，要利用形势，用一方克服另一方，从而夺得胜利。孙膑认为要注意下面的情况：

> 毋以积当积，毋以疏当疏，毋以盈当盈，毋以虚当虚，毋以疾当疾，毋以众当众，毋以寡当寡，毋以佚当佚，毋以劳当劳。

这里是说，作战的双方如果都是以众当众，都是以寡当寡，就分不出强弱，形成势均力敌，一方的优势就不便发挥出来，就难以取得

---

① 《抗日游击战争的战略问题》,《毛泽东选集》第二卷，人民出版社，1966年7月，第429页。

胜利。上述田忌赛马的例子，即是避免“以盈当盈”，改为以两局“以盈当虚”，另一局“以虚当盈”，从而取得全局的胜利。

六

在《孙膑兵法》中，我们还看到关于“形名”关系的论述，它的理解是比较有价值的。孙膑说：

> 有形之徒，莫不可名；有名之徒，莫不可胜。故圣人以万物之胜胜万物，故其胜不屈。战者，以形相胜者也。形莫不可以胜，而莫知其所以胜之形。形胜之变，与天地相敝而不穷。形胜，以楚越之竹书之而不足。形者，皆以其胜胜者也。

这里讲的是战争与“形名”的关系。孙膑认为战争是以“形”相胜的一种斗争。

战国时期，哲学界对“形”与“名”的关系问题曾展开过争论。当时争论的中心是具体的东西（“形”）和代表这个东西的概念（“名”）究竟哪个是第一性的。根据对于这一问题的不同回答，划分为两大阵营。凡是认为“形”是第一性的，“名”是由“形”派生的，属于唯物论的阵营。凡是认为“名”是第一性的，“名”可以决定“形”的，则属于唯心论的阵营。以孔孟为代表的儒家，即属于唯心论阵营；以荀子、韩非为代表的法家，则属于唯物论阵营。在“形名”问题上，儒、法的斗争也是不可调和的。

孙膑站在唯物主义立场来对待“形”与“名”的关系。他认为凡是有形质的东西都可以用一定的概念来表达。能用概念来表达的东西都是具体的、可以克服的（“可胜”）。“圣人”所以能够利用万物来克服万物，即在于他能根据事物的这一性质，利用这一一定的事物来克服另一一定的事物，所以他不断地取得胜利（“其胜不屈”）。战争是一种具体事物对另一具体事物的斗争（“战者，以形相胜者也”），因此，战争并不是什么神秘的、抽象的，而是具体的可以认识的事物。既然如此，那就没有什么不可克服的（“形莫不可以胜”）。只是人们不去认识其中的道理，所以才不了解为什么这一事物能克服另一事物（“莫知其所以胜之形”）。事物之间相互克服的现象是无穷尽的（“形胜之变，与天地相敝而不穷”）。这是因为世界上的事物是无穷无尽的，任何事物总归有它克服和被克服两个方面。

孙膑讲的是战争，这一理论涉及唯物论的认识论的原则，就思想方法上说，也有丰富的辩证法因素。照孙膑看来，事物既有克服（“胜”）其他事物的可能，同时又有被其他事物克服的可能。战争也是如此，它可以战胜对方，它又可以被对方所战胜。正因为战争具有胜、败两种可能，所以要掌握它的规律，克服不利的方面，发扬和创造有利的方面。孙膑辩证地对待战争的胜败关系，他在这个问题上超过了《孙武兵法》。

在这一方面孙膑超过了孙武，倒不是由于孙膑的天才过人，而是由于春秋时期“形名”关系的讨论还没有深入展开。孔丘讲“正名”，他要以“名”正“实”，“实”也就是后来战国时期哲学界所谓“形”。孔丘讲“正名”，在于论证奴隶制不可改变，他要永远维护奴隶制的君臣、父子的服从关系。到了战国，“形名”问题的辩论才深入展开。孙膑的观点，应当看作战国时期唯物主义认识论在军事科学领域的体现。具体的，孙膑的思想在哲学的两军对战中，属于唯物主义阵营。

七

孙膑是我国古代封建社会上升时期的杰出的军事家。他继承了孙武的军事思想，也有所发展。在我国战术史上有他的特殊地位。

战国时期，战争的规模比春秋时更大，战术方面也有所发展。比如在春秋时，《孙武兵法》原则上反对攻城，认为得不偿失。孙武认为战争的利益在于“掠乡分众，廓地分利”[①]。到了战国时期，《孙膑兵法》则主张攻城，这是由于当时各封建国家的经济有了更大的发展，各国出现了“万家之邑”的大城市，城市成为经济、政治、文化的中心，财富、人力都汇聚在城市。像齐国即墨这个城市，被燕国的军队围困了很久，到了反攻时，还可以搜集到牛千余只、黄金千镒和其他大量物资。即墨如此，其他城市可以想见。秦将白起曾先后攻占过七十余城，燕将乐毅也连下齐七十余城。在战国时期，作战如不攻克敌人的城市，就得不到敌方人力、物资的补偿。孙膑兵法主张攻城，是战国经济状况和政治状况在战争思想中的反映。《孙膑兵法》有专门讲战争的主客关系的，“客”是指进入敌国境内作战的军队，“主”是在本国抵御的

① 《孙子兵法·军争篇》。

军队。惜竹简残缺，未见它深入开展论述。所谓“客军”，当然包括攻城的任务在内。

孙武的兵法中讲到战阵，但还没有系统的阵法，在孙膑的兵法中就总结出若干种阵法。阵战，既不是攻城，也不是单纯利用地形的战斗，而是根据敌情把军队编组成各种作用不同的战斗整体，以适应战国时期大规模的战斗。《孙膑兵法》记载：

> 昔者，梁君将攻邯郸，使将军庞涓带甲八万至于茬丘。齐君闻之，使将军忌子带甲八万，至……

在这里展开“围魏救赵”的序幕。可惜竹简残缺，作战过程不详。双方各有八万人的战斗部队，用阵法作战，不可能只摆成一个阵，即使摆开了，兵力也施展不开，无法进行战斗。所以阵法应当有图、有说明。《汉书·艺文志》说《吴孙子》和《齐孙子》都有图。《汉书》的说法是有道理的，可惜图已失传了。

孙膑在我国古代军事史上是有卓越贡献的，但是我们也必须指出，孙膑毕竟是一个剥削阶级的军事家，不可能不带有剥削阶级的偏见和局限。比如他在战争中只看到将帅的决定作用，而不认识群众、士兵在战争中的作用，甚至认为士兵、群众不过是一种工具。他说：

> 若欲知兵之情，弩矢其法也。矢，卒也；弩，将也。

这里明确地表示士卒只能被调动，将帅才是起支配决定作用的。而“民苦其师”“下不服，众不为用”“师老”等“将失”的问题，关系到人民在战争中的决定作用和战争的性质，这就更不是战国时代地主阶级的军事家孙膑所能真正认识和解决的了。

八

《孙膑兵法》是战国时期各诸侯封建国家互相争霸、争取统一的总形势下的产物。但是，孙膑生活、活动于齐国（生于“阿鄄之间”），因此，他的思想中又不得不带有特定的齐国阶级斗争、思想斗争的烙印。也就是说，当奴隶制与封建制大搏斗时，在齐国与其他六国有所不同。

当时秦国处在西边，受奴隶制的旧文化传统影响较浅，打击奴隶主贵族比较坚决。所以秦国封建文化开始时比较东方六国迟些，但步子迈得大，反而走在最前面，封建化比较彻底。

齐国地处东边，一开始就比较强大，从管仲以来，已有了初步向封建化过渡的某些改革。但奴隶主阶级旧势力比较大，又没有经过像秦国商鞅那种大刀阔斧的改革，奴隶主贵族没有受到致命的打击。对旧制度破得不够，新制度（封建制）也就立得不牢。因此，它的封建化总有些拖泥带水。孔丘说：“齐一变至于鲁，鲁一变至于道。”在孔丘看来，齐国的奴隶主贵族虽不及鲁国那么有希望（即势力大），但还有希望。“邹鲁缙绅之士”的文化影响也较大。

齐国稷下学宫由政府供养的一大批知识分子，既有儒家的孟轲，也有法家的慎到、田骈等人，还有其他一些流派。可是齐国的国君“兼而礼之”。虽然推行了法家的一些办法，却未重重打击儒家。孟轲梦想复辟奴隶制，在齐国住了很久，他曾对齐国寄以很大的复辟希望。

这一具体的环境，不能不在孙膑的思想中有所反映。比如《孙膑兵法》中论将、论战争，主流是法家的精神，也杂有不少儒家的“仁”“义”“信”等旧传统的影响。

齐国与燕国近邻，燕国的文化也有时影响到齐国。如古书上常说的“燕齐方士”所宣传的宗教迷信思想，在孙膑的兵书中也有所表现。

《孙膑兵法》中透露出来的“五行说”即是一例。春秋以前，“五行说”基本上是唯物主义的。战国以后，宗教神学的思想也利用“五行”来进行宣传。还有一些形而上学者，也利用“五行”作为一种格式，以填充其所要求的内容，它逐渐形成烦琐哲学。在《孙膑兵法》中也有这种迹象。比如讲到地形时，曾有“五地”“五草”“五壤”等。

例如孙膑的“五壤之胜”，其次序是：

青胜黄，黄胜黑，黑胜朱，朱胜白，白胜青。

按“五行说”，青（木）、黄（土）、黑（水）、朱（火）、白（金）这“五行”的关系是木克土（青胜黄）、土克水（黄胜黑）、水克火（黑胜朱）、火克金（朱胜白）、金克木（白胜青）。这是“五行”相胜的一个格式。阴阳学派把这一格式到处套用，汉代董仲舒用“五行”相胜来解释历史的发展，形成一套机械循环论的历史观，为汉朝王权天授制造借口。

在《孙武兵法》中已有了“五行”的观念，但他讲的“五行无常胜”，还是有科学精神的。

这次出土残简中还有一部分关于阴阳、风角、灾异杂占的，可能是另外的书，也可能是《孙膑兵法》中的一部分。科学与宗教是根本对立的，但在古代，有时科学里面也掺杂着宗教成分。比如唐代的医学已相当发达，本草、脉理、针灸都有相当成熟的经验，并有了较细的分科治疗的教学的制度，但在太医院里，还有祝由科（巫医）与其他各科并列。在古代，“国之大事，在祀与戎”。兵家战争总不免冒几分风险，有时要求神问卜。《韩非子·饰邪》中也曾讲到，赵国、秦国、燕国作战之前都进行占卜。齐国是不是就不那么迷信呢？也可能有迷信。如果《孙膑兵法》有这些思想，这些东西当然是它的糟粕，是要不得的。

《孙膑兵法》是战国时期阶级斗争的产物。它反映了当时新兴地主阶级的利益，进步倾向是它的主流。《孙膑兵法》中的糟粕部分则是受当时奴隶制残余的影响，属于非主流部分，是次要的。

《孙膑兵法》的发现进一步表明，从春秋到战国，随着地主阶级的壮大，法家思想阵线也逐渐壮大。除了人们早已熟知的李悝、吴起、商鞅、荀子、韩非等人，又增加了孙膑。又由于考古工作用具体事实进一步肯定了《孙武兵法》为孙武所著，展现在人们面前的法家的阵容扩大了；儒家的阵容则相对地缩小了。这就使我们加深了对于春秋战国时期儒法斗争的总形势的认识。这属于另外的范围，不在这里多说了。

介绍墨子的思想*

墨子（约公元前480—前420年），姓墨，名翟，鲁国人。他是我国古代卓越的政治活动家和哲学思想家。在古代，墨子和孔子有同样高的声誉。他们都是一生东奔西跑，想找个能够任用他们的国君，来实现他们的政治理想。古代有这样两句话，“孔子没有时间把他坐的席子暖热，墨子没有时间把他的灶上的烟筒熏黑”（“孔席不暇暖，墨突不得黔”），就是形容他们一生奔忙的情形。墨子创立的学派，后来称为“墨家”，这是秦以前和儒家对抗的最大哲学流派。这个学派是一个有严格纪律和宗教精神的学术性团体。它的成员，人家称为“墨者”。他们有以下的四种特点：

第一，墨家的领袖可以派遣学生到各诸侯国做官。

第二，派出去做官的弟子如果背弃了墨家的基本精神（违反了“兼爱”和“非攻”的原则），墨家的领袖可以随时把他召回。

第三，墨家有极严格的纪律和坚强的组织。据记载，墨家的领袖孟胜为阳城君守城，城破了，孟胜和他的弟子一百八十人一齐殉难。墨家的另一个领袖腹䵍住在秦国，儿子杀了人，已被国君秦惠

---

* 原载《语文学习》1957年第1期。

文王赦免了死罪。腹䵍说："照墨家的法律，杀人的要偿命，伤人的要处刑。这是为了禁止一切杀人伤人的行为，是墨家共同遵守的原则。国君虽然赦了他的死罪，可是我不能不执行墨家之法。"腹䵍没听从秦惠文王的劝告，终于把他的独生儿子杀了偿命。

第四，派出去做官的弟子有义务把薪俸的一部分供给墨家的团体。

墨家的经典著作《墨子》是根据墨子的弟子们的笔记整理编成的。它虽不是墨子的手笔，但书中重要的思想无疑是代表了他的思想。《墨子》有残缺，现存五十三篇。

墨子学说的核心部分，是他的"非攻"主张。他深刻地认识到侵略战争带给广大人民的灾难，坚决地攻击当时侵略战争的罪恶。指出被侵略的国家的人民命运固然悲惨，就是侵略国的人民，生活并好不了多少，只是少数统治者占了便宜。墨子曾用一个生动的比喻来说明战争的害处。他说，比如有一种药，一万人吃了，只好了四五个人，这种药就是无效而有害的。战争的结果如果只便宜了"荆吴之王""齐晋之君"，这就肯定战争是极端有害的，所以应当反对。墨子在《非攻》里曾做过极生动详尽的论证，证明战争的害处。

墨子主张"非攻"，并不是无条件地反对一切战争，对于抗敌御侮、保卫和平的战争，他不但不反对，而且以实际行动，全力支持它。他和他的学生都是防御战的专家，在现存的《墨子》里就有十一篇讲的是器械制造和守城战术。

墨子反侵略战争主张的理论根据，是他的"兼爱"的思想。它的主要论点是一切战争都由于人们彼此不相爱产生的，因此，为了消灭产生战争的根源，就要求按照“兼相爱，交相利”的原则相处。墨子认为社会上的人，不分贵贱，都应互相爱护、彼此帮助。他说，每一个人爱别人就像爱他自己一样，还有谁去争夺呢？如果国家与国家之间能够相爱，还有谁来进行战争呢？实际上，在阶级社会里，“爱”是有阶级性的。墨子看不见产生个人斗争和国家之间的战争的社会根源，把战争和不相爱的原因归之于道德品质，显然是不妥当的。只从思想上、道德上要求一切人兼爱，当然只是一种空想。虽说他“兼爱”的理论是空想的，但并不能因此否认或降低他的反侵略战争这个主张的思想价值和实际意义。这是《墨子》的精华，也是我国人民爱好和平的优良传统。

墨子为了改善当时小私有者、手工业者的社会地位和经济地位，他提出了“官无常贵，民无终贱”的主张。并提出，只要人民中间有聪明能干的人，即使是“农与工肆之人”，照样有权利参加政治。这就是墨子的“尚贤”的主张。这种见解是极可宝贵的。

墨子希望和平，希望“饥者得食，寒者得衣，劳者得息”[①]，也就是说他希望劳动者能够得到应有的、起码的生活条件。在中国哲学史上，同情农民的进步思想家，宣扬饥者得食、寒者得衣的人还不算少，但是力争“劳者得息”的哲学家却只有墨子和他的学派。我们说墨子反映了劳动者和小生产者的要求是有根据的。他从国家人民的大利考虑，认为除了战争的破坏，贵族的压榨是人民遭受贫困、痛苦的最大原因；战争尚或有间歇，而人民受剥削却是经常的。他认为有必要对贵族奢侈腐朽的生活加以限制，提出“节用”

① 《墨子·非命下》。

的主张，意思说，凡是生活所需的东西，以实用为主，反对铺张浪费。他以“节用”为中心，提出“非乐”“非命”“节葬”的主张。“非乐”主要论点是眼前亟待解决的是人民饥寒交迫的生计问题，音乐的享受是次要的。“非命”的主要用意在教人不要坐着等待命运的支配，要努力生产，富贵贫贱不是天生的，而应是人的努力或不努力的结果。在《节葬》里，他提出薄葬、短丧，反对贵族们的厚葬、久丧。这些主张虽然有某些片面的地方（如他忽视音乐教育人、感染人的作用，只把它看成是一种享受；同时，他为了反对贵族们的奢侈生活，连人民应该有的艺术生活也一并取消），但他针对当时贵族的奢侈生活进行批判、提出严正的抗议，完全是应该的。

《墨子》里还存在一些宗教思想，那就是“天志”和“明鬼”的学说。这方面基本上是继承了古代的宗教迷信。这里必须指出，墨子的天和鬼神是按照当时小生产者的愿望塑造出来的。这些小生产者是当时社会经济发展里新出现的社会力量，他们受剥削压迫，常把希望寄托在上帝、鬼神身上，希望通过天和神的威力，使那些特权阶级受到一定的制裁。墨子的上帝、鬼神思想，反映了他对当时剥削阶级的不满，同时也反映了他对剥削阶级的妥协，因为他的宗教思想的实际效果，无疑对人民斗争起了消极的、麻痹的作用。

墨子学说中提出的认识客观事物的方法和检查认识可靠性的标准，就是有名的“三表”或“三法”。“表”“法”都是标志、标准的意思。墨子认为判断事情的真假是非的标准：第一，不能只凭主观的印象，而要有历史上的根据、前人的经验。这就是他所谓“上本之于古者圣王之事”。第二，要根据“百姓耳目之实”，就是说要用广大人民亲身的经验作为标准，不能主观。第三，要看这种理论和学说合不合“国家百姓人民之利”①。这“三表”是墨子判断真理的标准，它的根本精神是唯物主义的。墨子思想中许多丰富的、带有进步的因素，都是在这一思想方法指导之下发展出来的。

墨子对劳动者有无比深切的关怀，他喊出了当时的小私有者、手工业者的呼声。他对那些不顾人民死活、穷奢极欲的王公大人的腐朽享乐的生活提出了严正的抗议。他对破坏生产、残杀人民的掠夺性的战争深恶痛绝，并提出了消灭战争的伟大理想。他一生为改善小生产者、劳动者的物质生活，提高他们的政治地位而斗争。他提出了判断事物是非、真伪的标准。他创立了艰苦力行、求真理、爱和平、有组织的学派。

初中课本《文学》第四册选的《公输》是《墨子》中的一篇。这一篇记述墨子劝阻楚王侵略宋国的故事。这事发生在公元前455年到前440年。这个故事，两千多年来一直流传着，好多古籍里都有记载。这是一篇完整动人的故事，它形象地表现出古代伟大的政治家、哲学家墨子的反对侵略战争的崇高理想和坚定的态度，也写出墨子坚持正义的自我牺牲精神。

故事开头写墨子听说公输般为楚王造成云梯将要攻打宋国，他就步行十日夜，赶到楚国京城——郢，去设法劝阻。故事结尾写墨子在楚谈判成功回来，路过宋国，大雨，把守街门的宋人不让他进去避雨。可见墨子不辞艰辛地赶往楚国，冒着生命危险来阻止攻宋，他的行为是扶助弱小反对侵略战争的正义行为，其中并不夹

① 《墨子·非命上》。

杂任何个人打算。墨子在郢，见到公输般和楚王，从各方面分析说明，义正词严地指摘了对方的错误。从对公输般的话里可以看出墨子对“智”“仁”“忠”“强”“义”的理解和标准。他对楚王谈话中鲜明的比喻，说明富强的大国侵略贫弱的小国是极端卑劣可耻的。这些话都突出地说明墨子思想中光辉的部分：反对侵略战争的主张和他对侵略战争的看法。墨子见到说道理不能说服对方时，就与公输般比赛攻守的战术并战胜了公输般。最后揭穿公输般的阴谋，明白地告诉楚王，宋国已有足够的防御力量。这都表明墨子为了人民的利益要求和平，但并不是向侵略者乞求和平，他更不只是空谈理论的哲学家，他除用严正的言辞跟侵略者抗辩，还充分认识到要求得和平必须有保卫和平的力量。事实证明，有足够的实力保卫和平，才能遏止楚王攻宋，宋国才免于战祸。

墨子接近劳动者，对他们所遭受战争的痛苦有深刻的认识，因而他的反对侵略战争的思想也是极强烈的。这种思想情感支持他不辞艰辛、不避危险，以伟大的自我牺牲的行为，对反对侵略战争的正义事业做了出色的贡献。

墨子生卒年简考*

对墨子生卒年，汉代有几家比较重要而影响较大的说法：

第一，司马迁《史记·孟子荀卿列传》只有二十四个字："盖墨翟，宋之大夫，善守御，为节用。或曰并孔子时，或曰在其后。"

第二，刘向："在七十子之后。"①

第三，班固："在孔子后。"②

第四，张衡："当子思时。"（见《后汉书》本传引张衡《论图纬虚妄疏》云："公输般与墨翟并当子思时，出仲尼后。"）

汉代学者都认为墨子在孔子后。所谓"在孔子后"，只是说略后于孔子，而不是不加限制地"在孔子后"；不然，孟子、荀子等也"在孔子后"，这四个字用在他们身上就是废话了。汉代人共同的说法都认为墨子应在春秋时，似不在战国。这是对墨子的生卒年代较早的一些说法。

到了清代，又有些学者倾向于偏晚的说法。如毕沅以为墨子

* 原载《文史哲》1962年第2期。

① 《史记索隐》引《别录》。

② 《汉书·艺文志》。

是“六国时人，周末犹存”[①]。到了孙诒让，对过去的墨子研究进行初步总结，对墨子的生卒年代也有较详细的考证，作有《墨子年表》，把《墨子》书中所提到的一些活动和接触的人物安排在当时的历史进程中，他的结论是：

> 墨子当与子思并时，而生年尚在其后（按：子思生于鲁哀公二年，周敬王二十七年，公元前493年）。当生于周定王初年，而卒于安王之季（按：二十四年，公元前378年），盖八九十岁，亦寿考矣。[②]

孙说一出，在学术界几乎成了定论，后来一些学者对墨子生卒年代的看法，基本上都是在孙诒让的说法的基础上做了一些小的修正或补充。略举几家的看法试做比较，如近人梁启超：

> 生于周定王初年（按：元年至十年，前468—前459年），约当孔子卒后十余年（按：孔子卒于前479年）。墨子卒于周安王中叶（按：十二年至二十年，前390—前382年），约当孟子生前十余年（按：孟子生于前372年）。[③]

张荫麟：

> 墨子的肇生约略和孔子逝世衔接。

现代学者的看法也和孙诒让、梁启超的看法差不多：

---

① 《墨子书后》

② 《墨子年表》。

③ 《墨子学案》。

第一，范文澜：生年约在公元前468年，卒年约在公元前376年（据孙诒让说）。[①]

第二，吕振羽："梁（按：即梁启超）之说较近。"[②]

第三，侯外庐：生年约在周敬王三十年（孔子卒前十年，前490年），死于周威烈王二十三年（前403年）。[③]

第四，翦伯赞等：生年为前480年，卒年为前390年。[④]

以上这些说法，墨子生年的最早和最迟相差约二十年，卒年最早和最迟相差约三十年。诸说前后相错的总情况，综合来看，墨子的年岁约为百岁。如果再加上毕沅的说法，至周末犹存，墨子要活到百岁以上才能把墨子书中所涉及的关于墨子言行的记载完全安排得下。各家的学说，大约都主张在八十岁左右。

我们认为关于墨子的生卒考订方法上，要有几个固定可靠的界标，才好动手安排材料的排比。我们不能把《墨子》书中记载的一切大大小小的事情都给排在墨子活动的日程表上去。也就是说，要通过几件有确定日期的重大事件，而且又确实和墨子有实际关系的重大事件，去做去伪存真的工作。

关于墨子的生年，孙诒让的考证大体接近事实，但不完全正确。

墨子止楚攻宋的行动，有年代、有同时的人物可考，这件事可以作为一个可信的界标。关于止楚攻宋的记载，除墨子《公输》篇，还有《战国策·宋策》。《史记·鲁仲连邹阳传》鲁仲连《遗

① 《中国通史简编》第一编，第218页。

② 《中国政治思想史》，第106页。

③ 《中国思想通史》第一卷，第192页。

④ 《中国历史纲要》。

燕将书》中也提到："今公又以敝聊之民，距全齐之兵，是墨翟之守也。"《吕氏春秋·爱类》篇、《淮南子·修务训》也都有大同小异的记载，可见这是当时国际上反对侵略战争、防止以强凌弱的有名的事件，所以流传很广，以至于以"墨守"成了"不可战胜"的同义语。（今天用的"墨守成规"，意思变了，另当别论）止楚攻宋，应在公元前445年到前440年，孙诒让把它系于公元前440年，大体可信。但是，孙诒让认为墨子这时才二十到三十岁，他的根据仅仅从墨子的体力上推测，认为"百舍重茧"，十日十夜不停地奔走，非年富力强办不到。他这点考虑是有道理的。但是还应考虑到墨子这时已是一个学派的领袖，有弟子禽滑厘等三百人听他调拨，为他守城于宋。宋国居然采纳了墨子的建议，任用禽滑厘等人，这不像是个二十多岁的青年人所能办得到的。墨子成为学派领袖，也不能在三十岁以前，似宜在墨子三十五岁至四十岁之时。当然，墨子也不能太老，十日十夜不休息是要相当体力才行。关于这一点，鲁迅先生的见解还是值得参考的。在《非攻》中，鲁迅先生描绘了墨子这位哲学家的形象时说他是个"三十来岁，……乌黑的脸"[①]。鲁迅先生写的是小说，不能太当真，但鲁迅先生的深刻的观察还是值得相信的，比孙诒让的推测更接近事实一些。

这时孔子的弟子子夏、曾子约六十多岁；墨子的年龄约与子思的年龄相当[②]，应在四十岁左右。

关于墨子的卒年，孙诒让的推测就与事实出入更大了。考察这个问题的支点应放在墨子后学为楚国阳城君守国这一事件上。这件事发生在

① 《鲁迅全集》第二卷，第404页。

② 可参看《史记·仲尼弟子列传》。

吴起死后不久，吴起死于公元前381年（周安王二十一年）。

《吕氏春秋·上德》记载着：

> 墨者钜子孟胜，善荆之阳城君。阳城君令守于国，毁璜以为符，约曰："符合听之。"荆王薨，群臣攻吴起，兵于丧所。阳城君与焉。荆罪之，阳城君走。荆收其国。孟胜曰："受人之国，与之有符。今不见符，而力不能禁，不能死，不可。"其弟子徐弱谏孟胜曰："死而有益阳城君，死之可矣；无益也，而绝墨者于世，不可。"孟胜曰："不然。吾于阳城君也，非师则友也，非友则臣也。不死，自今以来，求严师必不于墨者矣，求贤友必不于墨者矣，求良臣必不于墨者矣。死之，所以行墨者之义而继其业者也。我将属钜子于宋之田襄子。田襄子，贤者也，何患墨者之绝世也？"徐弱曰："若夫子之言，弱请先死以除路。"还殁头前于孟胜。因使二人传钜子于田襄子。孟胜死，弟子死之者百八十。三人以致令于田襄子，欲反死孟胜于荆。田襄子止之曰："孟子已传钜子于我矣，当听。"遂反死之。

墨家有钜子的传授制度，这是可信的，但墨子活着的时候，以及记载墨子言行的直接记录，都没有提到墨子有什么传授钜子的规定，可见这是墨子死后才建立起来的制度，而且应当是墨子死后若干年的事。

如果据墨子生前的情况推想，第二代钜子应当是禽滑厘。《墨子·耕柱》篇及《吕氏春秋·当染》和《尊师》两篇的记载，都可证明禽滑厘确死于墨子之后，并曾讲学授徒。如果说钜子制度是墨子死后开始的，第二代应是禽滑厘，孟胜至早也只能是第三代的钜子或者更晚一些。孟胜这个人不见于《墨子》各篇中，也足证孟胜不是墨子的及门的弟子，应在禽滑厘之后。孟胜能够当上钜子，至少应是墨子的学派中有地位、有声望的大弟子，《墨子》书中不应该不提到他，只提到禽滑厘。这个重要人物应晚于禽滑厘若干年。

从以上的事实可以推知，吴起死时，不但墨子不及亲见，连禽滑厘也不及亲见，应是墨子死后相当久的事了。孙诒让说墨子及见吴起之死，是不对的。

如果以一般的师生传授的年代来推定，约十五年到二十年为一代，第一代为禽滑厘，第二代或第三代为孟胜，墨子的死年和他的再传或三传弟子至少应相差四十年左右。墨子死于公元前420年，他以下的几个钜子，传到孟胜，才有传递的余地。当然，也许有人会说，墨子的学派都能“赴汤蹈火，死不旋踵”，敢于牺牲，会不会有两三个钜子接二连三地守城、殉难，传两三代也不过是几年的事。当然，不敢说没有这种可能。但在《吕氏春秋》这一段的记载中，还看不出墨子死后的钜子有过这种为人死难的遭遇，所以徐弱才有要不要殉城的怀疑。

现在我们的结论是墨子的生卒年大约是公元前480—前420年。墨子活了六十岁左右。

也许有人问：如果墨子死得这样早，《墨子》中其他有关墨子政治活动、学术活动的记载怎么处理？我们认为这个问题不难解决，那就是后来墨学假托墨子的言行以发挥墨子的学说的文章。它的道理是可信的，总是墨家的学说，它的事实是不可信的。

提出墨子死于公元前420年有什么意义呢？我认为是有意义的。

春秋和战国的分界，现在有几种不同的说法。有人认为战国应由公元前475年开始；也有人认为战国应从三家分晋开始，那就是公元前403年。如果根据后一说划分春秋战国的分界，墨子的死年就关系到把墨子分到春秋时期还是战国时期的问题。又由于春秋战国时期阶级矛盾的情况不同，对墨子学说的实际作用、进步性的估计也有关系，故不可不辨。

墨子与墨家*

一、墨学产生的时代条件

春秋后期，生产有所发展，根据地下出土的器物，证明春秋时代已在广泛使用铁制的生产工具。有了先进的农业生产技术，对于荒地的开垦和水利灌溉事业的兴修，也造成了有利条件。因此，农业生产得到进一步的发展。

由于坚固而锐利的铁制工具的应用，手工业也得到了进一步的发展，加之交换关系的进步，手工业逐渐由分工而走向专业化。当时已有木工、皮革工、冶金工、陶工、缝工和织工等，总称为“百工”。

随着生产力的发展和社会分工的扩大，商品经济的比重日益增加，货币流通也日益广泛，并出现了金属货币。这时，商业资本已较发达，各地的物产大量交流。贵族以外的大商人也出现了，如弦高、范蠡、端木赐（子贡）等人都是。

---

* 任继愈：《墨子与墨家》，《中国文化史知识丛书》之一，商务印书馆，1998年12月版。其中《三表》一节，曾以《任继愈论墨子》为题收载于蔡尚思主编《十家论墨》，上海人民出版社，2004年10月版。

在春秋时代，大小国家很多，它们各霸一方，不断地进行兼并掠夺战争，战争的规模也更为扩大。

在战争中，大国对小国进行掠夺。即使在没有战争的时候，掠夺也从来没有停止过。当然在战争中，无论大国小国，最受痛苦的是小农和小生产者，他们是战争的人力和物力的主要担负者。当时小农和小生产者，即使在战争中免于死亡，也不得不忍受饥寒的痛苦。齐国的晏婴说齐国“三老冻馁”，晋国的叔向说晋国“道理目望”。像齐、晋这样的大国，人民尚且不能免于大量冻死和饿死的威胁，其他小国人民的悲惨情形，也就可想而知了。

人民不但在战争中担负人力和物力，而且在平时还要承受统治者的各种残酷的剥削，因而他们日趋破产，青壮年大批逃亡，老年死于饥寒，人民开始用各种方式来反对统治者的掠夺和压迫。

在这种战争、掠夺和商品货币关系的剧烈冲击下，旧日以血缘关系为基础的世袭贵族制度逐渐瓦解。当时，已出现新的土地占有者，也出现了逐渐脱离贵族羁绊的独立的手工业者、小私有者。

在这样的情形下，从不同阶级出身的士，纷纷要求参与政治，企图创立一套新的学说或方法来适应当时的情况。而各国的国君和卿大夫为了政治上的需要，便礼贤下士，招揽贤能作为助手。因此，士的阶层就逐渐扩大起来，并且得到了广泛活动的机会。

士这一阶层的一个来源是由旧贵族没落下来的知识分子。他们曾受过贵族教育，在社会秩序变动剧烈的情况下，他们没有法定的政治地位，不能世袭，也没有固定的财产，依靠出卖知识技能维持生活。士这一阶层的另外一个来源是由于社会经济的变动，从小生产者上升起来的知识分子。所以士是一个流品复杂的阶层。像孔子所代表的儒家是前一个来源的士，他们多半是由一些没落的贵族成为士的；墨子和他代表的墨家是后一个来源的士，他们是由当时的小生产者、小手工业者上升为士的；老子、杨朱则是由旧日没落贵族降为农民或小私有者而成为“隐士”的。老子这一派和前两派的不同之处，就是他们不积极向当权的世袭贵族靠拢，而采取和当时的统治者不合作的态度。墨子和老子所代表的士都不轻视体力劳动，这一点却是和一向轻视体力劳动的儒家不同。

墨子自己曾说过：“翟上无君上之事，下无耕农之难。”[①]可见他既不是直接统治人民的人，也不是直接参加“耕农之难”的人。他的任务不在于直接参加生产，而在于宣传并实行自己的学说和主张。

当时，士的任务在于“上说下教”，“坐而言义”，“遍从人而说之”。

墨子和他的绝大多数弟子是手工业者出身的。在西周时代，“工商食官”，当时设有专门负责管理奴隶工匠的工官。到春秋时，一部分工官失去职位（不止工官，如祝、巫、史和乐官也都流散到各地），一部分工奴得到解放，加入本来就有的独立的小生产者的阶层。《论语·子张》中说“百工居肆以成其事”，就说明了这一情况。墨子本人原来也是一位精通制造器械的人，而且他制造器具重在实用。他的技巧，特别是在制造防御战争中用的器械这一方面的造诣，远远超过当时举世闻名的公输般。我们从《墨子》书中《备城门》以下各篇，以及后期墨家所表现的对力学、光学、几何学和一般物理学方面丰富的知识，完全有根据说墨子和他的学

① 《墨子·贵义》。

派是兼通器械制造技术的。墨家学派的成员并非都是从事器械制造的，其中也有从事耕田的，也有以织草鞋、编席子为生的。像《孟子·滕文公》篇所说的许行，“其徒数十人，皆衣褐，捆屦织席以为食”，也是属于墨子学派。

照墨子和墨家的原则，他们反对“厉民以自养”，反对剥削和过分享受的生活，主张自食其力。因此，他们一方面要国君行其道，一方面尽量减低国君对他们的供养。《吕氏春秋·高义》篇记载墨子的话说：

> 若越王听吾言、用吾道，翟度身而衣，量腹而食，比于宾萌（按：即编民），未敢求仕。

这和战国时期孟子“后车数十乘，从者数百人，以传食于诸侯”[①]的作风迥然不同。墨子学派即使到战国时期士的活动范围更为扩大时，仍然经常过着极端刻苦的团体生活，“上功用，大俭约而慢差等”[②]，被儒家称为“役夫之道”[③]；司马谈说墨子之道“俭而难遵”[④]；庄子说墨子之道“其生也勤，其死也薄”，又说“后世之墨者，多以裘褐为衣，以跂蹻为服，日夜不休，以自苦为极”[⑤]。楚国大臣穆贺听了墨子所说的道理，很受感动，只是觉得“贱人之所为”，楚王不肯采用。

---

① 《孟子·滕文公下》。

② 《荀子·非十二子》。

③ 《荀子·王霸》。

④ 《史记·太史公自序》。

⑤ 《庄子·天下》。

墨子和他的学派反映了当时小生产者和劳动者的正当的愿望，控诉了贵族腐化生活的不合理，替人民群众喊出反对侵略战争的正义呼声，这些都构成墨子学派光辉不朽的一面。但另一方面，墨子和他的学派毕竟还是士，而不是百分之百的劳动者，他们还有求于当时的统治者，担心贵族不到墨家来找“严师”“贤友”和“良臣”，因而对王公大人们不得不表现出一定的妥协性。他们只能在不触动当时贵族世袭的社会制度下，提出他们改善生活、提高社会地位的要求，这就是墨子学派中保守的一面。但就这一学派在当时的影响来说，其进步性是主要的。

墨子和他的学派以伟大的自我牺牲精神，对反对侵略战争的正义事业做出了出色的贡献。一贯逍遥放任的庄子也不得不称赞：“墨子真天下之好也，将求之不得也，虽枯槁不舍也，才士也夫！”①甚至连敌视他、骂他为“禽兽”的孟子也不得不承认：“摩顶放踵，利天下为之。”②墨子这种伟大的自我牺牲精神，不但感动了当时的人民，也给后代的中国人民留下不可磨灭的印象。

二、墨翟与《墨子》一书

春秋战国时期，百家争鸣，学派众多，其中社会影响最大、门徒众多的学派有儒、墨两家。儒家创始人孔子的生卒年代、讲学及

① 《庄子·天下》。

② 《孟子·告子下》。

从政活动都有详细记载，山东曲阜，泗水之滨尚有孔子墓，讲学地点杏坛仍有遗迹可寻。有关墨子的记载极其简略，其遗迹早已随荒烟蔓草湮没。

《史记》没有为墨子立传，仅仅在《孟子荀卿列传》中附记了二十四个字：

> 盖墨翟，宋之大夫，善守御，为节用。或曰并孔子时，或曰在其后。

墨子姓墨名翟，这在先秦已为人公认，散见各种典籍中，并没有发生过分歧意见。但到了元代以后，就有人搜罗些站不住脚的理由，标新立异，提出不同的说法，甚至捏造出墨子不是中国人而是印度人的说法。其实“墨”是中国古代的姓，《元和姓纂》说墨氏是由墨骀氏转化来的。

关于墨子生活的年代、出生地、学术渊源等，只能根据有限的材料加以分析勾勒。

关于墨子的年代，根据《墨子》书中的记载和先秦各家的传说，墨子和公输般同时，年纪比公输般略小。公输般生于公元前489年（孔子死前十年）。墨子也和孔子的学生“子夏之徒”同时。墨子止楚攻宋的故事，好多古籍中都有记载，可见这一件大事是相当可信的。止楚攻宋一事发生的年代应在公元前445—前440年，相当于墨子三十五岁到四十岁的时候。墨子在这一次正义的行动中，从北方赶到楚国，十日十夜不休息，可以证明他的年纪当不太老；而这时他已是当代的大师，有弟子禽滑厘等三百人，后来他又献书楚惠王，楚惠王在楚国就听说墨子“是北方之贤者”，并尊他为“先生”，可见墨子的年纪也不会太小。这时，孔子的弟子子夏、曾子约六十多岁、墨子的年龄约与子思的年龄相当，应在四十岁左右。

在《非攻下》篇，墨子曾说“今之好战之国，齐晋楚越”，又说“唐叔与吕尚邦齐、晋，……四分天下而有之”。又在《节葬下》篇说：“诸侯力征，南有楚越之王，而北有齐晋之君。”从《墨子》书中记载的当时各诸侯国之间的关系来看，田家还没有取代姜家的齐国，晋国还没有分为韩赵魏三个国家，北方秦国的势力还没有强大，南方的越国还没有衰亡。

根据以上所说，我们可以这样说：墨子姓墨，名翟，约生于公元前480年，约死于公元前420年，活了约六十岁。他出生的年代，约当孔子七十岁的时候。

关于墨子的出生地，古今学者约有六种说法：

一是阙疑。司马迁的《史记》说：“盖墨子，宋之大夫。”“盖”是个不十分肯定之辞。“宋之大夫”是指墨子在宋国做过大夫，没有讲他是哪个诸侯国的人。

二是宋人说。东晋葛洪《神仙传》说：“墨子者名翟，宋人也。”杨倞《荀子·修身》篇注说：“墨翟，宋人。”这两说可能是同一来源。明确而详备的考订，指明墨子为宋人的，有近人顾颉刚。他在《禅让传说起源于墨家考》中，指出墨子为伯夷之后，为宋襄公后人。

三是楚邑鲁阳人说。此说倡自清人毕沅、武亿。

四是鲁人说。《吕氏春秋》高诱注说：“墨子名翟，鲁人。”清人孙诒让主此说。

五是墨子为印度人或阿拉伯人说。主此说者有胡怀琛、卫聚贤等人。[①]此说轻率、武断，后来不再有人提起。

六是郳国人说。今人王献唐、童书业、杨向奎、张知寒主此说。本书赞同此说。

在我国古书中，如《通志·氏族略》引《元和姓纂》说："墨子，孤竹君之后，本墨骀氏，后改为墨氏。"又说："战国时宋人墨子著书号《墨子》。"据顾颉刚考证，《左传·僖公八年》载太子兹父与公子目夷互相以仁让国。兹父说："目夷长且仁。"目夷说："能以国让，仁孰大焉！"这颇与伯夷、叔齐互相让国的传说相似。墨子是伯夷之后，事实既相近，姓又相同，也许是一个传说的分化。墨子是伯夷之后，实在是公子目夷之后。宋国为殷人遗裔，宋襄公不擒二毛（老人），等到楚人阵列齐整而后战，可谓仁义之师。目夷之让国、墨子的"兼爱"天下，是不是带有殷民族行仁义而不争的传统印记呢?

目夷，商王朝同姓小方国。《史记·殷本纪》："其后分封，以国为姓，有……目夷氏。"目夷入周后，即并为小郳娄国。公子目夷封于目夷，死后葬于目夷。其墓在微子墓侧，目前尚有宋代石刻。目夷的后人，生息于目夷，墨子为目夷子的后裔。[②]公子目夷乃宋襄公兄之长子，因封于目夷，名"目夷子"。

目夷地址，据晋人杜预《左传》注："狐骀，郳地，鲁国蕃县东南有目夷亭。"明代万历十三年（1585年）修的《滕县志》说"狐台山"一名"目台山"。今人童书业《目夷亭辨》中确认"目夷亭就在今滕县境内"。学者王献唐《炎黄氏族文化考》说："滕

① 见《墨子为印度人辩》及卫聚贤《古史研究》第二集。

② 参看童书业《春秋左传研究》。

东南有木石，即墨骀。”

近人从墨子学术文化渊源、文化类型研究，指出邾娄文化，即邹鲁文化。古人习惯说邹鲁（邾娄）文化，即因邾早于鲁，邾文化也比鲁文化先进。鲁文化始于周公，邾文化可上溯到夏、殷。邹鲁文化都尚和平，反对战争，讲仁义。

春秋战国时期，自然科学发展水平，以邹鲁为最高。古代舟、车、服、用器物，多称以邾或娄，可推知来自邾、娄地区。相传古代造车的奚仲，其墓地距墨子故里木石镇不过十多里。与墨子同时的公输般也生长在邾娄北端的卞山下。[①]

方授楚说：“邹鲁地区，其俗喜学术，好技艺，颇似希腊之雅典。明乎此种关系，则鲁为儒术最盛之邦，又为墨学渊源之地；以技巧言，输之攻，墨之守，乃同出于鲁人；庶可恍然知其故矣。”[②]

近四十年来，由于大规模的考古发掘和大量的工程建设，地下文物有较多的发现，如长沙马王堆轪侯墓出土帛书《老子》《易书》《春秋事语》《黄帝内经》等，湖北出土云梦秦简，山东银雀山出土《孙膑兵法》《尉缭子》等兵书，临淄出土齐景公殉马坑，新疆出土汉唐文书，都大大打开了学术界的视野，解决了一些历史上长期不得解决的悬案。关于先秦诸子的研究，墨子出生地的考证，明确了千百年来争论不休的疑问：墨子为鲁人（大范围的鲁国管辖区），他诞生及早年从师的地点即今天的滕州市的木石镇。这不能不说是千百年来关于墨子出生地研究的一项新成果。近代探

① 参见王子襄《泗志钩沉》。

② 《墨子源流考》。

索墨子出生地的方法：逐一排除宋人、鲁阳人等说法，立足于已有的论据，即墨子为鲁人的大范围内，再逐步缩小范围，根据史籍记载、文物遗址、学术思想渊源，一步一步落实到滕州境内的目夷（木石镇）。这种方法是较为科学的。

总的说来，我们今天所知道的，墨子约生于公元前480年，死于公元前420年。他是鲁之小邾国人，面色很黑①。他生、长于邹鲁文化之乡，出身于社会下层。早年亲自参加生产劳动，是一名技艺高超的能工巧匠，曾与当时著名的工匠公输般比过智巧②。他精通机械制造的原理和方法，能设计多种守城的防御器械，胜过公输般攻城用的云梯。③他在楚国游说，被楚国大臣称为“贱人”（社会地位低下的人），拒绝采纳他的意见。④邹鲁地区处于泗水两岸，物产丰足，水陆交通便利，自古是经济、文化繁盛之地。当地民俗喜学术，好技艺。在这种环境和风气的影响下，他除了掌握一些先进的科学技术知识，也接受过儒家思想，学习了历史文献。后来他脱离了直接的手工业劳动，进入士的行列，他说自己“上无君上之事，下无耕农之难”⑤。他逐渐对儒家学说不满，创立了自己的学说体系，创建了组织严密的学派——墨家。他公开批评儒家学说，成为儒学的反对派。他长期从事教育、游说活动。他的门徒众多，大都来自手工业者。教育的内容包括他的社会政治思想、哲学思

① 见《墨子·贵义》。

② 见《墨子·鲁问》。

③ 见《墨子·公输》。

④ 见《墨子·贵义》。

⑤ 见《墨子·耕柱》。

想、道德观念，以及科学理论和技术方法等。他四方奔走，上说下教，积极宣传自己的学说主张，曾北至齐，西使卫，南游楚（第一次到郢，第二次到鲁阳）。他深入社会，广泛交游，难得在一个固定的地方住得很久，往往灶上的烟囱还没有熏成黑色，他又到另一个地方游说去了，所以有“墨突不黔”的传说。他生活简朴，吃苦耐劳，见义勇为，坚信自己的主张和理想，重视实用，做到身体力行。他为下层劳动人民争取切身的利益，为解决或减轻他们的贫困和饱受压迫之苦而付出极大的心血，为实现学派的理想培养弟子，为宣传自己的主张奔波终生。

墨子的学术思想主要来自对春秋末期社会政治变化的深刻认识，对小生产者生活现状和要求改变现实处境的愿望的实际体验；其次则继承了前代文化和前人学术思想资料。关于墨学的渊源，较早的有《吕氏春秋·当染》篇的记载：

> 鲁惠公使宰让请郊庙之礼于天子，桓王使史角往，惠公止之。其后在于鲁，墨子学焉。

较晚的有《淮南子·要略训》的记载：

> 墨子学儒者之业，受孔子之术，以为其礼烦扰而不说（按：即“悦”），厚葬靡财而贫民，久服伤生而害事，故背周道而用夏政。

这两种说法有所不同，并不互相排斥。史角为周史官，熟悉周礼；鲁保存周礼最多，又是儒家的发源地，孔子极端重视周礼。墨子的确是学了儒者之业而又反对儒者之业的。《墨子》书中曾多次引用古代史书和《书》《诗》等儒家经典就是明证。后来，他看到儒家学说“其礼烦扰”“厚葬靡财而贫民”等弊端，认为对国家民生有害，所以背离了儒家，创立了自己的学派。

墨子对传说中夏禹的业绩十分向往，《庄子·天下》篇中说：

> 墨子称道曰：“昔禹之湮洪水，决江河而通四夷九州也。……禹亲自操橐耜而九杂天下之川；腓无胈，胫无毛，沐甚雨，栉疾风，置万国。禹大圣也而形劳天下也如此！”使后世之墨者，多以裘褐为衣，以跂蹻为服，日夜不休，以自苦为极，曰：“不能如此，非禹之道也，不足谓墨。”

这可能是前文所说的“用夏政”的重要依据。墨子和他创立的学派，吃苦耐劳、济世救民的思想和作风与此有一脉相承的关系。

墨子生息的邹鲁小郑国学术昌盛、经济繁荣、科技发达，所以当地人喜好学术、技艺。除儒家思想，这里还保留着夏商遗风，尊天、重鬼神的观念还有一定的影响，这在墨子的思想中也有所反映。墨子是个手工业劳动者，他的门徒也大都是小手工业劳动者，他们长期劳动、生活在普通民众当中，认为天下之大患，在于“饥者不得食，寒者不得衣，劳者不得息”。只有亲身受过劳作之苦的人，才能有这样的感受。

以上这些对墨子都产生过影响，可以视为墨子学说的渊源。

《吕氏春秋·上德》篇曾记载墨家钜子孟胜为阳城君守国，至死不降的故事。这件事发生在吴起死后的公元前400年。钜子是当时墨家学派共同尊崇敬奉的领袖，并不限于一个诸侯国之内。钜子不见于《墨子》书中，而是在墨子以后，战国末期墨家以外的其他学派的著作中提到的。可见墨子活着的时候还没有确立这种世代相传的钜子制度。墨子死后禽滑厘继承了墨子的事业，讲学授徒。钜子制度的确立，最早也应是禽滑厘之后的事。孟胜这个人并不见于《墨子》，足证孟胜不但没有赶上墨子的活动时代，而且应在禽滑厘、耕柱子这些人以后。孟胜之后有田襄子任钜子……

墨家是一个有严格纪律的学术团体。它有以下几个特点：

一是派遣学生到各诸侯国做官。

二是派出去做官的弟子，如果背弃了墨家的基本精神（违反了“兼爱”“非攻”的原则），墨家领袖可以随时把他召回。

三是墨家有极严格的纪律和坚强的组织。孟胜为阳城君守城，孟胜和他的弟子一百八十人同时殉难。墨家钜子腹䵍住在秦国，儿子杀了人，秦惠王对腹䵍说：“先生年老，只有这一个儿子，我已下令赦免了他的罪。”而腹䵍说：“照墨家的法律，杀人的要偿命，伤人的要处刑。这是为了禁止一切杀人伤人的行为，是墨家共同遵守的原则。国君虽然赦免了他的死罪，可是我不能不行墨家之法。” 腹䵍没有听从秦惠公的劝告，终于把他的儿子杀了偿命。墨家服从真理的精神，不仅在当时，即使在几百年后，也还在被人一再地称道。

四是墨子和墨家派出去做官的弟子，有义务把做官的薪俸的一部分供给墨家团体。

《墨子》这一部书，和其他先秦诸子一样，在中国流传了几千年。其中有墨子的弟子们记录的墨子的学说，也有些篇章是后期墨家的学说，它是一部墨学丛书。尽管不是墨子手写的，但是却不能因此说《墨子》这部书不可靠。正如郭沫若先生所说：“《论语》

虽然不是孔子的手笔，《墨子》虽然不是墨子的手笔，但其中的主要思想我们不能说不是孔子和墨子的东西。”[①]《墨子》这部书，据《汉书·艺文志》记载，一共有七十一篇，到了北宋时存六十三篇，保存到今天的只有五十三篇。

《墨子》是根据墨子的弟子们的笔记整理而成的。在同样的题目下，有些篇有上、中、下三篇，例如《尚贤》《尚同》《兼爱》《非攻》《节用》《节葬》《天志》《明鬼》《非乐》《非命》等原来都有上、中、下三篇，现在有的已不完全，缺了七篇。据郭沫若先生的研究，同样的题目而有上、中、下三篇，可能是由于墨子的学说后来分为三派，各派所做的记录有详略的不同。上、中、下三篇的意思基本上是一致的。本书所讲的墨子的思想，主要是根据这一类的材料。

《墨子》书中还有一部分是讲机械制造和战争防御的，现存的共有十一篇（从《备城门》到《杂守》）。这一套战争防御的专门技术，对于墨子和他的弟子们，在反对侵略战争方面是起过作用的。这些技术知识在当时是师生当面传授的。可能附有图解，现在缺少了图解，文字记载又太简单，后人看起来就不大好懂了。如果研究工程史、战争史，这几篇却都是极其珍贵的原始材料。因为这一部分著作（现存的十一篇）和墨子的思想没有直接关系，本书从略。不过必须指出，这一部分在当时有它的实践的意义。墨家所以被当时各国诸侯重视，和他们这一套专门技术是很有关系的。

今天我们研究墨子和早期墨家的思想，以《尚贤》《兼爱》等二十四篇为主要材料。

---

① 见郭沫若：《青铜时代》。

此外还有和墨子学派的思想不合的，像《亲士》《修身》各篇，分明是儒家的学说而混入的。《经上》《经下》《经说上》《经说下》《大取》《小取》这六篇，据梁启超、郭沫若等人的考证，认为是后期墨家的思想。这六篇（当时称为《墨经》）中包括了中国最早的关于几何学、光学、力学以及一般物理学方面的知识，其中包含了素朴的唯物主义的认识论和相当完整的逻辑学。因为这六篇的内容有些是针对公孙龙和惠施的错误学说所提出的批判，所以我们今天可以断定这是后期墨家的作品。这六篇中像注重实践的效果、保护私有财产的权利等等，是继承了前期墨家的思想。同时，这六篇中也抛弃了前期墨家“尊天”“明鬼”的宗教迷信的成分。这六篇虽然篇幅很少，可是它的学术价值极高。

《墨子》书中《耕柱》《贵义》《公孟》《鲁问》《公输》五篇是记载墨子和他的弟子们的言行的，体裁有些像《论语》，是今天研究墨子的活动的直接材料。其中也有一些事件分明是墨子死后几十年到一百年才发生的，如《鲁问》有见齐太公田和的记载，《非乐上》有关于齐康公的记载，《亲士》提到吴起之死，等等，这显然是墨家的后学增补的。清代研究《墨子》最著名的专家孙诒让就是完全尊信《墨子》书中的一切记载，并根据它来考订墨子的年代的，因而不得不把墨子的年龄延长到九十岁以上。这是不合乎事实的。我们今天除了根据《墨子》进行研究，还要根据《墨子》以外的书和先秦的重大事件联系起来考察，才可以求得比较接近事实的真相。

《墨子》书保存下来，有残缺，两千年来还没有人对它做过全部的详尽的注解，只有孙诒让的《墨子间诂》算是比较可用的注解，有些疑难问题尚未解决。曾经成为最大学术流派的墨学，弟子中有姓名可考的不到四十人。

三、止楚攻宋的故事

墨子是一位十分注重实行的卓越的思想家、政治活动家。他的智慧、坚定和见义勇为的行动获得了历代人民的尊敬。鲁迅先生根据《墨子》书中《公输》一篇写成著名小说《非攻》。为了使墨子的光辉形象再现于读者面前，不妨把这个故事重新介绍一下。

公输般替楚国制造了攻城的器械——云梯，打算用来进攻宋国。墨子听到这个消息，急忙从鲁国赶往楚国，力图制止战争的爆发。他忘记了疲劳，顾不得休息，两脚在旧茧磨破后又磨出了新茧，终于以十天十夜的时间，克服了平常人所不能忍受的困难，赶到了楚国的京城——郢，并见到了公输般。

公输般看到墨子，就问道："先生这么远来有什么见教？"

"北方有人侮辱了我，"墨子说，"我想托你去杀掉他……"

公输般不高兴了。

"我送你十两黄金！"墨子又接着说。

"我是义不杀人的！"公输般说。

墨子很感动地直起身来，拜了两拜，说道："我有几句话说。我在北方听说你造了云梯，要去攻宋国。宋国有什么罪过呢？楚国有余的是地，缺少的是百姓。杀缺少的来争有余的，不能说是智；宋国没有罪，却要攻他，不能说是仁；你明明知道，却不向楚王力争，不能说是忠；你即使向楚王争辩过，争了而没有达到目的，不能说是强；照道理，连少数人也不应该去杀害，反而去杀害多数人，这不能说是知类。”

公输般没有话回答。

“那么，不是可以歇手了吗？”墨子说。

“这可不成，”公输般说，“我已经对楚王说过了。”

“为什么不带我去见楚王？”墨子说。

“可以。”公输般说。

“现在有一个人，”墨子见了楚王说，“不要轿车，却想偷邻家的破车子；不要锦绣，却想偷邻家的短毡袄；不要米、肉，却想偷邻家的糠屑饭，这是怎样的人呢？”

“那一定是生了偷摸病了。”楚王说。

“楚的地方，方圆五千里，”墨子说，“宋国却只有五百里，这就像轿车和破车子；楚国有云梦，满是犀兕、麋鹿，长江、汉水的鱼鳖、龟鼋之多，哪里都赛不过，宋国却是连雉、兔、鲫鱼也没有的，这就像米、肉和糠屑饭；楚国有长松、文梓、楠木、豫章，宋国却没有大树，这就像锦绣和短毡袄。所以据臣看来，大王派兵攻打宋国，和这是同类的问题。我看大王如果发动战争，道理上既说不过去，而事实上也达不到目的。”

“确也不错，”楚王说，“不过公输般已经在给我制造云梯，总得去攻的了。”

墨子为了打消楚王攻宋之意，便和公输般在楚王面前试演云梯攻城和防御的办法。墨子解下自己的腰带来，弯作弧形，算是城，用些木片作为攻守的器械。公输般用了九种方法，进攻了九次，都被墨子击退。公输般攻城的器械用尽了，而墨子防守的办法却还有余。

公输般失败了，他却说："我知道用什么法子赢你的，但是我不说。"

"我也知道你用什么法子赢我，但是我也不说。"墨子说。

楚王问他们说的什么。墨子说："公输子的意思，不过是想杀掉我，以为杀掉我，宋国就没有人能守，可以攻了。可是我的学生禽滑厘等三百人，已经拿了我的守御的器械在宋国城上，等着楚国来的敌人。就是杀掉我，也还是攻不下的。"

"真是好法子！"楚王感动地说，"那么我就不去攻宋国吧。"

从以上的故事，我们可以认识到墨子这个具有智慧和勇敢的哲学家的不朽形象。墨子并不是向侵略者乞求和平。他除了用正义的言辞跟侵略者抗辩，还充分认识到要有保卫和平的力量。事实证明，在强有力的保卫和平的力量支持下，宋国才免于遭受侵略。墨子为实现自己的理想，不辞艰辛，长途跋涉，甚至冒着生命危险去扑灭即将燃起的侵略战争的火焰。墨子这一伟大的行动，充分体现了中华民族一贯具有反对侵略战争的优良传统。直到今天，它对我们还有现实的教育意义，值得我们每一个爱祖国、爱和平的人记取。

四、"非攻"和"兼爱"

春秋无义战。当时贵族之间不断地进行残酷的掠夺战争。墨子接近劳动者，同情小生产者、小私有者，对他们在战争中所遭受的痛苦有深刻的认识，因而他反对侵略战争的思想感情也非常强烈。

他坚决地、无情地揭发了当时侵略战争给广大人民群众带来的灾难。《墨子》书中写道：

> 以攻伐无罪之国。入其沟境，刈其禾稼，斩其树木，残其城郭以御（按：填平）其沟池，焚烧其祖庙，攘杀其牺牲。民之格者（按：抵抗的）则劲拔之（按：杀死）；不格者则系操而归（按：用绳子一串串牵回）。大夫以为仆、圉、胥、靡，妇人以为舂、酋（按：仆、圉、胥、靡、舂、酋是指做不同工作的奴隶）。[1]

《墨子》书中详尽描述了那些被围困在城内的人民痛苦的遭遇：男女老幼皆参加守城，民间粮食、布帛、金钱、牛马畜产等一切可用的物品都被公家征用。自围城之日起，百姓便食不果腹，平均每天只吃三升多粮食，约合现在大半升。既有作战死伤，又要忍饿破产。沉重的力役负担和不可估计的财产损失已很惊人，如果战争长期不结束，围城中的人民就要遭受到更多的苦难。由于和侵略者的军队长期相持，有时甚至弄到“易子而食，析骨而爨”[2]。至于城池被攻破后，百姓的命运将会更加悲惨。总之，在战争中，不管胜利或失败，受苦受难的永远是双方百姓。

被侵略的战败国人民的命运不消说是很悲惨的，那些强大的侵略国的人民又是过着什么样的生活呢？他们的命运和遭遇并不比被侵略的弱小国家的人民好多少，疾病、创伤、破产、死亡的命运也在等待着他们。发胜利财的是那些王公大人，倒霉的却还是人民群

① 《黑子·天志下》。

② 《左传·宣公十五年》。

众、小生产者。墨子也无情地揭露战争给侵略国人民带来的灾难：

春则废民耕稼树艺，秋则废民获敛。今唯毋废一时，则百姓饥寒冻馁而死者，不可胜数。今尝计军上（按：据孙诒让校，“上”字应是“出”字），竹箭、羽旄、幄幕、甲盾、拨，劫（按：据吴敏江《墨子校注》改“劫”为“劫”）往而靡弊腑冷（按：据毕沅说，“腑冷”即“腐烂”）不反者，不可胜数。又与矛、戟、戈、剑、乘车，其列往（按：整整齐齐地出发）碎折靡弊而不反者，不可胜数。与其牛马肥而往、瘠而反，往死亡而不反者，不可胜数。与其涂道之修远，粮食辍绝而不继，百姓死者，不可胜数也。与其居处之不安，食饭之不时，饥饱之不节，百姓之道疾病而死者，不可胜数。丧师多不可胜数，丧师尽不可胜计。……国家发政，夺民之用，废民之利若此甚众，然而何为为之？[1]

罪恶的战争，对多数国家、对多数人民都是有害的。墨子曾用一个生动的比喻来说明战争的害处。他把战争比作医病，说比如有一种药，一万人吃了，只好了四五个人，这种药就是无效而有害的。战争的结果如果只便宜了“荆吴之王”“齐晋之君”，这就肯定战争是极端有害的，所以应当反对。[2]墨子在《非攻上》曾生动详尽地论证了战争是亏人而自利的：

今有一人，入人园圃，窃其桃李，众闻则非之，上为政者得则罚之。此何也？以亏人自利也。至攘人犬豕鸡豚者，其

① 《默子·非攻中》。

② 同上。

不义又甚入人园圃窃桃李。是何故也？以亏人愈多，其不仁兹甚，罪益厚。至入人栏厩，取人马牛者，其不仁义又甚攘人犬豕鸡豚。此何故也？以其亏人愈多，苟亏人愈多，其不仁兹甚，罪益厚。至杀不辜人也，扡其衣裘，取戈剑者，其不义又甚入人栏厩、取人马牛，此何故也？以其亏人愈多，苟亏人愈多，其不仁兹甚矣，罪益厚。当此，天下之君子皆知而非之，谓之不义。今至大为攻国，则弗知非，从而誉之，谓之义。此何谓知义与不义之别乎？

我们可以看出，墨子之所以反对战争，完全是为了反对统治阶级的侵略和掠夺，是为了劳动者、小生产者的利益着想的。事实再清楚不过，只要有战争，无论是大国或小国，无论是战胜国或战败国，首先遭到损失的总是出钱出力的老百姓。所以墨子希望实现和平，希望“饥者得食，寒者得衣，劳者得息”，劳动者能获得起码的生活条件。他的主张是正义的，所以是正确的。这种憎恨侵略战争、向往和平的优良传统，直到今天也还鼓舞着我们。如果用一句话来概括墨子哲学的全部精华，那就是他热爱和平、反抗侵略的思想。墨子体现了中国古代劳动人民朴质、善良、坚贞不渝的性格。

墨子的“非攻”的主张不是无条件地反对一切战争，而是反对“强凌弱，众暴寡”的非正义的战争。他并不反对抵抗暴力、保卫和平的战争。不但不反对，而且用实际行动来支持抵抗暴力、保卫和平的一方。他认为汤伐桀、武王伐纣的战争是代表人民除残去暴的正义行为。汤对于桀，武王对于纣，虽然用兵，但不能算是侵略（“攻”），应该算是讨伐（“诛”）。讨伐人民的敌人，其性质和侵略战争根本不同，如果混淆了这两者的根本区别，那就是不知“类”。

如果结合墨子当时的社会历史条件来看墨子的反对侵略战争的思想，就会发现他的主观愿望和历史发展的道路是存在着矛盾的。历史发展要求从分散割据的局面走向统一的中央集权的局面。也只有迅速地结束了分散割据的局面以后，才会真正减少战争，而结束分散割据的唯一方式就是通过兼并战争。古代的历史就是从许多表面上看来似乎盲目的行动中，体现了历史发展的必然规律的。历史总是沿着必然的规律，向既定的方向前进着。墨子的主观愿望是好的，他不愧为一个同情人民、有高度善良愿望的思想家和政治活动家。但他无法科学地认识历史发展的必然方向，因而他反对战争的理想固然反映了一部分现实情况（像战争给人民带来的痛苦），却对消灭或避免战争提出了极不现实的办法，这一点集中表现在墨子的“兼爱”学说中。

墨子“非攻”的主张的理论基础就是“兼爱”的学说。

墨子不但反对一切侵略战争，并且企图消除一切侵略战争发生的根源。他认为：

> 圣人以治天下为事者也，必知乱之所自起，焉能治之；不知乱之所自起，则不能治。……当察乱何自起？起不相爱。臣子之不孝君父，所谓乱也。子自爱不爱父，故亏父而自利；弟自爱不爱兄，故亏兄而自利；臣自爱不爱君，故亏君而自利。此所谓乱也。虽父之不慈子，兄之不慈弟，君之不慈臣，此亦天下之所谓乱也。父自爱也，不爱子，故亏子而自利；兄自爱也，不爱弟，故亏弟而自利；君自爱也，不爱臣，故亏臣而自

利。是何也？皆起不相爱。[1]

根据以上的推论，墨子认为当时国与国之间的战争都是由于“不相爱”。如果要天下治而不乱，那只有做到“兼相爱、交相利”，以“兼”来代替“别”。“兼”，在墨子看来是大公无私、不分彼此、关心别人如同关心自己一样的高尚品质，具有这种高尚品质的士，墨子称他作“兼士”；具有这种高尚品质的国君，墨子称他作“兼君”。和“兼”相对立的是只顾自己、不为旁人设想的自私自利的恶劣品质，墨子把这种品质叫作“别”。具有这种坏品质的士，墨子称他“别士”；具有这种坏品质的国君，墨子称他“别君”。甚至后来墨家分化为好几派，他们互相称呼其他派别的墨家叫作“别墨”。

但是，墨子把战争的起源、社会的不合理现象都归结为道德品质问题，却完全是以主观臆测对待客观存在的实际问题。

墨子从善良的愿望出发，反对不义的战争，把反对战争的理论基础安放在“兼爱”的学说上，却没有能够找寻侵略战争和互相争夺的社会根源，认为人间之所以有战争，是由于人们不明白“兼爱”的道理。墨子把社会混乱的根源归结为人类的认识错误，这显然是不符合事实的。

墨子把当时父子、兄弟之间的关系和国君、人民之间的关系看作同类性质的关系，这是原则上的错误。因为当时的国君和百姓根本不可能“兼相爱、交相利”，事实上他们之间的关系除了有相互依存的一面，还有对抗的一面。这种对抗关系在某种情况下还可

① 《墨子·兼爱上》。

能大大激化，演变成大规模的剧烈冲突。墨子的“兼爱”的道理并不难懂，可是以墨子的锲而不舍的精神，以墨学几百年来的广泛传播，却没有遇到个“兼君”，倒是教育出了一些为国君忠心服务的敢死之士，其中的道理是值得深思的。

墨子“兼爱”的主张企图使统治者与被统治者之间相安无事、和平共处，尽量做到“强不劫弱，众不暴寡，诈不谋愚，贵不傲贱”，可是按照墨子的办法，上下贵贱之分和旧秩序是实际存在而不能改变的。

当然我们也不应该仅仅根据墨子的思想方法的失误，连墨子的反映广大人民的求生存、爱和平、反侵略的合理的愿望也一笔勾销，这对于墨子和墨学的评价是不公平的，和当时的实际情况也是不符合的。

正因为反对侵略战争是反映了广大人民的正义的愿望，所以墨子的“非攻”的主张构成了他的学说中强有力的核心部分。墨子对于侵略战争的认识是深刻的，他完全理解战争给当时的小生产者、劳动者带来的痛苦。正因为如此，在“非攻”这一问题上，他接触到了真理。无论如何，用千百万人民的生命，用广大人民创造出来的财富，去进行残酷的侵略战争，人民是有权利提出质问的。用千百万人民的生命争夺一个城市，毁掉当时最缺少的——人，以换取当时不缺少的——地，人民是有权利提出抗议的。

墨子反对侵略战争的理论根据就是“兼爱”的学说。根据上文的分析，墨子所说的“兼爱”，是从精神方面、心理状态方面出发来对待人与人的社会关系的。墨子把千百万人民群众的正义的呼声——反对侵略战争——安放在一个善良愿望的基础上，造成了理论上致命的弱点。这一点是墨子自己不可能认识到的，反而把“兼爱”当作他和他的学派的积极主张，把“非攻”当作实现他的“兼爱”和“天志”（墨子“天志”的主张，见下文专章论述）的理想的手段，显然头脚倒立了。孟子发现了这个问题，全力攻击“兼爱”学说。孟子为了世袭贵族的利益，也提出了一些反对战争的口号。他也反对“争城”“争地”的战争，也反对贵族过分地剥削人民。但孟子是因为担心贵族这样搞下去会垮台，认为人皆有“不忍人之心”，良心上过不去，所以应当不要杀人。这和墨子所主张的为了百姓人民的大利，在基本立场上是不同的。

总之，墨子的“非攻”的主张，是有事实根据的，是墨子学说中的精华部分。但墨子把“非攻”这一正义主张，安放在“兼爱”和“天志”这样的主观愿望的基础上却是错误的。墨子“非攻”的主张，诚然表达了当时人民群众的主观要求，但由于墨子受当时历史条件的限制，还远说不上从社会发展的整体利益来认识战争的意义。墨子固然也曾用“攻”和“诛”来划分正义和非正义的战争，但他把正义的标准安放在“天”的意志上，认为只有不敬鬼神的暴君，触犯了“天”的意志，才成了被讨伐的对象。这样，就把战争的正义或非正义的标准归结到不可捉摸的“上帝”或“鬼神”的意志方面去，人类也就不能掌握了。这种不正确的观点是必须加以指出的。

五、“非乐”“非命”“节用”“节葬”

墨子从“国家人民之大利”的立场提出了“节用”的原则，至于“非乐”“非命”和“节葬”的主张，实质上是“节用”原则的应用，是防止贵族浪费的具体措施。墨子认为最大的浪费是战争，因此主张“非攻”，宣传“兼爱”。但是当时的王公大人、贵族们给人们增加的痛苦，绝不止侵略战争这一项。战争虽然常常发生，但毕竟有停歇的日子，而贵族压榨劳动者和小生产者却是无止境的，也是百姓所受痛苦的最大原因。

墨子为了减轻小生产者和劳动者的经济负担，为了改善他们的起码的物质生活，一方面要求增加生产，提高生产能力；另一方面要求贵族限制一下奢侈的生活。这就是墨子“非乐”“非命”“节用”“节葬”的实际意义。

墨子自己曾说过：

> 凡入国，必择务（按：“务”就是当前迫切需要解决的问题）而从事焉。国家昏乱，则语之“尚贤”“尚同”；国家贫，则语之“节用”“节葬”；国家憙音湛湎（按：沉醉在酒中），则语之“非乐”“非命”；国家淫僻无礼，则语之“尊天”“事鬼”；国家务夺侵凌，则语之“兼爱”“非攻”。[1]

墨子的主张虽然分为十项，但这十项主张并不是孤立的，而是有联系的。墨子的基本思想是“兴天下之利，除天下之害”。什么是“天下之害”呢？就是墨子所说的“饥者不得食，寒者不得衣，劳者不得息”[2]，墨子有时还补上一条，就是“乱者不得治”。合起来

① 《墨子·鲁问》。

② 《墨子·非乐上》。

看，那就是要求天下人民都能过饱食暖衣、和平幸福的生活，实现“国家之治，人民之众，刑政之治”[①]。他的十项主张，所说的还是一件事。

墨子主张“非乐”。为什么主张废除音乐艺术的享受呢？墨子说，动人的音乐好听，但不能解决广大人民最迫切的生活问题，听音乐不能当饭吃，不能当衣穿，所以应当反对：

> 民有三患：饥者不得食，寒者不得衣，劳者不得息，三者民之巨患也。然即当为之撞巨钟、击鸣鼓、弹琴瑟、吹竽笙而扬干戚，民衣食之财将安可得乎？[②]

墨子指出了王公大人欣赏音乐的害处。为了奏音乐，要一套设备，设备费是要由老百姓负担的。有了设备，没有人演奏还是不行，比如一口大钟如果没有人去敲它，和一只扣着的锅子没有什么两样。而演奏还是要乐人去效力。老弱都不能胜任乐人的工作，必定要年轻力壮的男女才行，男的耽误了种田，女的耽误了纺绩，这又浪费了劳动力。仅仅从演奏音乐这一点来说，已经使生产遭到了损失。但还不止此，演奏者、歌舞者绝不能穿粗布短袄，歌舞的人绝不能吃粗劣的粮食，否则营养不良，面黄肌瘦，看起来不免寒碜。这些本来可以从事生产的人，现在反而要靠别人来养活他们。所以墨子认为王公大人欣赏音乐歌舞就是“亏夺民衣食之财”。

墨子更进一步分析音乐艺术的享乐对国家政治和生产所带来的损失：王公大人喜听音乐，就会不理朝政，致使国家昏乱；士君

---

① 《墨子·尚贤上》。

② 《墨子·非乐上》。

子喜听音乐，就不能尽大臣的职责；农夫好听音乐，则不能早出暮归，好好耕作，致使菽粟不足；妇女好听音乐，则不能夙兴夜寐，勤于纺织，致使布帛短缺[①]。最后，墨子得出了这样的结论：

> 故上者天鬼弗戒，下者万民弗利。是故子墨子曰：今天下士君子，请将欲求兴天下之利，除天下之害，当在乐之为物，将不可不禁而止也。[②]

根据以上的材料，我们可以看出墨子为了减轻小生产者和劳动者的负担，对王公大人的腐朽享乐生活提出抗议，是完全可以理解的。事实上王公大人少一些音乐艺术活动，也确实可以减轻一些劳动者的负担。但墨子未把批评的矛头指向王公贵族利用音乐艺术加重了人民的负担上面，而是责怪音乐艺术本身，这就本末倒置了。照墨子的推论，王公大人们如果放弃他们对音乐艺术的享受，就会留出更多的时间来，把国家治理好，这是没有根据的。

由于墨子不懂得音乐艺术的价值和作用，不懂得音乐艺术的产生和创造是由于劳动和生活体验，所以他对音乐艺术的观点是片面的。他为了反对王公大人过分奢侈的生活，连老百姓正当的艺术生活也要一并取消，这未免因噎废食了。荀子曾说过，“墨子蔽于用而不知文”[③]，确实说中了墨子的片面性，即他只看到眼前的实利，而没有看到文化艺术对人民生活所起的巨大作用。

但是必须指出，墨子反对当时贵族奢侈腐化的享乐生活，指出

① 《墨子·非乐上》。

② 同上。

③ 《荀子·解蔽》。

他们的享乐是建筑在广大劳动者的饥寒痛苦之上的，这是正确的。墨子提出既然广大劳动者不能享受，那么贵族也不该享受。在这一意义上，墨子指出音乐艺术并不是不美，只是眼前迫切需要解决的是人民饥寒交迫的生计问题。他这种抗议，反映了人民的愿望，喊出了人民的不平的呼声。他对于王公大人的抨击，其进步性是应当得到肯定的。

墨子提出“非命”的主张，主要用意在于教人不要坐等命运的支配。“非命”说也反对儒家所宣称的“生死有命，富贵在天”的命定论。

墨子认为一个人富贵贫贱不是天生的，而是由于努力或不努力的结果；国家的治乱，不是命定的，而是君主努力或不努力的结果。所以墨子认为真正能够决定国家命运或个人命运的，是主观的“力”。在当时，在一定程度上，这种观点是值得肯定的。他首先指出，相信“有命”的说法是错误的：

> 执有命者之言曰：“命富则富，命贫则贫；命众则众，命寡则寡；命治则治，命乱则乱；命寿则寿，命夭则夭。”[①]

反对那些相信“有命”的人把一切后果完全归到命，自己则不负任何责任的做法。墨子说：

> 昔上世之穷民，贪于饮食，惰于从事，是以衣食之财不足，而饥寒冻馁之忧至。不知曰：“我罢（按：‘罢’读‘疲’，“无能”的意思）不肖，从事不疾（按：‘疾’是

① 《墨子·非命上》。

"努力"的意思）。"必曰："我命固且贫。"

昔上世暴王，不忍其耳目之淫、心涂（按：应为"心志"）之辟，不顺其亲戚，遂以亡失国家，倾覆社稷。不知曰："我罢不肖，为政不善。"必曰："吾命固失之。"[①]

从墨子的"非命"主张可以看出春秋末期的小生产者初步形成一种社会力量时，他们对自己的力量已有了一定认识，尽管这些认识是很模糊的。对于世界的起源和社会的构成，他们是不能理解的，因而他们把"上帝"和"鬼神"看作最后的决定力量，但在一定程度上，也开始认识了人类劳动所产生的巨大力量，因而他们认为国家的兴亡、个人的富贵贫贱不完全是命运的安排，而主要靠主观的努力。墨子说：

昔桀之所乱，汤治之；纣之所乱，武王治之。当此之时，世不渝（按："渝"是"变"的意思）而民不易，上变政而民改俗。存乎桀、纣而天下乱，存乎汤、武而天下治。天下之治也，汤、武之力也；天下之乱也，桀、纣之罪也。若以此观之，夫安危治乱，存乎上之为政也，则夫岂可谓有命哉？[②]

这里墨子提出统治者的主观努力对天下的治乱起着决定作用，给那些命定论者以沉重打击。但是墨子的历史观和古代其他的哲学家一样，仍有很大的主观性。他把推动社会向前发展的力量，从不可知的"命"搬到少数天才的"圣人"手中。认为桀、纣可以乱天下，

① 《墨子·非命上》。

② 同上。

而“天下之治”也是“汤、武之力”。但是我们不能因此而抹杀墨子“非命”说在当时的进步意义。

墨子认为，不但天下的治乱系于治天下的王者的主观努力，个人的富贵贫贱也系于每一个人的努力与否：

> 今也王公大人之所以蚤（按：“蚤”即“早”，下同）朝晏退，听狱治政，终朝均分而不敢怠倦者，何也？曰：彼以为强（按：“强”是“努力”的意思，下同）必治，不强必乱；强必宁，不强必危，故不敢怠倦。
>
> 今也卿大夫之所以竭股肱之力，殚其思虑之知，内治官府，外敛关市、山林、泽梁之利，以实官府，而不敢怠倦者，何也？曰：彼以为强必贵，不强必贱；强必荣，不强必辱，故不敢怠倦。
>
> 今也农夫之所以蚤出暮入，强乎耕稼树艺，多聚叔粟，而不敢怠倦者，何也？曰：彼以为强必富，不强必贫；强必饱，不强必饥，故不敢怠倦。
>
> 今也妇人之所以夙兴夜寐，强乎纺绩织纴，多治麻丝葛绪，捆布縿，而不敢怠倦者，何也？曰：彼以为强必富，不强必贫；强必暖，不强必寒，故不敢怠倦。[1]

相反，如果相信一切都是命定的，在墨子看来那就会出现完全不同的结果：

> 今虽毋在乎王公大人，蕢（按：据俞樾《诸子平议》，

① 《墨子·非命下》。

> “蒉”字是“籍”字误写）若信有命而致行之，则必怠乎听狱治政矣，卿大夫必怠乎治官府矣，农夫必怠乎耕稼树艺矣，妇人必怠乎纺绩织纴矣，……则我以为天下衣食之财将必不足矣。[①]

墨子这里反复讲到“强”的重要性，“强”就是“努力”。最后，墨子认为“命定”的说法是极端有害的：

> 命者，暴王所作，穷人所术（按：“术”即“述”），非仁者之言也。今之为仁义者，将不可不察而强非者，此也。[②]

我们清楚地看出在墨子的“非命”说中，强调人为力量的重要性，反对坐享其成的消极思想，就这一点来说，墨子的主张是完全正确的。墨子的“非命”和他的“天志”说是互相配合的。墨子认为“天”的意志是叫人和平相处，努力生产，所以墨子认为儒家相信“命定”说，轻视生产，是违反了“天”的意志的。墨子的“非命”说，一方面反对怠惰，一方面也在反对儒家的“命定”论。墨子十分关心生产的发展、人民生活的改善，他一再宣称他的“非命”的目的在于“必使饥者得食，寒者得衣，劳者得息，乱者得治”[③]。这是极其珍贵的。但也不能因此否认墨子的“非命”说的弱点。

墨子对贵族世卿的妥协的立场，使他分不出劳动者和贵族世卿的利害关系有对立的一面。他错误地把王公大人统治百姓和农夫的“耕稼树艺”看作同等性质。实际上，只有后者的劳动才能创造财

---

① 《墨子·非命下》。

② 同上。

③ 同上。

富。墨子经常把王公大人和劳动者并列起来，当作一个整体，好像是互相配合、分工合作的两种人。诚然，在一个社会经济体系内，人们的社会经济地位是有不同的，但是在统治者和被统治者之间存在着相互依存和相互对抗的两重关系，而不单纯是分工合作的关系。墨子在不触动剥削制度的前提下单纯要求劳动者“不敢怠倦”地从事生产，并认为人民的贫困、饥寒是由于工作不努力的结果。这种观点显然是片面的。先秦时期，孟子、荀子、韩非都有类似的说法。墨子之前的老子认为：“民之饥，以其上食税之多，是以饥。”[①]正确地指出了百姓贫困的根源。墨子主观上是维护劳动者的利益的，但是由于他的妥协性，使得一些观点出现了片面性，才说出这种不合事实的话来。

“节用”“节葬”和“非乐”“非命”的中心思想是一致的。墨子认为衣服只要“冬以圉（按：“圉”即“御”）寒，夏以圉暑”即可，饮食、舟车、房舍等凡是生活所需的东西均应以实用为宜，反对华而不实、铺张浪费。墨子说：“费财劳力，民不加利者，不为也。”又说：“用财不费，民德不劳。”[②]倡导“节用”“节葬”的目的在于减轻人民的负担，限制王公大人的奢侈浪费。他说：“富贵者奢侈，孤寡者冻馁，虽欲不乱，不可得也。”贵族富豪穷奢极欲，必然厚敛于百姓，使百姓陷于饥寒，导致天下大乱。

墨子在《节葬下》一节中，描写了当时厚葬的情况：

> 棺椁必重，葬埋必厚，衣衾必多，文绣必繁，丘陇必

---

① 《老子》七十五章。

② 《墨子·节用上》。

> 巨，……金玉珠玑比乎身，纶组节约，车马藏乎圹。

墨子指出，那些王公大人不但生前过着骄奢淫逸的生活，死后还要厚葬，极大地浪费了社会财富。

墨子为了劳动者的利益，在消极方面提出了“节用”“节葬”的主张，在积极方面提出了增加财富和增加人口的方案。墨子主张不分贵贱，一律用三寸厚的木板做棺材，不要殉葬的物品，反对三年之久的丧制，反对在丧葬期间“强不食而为饥，薄衣而为寒”弄到身体瘦弱，“扶而能起，杖而能行”这种毁坏身体的繁重仪式。墨子指出，厚葬把有用的财富埋在地下，结果必然使人民贫困；久丧毁坏身体，又使男女隔离，必然使人口减少；居丧期间，贵族不能过问政事，人民不能从事生产，结果使得“国家必贫，人民必寡，刑政必乱”。[①]

在墨子的时代，贵族奢侈浪费、享乐腐化，同时，他们还利用生活的过分享受来显示他们社会地位和政治地位的优越。墨子对当时这种社会现实进行揭露和批判，无疑是具有进步意义的。墨子最早指出，人是依靠劳动才能维持生活的。他提出了极有价值的原则：

> 赖其力者生，不赖其力者不生。[②]

不赖其力而生活，在墨子看来是不应该的，“不与其劳而获其实”是犯罪的，“亏人愈多，不义愈甚”。墨子并没有明确地说寄生生

① 《墨子·节葬下》。

② 《墨子·非乐上》

活是可耻的，但照墨子的理论发展下去，势必得出不劳动是可耻的结论。事实上墨子的后学已经正式批评了当时的王公大人是“厉民而自养”。

墨子在“节用”和“节葬”的主张中，要求统治者和被统治者的生活水平一律平等，在古代生产条件下，墨子只能采取降低贵族世卿生活水平的办法。这种主张自然是对广大人民有利的，虽然事实上做不到，但不可否认，这种主张在客观上模糊了等级制度的界限，缩短了贵族世卿和劳动者之间的差距，也还是有重大意义的。我们只要看当时有些哲学家对他的攻击，说他“慢差等”，说他不知道“贵贱有仪”，甚至恶毒地咒骂他是“无父”的“禽兽”，就可以想象得出这位伟大的哲学家是怎样地触到了他们的痛处。

总的看来，墨子的“节用”主张是具有进步意义的，他看到侈靡的音乐艺术享乐给人民带来沉重的负担，就提出抗议；当“命定”论使人懒惰、不努力生产时，就提出增加生产的主张，以求人民免于饥寒；当贵族世卿奢侈浪费达到惊人的程度、使人不能忍受时，就对饮食、衣服、住室、财用各方面提出了节约的主张；当丧葬的仪式发展到繁文缛节、费钱耗时时，就提出薄葬、短丧的主张，并要求缩小贵族世卿和人民之间生活的距离，这些都是值得称赞的。

墨子的主要精神在于先要照顾广大人民的利益，先要求人民的生活不饥不寒，然后再要求提高。在这些问题上，墨子确实喊出了当时人民要喊的声音，他的伟大之处正在于此。如前面所说，他有不少主观愿望和客观事实相违背的地方，墨子哲学中也有许多矛盾和缺点，这是由多方面的原因造成的，我们正是要肯定其进步性，批评其不足，发掘古代优秀思想。

六、“尚贤”“尚同”

墨子在《鲁问》篇中说：“国家昏乱，则语之尚贤、尚同。”意思是说国家政治昏暗纷乱之际，就向国君宣传“尚贤”“尚同”的重要意义。《尚贤》《尚同》篇是墨子争取改善小私有者社会地位的纲领。

墨子在《尚贤》中提出任用、选择贤士的一系列纲领性意见。春秋末期，世袭贵族宗法制度的基础已经开始动摇，当时各诸侯国政局动荡，政治昏暗，世袭贵族为了挽救自己的灭亡的命运，开始招纳人才。而当时的手工业者、小私有者，由于生产的发展，在经济上逐渐取得更多的独立地位。他们获得的自由越多，生产积极性也越高。这一变化，在墨子的时代，就是士的地位提高，士的阶层扩大，要求过问政治。这就是“尚贤”说产生的客观原因。

在春秋初期、中期，世袭贵族的统治占主要地位的时候，统治者和被统治者的关系建筑在宗族血缘关系上，君臣的关系、大夫家臣和人民的关系是宗族血缘关系的扩大。富者与贵者是统一的，贫者与贱者也是统一的。富贵与贫贱的身份几乎生来就是决定了的、不可改变的。因此，这时期不发生“尊贤”或“尚贤”的问题，只有“亲亲”的问题。所谓“周道亲亲”，其实就是用宗族关系作为人与人之间联系的纽带。

孔子时代已提出了“举贤才”的主张。当时，世袭贵族为了加强他们的统治，需要找一些干练的、有能力统治人民的人物。最初选拔的“贤才”绝大多数是从没落的、失势的、被压抑的世袭贵族中间选拔。到春秋末期，开始真正选拔那些非世袭贵族出身的“贤才”。根据书传记载，当时，孔子的弟子，真正出身于贵族的只有两人。墨子的弟子，从他们从事手工业的技能和他们吃苦耐劳的精神来看，绝大多数应当是出身于劳动者阶层的。墨子一再提出“农与工肆之人”，只要他贤能有才，也可以参加政治。这种思想和要求并不是他的空想，而是在当时的客观情况下有了实现的可能才提出的。

墨子提出“尚贤”的主张，在当时对于世袭贵族的特权，在客观上起着瓦解的作用。墨子说，“求国家之富、人民之利、刑政之治”，只有“尚贤”。“尚贤”是为政之本，他认为要使国家得治，首先在于网罗贤才：

> 国有贤良之士众，则国家之治厚；贤良之士寡，则国家之治薄。故大人之务，将在于众（按：“众”是“加多、聚集”的意思）贤而已。[①]

墨子并且主张用提高贤士的物质待遇和社会地位来召纳天下的贤士，使他们有参与政权的机会。他提出为贤士寻找政治出路的主张，具体地说，就是为那些部分反映小生产者、小私有者的利益的士开辟政治道路。

所谓的“贤士”就是具有墨子或墨家的道德标准的人。贤士的标准，《尚贤下》说：“有力者疾以助人，有财者勉以分人，有道者劝以救人。”也就是那些“厚乎德行，辩乎言谈，博乎道术”[②]具

① 《墨子·尚贤上》。

② 《墨子·尚贤上》。

有墨家政治观点的、有学识的知识分子。

墨子不但提出贤士的标准，而且提出选拔贤士的具体办法。这在当时，对于世袭贵族制度是一种相当激烈的改革性的见解，因为他的选拔贤士的主张是针对西周几百年的旧习惯、旧制度提出的，是为那些素无社会地位的“农与工肆之人”出身的知识分子争取参与政治活动的。墨子假借古代圣王的名义，宣传他的任贤使能的主张。他说：

> 故古者圣王甚尊尚贤而任使能，不党父兄，不偏富贵，不嬖颜色。贤者举而上之，富而贵之，以为官长；不肖者抑而废之，贫而贱之，以为徒役。[①]

墨子在这里正式提出改革世袭贵族制度的要求，只有对“贤者”，才可以“富而贵之”；只有对“不肖者”，才可以“贫而贱之”。贤者为官长，不贤者为徒役。而在过去，只有富贵者才能任官长，贫贱者只能当徒役。

在墨子的“尚贤”主张中，还提出初步的法治思想，给后来的法家韩非一派准备了思想条件。他说：

> 圣人听其言，迹其行，察其所能而慎予官，此谓事能。故可使治国者使治国，可使长官者使长官，可使治邑者使治邑。[②]

墨子已把尚贤使能的范围扩大，哪怕是贫且贱者，只要他是贤士，墨子就认为他有资格去做官。贤士所做的官可以小到“治邑”，大

① 《墨子·尚贤中》。

② 《墨子·尚贤中》。

到“治国”。他以坚决的、严格的态度提出：

> 不义不富，不义不贵，不义不亲，不义不近。[①]
>
> 古者圣王之为政，列德而尚贤。虽在农与工肆之人，有能则举之。[②]
>
> 以德就列，以官服事，以劳殿赏，量功而分禄。故官无常贵而民无终贱，有能则举之，无能则下之。[③]

正如以上所讲过的，墨家主要代表当时逐渐抬头的小私有者的利益和希望。他们要求在社会的大变动中获得政治参与权，取得一些政治地位，以保护他们自己的经济利益。墨子认为只有像墨家所承认的那些贤者当了“治国”“治邑”的官长以后，才能实现他们的政治理想，解除天下的公患，使得“饥者得食，寒者得衣，劳者得息，乱者得治”。

墨子和他的学派采取的是平和的“上说下教”的方法。所以他们一方面对当时势力最大的儒家猛烈攻击，一方面视死如归地为国君贵族守城御敌，希望用事实证明他们是贤者，借此取得信任，以便推行他们的学说。

和以上情形相反，在“尚贤”的问题上，墨子在主观上是维持当时的世袭贵族统治秩序的，而在客观上，照墨子的办法做下去，却必然获得破坏世袭贵族制度的结果，而走上像后来法家所主张的官僚政治的道路。

---

① 《墨子·尚贤上》。

② 同上。

③ 同上。

“官无常贵，民无终贱”的响亮口号，朦胧地反映了春秋向战国过渡的新倾向，它标志着世袭贵族制度终归消灭而代之以官僚政治的必然趋势。因此，我们必须指出，墨子的“尚贤”的主张的进步意义和作用远远超过过去对墨家学说的估计。墨家这一群从“农与工肆之人”上升起来的士，尽管还只占广大劳动者中的极少数，但他们不但在人格上获得了自由，在经济上得到独立，而且对于政治也要提出他们的意见，要求过问并要求参与。这是只有在重大的社会变动时代，只有在广大的“农与工肆之人”形成了一定的社会力量时，才会产生反映他们的经济愿望和政治要求的哲学。我们研究墨子，并不是孤立地研究他个人的思想，而是透过像墨子所代表的学派的研究，可以具体地了解古代社会、古代历史的发展面貌。认识昨天的中国更将有利于认识当前的中国。

墨子虽然也像法家一样，已接触了任贤使能、赏功罚罪的新方向，但仍然主张不要打乱原有的贵贱等级的世袭贵族制度，他幻想用和平妥协的方式来改善小私有者的经济地位。他的目的不能达到乃是必然的结果。

“尚同”是“尚贤”的理论基础。“尚”和“上”有时候通用，“尚同”就是“上同”。

墨子在“尚贤”的主张中已一再强调贤者应当“治国”“治邑”，贤者为官长，贤者要在高位。墨子认为在道德学问上的贤者，在政治地位上也应当是贵者。贤者和在高位者应当统一。“尚同”说的基本思想在于说明贤者所规定的是非标准有真理的价值，而在上的统治者也应当是贤者，所以在上者所规定的是非标准具有真理的价值。

墨子设想古代还没有国家领袖的时候，天下的人各有各的道理。因此一人一个道理，十人有十个道理，百人有百个道理，人数越多，他们的所谓道理也越多。每人都以为自己的道理对，而不赞成别人的道理。所以互相说别人的道理不对。[①]

墨子还设想古代没有国家、没有领袖的时候，人人有不同的想法，人人都不知道“兼爱”的道理，内至一家的父子兄弟，外至天下的百姓，都以“水火毒药相亏害”。那时“天下之乱，若禽兽然”[②]。墨子把天下混乱残害的根源归结为两点：第一是缺乏共同的认识，第二是缺乏有权威的领袖。墨子根据他的“天志”的说法，推论出国家社会最高统治者（天子）的选立是由“上帝”“鬼神”的意志决定的。既然天子是“天”所选定的，那么层层节制，以下的三公、诸侯、左右将军大夫，自然都是贤良的。所以墨子“尚同”的说法，虽然在他的主观愿望上，以为“尚同”于“上帝”和“鬼神”的意志是最公平合理的，但在客观上，这“尚同”于天下的说法乃是帮助当时的王公大人巩固在人民面前已经动摇的威信的。

照“尚同”的主张，人民的“正长”（君主）由“天志”选定以后，人民必须以他所属的上级的是非标准作为行为的指导原则。这样，政治上的领导者同时又是道理（“义”）的教导者，就再也不会有“一人一义”“十人十义”“百人百义”，而只有一个共同信仰的道理，那就是墨子自己虚构出来的“天志”的主张——人人相爱，不要侵凌，不要争夺。统一在这样的“义”之下就是对的，否则就是错的。

---

① 《墨子·尚同中》。

② 同上。

和他的“兼爱”的学说陷入同样的错误，他把“尚同”说安放在没有保障、虚构出来的基础上，所以是站不住的。

有些对墨子有偏好的学者，如梁启超等人，不但不认为墨子的政治思想是维护世袭贵族制度的，反而说他有民权民主的思想，说他的理论有些像18世纪法国卢梭的《民约论》。梁启超对于他所根据的材料的解释也是错误的。他把《经上》篇的“君，臣萌通约也”解为“民约”的思想，第一，他所根据的材料不是墨子的，而是后期墨家的；第二，他误解了“约”的意义，“约”不是“契约”的“约”，而是“约束”的“约”。这句话的意思，只是说“君是民的总管”。

不容讳言，墨子的“尚同”说是宗教迷信的根据，和他的“尚贤”说的光辉意义不能相提并论，是不能通过实践来证实的。我们可以说这是墨子政治理论中最薄弱的一个环节。

墨子的“尚同”政治思想也还有它进步的一面。他认为从天子到地方上的基层组织，每一级都应该推举有才干的人来负责。他希望能建立一个权力集中、强有力的政治体系。这种要求，不管墨子是自觉或不自觉，却反映了当时百家争鸣中共同关心的问题，反映了春秋、战国时期在经济上、政治上都已有了走向统一的趋势，具有进步的意义。

与此同时，我们也必须指出，这种政治理想完全实现的条件还远没有具备，其中有些空想的成分。而这种空想是和西周以来分散割据的世袭制度相对立的，它反映了遭到迫害的人民要求结束诸侯混战、分散割据的局面，体现了建立大一统国家的新的要求和趋向。这种要求和他“兼爱”“非攻”的主张是一致的。

七、“天志”“明鬼”

由于时代和阶级的局限，任何一个哲学家，即使是古代的伟大的哲学家，也不可能正确地、科学地认识他自己的哲学的作用和价值。韩非子在《显学》篇中说：

孔、墨之后，……取合相反不同，而皆自谓真孔、墨。孔、墨不可复生，将谁使定后世之学乎？

其实即使孔、墨复生，还是无法认识自己的历史地位，因为他们毕竟是两千多年以前的人，他们不可避免地受到历史条件和出身经历的限制，他们不可能正确地认识自己的优点和缺点。墨子所代表的是两千年前的小私有者和手工业者，它的进步性和它的妥协性交织在一起，在主观上虽要求摆脱现实压迫，而在客观上却不自觉地做了被统治者利用的工具。

墨子在主观上认为他的最主要的学说是“天志”（上帝的意志）。他说：

我有天志，譬若轮人之有规，匠人之有矩。①

墨子的“天志”是用来干什么的？墨子说：

上将以度天下之王公大人之为刑政也，下将以量天下之万

---

① 《墨子·天志上》。

> 民为文学、出言谈也。观其行，顺天之意，谓之善意行；反天之意，谓之不善意行。……故置此以为法，立此以为仪，将以量度天下之王公大人卿大夫之仁与不仁，譬之犹分黑白也。[①]

可见墨子是用“天志”来作为王公大人和天下万民言行的尺度的，墨子认为只有“天志”才是人类行为的客观标准。

“天志”对王公大人和一般平民的具体要求是什么？墨子也有明确的解说：

> 天之意，不欲大国之攻小国也，大家之乱小家也。强之暴寡，诈之谋愚，贵之傲贱，此天之所不欲也。[②]

照墨子看来，“上帝”的意志不但在消极方面限制人们某些事情不能做，并且在积极方面还鼓励人们某些事情要努力去做。“天志”希望“人之有力相营，有道相教，有财相分也”。这样做的结果就是“刑政治，万民和，国家富，财用足，百姓皆得暖衣饱食，便宁无忧”。[③]

根据《墨子》书中所描绘的“天志”，不难看出，这恰恰是墨子和他所代表的小生产者和劳动者对于和平幸福生活的向往。墨子相信鬼神，并认为鬼神可以给人赏罚祸福。墨子还举出一些古代史传和传说中的例子来“证明”鬼神是确实存在的。这样，墨子就陷入了宗教迷信的泥坑里。他放弃了自己的注重效果、注重实践的精

① 《墨子·天志中》。

② 同上。

③ 《墨子·天志中》。

神，不用实践考验古代史传传说的可靠性，相反地，却做了古代传说和迷信的俘虏。

鬼神所惩罚的是什么人呢？墨子认为鬼神专惩那些“吏治官府之不洁廉，男女之为无别者，鬼神见之；民之为淫暴寇乱盗贼，以兵刃毒药水火退无罪人乎道路，夺人车马衣裘以自利者，有鬼神见之”[①]。

鬼神的赏罚，在墨子看来，并不是专对付那些小民的，鬼神对于那些有权有势的人也不例外。墨子说：

> 鬼神之罚，不可为富贵众强、勇力强武、坚甲利兵，鬼神之罚必胜之。若以为不然，昔者夏王桀贵为天子，富有天下，上诟天侮鬼，下殃傲天下之万民。……故于此乎，天乃使汤之至明罚焉。[②]

可见墨子对于“上帝”和“鬼神”的一些看法，基本上是继承了古代的宗教迷信，但墨子对于“上帝”和“鬼神”也做了某些“合理”的修正。他所说的“天”和“鬼神”是按照当时小生产者所要求的公平合理的愿望塑造出来的。墨子所诚心信奉的“上帝”和“鬼神”根本就是墨子所代表的这一社会阶层自己的虚幻的化身，尽管墨子没有自觉到这一点。在春秋末期，小私有者和手工业者逐渐取得独立的地位，形成一定的社会力量时，他们不能不有改善自己的生活条件和社会地位的要求。墨子的“天志”和“鬼神”的意志，正是反映了这一被压抑阶层的意志。尽管当时

---

① 《墨子·明鬼下》。

② 同上。

的手工业者和小私有者的社会力量还不可能形成自觉的力量，但是他们在社会实践中却成为一种自发的斗争的力量。

墨子把他们的希望寄托在“上帝”和“鬼神”的身上，希望通过“上帝”和“鬼神”的威力使那些特权阶层也受到一定的裁制。因而他们幻想出有一个最高的、公正的、有智慧、有权力的“上帝”或“鬼神”来给他们主持正义。这种幻想出来的超人的权威，反映出墨子想把他们自己的社会阶层变成权威。

墨子和他的门徒也是最虔诚的“天志”的实现者。他们的确按照“天”的意志做到“有力相营，有道相教，有财相分”的地步，但实际上当时小生产者的生活并没有因此得到改善，他们的社会地位并没有因此得到提高。

宗教问题是现实世界的“反映”，但它的反映，不是如实的反映，而是曲折的反映。墨子对当时的残酷的压迫，由于历史和阶级的局限性，不可能提出革命的办法，而是采用向统治者说教的办法，竭力为国尽忠，做国君的“良师”“益友”“忠臣”。墨家自以为这样做可以得行其道，而事实刚好相反。当时的国君之所以尊重墨家，主要是看中了墨子和他的学派的上述特点和他们具有善于守御的技术。

墨子的“天志”“明鬼”的主张，固然在主观上是为了庶民阶层的利益，想要使当时的无法无天的贵族统治者、王公大人弃恶从善，但这种主张也常常使得广大劳动者在残酷的剥削下，拼命降低生活要求，拼命多做工，不敢萌生任何反抗的念头。墨子有善良的主观愿望，但把宗教迷信作为思想武器，常常事与愿违。如果把墨子的宗教观放在春秋末期思想发展的过程中来考察，我们就更能看清墨子的宗教观是起着妨碍科学发展、麻痹人民思想的消极作用的。

“天”的观念的至上性，在春秋末期已经发生了动摇。那时已有人对“天”发出了“天不可信”的怨言。多少世代里，“天”作为世袭贵族用来统治奴隶、镇压奴隶反抗思想的工具，它的权威已开始动摇了。当时每一个哲学家，要说明社会问题、自然问题，都不能对“天”置之不理。彻底否定“天”具有人格、意志、赏善罚恶的宗教迷信作用的，有老子；对“天”的人格、意志的超人作用采取保留态度的，有孔子；对“天”的信仰不怀疑并加以修正，使它满足广大劳动人民要求的，有墨子。对于“天”的观念，在春秋三大学派中以老子最进步，孔子则采取左右摇摆的态度，墨子的见解最落后、最保守。墨子企图把已经在人民群众中开始动摇的“天”的基础加以巩固，灌注上新的内容。因为他的方向是错误的，他的愿望不得不落了空。

墨子的“天”以及“鬼神”的观念反映了墨子对当时上层贵族的不满，同时也反映了他对上层贵族的妥协。

八、“三表”

墨子的学说中，他的认识论是比较光辉的一部分，具有唯物主义的观点。他所提出的认识客观事物的方法和检查认识可靠性的标准就是有名的“三表”或“三法”。“表”和“法”都是“标志、标准”的意思。“三表”就是判断认识正确与否的三个标准。在

《非命上》中说：

> 言必有三表。何谓三表？子墨子言曰：有本之者，有原之者，有用之者。于何本之？上本之于古者圣王之事。于何原之？下原察百姓耳目之实。于何用之？废以为刑政，观其中国家百姓人民之利。

在《非命中》和《非命下》中也有类似的记述，这里只就《非命上》的“三表”加以阐述。至于“三法”也即《非命上》篇中的“三表”，就不再重述了。

墨子的第一表认为，要判断事情的真假是非，不能只凭主观的印象，而要有历史的根据、前人的经验。这就是他所谓“上本之于古者圣王之事”。墨子和孔子在当时都是博学的人，今天我们所读到的《墨子》中，有许多地方引用了《尚书》《诗经》，也引用了当时周、郑、燕、齐等国的历史——《春秋》。墨子并不是故意掉书袋，自炫博学，而是为了说明他的论证有根据，他要在前人的经验、历史的记载中寻找间接的经验。间接的经验在认识过程中是必不可少的，这是人类认识的特点之一，是其他动物所没有的。

墨子和他的论敌展开辩论时，经常使用这一武器。墨子在驳斥“命定”论的主张时，就曾举出古代的一些例子作为证据。他说：

> 古者桀之所乱，汤受而治之；纣之所乱，武王受而治之。此世未易，民未渝，在于桀、纣则天下乱，在于汤、武则天下治，岂可谓有命哉？[①]

① 《墨子·非命上》。

墨子更进一步追问那些相信有命的人说：

> 先王之宪，亦尝曰“福不可请，祸不可讳，敬无益、暴无伤”者乎？……先王之刑亦尝有曰：福不可请，祸不可讳。敬无益、暴无伤者乎？……先王之誓，亦尝有曰“福不可请，祸不可讳，敬无益，暴无伤”者乎？[1]

墨子的“非命”学说给当时的“命定”论者以有力的打击。

墨子的第二表认为判断事情的真伪是非要根据“百姓耳目之实”，就是说要用广大人民亲身的经验作为标准，不能只凭主观想象。他在反对“命定”论者的辩论中也曾使用过这一武器。他反问那些相信有命的人说：

> 我所以知命之有与亡（按：“亡”即“无”）者，以众人耳目之情知有与亡。有闻之，有见之，谓之有。莫之闻，莫之见，谓之亡。[2]

墨子又说，可是事实上，自古及今，“亦尝见命之物，闻命之声者乎？则未尝有也”[3]。耳目感官经验是知识的直接来源，通过直接经验可以得到正确的知识，这是一般认识的途径。我们必须肯定，墨子提出了这一点是对的。但是认识的对象不尽是感官所能直接接触得到的，比如墨子在上面所举的“命”，根本就是一个抽象名词，即使有，也是看不见、摸不着的东西。墨子攻击别人时，常说人家“不知

① 同上。

② 《墨子·非命中》。

③ 同上。

类”，对于这一问题，墨子自己也犯了“不知类”的毛病。如果有人用墨子的方法驳斥墨子，问他，请他把“义”的形状、声音拿出来让大家看看，墨子一定也拿不出来。这是墨子思想不够缜密的地方。

第一表和第二表的重要性已如上述，但墨子的认识论还不是严格的、合乎科学标准的认识论。墨子的认识论的主要缺点，在于他不能分别感性认识和理性认识在本质上既有区别而又有联系的辩证的关系。墨子的认识论更多地停留在仅靠感觉经验（有的是古人的——第一表，有的是当前的——第二表）这方面，而忽略了理性认识的重要性。这里，主要的是他不认识实践在认识过程中的作用。因而，墨子知道只凭主观印象容易出错误（这是对的），但他把过去的以及现在的某些根本无法通过实践来证实的所谓“经验”，又常常当作衡量事情真假的标准，这显然是不对的。

墨子所提出的第一表、第二表是唯物主义认识论起脚的第一步，认识必须通过感觉，通过直接经验和间接经验。但是仅仅停留在这一步是不够的，感性认识不上升到理性认识，就不能使人认识到事物的本质，就形不成科学的认识。

关于第三表，墨子认为判断事情的真假是非，要根据“发以为刑政，观其中国家百姓人民之利”。这是墨子的认识论的最主要也是最根本的思想方法。墨子反对战争，反对世袭贵族奢侈浪费的生活，甚至最为人诟病的《天志》《明鬼》《尚同》各篇言论也都是从这一标准，即以它合不合“国家百姓人民之利”为出发点的。墨子思想中许多丰富的、带有人民性的进步因素，都是在这一标准指导下发展出来的。

当然第三表也有缺点，墨子经常把国家的利益和人民的利益看得没有矛盾，实际上王公大人和百姓的要求和利益有很大的差异，二者既有共同性，也有矛盾性，因此他所提出的“国家百姓人民之利”就失去了标准。因而往往产生了墨子的主观愿望和客观事实相矛盾的结果。

总之，墨子的思想方法和判断真理的标准（“三表”）的根本精神是唯物主义的。墨子认为判断事物的总的精神和方法是反对主观，相信客观。他的“三表”都是为了防止认识上的片面性和主观性而提出的。“三表”也都是根据经验（第一表、第二表）、根据客观效果（第三表）才做出判断。缺点是他没有把唯物主义贯彻到底。

应当指出，墨子不明白认识和实践的辩证的统一的关系（上文已做过分析），但也不是完全不认识实践的重要性。墨子在某些问题上也还是相当重视客观实践的效果的。他曾在《耕柱》篇中说：

> 言足以复行者，常（按：“常”读作“尚”。下同）之；不足以举行者，勿常。

又说：

> 言足以迁行者，常之，不足以迁行者，勿常。”①
>
> 今瞽曰：“钜者，白也。黔者，黑也。”虽明目者无以易之。兼白黑，使瞽取焉，不能知也。故我曰瞽不知白黑者，非以其名也，以其取也。②

这里墨子的意思是说，议论经得起实践考验的，才重视它；经不起

---

① 《墨子·贵义》。

② 同上。

实践考验的，就不重视它。现在如果有一个盲人说："钜是白色，黔是黑色。"即使明眼的人也无法说他不对。可是把白色、黑色混在一起，叫盲人选择，他就不能辨别了。所以说盲人不认识黑白，不是凭他们口说，而是看他们的选择。从以上这些话来看，墨子并不是完全不知道实践在认识中的作用的，并且也承认实践是辨别真假的客观标准。这都是他的认识论中的唯物主义因素。但是遇到另外一些问题，比如关于宗教方面的，关于古代传说方面的许多鬼神迷信的记载，他就放弃了以实践检查真理这一科学原则。

墨子和他的弟子们既然出身于具有丰富生产知识的劳动者阶层，而且他们还会制造守城的器械，足证他们具有一定的科学知识，在他们科学实践的基础上，会产生自发的唯物主义倾向的认识论，这是完全可以理解的。事实告诉我们，有许多科学家，尽管在他们所研究的某些小范围内是自发的唯物论者，但是在更广大的知识领域内，特别是对于社会、对于文化、对于历史的发展这些性质复杂、变化繁多的现象面前，他们很容易变成唯心主义者。墨子的社会历史的观点也是唯心主义的，而在认识论方面有唯物主义的因素，这一矛盾不但不值得惊诧，倒是可以理解的。

此外，墨子在思想方法上提出了推理的重要性。

> 彭轻生子曰："往者可知，来者不可知。"子墨子曰："籍设而亲在百里之外，则遇难焉，期以一日也，及之则生，不及则死。今有固车良马于此，又有奴马四隅之轮于此，使子择焉，子将何乘？"对曰："乘良马固车，可以速至。"子墨子曰："焉在不知来（按：怎么说未来的事无法知道）？"[①]

① 《墨子·鲁问》。

墨子也最早提出具有科学意义的“类”的概念，指出逻辑上的“界说”（定义）的重要性。墨子经常用揭露论敌分类观念混淆的方法来驳倒对方。例如公输般只知道不可无故杀一个人，可是却替楚国造云梯攻宋国，准备杀害很多的人。墨子在《公输》篇中就曾指斥他“义不杀少而杀众，不可谓知类”，把公输般驳得没有话讲。墨子对于“界说”的认识也是相当明确的。下面有这样一个有名的辩论：

> 子墨子问于儒者曰：“何故为乐？”曰：“乐以为乐也。”子墨子曰：“子未我应也。今我问曰何故为室，曰冬避寒焉，夏避暑焉，室以为男女之别也。则子告我为室之故矣。今我问曰何故为乐，曰乐以为乐也，是犹曰何故为室，曰室以为室也。”①

通过以上这一论辩，我们可以清楚地看出墨子思想方法逻辑的严密性。在墨子思想方法的逻辑性的严密的基础上，后期墨家又进一步做出了极有价值的贡献。

九、后期墨家和《墨经》

（一）后期墨家和《墨经》

现在保存下来的有关墨子及墨家活动的文献资料很少，而对后

① 《墨子·公孟》。

期墨家更难勾画出一个鲜明的轮廓。我们仅知道，墨子死后，墨家发生了分化，有相里氏之墨、相夫氏之墨、邓陵氏之墨。三家各自自称为“真墨”（即得墨子学说真传），互称对方为“别（即非正宗的）墨”[①]。墨家是个有共同政治主张、组织严密的学术团体。战国时，墨家共同信奉的领袖称为“钜子”。钜子制度相传确实在墨子及弟子禽滑厘之后。据《吕氏春秋·上德》篇记载，墨家钜子有孟胜、田襄子、腹䵍。幸有《墨经》六篇流传（后收入《墨子》一书中）。《墨经》是战国时墨家的著述，据梁启超、郭沫若等人的考证，认为《墨经》六篇是反映后期墨家思想和学说的文献。这六篇是《经上》《经下》《经说上》《经说下》《大取》《小取》。它的内容大都属于认识论、逻辑学和科学技术的范围。这六篇著作显然不是一个时代、一个人的作品，而是经过长期酝酿、提炼，逐步形成的，可能在战国时期编定成书。它对墨子的哲学思想做了积极意义的发展，具有鲜明的唯物主义的特色。自然观方面，它抛弃了墨子的“天”“鬼”观念和宗教意识，把哲学跟科学紧密地联系起来。认识论方面，它继承了墨子认识论的传统，发扬了墨子重视经验和实践的特点，同时又在相当程度上克服了墨子狭隘经验论的倾向和错误。逻辑方面，《墨经》对墨子的“故”“类”等逻辑思想有很大的提高。在反对诡辩论的论争中，集各家逻辑思想之大成，提出了中国哲学史上第一个相当完整的逻辑学系统。在社会政治和伦理思想方面，它发扬了墨子的“兼爱”学说，提出了“义，利也”[②]的著名命题，突出了“利”的中心思想，把它作为标准和基

① 《庄子·天下》。

② 《墨经·经上》。

础，用来解释各种社会现象和道德范畴。此外，六篇中还保留了后期墨家和其他思想家争论的材料。总之，在一些理论方面深化了墨子的思想，尤其是先秦诸子学术著作中较少涉及的科学技术方面的知识和应用，受到墨家重视，并在学术上有明确的论述，做出重大的贡献。

（二）后期墨家的认识论和自然观

后期墨家没有提出系统的自然观，但是关于时间、空间和运动的问题，墨家提出了精辟的见解。《经上》说："久，弥异时也。"《经说上》解释道："久，古今旦莫（暮）。"古代、现代、晨、暮，那是不同的、特定的时间（"异时"），时间范畴的"久"遍括一切特定的时间。《经上》又说："宇，弥异所也。"《经说上》解释道："宇，东西家南北。"意思是说，空间范畴的"宇"，包括东西南北一切不同的、特定的空间（"异所"）。《墨经》又对时间、空间及其运动的联系做出了相当正确的论断。《经下》说："宇或（域）徙，说在长宇久。"《经说下》解释道："长宇，徙而有（又）处宇，宇南北（按：当作'宇南宇北'），在旦有（又）在莫，宇徙久。"这就是说，事物的迁徙运动必定经历一定的时间和空间（"长宇久"）。由此时此地到彼地彼时（如由南到北、由旦到暮），时间的流逝和空间的移动两者是紧密结合在一起的，即所谓"宇徙久"。《经下》《经说下》另有两章用"行"说明同样的思想，显得更加清楚。"行修以久，说在先后。"[1]"行者必先近而后远。远近，修也；先后，久也。民行修

① 《墨经·经下》。

必以久也。”[①]“行”是走，“修”是距离的远近，“久”是时间的先后，由“行”把“修”和“久”二者结合起来。《墨经》所讲的“徙”“行”还只是描述机械运动的现象，而不能真正把握运动的本质。但是，正因为它通过“行”来认识世界，很自然地就能在这些描述中，素朴地反映出时间、空间及其与运动相统一的原理。

后期墨家的哲学思想主要集中在认识论方面。

《墨经》对人的生命特征做了分析，《经上》说：“生，刑（形）与知处也。”认为人的生命构成于形体和认识能力两者的结合。睡眠是人的认识能力暂时无知的状态：“卧（按：即睡眠），知无知也。”[②]梦则是睡眠时产生的错觉、幻象：“梦，卧而以为然也。”[③]按照《墨经》的观点，活着的人，“形”（身体）与“知”（认识能力）相结合；死了的人，“形”与“知”不发生关系。这就改正了墨子有鬼论的错误。不过，它把“形”与“知”并提，有心、物二元论的嫌疑。与此相比，荀子的“形具而神生”的观点，便在后期墨家的思想基础上进一步贯彻了唯物的原则，从而避免了它的理论上的缺陷。

《小取》对人类的认识有精辟的解释：“辩，……摹略万物之然。”它说明认识是对客观事物的摹写、反映。《墨经》在一些重要章节中把“知”与“物”对举，说明“物”是独立于“知”以外的，并探寻它们形成变化的原因（“故”）。《墨经》的认识论是以素朴的反映论为基础的。

① 《墨经·经说下》。

② 《墨经·经说下》。

③ 同上。

后期墨家对人的认识能力也做了唯物的肯定。《经上》说：“知，材也。”《经说上》解释道：“知材，知也者，所以知也，而必知；若明。”这是说人具有认识的能力，它是用以认识事物的工具（“所以知也”），但是仅有这种能力不一定能形成认识（“不必知”）。如眼有“明”（看见）的功能，但仅有“明”的功能，未必构成“见”的认识。必须通过认识过程，才能形成认识。对此，《墨经》做了分析。《经上》“虑，求也”“知，接也”“智，明也”等章，认为认识是一种能动的活动，人运用自己的认识能力对外界探求：“虑也者，以其知有求也。”[①]仅有能动的探求，对事物的认识也还“不必得之”。就像光有用眼巡视外界的活动，仍然不必成“见”。要获得认识，必须与外物相接，所以说：“知，接也。”相接之初，是“以其知遇物，而能貌之，若见”[②]，即由接触形成一种感性的知识，摹写事物的形象。这种貌物之知还不够深入，进一步的认识在于“以其知论物”，即把感性指示加以整理、提炼，形成概念。这样的指示才明白透彻，即所谓“知之也著，若明”[③]。如看见一只鸟，只看到鸟的形态，而不能整理、提炼形成鸟的概念，这种认识只是表面的，还不是深刻的。

《墨经》比较全面地看到了感觉和思维的作用。它肯定感觉是认识的开始，而思维是更深刻的认识。它指出感觉是五官（耳、目等感觉器官）的功能，如“闻，耳之聪也”。同时又指出深入的认识要依靠心的辨察，才能“循所闻而得其意”，“执所言而意得

① 《墨经·经说上》。

② 《墨经·经说上》。

③ 同上。

见”[①]。就总的思想倾向来讲，后期墨家的特点仍然是重视感觉经验的。它强调一切知识都得通过感觉才能获得，即所谓“唯以五路知”[②]。有些知识不是得之于当时的感觉，便是由于长期经验积累的结果。《经下》说：“知而不以五路，说在久。”强调感觉经验为认识的开端和基础，这是唯物反映论的基本精神。

《墨经》把知识按其来源分为三种“亲知”“闻知”“说知”。“亲知”是亲身感觉得到的知识，即所谓“身观焉”。“闻知”是由他人传授得来的知识，又分为“亲闻”和“传闻”两种。“说知”是由推理得来的知识。在这三种知识中，后期墨家特别重视“亲知”，认为它是“闻知”和“说知”的基础，好比尺是丈量事物长度的标准和基础。《经下》说：“闻所不知若所知，则两知之。”《经说下》解释道，例如有人看到室外某物为白色，而不知室内某物的颜色。现在告诉他，室内之物与室外之物的颜色相同，他便可推知室内之物也是白的。这是依据了他原有的经验认识的结果由此得出结论：“夫名以所明正所不智（按：即‘知’），不以所不智疑所明，若以尺度所不智长。外，亲智也（按：室外之物为白色，是亲眼所见）。室中，说智也（按：告以室内之物与室外之物颜色相同，由此可推知室内之物也是白色）。”[③]后期墨家这种对知识分类的学说，表明它的认识论已达到相当高度。

在衡量真伪、是非标准的问题上，《墨经》同样表现出重视实践、强调经验的特色。墨子曾指出：“不知白黑者，非以

① 《墨经・经上》。

② 《墨经・经说下》。

③ 《墨经・经说下》。

其名也，以其取也。”[①]《墨经》进一步发挥了这种观点，指出：“知其所以不知，说在以名取。”[②]“取去俱能之，是两知之。”[③]“取”“去”都是选择的行为，也是一种实践活动。他们认为检验知识必须由实践中观察其效验而定。《经上》指出“名”“实”“合”“为”作为标准。“名”是“所以谓”，我们用以认识、说明事物的名词、概念；“实”是“所谓”，即认识、说明的对象；“名”“实”相符即“名实耦，谓之合”；“为”便是认识的目的和验证，它包括“志”，即行为的主观动机；“行”即实际行动。《墨经》把“行”“志”两个方面结合起来，它是墨家“三表”思想的发展。但它抛弃了其中的宗教鬼神思想，并从认识的理论方面做了更深刻的阐发。

后期墨家依据它们的认识论学说，对当时许多诡辩论进行了批判，它说：“以言为尽悖，悖。”[④]战国时期有些学派（如《庄子·内篇》）认为一切理论都是错的，后期墨家认为持有这种见解是错的。所以说“非诽者悖”。批评的正确与否并不在于批评的多少，而在于客观上是否应该批评：“诽之可否，不以众寡，说在可非。”[⑤]从后期墨家的论断中，可以看到他们尊重客观事实、明辨是非的精神。这种精神同样贯穿在《墨经》的逻辑体系中。

① 《墨子·贵义》。

② 《墨经·经下》。

③ 《黑经·经下说》

④ 《墨经·经下》。

⑤ 同上。

（三）后期墨家的逻辑思想

后期墨家发展了古代的逻辑思想，建立了中国哲学史上最早的唯物主义的认识论的逻辑理论。

战国时期，随着思想上理论上论争的发展，各家各派都注意如何运用逻辑思维规律以击败自己的论敌，逻辑学成为当时论战的必不可少的思想武器。当时思想上理论上的论争统称为“辩”。《墨经》对于“辩”的解释是：“辩，争彼也，辩胜，当也。”[①]又说：“辩也者，或谓之是，或谓之非，当者胜也。”[②]“辩”是双方根据自己的见解争论是非，而“当”者算是胜利。“当”就是合于事实。辩争的双方，或是或非，就看哪一方的理由与事实相符合。与事实符合者胜利，不符合者失败。《墨经》对于“辩”的这种解释，是认为事实是判断是非的客观标准。这种见解构成《墨经》逻辑理论的出发点。

《小取》对“辩”的作用及方法做了如下的阐述：

> 夫辩者，将以明是非之分，审治乱之纪，明同异之处，察名实之理，处利害，决嫌疑焉。摹略万物之然，论求群言之比。以名举实，以辞抒意，以说出故。以类取，以类予。有诸己不非诸人，无诸己不求诸人。

这里说的“明是非”“审治乱”“明同异”“察名实”“处利害”“决嫌疑”是“辩”的作用和目的，这说明思想上的辩争是包含了人的社会政治生活内容的，辩论是为了追求真理，而不是玩弄

---

① 《墨经·经上》。

② 《墨经·经说下》。

名词概念。在辩论方法上必须严守逻辑规律。“摹略万物之然”，是说辩论时必须了解事实的真实情况；“论求群言之比”，是要了解各方面对这一辩论事实的看法，这样就能使自己的论据符合事实而又全面。“以名举实”是说所运用的名词概念必须正确地反映客观事物。《经说上》说：“所以谓，名也；所谓，实也；名实耦，合也。”说明凡是词（“名”）都是表达事物的形式，“名”是说明客观事物的。客观事物则是被反映的内容，这是认为“实”是第一性的，而“名”是第二性的。“以辞抒意”，“辞”即是判断，“以辞抒意”是要求语言清楚正确地表明判断的内容。“以说出故”，“说”是论证，“故”是根据或理由，是说在论证推理时，对所判断的事情要有充分的根据或理由。“以类取，以类予。有诸己不非诸人，无诸己不求诸人”，这是辩论中的类比推论，“类”是指同类的事物和同类的概念，在推理时必须依据“类”，所谓“以类为推”，“类”成为辩论、推理的前提。在辩论中对彼此同类的事物，对方承认彼，就不能不承认此，不承认彼，就不能承认此，这就是“以类取”。彼此相同的事物，对方承认了彼，我就提出此来，看他是否承认，这就是“以类予”。对于同类的事物，我承认，对方也承认，我就不能反对对方，这就是“有诸己不非诸人”；对同类的事物，我反对，就不能要求对方承认，这就是“无诸己不求诸人”。

《墨经》对于概念、判断、推理的研究都做出了重大的贡献。

《墨经》首先肯定“实”是第一性的，“名”是第二性的，“名”说明“实”，它主张“以名举实”，《经上》说：“举，拟实也。”“拟”就是摹拟的意思。根据这个原则，《墨经》把“名”分为三类，《经上》说：“名，达、类、私。”《经说上》

解释说："名，物，达也。有实必待文名也，命之马，类也。若实也者，必以是名也命之。臧，私也，是名也，止于是实也。""达"名是指最高的类概念，如"物"的概念包括了所有的物。"类"名是指一般的类概念，如"马"，所有的马都包括在概念里。"私"名是指个别事物的概念，如"臧"是奴隶的私名，专指某一事物。

《墨经》对于概念的性质有相当深刻的认识。它看到概念是反映事物的本质属性的，事物的属性存在于事物之中，没有离开客观事物而独立"自藏"的共相。它提出"盈坚白"的观点，反对公孙龙"离坚白"的观点。《大取》说："苟是石也白，败是石也尽，与白同。"它认为"坚白石"是统一的整体，"坚""白"是石属性，如果石是"白"的，那么即使把它击碎，它仍然是"白"的，故白色为石所固有。"坚"和"白"只有处在不同的物体中，才互相分离，所谓"异处不相盈"。如果同在一石，"坚"和"白"便密切结合。"坚白之撄相尽，体撄不相尽。"[①]"撄"就是彼此相接，有"白"之处必有"坚"，有"坚"之处必有"白"。"坚"与"白"各是物体属性的一部分。人对于"坚白石"或其他事物的属性有知与不知，但事物的属性总是存在着的，所以说："于一，有知焉，有不知焉，说在存。"[②]"于，石，一也；坚、白，二也，而在石。故有智（按：即"知"。下同）焉，有不智焉，可。"[③]这是说，"坚""白"虽然都含于石，但"坚"和"白"是石的两种性质，触石时知"坚"不知"白"，看石时知"白"不知"坚"。

---

① 《墨经·经说上》。

② 《墨经·经下》。

③ 《墨经·经说下》。

关于判断，《墨经》称之为“辩”，它指出判断的成立必须符合事实，即所谓“当”。要达到判断正确，必须遵守逻辑思维规律。它说：“以故生，以理长，以类行。”[①]“故”是指某一现象成立的原因，“故，所得而后成也”[②]。“故”有“小故”“大故”的区别。“小故，有之不必然，无之必不然”[③]，是指一现象所以产生的必要条件。“无之必不然”是说没有它，现象就不能发生；“有之不必然”是说它只是这一现象所依赖的众多条件之一，有了它，这一现象还不一定产生。“大故，有之必然，无之必不然”[④]，是指一现象依赖的条件的总和，有了它，这一现象必然发生；没有它，这一现象必然不能发生。“理”含有道理和规则的意思。“以理长”是说在判断推理时必须按照合理的规则进行推衍。“类”指事物的类，“以类行”是说辩论的结果必须按照事物的类来分别是非同异。这些都是形成判断的不可缺少的因素。

关于推理，《墨经》中提出一系列的方法，如“或”“假”“效”“辟（譬）”“侔”“援”“推”等。

关于“或”，《小取》说：“或也者，不尽也。”《经上》说：“尽，莫不然。”“尽”是指一概念所含对象的全部，即一类事物的全称。这类命题主词的外延尽包含在谓语的外延之中。“或”是指特称命题和选言命题，主词的外延只有一部分包括在谓语的外延中。“不尽然”是说不完全是这样。这种形式的命题相当

---

① 《墨经·大取》。

② 《墨经·经上》。

③ 《墨经·经说上》。

④ 《墨经·经说上》。

于形式逻辑的选言判断。

关于“假”，《小取》说：“假者，今不然也。”“假”就是假设，是指假设现在不存在的情况。“今不然”就是目前的实际情况并不如此。相当于假言判断。

关于“效”，《小取》说：“效者，为之法也；所效者，所以为之法也。故中效，则是也；不中效，则非也。”“效”就是效法模仿，“法”就是公式或标准。《经上》说：“法，所若而然也。”“所效者”指效法或模仿的样式或范本。“所以为之法”就是把这个效法模仿的样式或范本当作公式或标准去进行推理。《经下》说：“一法者之相与也尽类，若方之相合也。”即是说一类事物的公式，可以适用于这一类事物的任何个体。例如“方”作为公式，则适合于所有的方物。《经说下》解释说：“一方尽类，俱有法而异。或木或石，不害其方之相合也。尽类犹方也。物俱然。”这是说，所有方的东西都可归入方物一类，如方木、方石虽性质不同，但不妨害它们都是方物。如果以方物为法，推理的结果，如果“所若而然”，就是“中效”，这个判断就是有效的；反之，如果“不中效”，这个判断就是无效的。

关于“辟（譬）”，《小取》说：“辟也者，举也（按：“也”即“他”）物而以明之也。”“辟”就是譬喻，即借用具体的事或具体的物以说明一件事情或某个道理，这是辩论中常用的方法。例如墨子说：“执无鬼而学祭礼，是犹无客而学客礼也，是犹无鱼而为鰓也。”[①]这就是用譬喻的方法和论敌争辩。

关于“侔”，《小取》说：“侔也者，比辞而俱行也。”

① 《墨子·公孟》。

“侔”是齐等的意思，即用同样的东西直接说明论点。如从“白马是马”，推出“乘白马是乘马”；从“车，木也”，推出“乘车非乘木也”。这种方法大体相当直接推论。

关于“援”，《小取》说：“援也者，曰：子然，我奚独不可以然也？”“援”是援引前例或对方所说的话作为类比推理的前提。如它以“恶多盗，非恶多人也；欲无盗，非欲无人也；世相与共是之”[①]为例，而推论出“杀盗人非杀人也”，这就是“援”的方法。但是他这一结论是不正确的，因为它仅仅注意到“盗”与“人”两个名词的差异，从而否认盗是人，而没有看到“盗”与“人”两个概念的内涵与外延有差异性和共同性两个方面，人的外延包含了盗，所以荀子批评它是“惑于名以乱名”[②]。

关于“推”，《小取》说：“推也者，以其所不取之，同于其所取者，予之也。是犹谓也（按：“也”即“他”）者同也，吾岂谓也（按：“也”即“他”）者异也。”“推”即是由已知的事物推出未知的事物，具有归纳推理的意义。“以其所不取之，同于其所取者，予之也”，其中的“其所不取”是指未知的事物，“其所取者”是指已知的事物，“予之也”是进行推论。这句话的意思就是说尚未考察过的事物根据（“同于”）已经考察过的事物加以类推。“是犹谓也者同也，吾岂谓也者异也”，是反复推论、观察、援彼例此，求同别异的意思。

《墨经》接触到“矛盾律”和“排中律”的问题。《经说上》说：“是不俱当，必或不当。”是说两个是非矛盾的论题，不可能

① 《墨经·小取》。

② 《荀子·正名》。

都是正确的，其中必有一个是不正确的。又说："彼不可，两不可也。"是说一对矛盾的命题，不可以两个同时都是假的。

《墨经》在逻辑方面虽然也有个别的错误，如后来荀子所指出的，但是它对中国古代逻辑的发展做出的贡献是主要的。

（四）功利主义的社会政治伦理

后期墨家认为古今的社会情况是不同的，因此古今的政治制度与伦理观念也应该是不同的，如果以古代的看法来看今天，就是贤明的尧也没有办法治理好的。"自古在之今，则尧不能治也。"[①]而尧在当时之所以是个好的统治者，那就是因为他能用当时的原则去治理当时的社会，"尧善治，自今在诸古也"[②]。在后期墨家看来，时代不同了，古与今的"义"也就不同了，"尧之义也，生于今而处于古，而异时，说在所义"[③]。就是说，古今异时，故今人所称尧之"义"，乃是指具"义"的"名"，而不是其"义"的"实"；过去的人所见尧的"义"，则是其"义"的"实"，所以今人指的尧之"义"与原来尧之"义"是两回事。后期墨家的"义"就是"利"，"义，利也"[④]。他们把"利"作为衡量社会生活的准则。

后期墨家在社会政治观点上继承并发展了墨子的"兼相爱，交相利"的学说，以"利"作为社会生活的准则。他们认为，"利"就是在于使人们得到满足，"利，所得而喜也"[⑤]；而"害"，就是

① 《墨经·经说下》。

② 同上。

③ 《墨经·经下》。

④ 《墨经·经上》。

⑤ 《墨经·经上》。

使人感到厌恶，“害，所得而恶也”[①]。从这个原则出发。他们认为道德行为就是使人趋利避害。

后期墨家提出，人在行动中，应该放弃目前的小利而避将来之大害，或忍受目前的小害而趋将来之大利。他们把这种智慧的选择称之为“权”。他们说：

> 于所体之中而权轻重，之谓权。权非为是也，亦非为非也；权，正也。断指以存擥，利之中取大，害之中取小也。害之中取小，子非取害也，取利也。其所取者，人之所执也。遇盗人，而断指以免身，利也；其遇盗人，害也。……利之中取大，非不得已也；害之中取小，不得已也。所未有而取焉，是利之中取大也。于所既有而弃焉，是害之中取小也。[②]

这就是说，人所避的及所应避的，不是目前的小害，而是将来的大害。在取利上人是比较主动的，故可取大，但在避害上人是被动的，故当取小。如果断去一个手指，可以保全整个手，就无妨取目前的小害，以避将来之大害。

根据上述观点，后期墨家解释了各种社会政治道德范畴。《大取》中说“义，利；不义，害。志功为辩”，认为“义”不仅是主观动机的问题，而且应该在客观效果上也有利于人。他们用“利”来解释“忠”“孝”“功”等概念。他们说“忠，以为利而强低也”，“孝，利亲也”，“功，利民也”[③]。后期墨家的社会政治伦理方面

① 《墨经·经上》。

② 《墨经·大取》。

③ 《墨经·经上》。

的功利主义观点，代表了上升的手工业者和商人的利益。

后期墨家反对“仁内义外”的观点。在他们看来，“仁”是指爱，“义”是指利，这些都是指人们的主观动机，都是内。而所爱和所利都是指行为的结果而言，都是外。因此他们说：“仁，爱也；义，利也。爱利，此也；所爱所利，彼也。爱利不相为内外，所爱利亦不相为外内。”[①]后期墨家继承了墨子的“志功合”的思想，而更加强调“功”。在他们看来，主观动机“志”与客观效果“功”并不一定契合，“志功不可以相从也”[②]。因此，人们有意“志”的合乎目的的活动，不一定都是对的，必须与“功”结合起来，才能产生“正确”的标准，“正立反。中志、功，正也”[③]。

后期墨家认为“利”不仅仅是某个人得“利”，而应该是“交相利”（相互得到利益）。他们说：

> 为天下厚禹，为禹厚也；为天下厚爱禹，乃为禹之爱人也。厚禹之为加于天下，而厚禹不加于天下；若恶盗之为加于天下，而恶盗不加于天下。[④]

为天下而厚禹、爱禹，这是为公；这是因为禹对天下之人皆厚之爱之。如果仅仅是对禹一个人厚之爱之，那么就对天下之人并无好处，这就不是为公而是为私；这和只是厌恶某一个盗贼，而不厌恶所有的盗贼一样。这就是说，后期墨家继承墨子的“兼爱”，把“利”在一

① 《墨经·经说下》。

② 《墨经·大取》。

③ 《墨经·经说上》。

④ 《墨经·大取》。

定程度上看成是“公利”。而且他们认为在这种“公利”中是包含着个人的利益的，“爱人不外己，己在所爱之中”[①]。这种学说是和其为巩固和发展工商业私有经济相联系的。

后期墨家把“功利”看成衡量是非善恶的标准，他们的“功利”是手工业者和商人的“利”，它反映着当时正在发展着的有利于封建经济成长的工商业者的要求，这一阶层的利益是和当时新兴地主阶级的利益联系在一起的。

后期墨家继承并发展了墨子“尚同”的思想。在墨子那里比较强调君权的作用，“尚同而不下比”。后期墨家提出：“君，臣、萌（氓）通约也。”[②]这是说，君可以约束臣和民，这是有利于新建的封建制度的巩固，有利于封建的专制集权的，也是进步的。

后期墨家在战国末期与诡辩论的论争当中发展了认识论和逻辑学，并把认识论和逻辑学提高到更高的水平。后期墨家抛弃了墨子思想中的某些宗教唯心的“天志”“明鬼”的迷信成分。这一派学说对后来荀子的唯物主义认识论和逻辑思想也起着积极的促进作用。

十、墨学的历史地位

墨子是公元前5世纪末中国具有独创精神的伟大思想家。他对劳动者有着深切的关怀，对那些不顾人民死活、穷奢极欲的王公大

---

① 《墨经·经说上》。

② 《墨经·经上》。

人的腐朽享乐生活提出了严正的抗议。他对于破坏生产、残杀百姓、掠夺民财的兼并战争深恶痛绝，并提出了“兼爱”“非攻”的主张。他一生为改善小生产者和劳动者的物质生活、提高他们的社会政治地位而斗争。他提出极有价值的认识论和思想方法。他还创立了艰苦力行、求真理、爱和平、有组织、有纪律的学派。在墨子的影响下，形成了后期墨家。后期墨家进一步发展了墨子哲学的精粹，完善了中国古代的逻辑科学，并且在自然科学领域取得了一些突出成果，代表了那个时代最高的科学认识水平，成为鼎盛于战国中后期影响最大的学派之一。特别是有关科学技术方面的成果，闪耀着其他学派难以企及的光彩。

墨学今天之所以应该给予足够的重视，主要因为它反映了春秋战国时代开始觉醒的小生产者的要求和愿望，以及他们的局限。但是历史的发展表明小生产者这一阶层不是新的生产关系的体现者，他们没有条件取代世袭贵族走上政治舞台。墨子和他的学派的命运，也和他们所代表的阶层的命运一样，在当时和后世不得不陷于悲剧性的结局。

在先秦，墨学属于显学。墨子在社会上有很好的形象。《淮南子·道应训》篇说：

> 孔丘、墨翟，无地而为君，无官而为长，天下丈夫女子，莫不延颈举踵而愿安利之者。

《吕氏春秋·不侵》篇说：

> 孔、墨，布衣之士也。万乘之主，千乘之君不能与之争士也。

这种评价反映了当时墨学的显赫地位。

在秦汉之前，儒、墨并称显学。秦汉之前对于墨子学派的评价大体上有三种看法。

第一种持客观中立的态度，对于儒、墨两家不加褒贬。比如说：

> 孔子无黔突，墨子无暖席。①
>
> 孔子弟子七十，养徒三千人，皆入孝出悌，言为文章，行为仪表，教之所成也。墨子服役者百八十人，皆可使赴火蹈刃，死不还踵，化之所致也。②

第二种看法也是儒墨并论，但对双方都不赞成。这一观点可以韩非子、庄子为代表。《韩非子·显学》篇说：

> 世之显学，儒、墨也。儒之所至，孔丘也；墨之所至，墨翟也。……墨者之葬也，……世主以为俭而礼之。儒者破家而葬，……世主以为孝而礼之。夫是墨子之俭，将非孔子之侈也？是孔子之孝，将非墨子之戾也？”

实际上，韩非对儒墨都不赞赏，他另有主张。《庄子·齐物论》说：

> 故有儒墨之是非，以是其所非，而非其所是。

实际上，认为墨家、儒家都不能作为是非标准，庄子又有庄子的是非。

---

① 《淮南子·修务训》。

② 《淮南子·泰族训》

第三种看法是对墨子采取坚决攻击的态度，其中影响最大的当推孟子与荀子。《孟子·滕文公下》说：

> 圣王不作，诸侯放恣，处士横议，杨朱、墨翟之言盈天下。天下之言，不归杨，则归墨。杨氏为我，是无君也；墨氏兼爱，是无父也。无父无君，是禽兽也。……杨墨之道不息，孔子之道不著，是邪说诬民，充塞仁义也。”

孟子的批判带有学派成见，很难服人。

荀子的批评说理的成分多些。他在《非十二子》中说：

> 不知壹天下，建国家之权称，上功用，大俭约而慢差等，曾不足以容辨异，县君臣，然而其持之有故，其言之成理，足以欺惑愚众，是墨翟、宋钘也。

荀子认为，墨子虽能持之有故、言之成理，但墨子的理论是错误的，只能淆乱社会、欺惑群众。

值得注意的是，上述意见都未涉及科学问题。这一现象既说明当时的人们对于科学知识不重视，没有认识到科学的价值，同时也表明了墨子对科技的造诣遥遥领先。

近代英国人李约瑟认为：“墨家思想所遵循的路线如果继续发展下去，可能已经产生欧几里得的几何体系了。由于《墨经》只有凌乱而残缺的版本流传下来，我们确实不能肯定地说他从来未超出这个范围。但是，即使他们未曾超出这个范围，他们的演绎几何学也始终只是一特殊学派的秘密，几乎没有或者完全没有影响到中国数学的主流。”这种情况实是中国科学史的不幸。

墨家学派在先秦势力极大，与儒家并峙，汉以后，即趋于消沉，几乎从思想界消失。为了说明这一重大变化，必须考察其社会原因。

秦汉以后，两千多年间，中国是一个中央集权、高度统一的大国。在高度集权的中央政府的统治下，消弭了春秋战国时期的列国纷争，墨子“兼爱”“非攻”的主张已失去宣传对象。墨子主张“尚贤”，反对贵族世袭特权，汉以后建立了官吏选拔制度，不再有世袭贵族的地方政权；墨子主张“尚同”，集中统一的愿望已经实现。

春秋战国时期，手工业者自由活动的余地较大，在列国纷争中，他们为了自己的利益，极力宣传、推行墨家学说（如许行，由楚国转到齐国），墨家学派的一些人得以在楚、秦、宋等国家受聘用。秦汉全国统一以后，手工业者生活在大一统国家，国君只有一个，地方政府无权制定政策。在中央，秦代是法家思想占主导地位，在汉代，特别是汉武帝时董仲舒提出“罢黜百家，独尊儒术”以后，儒家思想定于一尊。墨家无法独树一帜，逐渐失去活动的空间。

秦汉完成全国统一以后，社会的主要矛盾是政治上的高度集中和经济上的极端分散。如何协调好这一对矛盾，使封建社会的政治、经济得到平衡发展，成为秦汉以后中国思想界所要考虑解决的主要问题。儒家思想代表中央集权的要求；而小农思想反映在道家身上，他们主张政府对农民少干涉，给小生产者以较多的自由。比起战国时期，秦汉以后手工业者没有显著的发展，大规模的手工业生产集中在采矿、冶炼、纺织、陶瓷以及茶盐等业，这些行业大都受到国家的直接管制，由政府统一经营。集中生产的产业，政府尽量使用奴隶、罪犯劳动，他们不是自由手工业者，只有劳动的义务，没有政治发言权。农民小私有者的发言权寄托在道家。儒、道两家都有广泛的社会基础，墨家不具备儒、道两家的条件，全国统一以后，墨家势力趋于衰落，是可以理解的。

秦汉以后，墨学不再是显学，但墨学的影响一直流传着，并未消失，它成为一种在野的、流行于社会下层的思潮。秦汉以后，社会上不断出现“游侠”“任侠”一流人物，他们提倡扶弱济贫，见义勇为，吃苦耐劳，重信义，集体中成员之间友爱互助，这类思想和价值观一直受到人民的称赞。这类民间团体历代未曾中断，显然与墨家有较深的渊源。这种民族性格特点，北方人特别是山东（鲁）人表现得更突出一些。

我们正在建设中华民族的新文化，创造现代文明，要有气魄继承人类一切优秀文化。墨学重视科学、提倡亲自动手操作、不尚空谈、以实力反抗强权的欺凌以及集体互助的精神等都为先秦时期其他学派所不及，是很可宝贵的精神财富，值得发扬光大。

中国墨子学会在21世纪所面临的任务*
——在第四届墨学国际研讨会开幕式上的发言

这次墨学国际研讨会，将是本世纪所召开的最后一次研讨盛会，意义重大。作为学会的成员之一，我参加了历次研讨会议和有关活动。从起步到现在，眼看着我们的墨学研究队伍在成长壮大，研究的人越来越多，成果也越来越丰富、越来越扎实，形势喜人！高兴之余，下面我就我们的学会在新的世纪所面临的任务讲几点意见，供参考。

面对即将到来的21世纪，我想我们学会所面临的首要任务，就是继续扩大研究成果，把墨学研究引向深入。具体说来就是要像解决墨子里籍问题那样，一个个地解决墨子研究中的若干重大问题。墨子出生在什么地方？过去学术界曾有种种说法。现在经过滕州和山东大学墨学专家的深入研究和多方论证，墨子的出生地问题已经解决了。我想以后不会再争论墨子是什么地方人，墨子就是滕州人，这已成定论。这个成果是要载入史册的，我们已做出了科学结论。现在和将来，我们写学术史、哲学史就要记载下来。应该说，

* 原载《文史哲》1999年第6期。

这是个很大的成就，是一个从事专题研究的成功例子。与此相关的是墨子的生卒年问题，今后应该提出来好好解决。孔子的生年，现在定在公元前551年，另一个说法是公元前552年。孔子这么一个学派，这么一个学者，早一年、晚一年，对孔子的研究影响不大。但是，对墨于生年的判断相差就太大了，各种学术著作的说法相差150年。150年，跨度太长了。我们作为山东人、滕州人，不能坐视不管，应像解决墨子的出生地那样解决这个问题。解决起来有难度这是肯定的，但总是可以解决的。其难度不会超过夏、商、周断代。夏、商、周断代工程所要解决的一些年代问题连文字记载都没有，难度之大，可以想象。可我们国家投入人力物力，通过地下发掘，借用高科技手段，一些关键年代问题，现在已基本上弄清了。鲁般（公输般）的生卒年，大致可以有个上限和下限。鲁般与墨子大致同时。我们应该下大力气，早日解决墨子的生卒年问题。这个问题如果解决了，我们的墨学研究就又向前跨进了一大步。希望大家共同努力，把这个问题解决掉。今后墨子研究中的另一个问题，也是最重要的问题，就是对墨子的跨学科联合攻关问题。墨子的书内容很丰富，博大精深，不是墨子一个人写的，是一个学派集体的著作，如同管子的书不是管子一个人写的，有管子的也有管子学派的一样。因为内容丰富，研究的难度就很大，这不是某一个人或某一学科很少一点知识就能解决得了的。譬如自然科学、技术科学等知识，墨子书里都有，刚才好多位发言都提到了，墨子是“百科全书式的学者”，对他的研究要各学科通力协作才能出成果。像力学的问题、光学的问题、声学的问题、物理学的问题、热学的问题等，仅凭人文社会科学的学者是解决不了的，只有与理工专业的学者联合攻关，才能拿出新的成果。台湾王赞源教授对我说，大陆的墨学研究已经形成了四个基地：济南山东大学一个，滕州墨子研究中心一个，天津南开大学一个，北京中国人民大学一个。依我看，这四个研究基地要在中国墨子学会的协调下，加强联系，分进合击。像墨子的工程科学就可以确定专题、做出分工，鼓励博士生们进行“窄而深”的专题追索。论文通过答辩后，好的给予奖励，帮助出版。如此做它几年，年轻的专家就成长起来了，一举多得，这有多好！值得咱们学会去做。山东大学是多学科的高等学府，文理齐全，当仁不让。中共山东省委、滕州市委这么支持，这不难做到。我们年龄大的精力有限，不可能做很多工作了，许多年轻人已经接上来了，很有希望。有关扩大墨学研究成果的问题就讲这些。

我们所面临的另一个任务，就是要加强对墨子的宣传力度问题。我觉得应扩大我们的宣传，要充分利用山东省文化资源丰富的优势，首先向世界进行宣传。宣传要与文化旅游结合起来。我们国家地域如此辽阔，历史如此悠久，其中堪称文化大省的，据我所知有四个。山东是第一个，历史最为长久，文化遗产丰厚。陕西是一个，河南是一个，山西是一个。山西受战争影响小，地上地下文物保护比较好。山东有文化旅游方面的优势：“三孔”（孔府、孔庙、孔林）是一个点，孟庙、孟林也是一个点，淄博、青州、滕州也是点。如果将这些点统筹联合，向世界宣传，效果之大，很难估量，值得我们去做。

第三是积累资料。积累资料，山东有特殊优势：地理的优势、文献的优势，别的省市没办法比。积累资料要有一个系统的打算和实施办法。张知寒教授曾提到要搞一个《墨子大全》，想把全部的墨学成果和研究资料整理集中起来。我知道台湾也出过《墨子集成》一类的书，我们可以在这个基础上继续前进，而且要增加比原始资料更多的东西。通过对原始资料的深加工，加上最新的研究成果，我们可以尽快把张知寒教授，也是整个学界，特别是中国传统文化继承者的愿望变成现实。山东省有关部门应该考虑这个问题。

我想，上述三件事情做好了，对于墨子的研究和认识就又跨进了一步，对我们的青少年的教育也有好处。

再从21世纪所处的形势来看，墨子研究所具有的现实意义更为突出、更为明显。譬如，当前世界最为关心的是和平与发展的问题，而这两个问题其实也是比较古老的问题，墨子关于这两个问题的论述很多，可以给我们许多启示。墨子很重视生产，发展的问题实质上就是个生产的问题。生产的问题很重要，墨子讲得很多，比孔子讲得多。和平的问题更为人们所关心，墨子讲得更多，“非攻”反战是他思想的核心部分，讲得非常好。他反对侵略战争，不反对正义战争。我们的先人把这两个传统很好地结合起来，中国历史才发展到今天。墨子的书中恰好这两个方面的内容都有：维护和平，反对侵略战争。墨子维护和平有行动，有一整套的措施，他让侵略者得不到便宜，侵略就碰钉子，碰回去。这种精神是儒家所缺少的，别的学派也不如墨子具体。墨子的有些措施就能制止侵略战争。这都是宝贵的遗产，很值得我们学习，很值得我们发扬。

韩非社会政治思想的几个问题*

一、引言

韩非的社会政治思想不限于本文所提出的这几个方面。像“法”“术”“势”的学说也是韩非“法治”思想的重要内容，此外，韩非的思想与早期法家的关系也未涉及。这些问题要另做专题说明。

本文所提出的这四个问题，都是为了阐明韩非如何从社会关系、从考核“名”“实”、从历史发展以及从世界的总规律（“道”）各方面，根据当时新兴地主阶级的要求，而对于一切具有保守或改良倾向的先秦各学派展开思想斗争的。韩非的“法治”观点实质上就是新兴地主阶级的社会政治思想发展的标志。

韩非的“法治”思想主要表现在和一切反对“法治”思想的各派学说的思想斗争这一方面，它极少讲到“法治”的一些具体措施。正因为这一理由，韩非在中国哲学史中就不止作为一个法律或

---

* 原载《文史哲》1955年第4期。

政治家的身份出现，而是作为一个政治思想家的身份出现的。

关于中国古代社会发展分期的问题，本人依据（并同意）范文澜《中国通史简编》的看法。如果关于中国古代社会发展分期的讨论有了新的结论，本文的论据也要重新修正。

二、韩非的社会政治思想反映了正要走上政治舞台的新兴地主阶级的政治要求

秦朝统一的前夕，当时各方面都有统一的要求，地主、商人、农民以及水陆交通的条件、水利灌溉的需要、各国文化的交流都表现着走向统一的新趋势，更主要的是广大劳动人民渴望和平统一而免于战争的祸害。于是建立专制主义的中央集权主义，成了当时的首要任务。韩非只看见争取国君以达到新兴地主阶级的要求，而没有照顾到其他阶级（如工商业者），尤其是广大农民的要求。韩非的思想的进步性和他的反人民性并存于他的具有矛盾的思想体系中。也就是说，他要求完成历史任务，而又离开了人民，以致不能完成这一任务。

韩非是先秦法家集大成的一位思想家，他讲了很多关于如何运用“法治”，如何应当用“法治”的原则性的理论，他与管子、商鞅、李悝、吴起这些前期法家不同。前期法家初步提出地主阶级的一些经济要求，以及保障他们经济利益的一些政策法令。韩非的时代，提到日程上来必须解决的乃是走哪一条路线的问题：是在旧的封建领主制度下做些修正呢（如儒、墨各派），还是走历史上从来没有走过的一条新路，建立专制主义的封建集权国家？

战国末期的经济发展的情况以及人民的要求，已具备了建立专制主义的封建集权国家的条件，但这时还有一些旧势力阻碍它的实现。周代传下来的封建领主贵族、世卿、大臣这一批待消灭的特权阶级在做垂死的挣扎，还有春秋战国以来儒、墨各派看到封建领主制度将要崩溃而先后提出来维护旧制度的各派政治社会学说。这些学派都带有不同程度的保守或改良倾向。他们只想在旧的封建领主制度的基础上做些修正。韩非提出的政治路线是一条崭新的路线，他要消灭维持了八百年的封建领主阶级，他要战胜当时企图维护旧制度的各派学说，他要使中国的封建社会走向历史的新阶段。

这一历史阶段必须走，这是历史的使命。同时我们也不能忘了当时人民在此使命中所付出惨重的代价。

地主阶级对于农民剥削的残酷性与领主阶级没有什么本质上的区别。战国时代，地主阶级有了经济及政治的要求，它已成为逐步壮大的阶级力量。只是地主阶级尚未登上政治舞台，缺少统治人民的经验；广大农民阶级的力量在政治上更不成熟，他们的革命力量还没有条件表现出来。因而统治阶级中间除了极少数的思想家，他们都反映了一部分地主阶级的要求，而忽视了农民的力量。在这样的历史条件下，地主阶级剥削者的本性使韩非只看见从残酷剥削中获得的利益，只想到本阶级的发展，完全不照顾农民的要求。

地主阶级尚未登上政治舞台取得特权的时候，它的命脉完全寄托在对农民的经济剥削的关系上。作为一个剥削阶级，如果它不能用政治力量强迫农民为他劳动（像领主阶级那样），那只有用精打细算的方法进行剥削。韩非的伦理思想、历史观以及政治理论都是建立在利害计算的基础上的。当时的新兴地主阶级是一个进步的阶级，为了自己的根本利益，为了完成自己的历史使命，必然要求掌握事物发展的客观规律。因此，韩非的伦理观点、历史观点具有一定的唯物主义的因素。同时，新兴地主阶级对于广大农民是要采取残酷剥削方式的，他在当时的条件，只是争取国君，打击贵族领主。当时的新兴地主阶级争取政权时还不需要利用农民起义作为力量，因而无需对农民做任何让步。这样，构成了韩非思想中的反人民的因素。在韩非的思想中充满了进步与反动的矛盾。

地主阶级取得政权之后，政治经济方面有了充分的保障时，他们就产生了“三年不窥园”的“淳儒”，能提出“正其谊不谋其利，明其道不计其功”的反功利主义的学说。当地主阶级的家族和他们的财产有了更深厚的基础，并且有条件脱离生产管理时，他们清高得连“钱”字也羞于出口，写山水诗，手执麈尾，高谈玄理，成为神仙中的人了。

韩非的思想，毕竟是新兴地主阶级的思想，他的思想中有进步的一面，那就是与当时的统一集权的历史发展的趋势相适应；他的思想中的反动的一面是与广大人民为敌，以致破坏了中央集权制的巩固和发展。

三、对于社会关系的新认识

（一）君民的矛盾关系

先秦诸子中，很少哲学家明确提出人君与人民的关系是建立在利害对立的矛盾上的，韩非首先揭露了这一事实。他说“君上之于民也，有难则用其死，安平则尽其力”，故“明主”对人民“不养恩爱之心而增威严之势”。[1]既然君民的关系是利害对立的，所以韩非认为使人民心悦诚服地供统治者剥削，这是做不到的。“不恃赏罚而恃自善之民，明主弗贵也”[2]，韩非主张对人民必须施以强迫：“父母之爱不足以教子，必待州部之严刑者，民固骄于爱、听于威矣。”[3]“严家无悍虏而慈母有败子，吾以此知威势之可以禁暴，而德厚之不足以止乱也。”[4]“彼民之所以为我用者，非以吾爱之为我用者也，以吾势之为我用者也。”[5]韩非理想的人君应当“用法之相忍，而弃仁人之相怜”[6]。

在初期封建社会的领主封建制度下，农民对于领主有人格的依附的关系，领主把人民看作牛马、奴仆，自以为仁慈的领主把人民看作子女（视民如子）。这时期的君臣关系是家族关系的扩大。韩非处在新兴地主阶级上升的时代，人民对于统治阶级具有政治上的服从关系、经济上的被剥削关系，但不再是人君的家族的一部分。战国以来社会上逐渐形成了这种君民的新的社会关系。战国末期代表维护领主封建制的儒、墨各派还企图利用旧的社会关系羁縻人民。当然这种办法是无效的，人民明白，那样残酷剥削中没有什么德厚仁慈。人民只是暂时慑于威势，不能反抗。韩非从地主阶级的

---

① 《韩非子·六反》。

② 《韩非子·显学》。

③ 《韩非子·五蠹》。

④ 《韩非子·显学》。

⑤ 《韩非子·外储说右下》。

⑥ 《韩非子·六反》。

立场深知用威势镇压农民比用仁义羁縻人民更为有利、有效。他索性剥去仁义的外衣，主张用刑罚镇压人民。

韩非已初步认识到君民之间有利益的矛盾。他只看到当时的统治者严刑峻法镇压政策的效果，而没有认识到农民的力量。在通常的情形下，个别农民遭到压迫无法反抗，他们并不经常想到反抗，韩非根据这种现象，便认为农民可欺，因而相信“威势”有“禁暴”“止乱”的力量。比较熟悉农民性格的老子早已对统治者提出警告：“民不畏死，奈何以死惧之？”秦始皇杀了韩非，却忠实地奉行了他的学说，实践证明，任何“威势”，只要触怒了广大农民，必然遭到粉碎。

（二）君臣的矛盾关系

君臣之间也有利害矛盾。韩非说，人臣希望无功而受赏，希望不冒危险而得到富贵。君用富贵收买人臣，使他效忠、尽力，以巩固其政权。人君用官爵来换取人臣的死力。人臣为了达到富贵的目的，必然用死力来换取人君的官爵。君臣的伦理关系就是建筑在这种利害关系的基础上的。韩非引用鲔的话：“主卖官爵，臣卖智力。”又说：“臣尽死力以与君市，君垂爵禄以与臣市。君臣之际，非父子之亲也，计数之所出也。”[①]这是君臣关系的新反映，正是当时不凭借世袭而取得官爵的官僚政治的新反映。

旧的君臣关系以宗族为联系的纽带，臣不必有功即可居高位，君也不能以臣无功而不使其富贵。韩非时代，新兴地主阶级没有旧日封建贵族那样的特权，这一新兴的阶级的政治地位必须靠自己的

① 《韩非子·难一》。

力量来换取。儒、墨各家的仁义学说和社会观点客观上帮助了旧贵族的统治制度。韩非反对“仁义之说”，倒不是由于他的性格是“惨礉少恩”，而是因为新兴的地主阶级要突破旧制度的限制，企图取得政治地位，必须对维护旧制度的学说和思想给以批判，这也许就是他的“少恩”了。根据以上的理由，所以他说，“君不仁，臣不忠，则可以霸王矣”①，“有道之主，不求清洁之吏，而务必知之术”②，人君“有使人不得不爱我之道，而不恃人之以爱为我”③。

（三）家庭中父母与子女是利害矛盾的关系

父母与子女之间也是利害的关系的结合。“父母之于子也，产男则相贺，产女则杀之。此具出父母之怀衽，然男子受贺，女子杀之者，虑其后便，计之长利也。故父母之于子也，犹用计算之心以相待也，而况无父子之泽乎！”④

韩非以特殊代替了一般，事实上并非天下的父母都是“产女则杀之”。他的阶级立场使他只看见溺婴的现象，他没有也不可能看到正是由于人君的残酷的剥削，才使得有些农民不得不采取溺婴的行为。

韩非的目的在于证明他的高压政策的法治的必要性，至于是否合乎事实，韩非是不管的。

---

① 《韩非子·六反》。

② 《韩非子·八说》。

③ 《韩非子·好劫弑臣》。

④ 《韩非子·六反》。

（四）人君与他周围的大臣、后妃、兄弟、显贵、左右近习的矛盾关系

“臣之所不弑其君者，党与不俱也。”[①]只要条件具备、时机成熟，他们都可能把人君杀掉。他认为古书上所说的“上下一日百战”的说法是正确的。他又说：“为人主而大信其子，则奸臣得乘于子以成其私，故李兑传赵王而饿主父。为人主而大信其妻，则奸臣得乘于妻以成其私，故优施传丽姬杀申生而立奚齐。夫以妻之近与子之亲而犹不可信，则其余无可信者矣。”[②]

（五）一般人与人的关系也是利害矛盾的关系

> 舆人成舆，则欲人之富贵；匠人成棺，则欲人之夭死也。非舆人仁而匠人贼也，人不贵则舆不售，人不死则棺不买。情非憎人也，利在人之死也。[③]
>
> 夫买庸而播耕者，主人费家而美食、调布而求易钱者，非爱庸客也，曰：“如是，耕者且深、耨者熟耘也。”庸客致力而疾耕耘者，尽巧而正畦陌畦畤者，非爱主人也，曰：“如是，羹且美，钱布且易云也。”[④]

韩非站在新兴的地主阶级的立场，必然要提出新的道德观点，他从人与人之间的利害对立的关系来分析其中的矛盾。他的思想中

① 《韩非子·扬权》。

② 《韩非子·备内》。

③ 同上。

④ 《韩非子·外储说左上》。

具有唯物主义的因素，他具有唯物主义因素的观点是形而上学的。他只就个体的人和个别的现象来分析，而没有也不可能真正认识这些矛盾。像君与臣、后妃、近习、显贵的利益的矛盾是剥削阶级内部的问题。他们中间固然有利益矛盾，甚至其中的利害矛盾有时会发展到尖锐的程度，但他们的矛盾不是基本的。大臣有时劫弑，后妃也有时有诡昧暗害的行为，左右近习也有时会作乱，但是在镇压人民这一点上，他们还是一致的。韩非只接触到矛盾的表面现象，把一切利害的矛盾平列起来，君主只有孤零零地坐在宝座上，感到岌岌不可终日，只好用告讦、连坐等阴谋诡计来统治国家了。

我们不难从韩非的错误的认识中看出他思想背后的政治意图。当时新兴地主阶级要求走中央集权的道路，必须反对不利于中央集权的旧制度，所以对大臣，对近习、亲贵都要严加提防，这是关系旧贵族这一阶级的生死存亡的问题。他提出重法、用术、重势正是为了对付垂死的旧贵族的反攻。韩非所代表的阶级要求他这样做。

韩非的政治任务在于从理论上找出建立中央集权专制政府的根据，但韩非把人君个人与人君以外的一切人对立起来，照他的办法，客观上恰恰削弱了中央集权的专制政府的力量。当时的中国新兴地主阶级要求产生能广泛地代表地主阶级利益的集权政府来压制人民。

韩非的理想通过秦始皇总算暂时付诸实施了，但在人民的反抗下，秦朝的专制统治很快倾覆了。剥削阶级的本性使他只看见从剥削中取得的好处，看不见农民阶级的力量。

（六）批判互相矛盾的学说

韩非以新兴地主的阶级立场衡量新的人与人之间的社会关系，并提出了他的新的道德标准。为了建立法家自己的道德标准，他不得不指出当时其他学派的道德标准的互相矛盾。他首先把矛盾这一名词用作哲学上的概念。他说：

> 舜之救败也，则是尧有失也。贤舜则去尧之明察，圣尧则去舜之德化，不可两得也。楚人有鬻盾与矛者，誉之曰："吾盾之坚，莫能陷也。"又誉其矛曰："吾矛之利，于物无不陷也。"或曰："以子之矛陷子之盾，何如？"其人弗能应也。夫不可陷之盾与无不陷之矛，不可同世而立。今尧、舜之不可两誉，矛盾之说也。[①]

先秦各哲学派别到了战国末期，都已发展成为比较完整的体系，这些不同的学派各自代表他们自己阶级和阶层的利益。势力最大的有儒、墨两大派，此外还有其他学派。这些学派在理论上虽有极大的差异，但基本上他们都主张在原有的领主制度的基础上做些或多或少的政治改革，在不同的程度上都主张维持旧日的贵族等级制而不主张从根本上打破贵族等级制。韩非为了达到他的中央集权的政治要求，必须对当时已有相当势力的各学派展开斗争。

在韩非的著作中随处都可以看到他对法家以外的各种学派的攻击。在《六反》篇中他反对"贵生之士""文学之士""有能之士""辩智之士""磏勇之士""任誉之士"。在《显学》篇中

① 《韩非子·难一》。

主要反对当时势力最大的儒家和墨家两大派。在《八说》篇中反对八种人——“不弃”“仁人”“君子”“有行”“有侠”“高傲”“刚材”“得民”。在《五蠹》篇中反对称道先王的辩说仁义之士、“言古者”“带剑者”“患御者”及“商工之民”。

他认为这些文学道德之士，他们的言行与人君的利益有矛盾，所以应当禁止。他并且指出这些文学道德之士的共同的特点就是平时不生产，战时不当兵，“儒以文乱法，侠以武犯禁”[①]，他们对于国家不但没有好处，反而对于国家的法令起着破坏作用。韩非并进一步从理论上指出这些学派的学说互相矛盾，很难成立。

韩非说，儒家主张厚葬久丧，人主以其孝而礼之；墨家主张薄葬短丧，人主以其俭而礼之。这两派的说法互相矛盾，而人主却兼而礼之。漆雕氏的学说主张勇敢方正，人主以其廉而礼之；宋荣子的学说主张见侮不辱，人主以其宽而礼之。这两派的学说也是互相矛盾的，而人主却也兼而礼之。他以为人君如果同时采用互相矛盾的学说，必然造成是非不分，混乱了道德的标准。

韩非惯于利用逻辑的矛盾法则，这是他的思想方法的特点，但他只能停留在概念分析的阶段，而没有能够看见矛盾的事物中间的内在的联系。那些文学道德之士虽不直接参加生产，可是他们都在不同的角度、不同的程度上替人君献策，他们提供了如何统治人民的方法。那些游士都是属于统治阶级内各阶层的人物，他们跟统治阶级的利益基本上是一致的。韩非只是机械地从形式上看问题，他说：

① 《韩非子·显学》。

> 夫冰炭不同器而久，寒暑不兼时而至，杂反之学不两立而治，今兼听杂学缪行同异之辞，安得无乱乎？[①]

韩非没有能够看出“人君兼而礼之”，正是他们都对人君有利，他也没有能够指出两种互相反对的学说并不就是逻辑上的“甲与非甲”的矛盾的关系，两种相反的理论可能都是错的，并不见得一方是错的，另一方就是正确的。韩非的目的本来是为了证明儒、墨以及漆雕、宋荣子的学说都不正确，但照韩非的论证方法推下去却恰好证明儒、墨两派中间以及漆雕、宋荣子两派中间必有一派是正确的。这显然不是他所要得到的结论。

韩非反对旧的道德标准以及他反对文学道德之士及各派学说的实际意义并不在于争论他们的学说谁是谁非，他所争的是政治路线的问题。那些文学道德之士，儒士各派的学说都是替旧的封建领主制度做支柱的，虽然其中也有程度上的差别。这些学说对于中央集权制度的建立都有阻碍作用，所以韩非必须在理论上战胜所有维护旧制度的学说思想。至于文学道德之士不直接参加生产劳动，当然也构成韩非反对他们的理由，但并不是主要的。因为韩非自己所称道的“法术之士”也是一种不参加生产的士，而韩非却认为治国不能缺少这种士。

① 《韩非子·显学》。

四、“参验”与“刑名之术”

韩非认为认识事物、判断是非，不能根据主观的意图，而应当根据客观事实作为标准。这就是韩非的“参验”的方法。“参”是比较，“验”是证实。“参验”就是用考查比较得到证实的方法。韩非又称“参伍之验”[①]，又称“参伍比事”[②]。他说，比如判断刀剑的利钝，只凭金属原料的颜色，即使善铸剑专家也不能肯定刀剑是否合乎标准，只要用铸成的刀剑试宰杀动物，随便什么人都能分别出利钝（“夫视锻锡而察青黄，区冶不能以必剑，水击鹄雁，陆断驹马，则臧获不疑钝利”[③]）；只看马的形状、年龄，即使善相马的专家也不能肯定马的优劣，只要驾上车跑一次，随便什么人都能分别出马的优劣（“发齿吻形容，伯乐不能以必马，授车就驾而观其末涂，则臧获不疑驽良”[④]）。韩非又说，大家都在睡觉时，无法分别出谁是瞎子；都在静默时，无法分别出谁是哑子。醒后使他看，提出问题叫他回答，瞎子、哑子就无法掩饰了[⑤]。所以判断言行是否正确，不是只凭争论就可以解决的，一定要从言行的实际效果来判断它的正确性：

① 《韩非子·备内》。

② 《韩非子·扬权》。

③ 《韩非子·显学》。

④ 同上。

⑤ 《韩非子·六反》。

不听其言也，则无术者不知；不任其身也，则不肖者不知。听其言而求其当，任其身而责其功，则无术不肖者穷矣。夫欲得力士而听其自言，虽庸人与乌获不可别也。授之以鼎俎，则罢健效矣。故官职者，能士之鼎俎也。任之以事，而愚智分矣。[①]

韩非提出“参验”的方法来反对空谈理论的一些学派。像儒家、墨家都自称根据尧、舜的学说，争论不休，韩非认为他们的学说都缺乏证据：

欲审尧舜之道于三千岁之前，意者其不可必乎！无参验而必之者，愚也；弗能必而据之者，诬也。故明据先王，必定尧舜者，非愚则诬也。[②]

知识的真假须凭参验，言行的是非也不能离开参验。韩非说，判断言行的是非，必须看这种言行在政治上所起的实际效果。“言”的标准就是“令”；“行”的标准就是“法”。违反法令的言行都是错的，合乎法令的言行就是对的。

明主之国，令者，言最贵者也；法者，事最适者也。言无二贵，法不两适，故言行而不轨于法令者必禁。[③]

韩非的“参验”方法，用于考查一般的知识的真假，是有客观

① 《韩非子·六反》。

② 《韩非子·显学》。

③ 《韩非子·问辩》。

效果的，是有唯物主义的精神的。这种方法用来考查政治上的言行的是非，韩非称为“刑名之术”，有时又称为“形名之术”。

为了达到新兴地主阶级要求的政权的统一，韩非提出了有利于政权统一的标准，就是人君的法令。韩非所谓法令是“设之于官府，而布之于百姓”的条文。他把这种条文当作了真理的客观标准。法令本身并不能反映政治上的真理，而是统治阶级意志的表现，它是压迫人民的工具。韩非以自然界的客观存在的事实作为参验的根据是对的，但他把社会上阶级压迫的工具（法令）也认为具有客观真实性的意义，并用来作为参验的根据，显然是讲不通的。这种法令是根据人君的利益制定的。事实很明白，韩非的法令本来就是用来“防奸”“禁乱”的，他不需要在政治上辨别是非，照他看来，人君总是对的。新兴地主阶级需要中央集权的政府，所以韩非必须这样说，也必须提出法令作为标准。韩非有实际的理由使他这样主张：

> 人主将欲禁奸，则审合刑名者，言异事也。为人臣者陈而言，君以其言授之事，专以其事责其功。功当其事，事当其言，则赏；功不当其事，事不当其言，则罚。故群臣其言大而功小者则罚，非罚小功也，罚功不当名也；群臣其言小而功大者亦罚，非不说于大功也，以为不当名也。害甚于有大功，故罚。①
>
> 言当则有大利，不当则有重罪。是以愚者畏罪而不敢言，智者无以讼。②

① 《韩非子·二柄》。

② 《韩非子·问辩》。

圣人之所以为治道者三：一曰利，二曰威，三曰名。[①]

“利”与“威”即赏与罚，即“刑”；而“名”却是人君行使赏罚（“刑”）的标准。韩非认为这个标准是客观的，它标志着人君奴役臣民，使臣民努力的方向。他说：“夫立名号，所以为尊也。”他担心当时“名”的标准发生混乱。有些轻视法令的人在社会上反而得到“勇夫”的名，轻视赏罚的人在社会上反而得到“高”名，轻爵位的人在社会上反而得“贤”名，自称为泛爱天下的人在社会上反而得到“圣人”的名。社会上所公认的“名”与人君的法令所规定的“名”，内容相反却同时并存，这对国家是有危害的。韩非以为，把足以乱天下的“名”看得很高，而把足以治天下的“名”看得很低，人君的“名”与社会上的“名”对立起来，两种不同的“名”同时并存并用，天下非大乱不可。[②]

“名”的标准不能划一，人君的赏罚必因而错乱。所以韩非说“名”是刑的根本，“名”有了一定的标准，然后事物才能判定其是非真伪。划一“名”的标准是法令，这是人君的事。按照法令办事，实现法令，这是人臣的事。人君掌握着普遍的原则，人臣只做一件一件具体的事情，是有形的。人臣做的有形的事与人君所定的无形的名互相配合，上下就调和了。[③]人君只要发号施令，具体的事要人臣来做，一方发令，一方受令，双方配合，君就可以无为了。[④]

① 《韩非子·诡使》。

② 《韩非子·诡使》。

③ 同上。

④ 《韩非子·主道》。

在以上所说的君臣的关系的意义之下，韩非的“刑名”又称为“形名”。

对于人臣的言行的是非，是否合乎人君的法令“名”，韩非也主张用比较的方法进行考查。明主不做一些没有经过考查比较的事（“不举不参之事”），对于人臣的言行要从多方面比较考查，要从事情的前前后后比较考查，这样赏罚就不会错，“刑”就合乎“名”的要求了。

> 偶参伍之验，以责陈言之实执后以应前，按法以治众，众端以参观。士无幸赏，无逾行，杀必当，罪不赦，则奸邪无所容其私。⑤

韩非的“参验”方法，对于一般知识来说，它是根据客观事实的比较考查的方法，是有科学性的。他把参验的方法用到社会政治上，即成为他的“刑名”或“形名”之术。韩非认为“名”也有客观根据，它的根据就是法令。他把维护统治阶级的利益的法令当作客观的根据。韩非为了符合他的阶级的利益，不得不背叛了真理的科学性。

先秦儒、墨各派把政治上的赏罚寄托于人君的良心、仁慈，寄托于上天的意志，寄托于抽象的“兼爱”的理想，而其实质仍然是为着统治阶级的政治利益。儒、墨各派对于赏罚还不脱唯心论的主观性，韩非的“刑名之学”毕竟是根据“设于官府，布于百姓”的法令，这是比较进步的理论，他的法令固然不能是为了限制人君而

⑤《韩非子·备内》。

是压制人民，但对于人君以外的大臣、贵族等上层统治阶级的人物却有一定的限制作用，使他们不能随便按喜怒好恶来定赏罚。这在一定程度上对于那些未掌握政权的地主阶级是有利的，因而在客观作用上对人民也有一定的利益。

先秦儒、墨各派都高唱道德，实际上他们的仁义道德都是替他们的政治目的服务的，但他们不认识这一事实，反自以为政治替他们的道德理想服务。这显然是颠倒的看法。韩非的“刑名之说”明确提出了道德（一切的“名”）是替政治服务的，这种从实际出发的精神，使他比其他的学派更能接近政治问题的实质，这也是韩非思想比当时儒、墨各派更为深刻的地方。

韩非思想的进步性并不能掩盖他的反人民性和独断性以及剥削阶级的残酷性。他的“法治”精神就其向封建领主制度进攻来说是进步的，因为他要消灭这一落后的阶级；就他对人民进行敲骨取髓的剥削来说是反动的。我们不能忘了敌对的社会向前跨进这一步时，人民所付出的惨重的代价。

五、历史观

（一）古代天子不由天授

上古之世，人民少而禽兽众，人民不胜禽兽虫蛇。有圣人作，构木为巢以避群害，而民悦之，使王天下，号曰有巢氏。民食果蓏蜯蛤，腥臊恶臭而伤害腹胃，民多疾病。有圣人作，钻燧取火以化腥臊，而民悦之，使王天下，号之曰燧人氏。[①]

古代不少学者相信王权受命于天，而韩非却指出古代领袖是民选的。郭沫若先生说："这种民约论的见解，确实是道破了原始社会的事实。"我们可以说这种国家社会起源的学说在当时是比较合乎事实而有进步意义的，但不能因此认为韩非的见解完全合乎原始社会的事实。坚持统治阶级立场的韩非不但看不起人民群众的智慧，相反的他认为人民群众是愚昧无知的，只有"圣人"出来才给人民解决了住和吃的问题，韩非显然把原始社会的千万劳动人民的生产斗争的伟大实践的成果给抹杀了。虽然如此，但他的国家社会起源的学说毕竟从宗教迷信残余的思想中解放出来，历史毕竟是"人"来开创的（虽然他还是只承认"圣人"的功绩），这比过去已经大大跨进了一步。

（二）经济生活决定道德

尧之王天下也，茅茨不翦，采椽不斫；粝粢之食，藜藿之羹；冬日麑裘，夏日葛衣：虽监门之服养不亏于此矣。禹之王天下也，身执耒臿，以为民先；股无胈，胫不生毛：虽臣虏之劳不苦于此矣。以是言之，夫古之让天子者，是去监门之养而离臣虏之劳也，古传天下而不足多也。今之县令，一日身死，子孙累世絜驾，故人重之。是以人之于让也，轻辞古之天子，难去今之县令者，薄厚之实异也。……是以古之易财，非仁也，财多也；今之争夺，非鄙也，财寡也。轻辞天子，非高

① 《韩非子·五蠹》。

> 也，势薄也；重争土橐，非下也，权重也。故圣人议多少、论薄厚为之政。[①]

先秦儒、墨各派把尧、舜让天下的历史传说加以理想化，作为“尚贤”“举贤才”，为士阶层找寻政治出路的根据，在当时不失为一种进步性的学说。历史演变到战国末期，尧舜仁治的政治学说，以及任贤使能的注重“贤才”的学说都已成为中央集权的法治理论的绊脚石，所以韩非反对空谈德治的历史观是有其实际意义的。

韩非首先从经济生活的影响来分析道德的性质，这是他具有唯物主义精神的地方。但韩非站在剥削阶级的立场，把人民看作奴役和剥削的对象，因而必然违反人民的利益，他所理解的君主只是骑在人民头上只图个人享受的特权人物，对人民不负责任、不尽义务，这也看出他所代表的新兴地主阶级的反人民的残酷本质。

韩非从物质生活享受方面指出古代天子生活苦、让天下算不了什么美德。这种学说的实际作用正是为了反对那些“是古非今”的历史社会学说。为了加强中央集权的封建统治制度，为了替从来也没有过的一种新制度建立理论根据，韩非必须对那些旧有的、深入人心的历史学说进行斗争。在历史发展的道路上，韩非代表着进步的新势力。

（三）历史发展的原则

韩非说上古之世，因为有禽兽的灾害，于是有构木为巢的有巢氏替人民解决了住的困难；又因为人民不会熟食，害肠胃病，于是

① 《韩非子·五蠹》。

有燧人氏钻木取火替人民解决了熟食的困难；中古之世，患水灾，又有鲧和禹决渎排水；近古之世桀、纣暴乱，有汤、武征伐暴乱。如果时代已进入中古，还有人提倡构木为巢、钻燧取火的办法，必然为鲧、禹所笑；如果到了殷周时代还有人无故决渎排水，必然为汤、武所笑。现在如果还有人称赞古代尧、禹、汤、武的功德事业，也必为新圣所笑。[①]不同的时代有它不同的历史任务。

在《五蠹》篇中又说：

> 古者丈夫不耕，草木之实足食也；妇人不织，禽兽之皮足衣也。不事力而养足，人民少而财有余，故民不争。是以厚赏不行，重罚不用，而民自治。今人有五子不为多，子又有五子，大父未死而有二十五孙。是以人民众而货财寡，事力劳而供养薄，故民争，虽倍赏累罚而不免于乱。

古代人少财多，当今人多财少，这是韩非所臆测出来的古今社会的差别。（生活资料丰富了就可以使民不争，这是韩非的社会学说的出发点。）站在剥削阶级立场的韩非不可能认识造成社会纷争的并不是由于生活资料太少，而是由于不合理的残酷的剥削制度。韩非所根据的可能是当时韩国山地多、平原少的情况，但在战国末期六国一般情况还都是地广人稀，而非土地不足。即使地少人多，这也不是人民贫困的唯一条件。他幻想着古代“人民少而财有余”，显然与事实不符。不劳动哪里会有财？原始公社时代，大家共同劳动、共同分配，“禽兽之皮”“草木之实”并不充足，相反，倒是

① 大意见《韩非子·五蠹》。

得来不易，非常不足。他所说的“大父未死而有二十五孙”显然不是造成贫困的真正原因。

韩非借历史发展的事实以证明领主的封建制行不通，必须走中央集权的封建制度的道路，这是他的学说的政治意义。他从社会经济方面找理由，说明历史，这也是比较正确的方法。他的阶级的局限性使他看不清事实的真相，他所描绘的古代社会的经济情况以及他所认识的当前的社会的贫困原因都没有事实根据。

（四）注重法治的理论根据

韩非说，古代文明不发达，工具简单，人们用贝壳或石头作为翻土的农具，乘用极笨重的车子。古代人少，生活资料易得，人们轻财易让，所以上古有让天子之位的。可是今天看来，这些过时的政治制度都不能用了。处在多事的时代，不能再用这种落后的办法了。聪明的人一定不乘早已过时的笨重的车子，聪明的统治者也一定不采用过时的政治制度。①

把社会治乱的原因归结到生活资料的多寡，因而韩非认为必须强迫人民努力生产。财货增加，社会才会有秩序。

> 饥岁之春，幼弟不饷；穰岁之秋，疏客必食。非疏骨肉爱过客也，多少之心异也。是以古之易财，非仁也，财多也。今之争夺，非鄙也，财寡也。②

他反对当时的“文学之士”“言谈之士”“道德之士”，主要原因

① 《韩非子·八说》。

② 《韩非子·五蠹》。

固然由于政治路线不同，其次是因为这些游士增加以后，就会使社会上的人“用力者寡则国贫，此世之所以乱也”，所以他主张“明王治国之政，使其工商游食之民少”[①]。

为了对人民进行严重的压迫，韩非在《五蠹》篇中提出了以下的歪曲的论据，他认为人口增加与财货增加的速度不相适应。社会上人口愈多，财货就愈少，财货愈少，争夺就愈激烈。由此得出结论：社会愈往前发展，就更加需要严刑峻法来维持社会的秩序，不能以“宽缓之政，治急世之民”[②]。

荀子认为人性恶，但可以改造为善。韩非继承了荀子的性恶说，但他认为“性命者，非所学于人也”[③]。他把不劳而获，自私自利的剥削阶级的本质当作人类的本性，他说，人生来是自私自利的、互相竞争的，人君只能利用人类的自私自利这一特点，用赏罚的办法驾驭人民。他说社会上即使有所谓好人，那只是偶然的特殊的现象，而不是一般的现象。“有术之君，不随适然之善，而行必然之道。”[④]韩非的“必然之道”就是用赏罚的法令强迫人民为统治者从事耕战。

正因为“古今异俗，新故异备”，所以“圣人不期修古、不法常可，论世之事，因为之备”。[⑤]

韩非要求变法的方向是符合当时历史要求的，他的理论根据虽然站不住，而他的政治意义有一定的进步性。

---

① 《韩非子·五蠹》。

② 同上。

③ 《韩非子·显学》。

④ 同上。

⑤ 《韩非子·五蠹》。

（五）竞争的历史观

上古竞于道德，中世逐于智谋，当今争于气力。[①]

古人亟于德，中世逐于智，当今争于力。[②]

韩非区分上古、中古、近世三个历史发展的阶段并没有什么根据，实际上应该说上古的竞争更应当靠气力。“竞于道德”，这完全是他从古代人少物多的虚构中揣想出来的。他显然受过荀子的学说的影响，荀子的《王制》篇中曾说“王夺之人（按：争取人民），霸夺之与（按：争取同盟国），强夺之地（按：争取土地）”。

无论是上古、中世或当今，韩非认为人与人、国与国都要在竞争中取得生存，只是所采取的竞争的方式不同，上古用道德来竞争，中世用智谋来竞争，当今用气力来竞争。这里他也继承了老子的“天地不仁”“圣人不仁”的观点，认为历史是无情的、冷酷的，由此推出凡是不合历史的要求的政治制度必然失败，处在当今的时候，还梦想做上古的事业，定为“新圣”所笑，非失败不可。他的历史观虽然部分地接受了老子的启发，但已超过了老子的古胜于今的认识。

根据以上五点足以说明韩非的历史观具有清醒的理性主义的特色。他能够完全摆脱了当时神权宗教的残余思想的影响，并企图从社会的经济条件说明道德基础和历史法则。这样的朴素的唯物主义的说明历史的态度，对于神权宗教的思想起着打击作用。他还有初步的生存竞争的社会思想，虽然还不免于片面的认识，他确也认识到当前必

① 《韩非子·五蠹》。

② 《韩非子·八说》。

须争、必须变，也就是说，必须打破分散割据的封建制度，建立中央集权的封建制度，对那些反对变革的保守思想给予打击。

虽然韩非的历史观有以上的进步意义，他不可避免地受着一定的局限性。他没有发展或进步的观念。他认为古代谋生容易，古代道德好，可见他还不免有道家崇古思想的残余。韩非有时也说尧、舜不值得羡慕，但他认为：

> 夫以身为苦而后化民者，尧舜之所难也；处世而骄下者，庸主之所易也。①

可见尧、舜毕竟与庸主不同。又说：

> 百日不食，以待粱肉，饿者不活。今待尧舜之贤乃治当时之民，是犹待粱肉而救饿之说也。②

在他看来，古代有尧、舜那样的贤君，就可以德治；当今没有尧、舜那样的贤君，只好用法治。可见他不免有今之君不如古之君的看法。他又说：

> 以宽缓之政，治急世之民，犹无辔策而御悍马。③

可见他还不免有今之民不如古之民看法。他虽然超出了“天志”“天命”的神权观念，但他仍主张历史是“圣人”推动的，表现出他的严重的唯心主义的历史观点。

---

① 《韩非子·难一》。

② 《韩非子·难势》。

③ 《韩非子·五蠹》。

韩非在历史观方面受了老子的崇古思想的影响，却并不妨害他代表新兴的地主阶级要求改变现实的理性主义进步意义。他主张政治制度要随着客观具体情况改变，反对泥古守旧。他对待历史的态度是比较接近科学的，虽然其中夹杂着臆测和想象。他要求走中央集权的道路，国家只由一个独尊的皇帝来统治，取消卿大夫等贵族的层层统治。他理想的国家，上有国君，中有官吏，下有直接生产的劳动人民，减少中间剥削的层次，这会更合乎正在上升的地主阶级的利益。按照他的理想，可以相对地减轻些人民的负担，对于生产力有一定的解放作用。其历史观的进步意义即在此。

六、“道”与“无为”

韩非的“道”的概念来自老子。老子指出“道”不但是人类行为的规范，而且还“象帝之先”[①]，是天地万物的总规律。韩非也说：“道者，万物之始，是非之纪也。”[②]又说：“道者，万物之所然也，万理之所稽也。”[③]表面看来与老子的“道”没有什么不同，而实质上并不相同。

老子的“道”是万物的总规律，它体现于万物之中，“道”与万物有区别，但不与万物对立，“道”表现在客观自然界之中，表现在无知识纯朴的百姓的生活中。老子认为人压迫人的礼教、文化、过分

① 《老子》四章。

② 《韩非子·主道》。

③ 《韩非子·解老》。

的剥削，以及刑罚、赋税、战争都是违反“道”的原则的。

韩非的“道”，对于万物是超越的，正如人君对于臣民是超越的一样。“道”既然是超越的，在国家内体现“道”的人只限于人君。“道无双，故曰一，是故明君贵独道之容。”至于一般人民，韩非认为是愚蠢的，只能供人君用作当兵、耕田的工具。他说人民好像无知识的小孩子，有时父母好心替小孩子治病，小孩子还要啼哭，所以对人民只能用强迫的手段。他由此推论出“民智之不足用，亦明矣”。[①]

老子把“道”看作世界万物变化的总规律，这一科学意义，韩非对此不感兴趣。韩非虽然也说“道者，万物之始也”，但他更关心的是把“道”作为政治上的统治原则：“是非之纪”。他所谓是非的标准只是合乎人君的利益的“是非”，而不是真正符合大多数人民利益的“是非”。所以韩非的“道”体现在政治上就是“法”。

韩非从老子哲学中借到“道”这一武器，替人君压迫人民的超越地位找哲学的根据，替人君的专制独裁的法令找哲学的根据。

韩非的“道”是超然于万物之上的本体。

> 道不同于万物，德不同于阴阳，衡不同于轻重，绳不同于出入，和不同于燥湿，君不同于群臣。凡此六者（按：六者乃是指万物、阴阳、轻重、出入、燥湿、群臣这六类事物）道之出也。道无双故曰一。是故明君贵独道之容。[②]

---

① 《韩非子·显学》。

② 《韩非子·扬权》。

老子的“道”无所不在，韩非也说“道”无所不在[①]，但他实际的了解却认为“道”与人君同体，“道”与百姓无涉。他曾说，虚静无为是“道”的实质（“虚静无为，道之情也”[②]），只有人君才能虚静无为。他曾说：

> 明君无为于上，群臣悚惧乎下。[③]

道家的“无为”，在政治上反映了人民对统治者的不满，他主张统治者对老百姓要少干涉，使老百姓不要做什么或少做些什么。比如削减政府的职权，使人民“甘其食，美其服”[④]，不要刑罚，不要赋税，不要儒家的礼乐。道家不但人君无为，人臣也要无为，这些主张固然带有空想性，但的确反映了人民的一些正当的要求。所以老子说：“法令滋彰，盗贼多有。”[⑤]可见法令是不合乎老子的“道”的原则的。韩非的“无为”成为他的君臣不同道的分工的根据。

韩非认为君臣不同道。人君体现“道”，人臣只能服从“道”；只能希求按照人君规定的是非标准行动。这样，人君握有是非赏罚的标准（“名”），人臣只要尽力从事。他说，聪明的人君掌握万物之始的道。照韩非看来，只要掌握了刑罚（“法”）就可以知道万物之源，也可以知道成败的根源。所以说，人君只要用虚静无为的方法支配一切，就可以使“名”自命，使事自定。人君

---

① 《韩非子·解老》。

② 《韩非子·扬权》。

③ 《韩非子·主道》。

④ 《老子》八十章。

⑤ 《老子》五十七章。

虚静无为才可以看得清楚事物变化的实在情况，才可以规范群臣行动，考查臣下的言行，“形”与“名”（法令）两下参验，可以知道事物的实际情况，君就可以无为了[①]。

韩非的“道”，体现在政治上就是“法”。

> 夫摇镜则不得为明，摇衡则不得为正，法之谓也。故先王以道为常，以法为本。本治者名尊，本乱者名绝。[②]

“道”的具体运用就是“无为”。“无为”的原则在于君逸臣劳，“无为”的作用在于防奸止乱，“无为”的理想在于专制独裁。

人君要无为，人臣要有为，“明君无为于上，群臣悚惧乎下”[③]，他因而主张“臣有其劳，君有其成”[④]，“人君使法择人，不自举也；使法量功，不自度也”[⑤]。在韩非看来，人民只配做奴隶，人君有最高的特权，对人民没有任何政治上的义务。人君的任务就在于防止大臣的专权，防止细民的作乱。如果人君体会“无为”的精神，对人民“有术以御之，身处佚乐之地，又致帝王之功也”[⑥]，这样不但可以保持至高无上的统治地位，而且还可以名垂万世：

> 君高枕而臣乐业，道蔽天地，德极万世矣。[⑦]

---

① 《韩非子·主道》。

② 《韩非子·饰邪》。

③ 《韩非子·主道》。

④ 同上。

⑤ 《韩非子·有度》。

⑥ 《韩非子·外储说右下》。

⑦ 《韩非子·用人》。

> 有智而不以虑，使万物知其处；有行而不以贤，观臣下之所因；有勇而不以怒，使群臣尽其武。……有功则君有其贤，有过则臣任其罪。……臣有其劳，君有其成。……人主之道，静退以为宝。不自操事而知拙与巧，不自计虑而知福与咎。是以不言而善应，不约而善增。[①]

“道”是无为的，人主也要无为。人主能虚静无为，才可以冷静地从旁边观察臣下的缺点和弊端：“道在不可见，用在不可知，虚静无事，以暗见疵。”人君高高在上，“下众而上寡，寡不胜众者，言君不足以遍知臣也”。对臣下不能遍知，所以要善于利用别人的知识，这样就可以“形体不劳而事治，智虑不用而奸得”。[②]掌握了这个原则，就可以收到“君子乐而大奸止”[③]的效果。

在政治上能贯彻“无为”原则的人，就是“圣人”。“圣人”能“审于是非之际，察于治乱之情”。“圣人”治国，必能做到“正明法，陈严刑，将以救群生之乱，去天下之祸，使强不凌弱，众不暴寡，耆老得遂，幼孤得长，边境不侵”[④]。

文字上，这一段话是很动人的，好像韩非真有为人民打算的善良的愿望。实质上，韩非只在为了加强人君的无限特权，而反对统治阶级中间阶层的大臣、贵族的层层剥削，反对“中饱”，客观上可能相对地减轻人民的一些负担，而基本上，人民的被奴役的地位

① 《韩非子·主道》。

② 《韩非子·难三》。

③ 《韩非子·功名》。

④ 《韩非子·奸劫弑臣》。

丝毫不能有所改变。他的“无为”在于防奸止乱，君佚臣劳，以完成他的专制独裁的政治理想。所以他说：“圣人执一以静，使名自命，令事自定。不见其采，下故素正。”[①]“道”既是虚静寂寥，人君的统治方法也应当深藏不露。“道在不可见，用在不可知”，“明主，其务在周密”[②]，“主上不神，下将有因”[③]。

韩非虽然表面继承老子的“道”的观念，但他没有从这一方面发展老子唯物主义的科学精神，只是把“道”抬出来作为人君专制独裁和法治的根据。在他的政治理论中，“法”就是“道”，“道”就是“法”。韩非把地主阶级压迫人民的法，看作离开人们主观意识的客观存在的总规律——“道”。老子的唯物主义的“道”，到了韩非手里，实质上成为没有客观物质基础的唯心论的概念。

君对臣民有超越的地位，这是他的专制独裁的统治阶级的基本思想，因而把世界的规律的“道”也孤零零地悬空挂起，并强调了“道不同于万物，德不同于阴阳，衡不同于轻重”。他的剥削阶级的立场使他不惜抹杀事实。

---

① 《韩非子·扬权》。

② 《韩非子·八经》。

③ 《韩非子·扬权》。

韩非哲学的性质*

问：法家的创始者韩非子的学说是唯心的还是唯物的？（江苏孙宅巍）

答：评判一个思想家，特别是古代的思想家，不能够简单化。因为他们不一定是彻底的唯物论者或彻底的唯心论者。但是，一个哲学家到底属于唯心或唯物的阵营，也应该找出基本的区别。

韩非的哲学思想，基本上应当属于唯物主义阵营。他的唯物主义观点和倾向主要表现在以下几个问题上：

第一，对鬼神问题，也就是对宗教迷信和无神论的问题，韩非是明确的无神论者。韩非尖锐地指出，治理国家如果相信鬼神而不努力改革政治，就会亡国。对宗教迷信提出了不调和的批判。

第二，对于社会历史发展的看法，韩非反对上天决定社会历史的陈腐观念，他提出了杰出的人物（“圣人”）创造文化、推动历史的理论。对于前一种观念来说，韩非的思想显然是比较注重实际的。

第三，对于道德问题，韩非反对人类有天赋道德观念。他提出人类所关心的是自己的利益，人们为了个人的利益才会努力工作。

---

* 原载《历史教学》1956年第10期《问题解答》。标题为编者所加。

总的看来，韩非的思想是和当时的宗教迷信对立的，是和当时阻碍社会发展的顽固保守力量对立的。在客观上，韩非的思想对宗教迷信不利，而对于当时的科学思想的发展有利。因此，我们可以说韩非是属于唯物主义阵营的思想家。

但是也必须指出，韩非的唯物主义并不是彻底的。他夸大了个人在历史上的作用，把人类的自利当作推动社会的动力，把社会的发展简单地看作生活资料占有的欲望，他的性恶论也有唯心的色彩，这些观点都是和我们今天科学的唯物主义的历史观不一致的。

韩　非*

一、从矛和盾的故事说起

从前有一个卖矛的人，在市上夸耀他的矛是天下最好的矛，不论怎么坚实的盾它都能刺穿。同时，这个人手里也拿着一面盾在卖，他夸耀他的盾是天下最好的盾，无论是怎么锋利的矛也刺不穿它[①]。有些人被他的夸大宣传吸引住了，逐渐围拢来。这个人洋洋得意，正在等候买主。人群中走出一个人，向这个卖矛和盾的人问道："听你说得很好，你的矛和盾可算天下最好的武器。如果用你的矛刺你自己的盾，能不能刺得穿它？"这个突然的问题，可把这个卖矛和盾的人窘住了。他想说他的矛可以刺穿他的盾，那么他的盾就不是像他说的那样最坚实；他又想说盾不会被刺穿，那么他的矛就不是像他说的那样最锋利。这个问题使他瞠目结舌，回答不上来，只好满面羞惭地拿着他的矛和盾，灰溜溜地离开市场。这就是

---

* 据任继愈：《韩非》，上海人民出版社，1964年4月版。

① 矛：古兵器，是枪刺的一类。盾：古代防御武器，是用坚韧材料做成的牌，用以掩护身体。

大家熟悉的“以子（你）之矛，攻子（你）之盾”的故事。

上面这个故事未必真有其事，但是这个故事说明一个人说的话不可以前后不一致，不可以自相矛盾。我们今天几乎天天会遇到“矛盾”这个词，我们自己也经常使用“矛盾”这个词。当然今天所用的“矛盾”不止是“自相矛盾”的意思，有时也指事物对立统一的原理。“矛盾”这个词的创作者是谁？就是现在要向读者介绍的韩非。

韩非是战国（公元前475—前221年）后半期韩国的一个没落贵族，自幼跟当时的大学者荀子读过书。他有些口吃（结巴），不大能讲话，但是能写文章。他的文章写得条理清楚，分析深刻，有说服力。他的同学李斯也是一个很有学问、很有才干的人，后来当了秦始皇的宰相。秦始皇灭掉六国，统一中国，李斯立了不小的功劳。但李斯也承认自己的才能不及韩非。

韩非约生于公元前289年，他的年龄和李斯差不多。他死于公元前233年，活了五十多岁。他的著作经后人编在一处，称为《韩非子》。古人经常用人名当书名，像墨子的著作叫《墨子》，孟子的著作叫《孟子》，荀子、庄子、老子也都是这样的。韩非的著作在当时各国都有流传的抄本，在秦国也有过广泛的影响。

有一天，秦王（就是后来的秦始皇，当时还没有统一中国）读到韩非的著作，大为赞赏，说：“这真是一部好书。我若能和这位作者见一面，也不枉活一辈子了！”秦王还以为这部著作是一位古代学者作的呢。这时李斯在旁说：“这是我的同学韩非写的书。这个人还活着，想见到这个人不难，他现在韩国。”秦王一听，高兴极了，设法把韩非找到了秦国。见面后，谈得很融洽，很想重用他。这时秦王左右的大臣都有点不服气，特别是李斯对韩非更加嫉视。因为他知道韩非很有才干，学问又好，万一秦王重用了他，至少自己的宰相做不成了。李斯就暗中联合其他大臣在秦王面前说韩非的坏话。说韩非是韩国的贵族，他终究是心向韩国的。秦国和韩国是敌对的国家，若重用了他，他会为韩国打算，不会真心为秦国的。如果放走他，让他到别国去，万一被人重用，和秦国捣起乱来，也是个麻烦。不如找个借口把他杀了。秦王就把韩非关进监狱，还在考虑用他、放他，还是杀他。李斯又使人威吓韩非，韩非被迫在狱中自杀了。秦王考虑了很久，觉得韩非毕竟是个人才，最后下命令释放他出狱，还是想重用他，但是韩非已经死了，来不及了。

二、韩非有哪些主张引起秦王的重视

在战国末期，各国连年战争，大国兼并小国，最后剩下了七个大国，那就是齐、楚、燕、秦、韩、赵、魏。其中秦国最强大，楚国、齐国也是强大的，其余的国家土地小，也比较贫困。不论大国和小国，打起仗来，吃亏的还是老百姓。当时的老百姓大多在想：能有一个统一的、没有战争的局面，让大家太太平平生活下去，那是多么好呀！统一，是人民的要求。再从当时的生产情况来看，也要求加强经济联系，促进经济交流。当时齐国出产的盐、铁，不但供齐国自用，也供应其他国家的人民。南方楚国的木材，西方秦国的皮毛、革制品，也供应东方各国人民的需要。还有当时的黄河，流过好几个国家，各国都不想把黄河治理好，只想把水患转移到邻国去。发生水患，当然倒霉的还是老百姓。从各方面的实际情况看来，统一中国，对发展生产、安定人民生活是有利的。谁能统一中国，肯定会得到人民的支持，也是符合历史发展的要求的。韩非的著作就是从统一中国这一总目标出发，提出了他的一套理论和原则。他那一套学说在当时有很大的进步意义，也正是这一套学说受到了秦王的重视。

当时有哪些人反对统一呢？为什么他们反对这种历史进步的方向呢？当时各国有许多世袭旧贵族。这一批世袭旧贵族长期过着寄生的剥削生活，只知道吃喝玩乐，只想靠着祖先是贵族，有世袭的产业，永远享受下去。他们害怕新的变革。可是当时已有人提出了新的变革主张，要求取消贵族的世袭制度，有才干的才能做官，有军功的才封给爵位，土地可以自由买卖。要是这样实行起来，首先遭受不利的是世袭旧贵族。他们的特权地位保不住了，他们的财产也有卖光的危险。他们是反对统一的。

战国末期，社会前进的主要矛盾表现为全国统一与分散割据的矛盾。从经济的发展、政治的安定、人民的愿望来看，都要求统一，建立一个大一统的封建王朝。至于这个统一王朝由哪一个国家来实现，就看它的主观和客观的各种力量和条件。而反对统一是不符合历史发展潮流的。韩非就是代表新兴的地主阶级，反对旧贵族的割据的。他虽然出身于没落的贵族，却早已看出用旧的办法不能继续统治下去了。韩非为了论证旧的制度一定要改革，不能不变，提出了一系列的有进步性的学说。

三、“法”“术”“势”的作用和它们之间的关系

早在韩非以前，已经有许多社会改革家提出改革奴隶制度，实行封建制度，统一全国的要求。他们也提出了一些办法。有些人认为要取消世袭旧贵族，改为封建制，国君要有三件法宝——法、术、势。韩非继承了这种说法，并且有了发展。

“法”是由国君颁布的法令条文，要求全国人人知道，共同遵守。这些公开的条文，定出什么事应当做，做了有赏；什么事不应当做，做了要受罚。这样，全国人民有了共同的标准，事情就好办，国君只要用赏罚，就可以支配全国人民了。这是古代封建统治者统治人民的一般的办法。当然，这种法不是约束国君的。法是按照国君的意志，为镇压人民的反抗而制定的。有了法，比如说，国君制定了作战中杀死敌人的有赏、败了逃回的受罚，那么国君只要用这件法宝，就能驱使人民为他拼命打仗了。

什么是“术”？“术”是国君为了支配他的大臣，运用种种手段，使大臣猜不透他的意图，就不敢捣鬼。术是只有国君自己知道，不能公开暴露的。比如，国君不暴露他的喜怒、好恶，大臣猜不透他心里在想什么，就只好赔着小心，谨谨慎慎地听国君的差遣。因为统治阶级为了争夺利益，经常钩心斗角，他们中间矛盾很多。国君防备大臣篡夺他的地位，大臣也要设法保持自己的地位，而不是甘心情愿地为国君做事。所以韩非从国君的利益出发，叫国君对大臣随时警惕，必须用术。

“势”是权位、势力。韩非认为推行法令，使用权术，没有势力是不行的。他曾说，孔子被认为“圣人”，可是孔子一辈子只有七十个学生追随他。和孔子同时，统治鲁国的鲁哀公不过是个平常的国君，可是他掌握着鲁国的政权，有权有势，所以连孔子那样的“圣人”也只好听从他的支配。他还说，即使尧、舜那样的国君，如果失去国君的地位，没有国君的权势，天下人谁肯听他的？恐怕连三个人也管不了，更不必说管理天下了。

因此，韩非认为“法”“术”“势”三者是一个封建专制的国君必不可少的三件法宝。这三件法宝，运用起来要有机地结合。有法无术，难免大臣捣乱；有术无法，全国人不知道应走的方向，国家力量不能集中，不能使国家富强；有法、有术没有势，法和术都无法实现，无力推行。他这三件法宝体现了当时统治者和被统治的人民之间，以及统治阶级内部的深刻矛盾，更体现了专制集权的倾向。但是，这个时代正是从分散的、割据的国家走向专制主义的中央集权国家的前夜，韩非这种主张还是符合当时的历史要求的。当然，我们也不能不明白指出韩非思想中对待广大劳动人民的残酷压迫的这一方面。

四、“德治”和“法治”的辩论

战国末期，有些人为了给旧制度辩护，就反对“法治”，也就是反对韩非所提出的变法的思想。他们说，国君应当以德服人，用慈爱来感动老百姓，不要用赏罚来驱使人民。由于当时人民不断对统治者进行反抗，有的地方发生了起义和逃亡，这些实际存在的阶级斗争，教训了统治者。韩非站在新兴的地主阶级立场，看到用虚伪的道德说教对于被迫反抗的人民已经失去了欺骗作用，因此他反对“德治”。他公开主张，对人民不能感化，只能镇压。

韩非说，国君对于人民，平时让他们出力耕田；战争发生，就让他们当兵卖命。平时用他们的力，战争中用他们去死。因此，国君和人民之间的利益关系是彼此对立的，不能调和。他又说，母亲对儿子比父亲慈爱得多，可是儿子往往最不听母亲的话，而是更能听父亲的话。老百姓服从政府的官吏比服从自己的父母胜过百倍，可是官吏对老百姓说不上什么恩爱。人们常说有了严酷的家长，奴仆们没有不听话的，可是慈母往往有不听话的儿子。韩非由此就说，可见用仁义、恩爱是不能统治的，只有用暴力最有效。

在对待人民的态度上，韩非更赤裸裸地暴露了他剥削阶级的残酷本性。他的理论根据是人类本性喜利避害。统治者利用人类喜利的本性，制定奖励的制度；利用人类避害的本性，制定惩罚的制度。执行奖励和惩罚，人民就服服帖帖，不敢反抗了。韩非错误地把他自己那个剥削阶级唯利是图的阶级本性，硬说成全人类的本性。劳动人民勤恳劳动、友爱互助的道德品质，剥削成性的地主阶级是无法理解的。由于他把人民的本性估计错了，因此他以为严刑峻法就可以制服人民。他的严刑峻法，当人民没有起义的条件的时候，可能收到一时的效果。可是到人民被逼得忍无可忍、起来革命的时候，统治者连同他的严刑峻法就一起给人民的铁拳打得粉碎。秦朝是最能用严刑峻法镇压人民的，却正就是这个秦朝被人民起义推翻得最快。老子有句名言说得好："民不畏死，奈何以死惧之？"就是说，人民是不能用死来吓倒的。老子深知农民的性格，在这一点上，他的见解比韩非深刻得多了。

归根到底，在阶级社会里，"德治"欺骗不了人民，"法治"也威吓不了人民，统治者终究会被推倒的。

五、世界最早的"人口论"

韩非在论证为什么要进行社会政治制度的改革时曾说过，一个人有五个儿子不算多，是平常的事。五个儿子又可以每人各生五个儿子。这样，祖父还不曾死，就有了二十五个孙子。可是，人口增加得这样快，物质财富却没有增加。和现代比较，古代人口少，生活资料容易取得。男人不必耕田，草木野果足够充饥；妇女不必纺织，禽兽的皮毛足供穿着。古时的人民没有争夺，没有战争；没有刑法，害人作乱的人也很少。这主要在于古人生活比后来人过得宽裕。现在，人口多，财富少，所以经常引起争夺，发生战争。如果不加强中央集权的统治，就无法安定社会秩序。

以上这一段话有它显著的错误，也有它合理的因素。韩非认为古代人谋生容易，认为有足够的禽兽皮毛可以穿，有足够的野生果实可以吃。这是不符合历史情况的。古人的生产工具十分简陋，靠体力和野兽搏斗，打野兽并不是那么容易，倒是比后来困难得多。韩非的那种揣测是没有事实根据的。人，首先是生产者，其次才是消费者。我们不能认为人口多了，对物质财富只有消耗的作用，不能增加生产。物质财富是随着社会发展而增加的，生产力发展了，生活水平一般是要提高的。当古代社会，生产力十分低下，人口急剧增加，的确会给人民生活带来困难。即使在近代，像第三世界的许多国家那样，生产发展的速度落后于人口增长速度，也会给社会造成严重贫困。韩非的“人口论”可谓独具卓识。但是韩非把人口增殖说成是造成贫困的唯一原因，而不理解封建剥削制度是造成贫困的更主要原因，这一点，韩非是无法懂得的。

但是，我们必须指出，韩非的“人口论”目的在于论证社会制度改革的必要性，在于说明古代和后来的历史情况不同；情况变了，自然制度也要随着变。这种观点是十分可贵的，因为它有发展的观点。还有，他论证社会的发展，不是从宗教迷信的观点出发。他不承认社会历史的变革是由于上帝意志的安排，却力图摆脱宗教迷信的影响，从社会物质生活条件方面说明引起社会变化的原因。这种见解也是十分可贵的。

韩非的“人口论”和今天帝国主义者为了侵略殖民地找根据而提出的“人口论”有本质的区别。韩非的“人口论”，锋芒是对着宗教迷信思想，反对的是当时流行的上帝创造历史的思想；帝国主义学者的“人口论”是为帝国主义的侵略，为他们的野蛮战争，寻找借口。帝国主义学者们说人口增长比物质财富增长快得多；人口多了，必然有战争。他们认为由于人口增多，对外侵略是“合理的”；用战争消灭过多的人口，对社会是有益的。他们之所以这样歪曲事实，是为了掩盖资本主义制度下人民贫困的真正原因是资本家对工人的剥削，是由于帝国主义对殖民地的掠夺。这两种人口论有很大的区别。

六、批判复古主义者对历史的看法

当时有些人说，古代的制度、古代的人、古代的一切都是好的。要想把国家治理得好，首先要向古代学习，回到古代去。复古主义者经常拿出尧做天子，老年把天下让给舜；舜做天子，后来又把天子的地位让给禹的历史传说，作为古人道德高尚的证据。韩非为了贯彻他的革新的政治主张，驳斥了那些复古主义者。他说，古代生活条件苦，天子住的是茅草房，吃的是粗米饭，和老百姓的生活差不多，他的工作比一个普通老百姓忙得多，谁愿意长期干下去？所以尧、舜把天子的地位让给别人，算不了什么道德高尚。可是在今天，当过几天县令的人，他的子子孙孙生活都很舒服，出门有车坐。这样，自然一个小小的县令也不肯让位不干了。因此，古人有辞去天子不干的，不能说古人的道德就好；今天不肯辞去县令不干，不能说今人的道德就不好。这都是由于时代不同，生活条件不同了。

韩非还说，时代变了，制度也要跟着变，一味复古是可笑的。上古时人们住在地洞里，常常受到野兽的侵害。后来有一位有巢氏教人在树上用树枝架成鸟巢一样的东西，人住上去，躲避了野兽的侵害。人们爱戴他，推举他为天子。人民不会吃熟的东西，生吃鱼类、蚌蛤、肉类，肠胃受累，害病的很多。当时燧人氏教人钻木取火，吃熟食，避免了生病受苦。人民爱戴他，推举他为天子。到了中古时期，闹水灾，淹死了不少人。当时有鲧和禹教人开通水道，排除水患，人民爱戴他，推举他为天子。后来到了近古时期，有桀

（夏朝最后一代国君，暴虐无道）和纣（商朝最后一代国君，也暴虐无道）压迫人民，胡作非为，人民深受苦难。当时有汤（商朝第一个国君）把桀赶跑，自立为国君；有武王（周朝第一个国君）把纣杀死，也自立为国君。汤武为民除害，也得到人民的拥护。可见古代所谓“圣人”，都是适应时代的要求，才被称为“圣人”的。如果时代已进入中古时期，还有人提倡构木为巢，教人住在树上，教人钻木取火，一定遭到鲧和禹的嘲笑。到了商周时代，水患已经解决了，还有人无缘无故到处开水道，必然遭到汤、武的嘲笑。社会发展到了今天，如果还有人念念不忘于尧、舜、汤、武的功业，一心想回到古代去，一定也会遭到新时代的“圣人”的嘲笑的。不是别的原因，只是由于历史时代变了，办法也应该随着改变。今天的主要任务是改革旧制度，建立新制度。守旧不变是可笑的，也是错误的。

韩非讲的上古、中古、近古的三个历史阶段，这样分期不是科学的。他把古代的造房、用火的发明权归于少数“圣人”，而不认为是人民大众的创造，也不符合实际的历史情况。但是有一点必须肯定，就是他的进化的历史观。他在两千多年前就提醒那些复古主义者，告诉他们旧皇历不能再用了，情况变了，办法也要相应地改变才行。这个见解是十分值得重视的。

七、加强封建中央专制集权的理论

韩非为了贯彻他的政治改革主张，认为必须加强中央专制集权，必须进行“法治”。在奴隶制时代，从天子、诸侯、大夫一层一层的统治者，都是由一个家族的成员担任的。比如周武王灭了商朝，把自己的兄弟子侄和亲戚都分封为诸侯，让他们各统治一国。各个诸侯再按他的自己的家族亲戚关系，分封他们的大夫。这种制度到了战国时期，已经开始瓦解。奴隶主贵族们文不能治国，武不能带兵，只好雇用了一批有文武才能的人来做官，帮他们办事。这些官不一定是出身于奴隶主贵族。韩非为了进一步摧毁奴隶主贵族世袭制的残余，针对实际情况提出了有力的论证。

他说，“法治”是治国平天下的最高原则。不能用道德感化的办法，也不能用无功受禄的办法来治理国家，只有用论功行赏、论过罚罪的办法来治理国家。这样，治理国家的都是有才干的人。没有才干或不好好为国君做事的人，就不能继续做官，或许还该受到处罚。他还说，国君怎么知道谁有才干、谁没有才干呢？方法很简单，就是要通过工作的考验。韩非叫这种方法为“参验”的方法。“参”就是比较，“验”就是考验。

八、“参验”的方法

韩非说，比如判断刀剑的利钝，只看刀剑所用金属原料的颜色，即使善铸剑的专家也难于肯定它是不是合乎标准。试用铸成的刀剑宰杀动物，那就随便什么人都能分辨出刀剑的锋口快不快。再比如挑选好马，只看马的年龄、形状，即使善相马的内行人，也未必能够完全判定马的好坏。只要将马驾上车跑一趟，那就随便什么人都能分别出马的好坏了。再比如大家都睡觉时，无法分别谁是盲人；都在静默不说话时，无法分别谁是哑子。只要喊醒睡觉的，叫他们看各种颜色；提出问题，使哑子回答，那么瞎子、哑子就无法掩饰他们的缺陷了。韩非由此得出结论说，判断一个人的言论和行动是否正确，不能光凭他本人自己说了就算，却该通过他言行的效果来做考验。

什么是正确和错误的标准呢？韩非认为适合新制度、合乎改革要求的是正确的；相反的就不正确。当时孔子一派的儒者认为他们的学说符合古代“圣人”尧、舜的精神，因而他们的学说是正确的。墨子一派也认为他们的学说符合古代“圣人”尧、舜的精神，因而他们的学说是正确的。韩非说，他们两派学者都以为自己说的是真正得到尧、舜的精神，可是尧、舜早已死了一千多年，人死了不能复活，谁能判断他们的真假呢？因此，他说，盲目相信古人，不动脑筋，这就是傻子；不管是非真假，一味乱说，这就是骗子。这两派的争论，因为无法“参验”，他们不是傻子，就是骗子。

韩非在这里反对的是复古主义者提出早已死去的“圣人”做幌子，乘机宣扬他们回到尧舜时代的倒退的历史观。韩非认为，当前主要的任务是研究如何改革旧制度，建立新制度，其余的复古主义的言论都是有害的。他用“参验”的方法去反驳那些开口尧舜、闭口尧舜的复古主义者反对改革的理由。他这种反驳是很有力的。

九、局部利益和全体利益、暂时利益和长远利益的关系

在春秋时期（公元前770—前476年），北方的大国晋国和南方

的大国楚国发生了一次战争。战争前，晋国的兵少，楚国的兵多。晋文公就召见他的大臣咎犯，问他这一仗该怎么打。咎犯说："人家兵多，我们兵少，要想打胜仗，只有欺骗敌人，迷惑他们，不能让敌人知道我们的虚实。"晋文公又召见他另一位大臣雍季，问他："楚国兵多，我们兵少，这一仗怎么打？"雍季说："我们不能骗人。我们立国要以忠信为本，做事哪能不讲忠信？"结果晋文公用了咎犯所说欺骗敌人的办法打败了楚国。回来论功行赏，首先受赏的是雍季，其次才是咎犯。别人问晋文公这样行赏是否公平。晋文公说，咎犯的方针是临时性的变通办法，雍季的方针是一个国家的万世之利。怎么可以忘了万世之利，把临时性的变通办法放在第一位呢?

韩非对于这一历史事件进行了评论。他说，一个国家的万世之利，对晋国当时的具体情况来说，就是战胜楚国。如果当时打败了，就说不上什么万世之利。没有一个单独存在的脱离当时条件的万世之利。要实现万世之利，最有效的办法就是在当时欺骗敌人，战胜楚国。他认为不能抛开有关条件单讲万世之利，也不能把万世之利和临时性的变通办法对立起来。何况诈敌人，也不能和欺骗自己的百姓看作一回事。晋文公不懂得万世之利和临时性变通办法之间相互为用的关系，把两者对立起来，是不对的。

韩非又通过人们洗头发的事例来说明局部和全体的关系。古人男女都留着长头发，需要常常梳洗。他说，人们每一次洗头发，总不免落掉一些头发。但是为了保持全部头发的清洁，使头发不受损害，尽管每次洗头发要落掉一些，却还是要常常洗头发。这才是正确对待局部和全体的态度。对一件事，一定要求它完全有利没有一点点害处才去做，那就没事可做了，因为这样的事是没有的。只要基本上有利，利多害少，这种事就应当做。他由此推论，改革旧制度、建立新制度，也不能设想新制度尽美尽善，一点缺点也没有。只要新制度比旧制度好处多，就应当进行改革。韩非这种对待局部和全体的看法，从今天看来，还是很值得参考的。

十、反对鬼神，反对迷信

春秋战国时期，国家遇到重大事件都要占卜，问问神的意思，再决定大政方针。当时有的用蓍草占卜，也有用龟甲、兽骨占卜的。当然这都是迷信。同时，春秋战国时期，科学已经逐渐发达起来，当时的算学、天文学、医学都有相当的成就。科学是迷信的敌人。韩非是相信科学、反对迷信的。他通过具体的事实反对迷信鬼神。

韩非说，燕国和赵国双方交战前都各自求神问卜。燕国占卜的结果是“大吉”，就是说神认为可以战胜赵国。同时，赵国占卜的结果也是“大吉”，就是说神认为可以战胜燕国。双方打仗的结果是燕国大败。当赵国跟秦国交战之前也进行过占卜，结果“大吉”。这次，被秦国打得大败，割地求和，才得完事。韩非提出疑问说：对于燕国和赵国交战的事，是燕国的神龟骗人、赵国的神龟灵验吗？对于赵国和秦国交战的事，是赵国的神龟骗人、秦国的神龟灵验吗？当然都不是。战争的胜败是由两国的军事、政治制度，将领的才能决定的。不从具体的政治上去努力，不把国家治理得富强，打仗是不会得胜的。决定胜败的是人的作用，而不是鬼神。相信这些鬼神的是大傻瓜。

春秋战国时期还流行着占星术。占星术是观察天上星体位置的移动和星光明暗的程度来预测国家的吉凶、战争的胜败。韩非是一个坚决的无神论者，他反对这些迷信思想。当时相传岁星照临国家的上空，就不可以征伐他国。什么星照临在什么地域，将会引起这个地域上的某些事变。他认为这都是毫无根据的。他说，相信占星术、迷信占卜、专心祭祀的国家，不但不能得到好处，反而会招致亡国的危险。

十一、韩非的历史地位

中国历史发展到战国末期，封建统一专制的局面已经逐渐孕育成熟了。当时新兴的地主阶级就是这一历史任务的体现者。韩非的思想基本上符合这一历史要求。总的说来，他的思想是进步的。他的进步的思想表现在以下各个方面。第一，他提出要用地主阶级的“法治”代替世袭旧贵族相沿下来的“德治”；他反对无功受禄、无功受赏，主张彻底革除贵族的世袭制度。第二，他为了建立变法（改革旧制度）的理论根据，提出了发展的社会历史观，反对向后看，反对复古主义。第三，他指出国君和人民是对立的矛盾关系，在社会关系的认识方面比过去的学者深入了一步。第四，他提出具有实践精神的“参验”的方法，反对空谈理论。第五，他从无神论立场反对当时流行的反科学的鬼神迷信思想，对科学的发展起了促进作用。第六，他力图从社会的物质条件去说明社会发展的原因，反对上帝决定历史、决定社会命运的迷信思想。这些方面都是他思想中的光辉部分。

韩非毕竟是剥削阶级的代言人。即使地主阶级在上升时期有反对奴隶制的进步性，但是它还有剥削人民、压迫人民的残酷性。韩非坚决主张对劳动农民镇压，用严酷的刑罚而不必有任何同情和怜惜。在他的眼里，人民群众只是统治者手下的工具，又懒又笨，好像只有少数所谓“圣人”才会创造发明。他把劳动者所直接间接创造的一切物质财富、精神财富一笔抹杀。韩非从剥削阶级的立场看人口问题，看不到剥削制度是造成人民贫困的主要原因。这都是极端错误的。

秦始皇基本上按照韩非的理论制定了政策，统一了中国，并在中国历史上起过进步作用。但是秦朝残酷对待农民的政策，逼出了中国历史上第一次大规模的农民起义，终于推翻了秦朝的暴政。历史的事实足以说明韩非一味镇压人民的办法，人民是不能容忍的。哪怕有强大的武力、政权，一旦触怒了人民，就会遭到粉碎。

我们从韩非的思想可以看出从一种剥削制度发展为另一种剥削制度，即使是前进了一步，但在历史前进的道路上，每前进一步，劳动者总付出一分汗血斑斑的代价，可还不能得到真正的幸福。只有社会主义革命才真正开辟了人类的新纪元，只有优越的社会主义制度才为劳动人民打开了幸福的大门。

先秦诸子百家争鸣中所反映的有关古代社会性质的问题*

哲学思想是一定的社会历史条件下的产物，这是我们都承认的原则，也是历史实践证明了的。正是由于哲学思想和它所依据的社会历史条件有着血肉相连的关系，在古代的历史分期的问题尚未取得一致结论之前，试图从古代哲学流派的争论中寻找出他们争论的共同的性质，从而倒转来考查先秦时代的社会性质，就不是毫无意义的事了。当然，这并不是说从哲学思想可以决定春秋战国时代的社会性质，而是说当我们研究中国古代社会性质的时候，如果能够联系哲学思想的某些特点，就更能够做出比较符合实际情况的结论来。

对于春秋战国时期的中国社会性质的看法，还很不一致。中国的历史家们对这个问题的看法大致可分为三派：有一派认为春秋战国时期早已是封建社会了，因为这一派认为中国封建社会是从西周开始的；有一派认为春秋战国时期是从奴隶制社会向封建制过渡的时期，战国时期已开始进入封建社会；也有一派认为春秋战国时期是公社制向奴隶制过渡的时期，秦汉时期才成为统一的奴隶制大帝

* 原载《争鸣》1956年第12期。

国。这些不同的意见将来总会得到一致的结论。可是，真正符合事实的结论，不但要历史学家认可，还要它能够合理地解释哲学史、文学史、经济史、艺术史等方面的现象。如果不能说明意识形态的发展的特点，就不能认为是妥善的结论，因为文化、思想的发展不能脱离了产生它的具体的社会历史条件而单独进行。

春秋战国时代的诸子百家都提出了自己的主张，其中有些学说有继承的关系，也有的有敌对的关系，有些学说的解释至今还没有得到定论。各学派中那些有分歧的地方和那些未被大家所公认的地方，这里不谈。这里只是企图通过他们所提出的问题来看问题的背后有关的社会性质。

孔子的哲学中有两个基本观念：一个是“仁”，一个是“礼”。关于“仁”的理解有许多不同说法，但是人们都认为孔子的“仁”有爱别人、爱人类的意思。孔子即便没有讲到“仁”这个名词的地方，也充满着“仁”的精神。孔子为什么提出“仁”这一原则来呢？孔子不是无的放矢，孔子的“仁”是针对当时社会上的“不仁”的现象而发的。那就是说，春秋末期，社会上已有人对人“不仁”的事实，互相欺骗、残害、不关心别人自私自利的情形发生，才迫使孔子提出了“仁”的学说。孔子和后来那些以孔子为招牌的卫道者们是不同的，孔子不像后来的假道学们经常讲什么“人心不古”“世风日下”的盲目复古主义者。孔子所讲的“仁”是有所为而发的。

孔子又讲到过“礼”。“礼”是古代贵族阶层的长期共同遵守的礼俗。孔子认为当时是“礼崩乐坏”的时期，所以要“复礼”。“礼”和“仁”相比较，孔子更加注重“仁”，“仁”是孔子首先提出来的哲学概念。

孟子除了发挥了孔子学说的“仁”和“礼”，还提出了“贵民”的主张。孟子这种原始的民主思想显然是对当时不民主的现象提出来的。孟子还提出了要想政治办得好，必须“治民之产”，认为让人民有自己的私有财产，才是安定社会的办法。孟子要求统治者保护并发展人民的私有财产。

从孔子到孟子，他们的基本思想都是主张关心人民的生活并解决人民的生活的，当然他们的关心，是为了巩固贵族的统治秩序。

墨子和他开创的墨家也提出过他们的哲学主张。对于墨子的学说现在还没有取得一致的评价，但是哲学界都承认墨子是主张“义”而反对“不义”的。墨子认为攻取掠夺的行为是不义的。“兼爱”的行为是义的。照《墨子》书中所举的许多事实看来，墨子所谓“不义”的行为，都是指的损人利己的行为。他说抢夺别人的财产就是不义，偷了人家的桃李、夺取人家的牛马都是不义的行为。在墨家的著作中，竟有“杀死强盗不算杀人”的说法。从墨子的学说中，可以看出他是怎样地教导人们爱人如爱己，教导人们尊重别人的所有权、保卫个人的所有权。

就在孔子、墨子的时代，晋国、郑国先后公布了成文的“刑书”。据近代学者研究的结果，认为“刑书”是保护私有财产的法律条文。时代稍后，李悝制定了《法经》，虽然我们已看不到它的原文，但从后来的律书中所保留的材料看来，他是把防止掠夺别人的财产的律令列在首要的地位的。

墨子、后期的墨家和前期的法家都反映了保护私有制的要求，而这种要求，作为哲学思想出现，大力地宣扬，写成著作，这是史无前例的，这是新的提法。

老子、庄子是春秋战国时期儒家和墨家的敌人。老子、庄子的自然观、认识论，在今天的学术界中还存在着争论，这里不涉及。老子、庄子的社会思想中都非常明显地反对剥削、反对压迫，主张人人自食其力，过着逍遥自在的“小国寡民”的生活。这一点是人们所公认的。当然，对这种观点的估价还有着分歧的意见。什么是“小国寡民”的理想呢？就是他们认为公社制度下的生活最好，在公社里人人劳动，劳动的果实人人享有，没有剥削，没有掠夺，没有欺骗。反剥削、反压迫，在今天看来是平常的事，但是首先提出来的是老子和庄子。这是一件不平凡的事。因为老庄学派的确看到剥削的不道德、不合理。他所理想的合理的社会固然是不现实的，但老庄学派的思想所反映的社会问题倒是现实的，而不是空想的。

战国的末期，像荀子就提出了“性恶”的学说，他认为人生来都是自私自利、为个人打算的。在理论上，他首先给人们的自私、占有的事实以理论的根据。然后他又提出了一种唯心主义的办法——用“圣人”的教化来“化性起伪”。

荀子的学生韩非更比荀子进了一步，他公开为剥削制度辩护。他认为财产私有制是推动人们发挥劳动生产积极性的力量。显然，他们不但是财产私有制的支持者，并且给这种新起的剥削制度以合理的解释。

孔子、墨子、老子、庄子、前期法家、荀子和韩非这些哲学家的学说是非常分歧的，各家有各家的特点。他们都对当时发生的巨大的社会变革发表了意见。我们更应当注意是这么多的流派之中的共同之点。我们要从他们的共同点中间看出问题的症结。

什么是他们的共同点呢？他们都接触到财产私有制的问题。而且，这种问题是从来没有提出过，而是经过他们首次提出的。由于所处的地位不同，所处的时代也有先有后，因而他们对于面临的巨大变革、财产私有制的建立，有的向前看，有的向后看，有的维持现状，有的要改变现状。在社会政治思想方面，儒家和法家的见解是比较符合社会发展的实际的，他们都在为剥削制度辩护；在道德方面是和劳动者的利益有矛盾的。道家思想（如老庄的哲学）的确也看到了问题另一个方面，他们看到了从公社制度转到奴隶制的剥削制度的不合理，并指出了这是道德的堕落（“失道而后德，失德而后仁。……礼者，忠信之薄而乱之首也”）。社会历史的发展是有它自己的规律的。所以老庄的哲学思想反对剥削和压迫，虽然“理直气壮”，但历史实际的发展却不得不走荀卿和韩非的道路。

总起来看，我认为可以初步做出以下的结论：

春秋战国时期是中国历史上的大变革时期。这一变革所涉及的面非常广泛，而影响也非常深刻，影响到代表每一阶层的各个学派，各个学派都企图对这一变革做出理论上的说明。

变革的性质是公社制度的解体、奴隶制度的形成。所以对待私有财产制度的争论，成为当时哲学家们所最关心的问题。孔子的“仁”“礼”，孟子的“仁政”“治民之产”，荀子的“性恶”，前期法家的“刑书”，后期法家的“法治”，老子、庄子的“小国寡民”的理想，都反映了从不同的角度对于私有制的建立，以及私有制建立以后所引起的一系列的新问题的看法。

当然，本文绝不是说从哲学思想可以决定中国古代社会的性质，而是说从哲学史所提出的共同问题中可以看出春秋战国时期社会变革的性质。我的初步的意见认为春秋战国这一历史阶段是从公社制度过渡到奴隶制度的时期。

先秦诸子与“百家争鸣”*

提到“百家争鸣”，我们常想起春秋战国，为什么在那个时代会出现“百家争鸣”局面呢？这只有根据马克思主义的阶级分析的方法去观察历史，才能看出它的真相。

春秋战国时期是我国从奴隶制向封建制过渡的时期。春秋时期以前，奴隶主一向是唯一有支配地位的特权阶级。到春秋时期，生产力提高了，有些人开辟了一些土地占为私有。因此在奴隶主贵族以外，又出现了新的土地所有者，这些人就是新兴的地主阶级。这个实际上富有、但在当时政治上没有特权的阶级，力求打破奴隶制度对他们的种种限制，他们要求土地私有，要求爬上政治舞台发号施令，要求制定保护私有土地的法律，要求解放奴隶，等等。社会发展有它的科学规律，封建制比奴隶制是进步的，封建制必然会代替奴隶制。这是一大变革。这个变革必然引起当时人们的不同看法。他们的看法和他们的阶级地位有着密切的关系。站在奴隶主阶级立场的人们反对新生事物，坚决反对变化；而站在地主阶级立场的人们却欢迎新生事物，支持这种变化。另外还有接近奴隶主阶级

* 原载《工人日报》，1962年2月10日。

的或接近地主阶级的其他阶层，也根据他们的阶级利益，提出自己的愿望和要求。这就是当时各种哲学流派纷纷产生和“百家争鸣”的社会根源和阶级根源。

春秋时期是奴隶制开始崩溃的时期。这时期有两大思想流派的斗争。一是以孔子为代表的儒家。他代表奴隶主贵族，对旧制度表示维护，认为一切都是旧的好，他的主要政治主张是教人不要“犯上作乱”，他教人相信“上帝”，相信“天命”，“生死有命，富贵在天”是孔子这一派人的世界观。

与孔子思想对立的一派是老子。他代表小私有者的利益，是封建地主阶级的同盟军。他反对奴隶主贵族的保守思想，反对“上帝是决定一切”的迷信思想，老子打击了“上帝”“鬼神”的地位，也就打击了奴隶主的思想统治的武器。

到了战国时期，地主阶级日益壮大，登上了政治舞台；而奴隶主贵族阶级，又不甘心退出历史舞台，做着垂死的挣扎，因此反映在思想上，就出现了“百家争鸣”的局面，这一时期思想斗争比春秋时期热闹得多。

到战国后期，封建地主阶级的统治地位已成定局，但有许多与奴隶主阶级有着千丝万缕瓜葛的保守派思想家，对新局面看不惯，对它发出诅咒、嘲笑和攻击；与此相反，代表地主阶级的思想家为驳斥他们这些谬论，列举出事实来证明旧时代永远不再回来。前者就形成了哲学上各种唯心主义流派，后者就形成了哲学上各种唯物主义流派。

代表唯心主义流派的，如公孙龙为代表的诡辩派，否认世界有是非、有大小。孟子也用他的唯心主义，反对当时地主阶级的改革。他极力反对土地的私有买卖，反对打破奴隶主贵族的世袭制度。

与这些人相反，反映地主阶级利益的有荀子、韩非等，他们反对“天命”，都主张发挥“人定胜天”的思想；主张利用自然规律为人谋福利；主张制定“法”来保证人们的私有权利；还主张做官不靠贵族出身，要看实际才能。他们反对倒退的历史观，驳斥那些保守的复古主义者，提出了社会必须变。他们说，没有一成不变的可以永远奉行的制度。

代表手工业生产者的墨子和他的学派也提出了改善本阶级的经济和政治地位的要求。墨子的“尚贤”主张，要求有才能的人不论出身如何贫贱都可以做官，这种思想正是打击奴隶主贵族的世袭制而支持封建地主阶级提出的官僚政治的。

春秋战国时期的“百家争鸣”，是新旧两个阶级以及和这两个阶级利益相联系的其他阶级和阶层，各为自己的利益寻找理论根据，它与我们今天的“百家争鸣”是有着本质上的不同的。春秋战国时期的“百家争鸣”是一个剥削阶级代替另一个剥削阶级的思想斗争，因而当新兴的地主阶级完全取得胜利，建立起自己的政治统治后，便立刻禁止了“百家争鸣”，在学术上形成一家独鸣、“定于一尊”的停滞局面，争鸣时期不过短短的几百年。而我们今天的“百家争鸣”是为着发展马克思主义及其指导下的社会主义意识形态，反对一切剥削思想的争鸣。它是工人阶级取得政权后，促进科学文化发展的长期方针。我们的“百家争鸣”会把学术发展不断推向更高阶段，使它日益繁荣昌盛。

汉唐诸子

先秦哲学无“六家”*
——读司马谈《论六家要旨》

自从司马谈著《论六家要旨》后，封建学者多以此为根据，认为先秦有“六家”。只要细读司马谈原文，这恐怕是出于误会。有些“家”在先秦根本不存在，也有些“家”有其名而未必有其实——像司马谈所列举的那样的内容。现在试做以下的辨析。

司马谈是这样说的：

> “天下一致而百虑，同归而殊涂。”夫阴阳、儒、墨、名、法、道德，此务为治者也，直所从言之异路，有省不省耳。

太史公提出六家的次序，不是按学派产生的先后提出的，可能是按他认为重要的程度的顺序排列的，把最重要的排在最后。他还说，这六家皆“务为治”，各有优缺点。这在先秦，无论站在哪一家的立场，都是认为不能接受的。且不用说孟子与杨、墨势不两立，庄子对孔、墨极尽挖苦之能事，就连同属孔子之徒的荀子也是不承认

* 原载《文汇报》，1963年5月31日。

孟子的学说也能“为治”的。法家的韩非对儒、墨显学都有所批判，也是有明文记载的。这种调和观点是汉初的情况，不是先秦原来的情况。

且看他所论述的道家：

> 道家使人精神专一，动合无形，赡足万物。其为术也，因阴阳之大顺，采儒墨之善，撮名法之要……

这一段话，古人习而不察，认为讲的是老庄思想。我想这种看法是不对的。

如果他所谓“道家”指的是老子，老子在儒、墨之前，司马谈当然知道，阴阳家如邹衍、名家如公孙龙、法家如韩非更在战国后期。老子早已死去多年，如何能死而复生，“采儒墨之善，撮名法之要”呢？

如果他所谓“道家”指的是庄子，庄子“剽剥儒墨”[①]，对儒、墨抱着敌视的态度，对辩论（名家所注重的）也采取反对的态度，如《齐物论》就是反对辩论的，对严刑峻法（法家）、君臣上下之序一向反对，又怎能说他能“采儒墨之善，撮名法之要”呢？

如果说有所谓既不包括老子，又不包括庄子的道家，那就是另有所指，那么就更奇怪了。把老庄思想除去，还有什么“道家”？

儒家，倒是先秦有这样的学派的，《韩非·显学》就说过“儒分为八”。但是其中有唯心主义的孔子、孟子，有唯物主义的荀子。即使孔子是否是唯心主义现在还有争论，但是孟子是唯心主

① 《史记·老子韩非列传》。

义、荀子是唯物主义似乎已有定论。那么，孟子、荀子有什么共同之处就很难说了。首先在世界观上是对立的。他们两人都自称以孔子为师，都讲“仁义”，如果从表面看问题，未尝不可以归为一类。但是师承不能代替派别，讲“仁义”也有不同的讲法。是不是可以把讲“仁义”的、自称孔子弟子的都归为一派呢？我想是不可以的。司马谈自己认为儒家的标志是“博而寡要，劳而少功”，这是孟子、荀子都难以承认的。至于“序君臣父子之礼，列夫妇长幼之别”，更不止是儒家为然。在孔子以前，周公所制定的“礼”就是这样规定的；以后法家和墨家也不是不讲君臣父子之礼和夫妇长幼之别的。可见用这个标志以区别先秦的儒家也是不够妥当的。

再看墨家。墨家也是先秦已有的学派。但是，早期的墨家是唯心主义的，后期墨家是唯物主义的，在世界观上是根本对立的。根本对立的两派合为一家，不分早期、后期的差别，看来也失之含混。

再看名家。司马谈说名家“使人俭而善失真，然其正名实，不可不察也”。司马谈把讲到名实关系的都列为名家。先秦讲到名实问题并进行深入辨析的，有公孙龙、有后期墨家、有荀子等人。这里面有唯物主义的名实论，也有唯心主义的名实论。事实上不是一家，而是不同的学派对于名实问题发表过意见。这怎能列为一家呢？

法家，倒是体系比较完整，首尾一贯的学派。

阴阳家，先秦有唯物主义的阴阳学派，也有唯心主义的阴阳学派。

总起来看，“六家”之说不是讲的先秦的学术流派。如果勉强说先秦有所谓“家”，也只能说有法家。至于儒家、墨家，那只是从师承方面分派的，这是表面的划分的办法，是十分勉强的。先秦有的只是老子学派、庄子学派、公孙龙学派等。道家、名家、阴阳家，先秦根本没有过。

那么，司马谈《论六家要旨》是不是造谣？也不是。他讲的“六家”是汉初当时流行的六个重要学派。这些学派有他们的纲领，正像他的文章中所讲过的。当西汉初年，秦王朝的暴力统治被推翻以后，许多学术流派又有一次小“争鸣”的热闹局面。《淮南子》一书的杂家的特色，正是反映了当时实际状况。董仲舒曾对汉武帝说过：

> 今师异道，人异论，百家殊方，指意不同。[①]

董仲舒与司马谈同时，所说的情况应当就是司马谈所亲见的。董仲舒是汉初的儒家，他为了加强中央集权的统一，他要使思想定于一尊，除了孔子之说，不许其他学派传布。司马谈是汉初的道家，他认为道家采取了儒、墨、阴阳、名、法众家之长，这也反映了汉初黄老之学占统治地位的思想情况。班固说司马迁的《史记》的缺点是“论大道，则先黄老而后六经”[②]。班固讲的是司马迁，其实司马谈的观点和司马迁也是差不多的。

汉代政治统一了，学术思想方面也需要总结过去，瞻望将来，为统一的封建王朝建立其哲学理论基础。《论六家要旨》就是适应这一时代要求，从道家的学术观点所提出的学术评论。荀子的《非十二子》、韩非的《显学》都带有一定的总结性，庄子的《天下篇》更是一篇比较系统的学术评论。这些文章的出现都在

① 《举贤良对策》。

② 《汉书·司马迁传》。

战国末期或汉初，不是偶然的。面临从奴隶制到封建一统的新局面，不同的学派都力图从自己的立场论证自己的观点是正确的。

司马谈的六家分类说，对于处理当时百家众说的复杂现象是有其积极意义的，虽然不尽妥当，也不够深入，但在两千年前，也算难得了。

今天我们研究哲学史，因为有了马克思主义作为分析批判的武器，我们当然要胜过古人。我们看哲学史中的派别，首先要看它是属于唯物主义的还是属于唯心主义的。不论古人自称他属于什么家什么派，我们不要轻信他们悬挂的招牌，重要的是掌握其本质。我们讲先秦哲学史，如果也用“六家”来分，就比司马谈多了一重错误。

司马谈不懂得唯心、唯物的区别，他可能只看到师承相传的关系；我们有了马克思主义，如果还用“六家”来讲述先秦，实际上会掩盖了哲学史上唯心主义与唯物主义斗争的真相。同是儒家，有孟子的唯心主义，又有荀子的唯物主义；同是墨家，有前期的唯心主义的墨家，有后期的唯物主义的墨家；同是名家，有公孙龙的唯心主义的名家，有后期墨家和荀子的唯物主义的名家。把这些不同性质的流派勉强划归于所谓“儒”“墨”“名”各家，有什么必要呢？对于说明思想发展斗争的规律有什么好处呢？把那些根本不存在的“道家”“阴阳家”“名家”当作先秦的实际情况，又有什么根据呢？至少司马谈没有这样说过，我们也不能以《论六家要旨》作为先秦有“六家”的根据。再以名家为例，如果由于讲到“名”，就算名家，那就得把后期墨家、荀子也放在名家之内才行。那就打乱了“六家”的体例了。如果说，只有公孙龙才算名家，别的都不算，那就是用另外的标准来划分派别了。而且公孙龙的哲学讲名实问题，也讲了其他问题。就算用“名家”来概括公孙龙一派，也是不全面的。何不把公孙龙的学派老老实实叫作“公孙龙学派”呢？

中国古代医学和哲学的关系*
——从《黄帝内经》来看中国古代医学的科学成就

一

中国医学确实有极其光辉的成就。几千年来，全国人民的医疗和保健的责任完全负担在中医的肩上。直到今天，半数以上的城市居民和几乎全部的乡村居民仍靠中医治病（据1954年11月2日《人民日报》社论，“全国用中医治病的约占总人口百分之八十”）。中医对人口众多的中华民族立下了不朽的功勋，因而在广大人民中间享有很高的威信。有些西医认为难治的疾病，往往经过中医治疗收到奇效（如近来已被科学家所公认的中医治疗血吸虫病、痔漏、乙型脑炎以及针灸和气功疗法所起的作用等等）。连具有偏见、反对中医的人们也无法否认中医能把病治好。

但也不可否认，今天也还有些人，特别是有现代科学知识的人，认为中医的理论“不科学”。我们很难设想，经得起几千年来

---

* 据《中国哲学史论》。原载《历史研究》1956年第5期。

实践考验的中国医学，对几亿人口现在继续发挥着保健作用的中国医学是建筑在“不科学”的基础上的；我们也不能承认中国医学只有一些片断的实践而没有系统理论。（历代的科学史早已表明理论经常会落后于实践，中国医学也不例外。）但却不能因此而做出中医只有实践而没有理论，或中医的实践是一套技术，和中医的理论“毫不相干”的结论。科学发展的历史也恰恰说明了没有理论指导的实践就是盲目的实践，盲目的实践找不出事物的客观规律，这样就不会产生科学。我们认为中医的理论基本上是符合科学原则的。

我们反对不恰当地夸大中国医学的作用和成就，把现代科学所获得的最新成果都说成“古已有之”，这样就会陷入复古主义、国粹主义的危险。我们也不能容忍把中国医学的伟大成就一笔抹杀，说它缺乏科学根据，这样也会陷入对祖国文化遗产的虚无主义的错误。只有实事求是，有几分说几分，才是科学地对待祖国文化遗产的态度。

本文目的在于通过《黄帝内经》这一部中国古代医学经典著作来说明中国医学的理论基本上是符合唯物主义原则的，它也具有丰富的辩证法思想；也还在于说明中医的理论不但指导了中国医学临床治疗方面的发展，也还促进了中国古代唯物主义哲学的发展，从而丰富了中国唯物主义哲学的内容。

中国医学的经典著作极为丰富（像《伤寒论》《灵枢经》《神农本草经》《脉经》《金匮要略》以及后来的《本草纲目》，都是极有价值的著作），这些经典著作都是长期的医疗经验和科学研究的总结。在所有的中国医学经典著作中以《黄帝内经》（《内经》是周秦以来到西汉初年古代医学的总集。它编纂的时代约在公元前2世纪前后。据陈振孙的《直斋书录解题》、姚际恒的《古今伪书考》和清代官书《四库全书总目提要》，都认为这部书的编纂年代在秦汉之际。张心澂的《伪书通考》和陈邦贤的《中国医学史》也有所考证，但都没有肯定它的时代）一书（以下简称“《内经》”）最为重要。中国医学中的其他经典著作都是在《内经》的基础上逐渐丰富和完善化的。《内经》在中国医学中所占的不朽的地位恰如《孙子兵法》在中国军事学中所占的不朽地位一样。几千年来中国医学在技术方面和临床经验方面虽然不断丰富，但中医的许多带有根本性质的医学观点，基本上没有超出《内经》的范围。因此，从理论上对《内经》做些初步的考查是必要的。

《内经》的价值不仅在于它总结了秦汉以前的医疗经验，并且在于它把医疗和保健的原则提高到古代唯物主义哲学原则的高度，并以自发的辩证法观点向形而上学的医学观点进行了斗争，从而替中国医学奠定了比较坚实可靠的理论基础。

从来它被人们尊为“经”（周木《素问纠略序》认为《内经》“词古义精，理微事著，保天和于未病，续人命于既危，彝伦益敦，王化滋盛，实医家之宗祖，犹吾儒之有‘五经’也”），奉为“医家之宗”（宋濂“《黄帝内经》……其言深，其旨邃以弘，其考辨信而有征，是当为医家之宗”），现代已故医学家陆渊雷先生也曾指出：

> 《黄帝内经》……原人血脉、经络、骨髓、阴阳、表里以起百病之本，死生之分，若是而冠于方技之前，谁曰不宜？[①]

① 《伤寒论今释·叙例》。

我们认为以上这些人对于《内经》所做出的评价是公允的。

二

中国唯物主义哲学，从战国末期到秦汉之际，曾达到先秦时期所没有达到过的高峰。这时的唯物主义哲学根据科学的实践建立了“气”一元论的世界观，从而发展了春秋时代唯物主义哲学的“道”和“阴阳”学说，并且建立了阴阳五行的唯物主义哲学体系。邹衍是阴阳家，但古代相信阴阳五行学说绝不止邹衍一派。

中国古代唯物主义哲学流派中，有许多派是注重养生方法的，像老子、杨朱、庄周的哲学中都有这种倾向。把养生的方法和唯物主义的世界观结合起来的观点，可用《管子》和《吕氏春秋》两书作为代表。

古代道家养生学派认为人类生命的源泉是天地间自然存在的最细微、最精致的流动变化的“精”“气”构成的：

> 精也者，气之精者也。……凡人之生也，天出其精，地出其形，合此以为人。[①]

又说：

> 精存自生，其外安荣，内藏以为泉源，浩然和平，以为气

① 《管子·内业》。

渊。渊之不涸，四体乃固；泉之不竭，九窍遂通。[1]……精之所舍（作者按："舍"是"停留、居住"），而知之所生。

《管子》的《内业》篇中所说的"精"，即是"气"的最精细的部分，它是构成人类生命，产生智慧和认识作用的最后的根源。同样的观点在《吕氏春秋》中也有所阐述：

精气之集也，必有入也。集于羽鸟，与为飞扬；集于走兽，与为流行；集于珠玉，与为精朗；集于树木，与为茂长；集于圣人，与为夐明。精气之来也，因轻而扬之，因走而行之，因美而良之，因长而养之，因智而明之。[2]

"精""气"是充满宇宙的流动性的物质实体。它不但是构成个别事物的原始材料，并且是构成整个宇宙的原始材料。中国古代唯物主义哲学都认为"气"是最根本的原始物质。

精气一上一下，圜周复杂，无所稽留，故曰天道圜。……万物殊类殊形，皆有分职（按："分职"即为物的特殊功能），不能相为（按：它们的功能不能互相代替），故曰地道方。[3]

这一类的唯物主义的养生方法也还表现在战国时代其他的进步思想中。像《楚辞·远游》中曾说：

餐六气而饮沆瀣兮，漱正阳而含朝霞。保神明之清澄兮，

① 《管子·内业》。

② 《吕氏春秋·尽数》。

③ 《吕氏春秋·圜道》。

> 精气入而粗秽除。[1]

在汉初的《淮南子》中也提出了类似的观点：

> （元气）清阳者薄靡而为天，重浊者凝滞而为地。……阳气胜则散而为雨露，阴气胜则凝而为霜雪。毛羽者，飞行之类也，故属于阳；介鳞者，蛰伏之类也，故属于阴。[2]

在以上这些不同的著作中，有着共同的主张，都承认世界上一切事物的产生、变化是阴阳两种对立的气的运动的结果，阴阳二气是万物的最后的物质根源。他们认为：

> 太一出两仪，两仪出阴阳。阴阳变化，一上一下，合而成章。浑浑沌沌，离则复合，合则复离，是谓天常（按："天常"即自然界经常的规律）。[3]

这里所谓"太一"就是混沌未分的"气"，两仪、阴阳是已分的"气"。这是中国古代唯物主义哲学对于阴阳二气一般公认的解释。

阴阳五行学说认为世界上一切事物都是由金、木、水、火、土五种元素相互配合而成的。成分简单的东西，是由一种元素构成的；比较复杂的东西，像生物、人类就是由五种元素在复杂条件之下互相配合产生的。自然界中，一切东西都不能离开这五种物质元素。这种学说并不玄妙，它是从人民日常生活中所经常接触的五种

---

① 可参看夏曾佑《中国古代史》及《光明日报》《哲学研究》、冯友兰先生著《先秦道家所谓道底物质性》。

② 《淮南子·天文训》。

③ 《吕氏春秋·大乐》

物质和它的属性中抽象出来的。

这一派认为五种元素之间有相互推动、滋生的关系，就是所谓“五行相生”的观点。五行相生是循环无尽的，它们的次序是：

金→水→木→火→土→（金）……

五种元素之间同时具有相互克服、限制的关系，这就是所谓“五行相胜”（或“相克”）。这种关系也是循环无尽的，它们的次序是：

水→火→金→木→土→（水）……

阴阳五行学派，在战国末期，由于自然科学的发展，特别是天文学的发展，得到极大的发展。这一派认为自然界以及人类社会现象的一些特点都可以用阴阳五行来表示，这些现象也都是阴阳五行的表现。他们试图用自然界存在的物质的性能说明各种现象在性质上的差异。

阴阳五行学派不但用阴阳五行的范畴去考察自然现象，也用这些范畴去考察人类的感情、意志、身体的机构、器官和其他现象。

阴阳五行学说在古代绝不止邹衍一派，像《礼记》的《月令》、《管子》的《四时》篇、《吕氏春秋》的十二“纪”，以及汉代的《淮南子》《春秋繁露》都是属于阴阳五行学派的。在哲学上，唯物主义固然用阴阳五行的学说来说明世界万物的物质根源，而唯心主义也利用这阴阳五行的间架给充填上神秘主义的内容。实际上，阴阳五行学说是和古代的自然科学密切关联的。这一派哲学和古代的天文学、医学、历法等自然科学的发展是分不开的。司马迁父子曾指出阴阳家虽然有它的缺点，但是他们对天文历法的贡献是肯定的。[①]

阴阳五行学派（也就是太史公所说的“阴阳家”）的唯心主义观点，并不表现在它的自然观方面而是表现在它的社会观、历史观方面。邹衍的“五德终始”和董仲舒用阴阳五行来宣扬他的宗教迷信的历史观，都是唯心主义的思想。这种思想的主要错误在于它用阴阳五行的观点解释社会、历史、伦理观念等。

上面所说的唯物主义的阴阳五行学派的主要贡献，就在于它力图从物质世界以内寻找万物发生发展的原因。在医学方面，《内经》就是根据阴阳五行的学说来说明人类生理现象、心理现象、疾病现象的。它是素朴的唯物主义的观点，而不是唯心主义的观点。

有人对阴阳五行学说抱着成见，一提到阴阳五行，就认为它是“不科学”的、“神秘”的，认为是邹衍独家经营的货色，这都是不正确的看法。阴阳五行的学说起源很早，在《尚书·洪范》中已经提到五行是人生日用不可缺少的五种物质。一切事物都具有这五种不同的属性。阴阳对立的两种气的作用在《周易》中早有深刻的发挥（因为这不是本文所论述的范围，这里不详细谈这个问题）。阴阳五行学说的普遍流行是战国末期到秦汉之际的事。秦汉以后阴阳五行的学说几千年来一直是中国自然科学的唯物主义世界观的基础。不但本文所要论述的《黄帝内经》和中国其他医学著作是以阴阳五行学说为基础的，就是医学以外的其他科学，如天文学、历法、中国古代的化学也都是和唯物主义的阴阳五行的学说密切联系着的。

---

① 《史记·太史公自序》：“然其顺四时之序，不可失也。”

阴阳五行的学说在战国末期，形成一套完整的素朴的唯物主义世界观的体系。这一学派的出现，标志着中国古代唯物主义哲学和科学进一步的结合，也意味着中国古代唯物主义哲学得到进一步的发展和提高。因为在这以前，中国唯物主义哲学重点在于说明宇宙万有的生成和发展的原因。中国古代的唯物主义哲学对于自然界现象的复杂性、多样性的根据涉及得很少。至于有关人类本身的生理现象、心理现象、疾病现象的说明就更加不够了。如果对这些人类切身问题不能给以科学的说明，那就等于把这些问题留给宗教迷信去随便解释。秦汉之际的医学积累了千百年的丰富的经验，因而有可能对人类切身问题做出初步的，但是全面的、符合当时科学要求的说明。医学和当时阴阳五行的学说密切结合，向宗教迷信的唯心主义思想展开了进攻。中国古代医学通过科学实践（医疗实践），唯物主义地说明人类的生理现象、心理现象、疾病现象，扩大了科学的领域，也扩大了唯物主义哲学的阵地。过去唯物主义还没有来得及涉及的许多问题，这才通过秦汉的医学而得到了比较符合事实的结论。我们说秦汉之际的阴阳五行的学派是先秦唯物主义哲学的进一步发展和提高，并不是过分夸张。但也必须指出，唯物主义哲学的发展和提高和当时的医学的巨大成就是分不开的。

郭沫若先生在他的《十批判书》中说：

> 这一思想（按：即阴阳五行的学说）在它初发生的时候，我们倒应当说它是反迷信的，更近于科学的。在神权思想动摇了的时代，学者不满足于万物为神所造的那种陈腐的观念，故尔有无神论出现，有太一、阴阳等新的观念产生。对这新的观

> 念犹嫌其笼统，还要更分析入微，还要更具体化一点，于是便有原始原子说的金、木、水、火、土的五行出现。万物的构成，求之于这些实质的五个大元素，这思想应该算是一大进步。①

郭沫若先生的基本论点是符合当时的历史情况的。我们可以毫不夸张地说，古代的阴阳五行的学说是古代唯物主义哲学的原则，也是古代自然科学的原则。

事实上中国古代的自然科学部门，像古代的天文学、化学（包括炼金、制药等）、算学、音乐和医学都是在阴阳五行的学说协助之下发展起来的。如果企图理解中国任何一部门的科学史而不注意阴阳五行的学说，也是不可能的。用阴阳五行的学说来解释世界的多样性和它的内在的联系性，显然比用“道”“气”更具有说服力，更能较为深刻地反映事物的矛盾对立和相互关联。

中国古代医学完全接受了阴阳五行的学说，并且通过了医学这门科学独特的道路向前发展。《内经》认为阴阳二气是产生一切的根源：

> 阴阳者，血气之男女也；左右者，阴阳之道路也；水火者，阴阳之征兆也；阴阳者，万物之能始也。②

《内经》认为世界是物质性的整体，世界本身是阴阳二气相互对立的作用的结果：

> 故清阳为天，浊阴为地。地气上为云，天气下为雨。……

---

① 《十批判书·吕不韦与秦王政的批判》。

② 《内经·阴阳应象大论》。

故清阳出上窍，浊阴出下窍；清阳发腠理，浊阴走五脏；清阳实四支，浊阴归六府。[①]

由于以上的观点，中国医学在治疗方法上也主张必须与自然规律密切结合：

治不本四时，不知日月，不审逆从，病形已成，乃欲微针治其外，汤液治其内，粗工凶凶，以为可攻，故病未已，新病复起。[②]

《内经》认为人的身体的结构是自然界的一部分。自然界的变化发展的一般原则也是人类身体的发展变化的一般原则。中国古代医学从来不把病理现象、生理现象从全部自然现象中割裂开来，因而提供了从自然界中寻找病理的唯物主义和辩证观点的医疗理论，《内经》中贯彻了自然规律统一的原则。

《内经》是根据唯物主义的阴阳五行的观点来说明医学原理的，这里不做详细引证了。

中国古代医学采用了当时阴阳五行唯物主义哲学观点，它和宗教迷信、巫术思想没有丝毫共同之处，它继承了反迷信的优良传统。

战国末期，伟大的唯物主义哲学家荀子曾提出过反对宗教迷信的保健卫生的主张。他说："只要调养完善，按照时令活动，'天'是不能使人生病的。"（《荀子·天论》："养备而动时，

---

① 《内经·阴阳应象大论》。

② 《内经·移精变气论》。

则天不能病。”）

在《吕氏春秋》一书中也提过反对巫术的论点：

> 今世上卜筮祷祠，故疾病愈来。①

中国古代医学和宗教迷信的巫术站在尖锐对立的地位。《史记·扁鹊仓公列传》曾记载着古代名医扁鹊所提出的“六不治”的说法，其中有一条说：“信巫不信医，亦不治也。”

中国古代医学的发展，标志着人类向疾病斗争所取得的胜利。它用当时科学原理来解释人类生命的起源、疾病的成因，从而丰富了古代唯物主义哲学。它不但有它本身医学的价值，也还有哲学方面的贡献。

三

《内经》的医疗理论是和当时的阴阳五行唯物主义哲学的世界观是一致的。它认为人类生命变化是按照阴阳的对立，五行相生的原则进行的，自然的变化，生命的变化，精神的作用，都是建立在物质基础上的：

> 夫五运（按：“五运”即“五行”）阴阳者，天地之道也，万物之纲纪，变化之父母，生杀之本始，神明之府也。②

---

① 《吕氏春秋·季春纪》。

② 《内经·天元纪大论》。

又说：

> 夫自古通天者，生之本，本于阴阳。天地之间，六合之内，其气九州、九窍、五藏、十二节皆通乎天气。[①]
>
> 夫四时阴阳者，万物之根本也。[②]

《内经》不但指出人类的生命的根源，还指出人类精神活动的物质根源。《内经》对待物质与精神的依存关系时，明确地采取了唯物主义观点，认为精神（“神明”）依托的地方是物质，精神现象是物质的产物。

《内经》还力图把万物、自然现象、人类的生理现象、精神活动统一于客观的物质世界。这是和古代原始宗教迷信宣扬“上帝创造世界”“上帝决定人类生命”的观点是尖锐对立的。

《内经》针对当时宗教迷信的思想，提出疾病是由于自然界的外在的某些物质因素的侵害而产生的。实际上打击了古代流行的鬼神使人生病的反科学的观点。《内经》认为：

> 阴阳四时者，万物之终始也，死生之本也。逆之则灾害生，从之则苛疾不起。是谓得道。道者，圣人行之，愚者佩之。从阴阳则生，逆之则死。[③]

只要顺着阴阳四时变化的规律，适应季节的变化，就不会生病，违反了，就会生病。这种规律（“道”），“圣人”自觉地照着做，

---

① 《内经·生气通天论》。

② 《内经·四气调神大论》。

③ 同上。

愚笨的人不自觉地照着做（“佩之”）。但无论如何，顺从阴阳四时原则的则可以维持生命，违反了这个原则就会招致死亡。

中国古代医学也还指出，疾病的发生由于外界物质（“气”）的影响：

> 四时皆有疠疾。春时有痟首疾，夏时有痒疥疾，秋时有疟寒疾，冬时有嗽上气疾。[①]

《内经》中也指出：

> 数犯此（按：即四时、阴阳）者，则邪气伤人，此寿命之本也。苍天之气，清净则志意治，顺之则阳气固，虽有贼邪，弗能害也，此因时之序。故圣人传精神、服天气而通神明。失之则内闭九窍，外壅肌肉，卫气散解，此谓自伤，气之削也。[②]

《内经》明确指出，自然界中有某种不利于人类身体的极细微的物质（“邪气”。“气”是充满了自然界的最细微的、流动性的原始物质，肉眼不能看到它。“气”是中国古代唯物主义哲学的根本范畴之一）。这种“邪气”进入人的身体内部，就会使人生病。古代没有认识病菌的可能，但由于中医有丰富的长期积累的科学实践作为他们考察病源的根据，他们已意识到有某些具有感染性的对人有伤害作用的“邪气”。中医也明确指出，只要身体健康，有充分的抵抗能力（“阳气固”），就可以避免邪气的侵害。这种观察和认识病源的方法是有科学根据的，是唯物主义的。《内经》教人从自

① 《周礼·天官冢宰下》。

② 《内经·生气通天论》。

然界本身，从人类身体本身去寻找病源，所以在治疗方式上，一方面要排除“邪气”，一方面要增强体质，二者并重而不采取片面的治疗。《内经》在这一方面，对生命、疾病和健康的内在联系做出了唯物主义的说明，这也就直接从科学上捍卫了唯物主义哲学。

《内经》以唯物主义的观点去认识病理现象，因而在治疗理论方面也贯彻了唯物主义，根据疾病具体情况对症下药的原则：

> “病之始起也，可刺而已，其盛，可待衰而已。”故因其轻而扬之，因其重而减之，因其衰而彰之。形不足者，温之以气；精不足者，补之以味。其高者，因而越之；其下者，引而竭之；中满者，泻之于内。其有邪者，渍形以为汗；其在皮者，汗而发之；其剽悍者，按而收之；其实者，散而泻之。审其阴阳，以别柔刚。阳病治阴，阴病治阳，定其血气，各守其乡。血实宜决之，气虚宜掣引之。[①]

中医经常注意，根据不同的情况，有的要补，有的要泄，有的要发汗，有的要休息。我们在这里没有必要一一阐述以上所说的那些具体的治疗过程，但我们可以通过以上所提供的治疗原则，理解到中国古代医学是怎样地根据不同的病情来定出不同的医疗方案的。

中国古代医学所依据的唯物主义哲学观点，是从它丰富的科学实践中得来的。相传“神农乃始教民，……尝百草之滋味”，当时“一日而遇七十毒”[②]，由此医方兴焉。这些古代传说的可靠性固然有它一定的限度，但有它一定事实的根据。中国医学是通过无数次科

① 《内经·阴阳应象大论》。

② 《淮南子·修务训》。

学实践，经过若干痛苦、失败的过程，才逐渐积累起成功的经验。

中国两千年前曾建立过保存病历的优良制度：

> 凡民之有疾病者，分而治之，死（按：不治而死的叫作“死”）、终（按：不是由于医疗过失而死的叫作“终”）则各书其所以（按：分别记录下病者死亡的缘故）而入于医师。[①]

根据以上的事实，可见中国古代医学所取得的成就不是偶然的，它根据了大量事实，总结了无数次失败和成功的经验，最后才做出符合科学原则的结果。

中国古代医学还发展了古代唯物主义哲学理论。先秦时期伟大的唯物主义哲学家，像老子、荀子、韩非对自然规律的认识、对辩证法认识论都在不同程度上做出了贡献，并击溃了古代原始宗教迷信的某些宣传，但是对于生命的起源、精神的作用、疾病的产生还缺少详尽的说明。这样，就必然给古代宗教迷信的宣传家所谓鬼神可以给人带来吉凶祸福疾病灾害的谬说留下了活动的空隙。《内经》恰恰在这一方面用科学事实打击了宗教迷信思想。

《内经》根据当时医学可能达到的科学水平，针对生命、精神和身体的物质统一性做出了说明，指出万物产生的物质根源：

> 物生谓之化，物极谓之变，阴阳不测谓之神，神用无方谓之圣。变化之为用也，在天为玄，在人为道，在地为化。……在天为气，在地成形，形气相感，而化生万物矣。[②]

① 《周礼·天官冢宰下》。

② 《内经·天元纪大论》。

《内经》还把生命、变化、精神作用，以及带有超乎常人的“圣人的能力”，都指出了它的物质基础，并且把“道”（规律）、“气”（物质）和心理、精神（“神”）作用，有机地统一起来。

上述这些成就固然是无可争辩的事实，但也必须指出它的理论也还没有脱离古代唯物主义哲学共同具有的直观性和臆测性的局限。有些观点它天才地说对了，但它却不能对于许多复杂的问题做出完全符合科学原则的说明。它里面有科学根据，也夹杂着推测。像以上所举的“邪气”伤人的病理观点，以及中医在其他方面所惯用的“四时不正之气”，这种假说，确曾有力地打击了鬼神给人带来疾病的谬说。但是用它来彻底说明病理现象和疾病起源，那还是不够的。

四

中国古代医学以阴阳五行的学说作为理论基础。它一方面贯彻了素朴的唯物主义思想，一方面也体现了自发的辩证法思想。这一派的哲学认为世界上的一切事物的根源是原始物质的气，事物并不是一成不变的，而是在阴阳二气对抗的矛盾斗争中发展变化的：

> 是故阴阳者，天地之大理也。四时者，阴阳之大经也。[1]

阴阳二气在人身体内如果能够维持正常的对立平衡的状态，人的身体就会健康；阴阳二气在人身体内如果不能维持正常的对立平衡的

① 《管子·四时》。

状态，人的身体就会生病。所以《内经》中说：

> 阴平阳秘，精神乃治；阴阳离决，精气乃绝。[①]

人的身体必须在阴阳二气对立平衡的情况下，又经常维持精气和血脉的流通，而不至于壅塞不通，才能够保持健康：

> 流水不腐，户枢不蠹，动也。形气亦然。形不动则精不流，精不流则气郁。[②]
>
> 动摇则谷气得销，血脉流通，病不得生。譬犹户枢终不朽是也。[③]

同样的观点，在《内经》中有更充分的阐述：

> 阴不胜其阳，则脉流薄疾，并乃狂；阳不胜其阴，则五脏气争，九窍不通。是以圣人陈阴阳，筋脉和同，骨髓坚固，气血皆从。[④]

又说：

> 重阴必阳，重阳必阴。[⑤]

中国古代医学从阴阳对立统一的观点来理解一切病理现象。《内

① 《内经·生气通天论》。
② 《吕氏春秋·季春纪》。
③ 《三国志·魏书·华佗传》。
④ 《内经·生气通天论》。
⑤ 《内经·阴阳应象大论》。

经》开始把人类内科病症分为六类（汉代的《伤寒论》对这一点有更详细的发挥）：（一）太阳；（二）阳明；（三）少阳；（四）太阴；（五）少阴；（六）厥阴。这六类病症的具体内容不能在这里解释。对于“三阴三阳”的含义医学家阎德润先生做过明确的解释。他认为：

> 凡病之热者可阳，寒者可阴；实者为阳，虚者为阴。若以西医之名词注释，则病之属于进行性者为阳，属于退行性者为阴；机能亢进者为阳，机能衰减者为阴。[①]

阎德润先生虽然讲的是《伤寒论》，但用来解释《内经》也还是适用的。如果从哲学的观点来理解，我们可以看出“太阳”“阳明”“少阴”等病象都是由于人类身体内部的机能和作用失去平衡的结果。《内经》根据身体内部失去平衡的性质分为阴、阳两种类型，又按照性质的轻重，阴、阳两种类型的病症各分为三等。这种方法也是符合科学原则，有客观事实作为根据的。

由于当时的科学发展的局限性，缺少正确的解剖学的知识，古代医学家对于人类内脏的结构、功能的认识还不能达到像今天的医学的水平，因而有些地方对于病理的解释不能令人满意。也如近代医学家陆渊雷先生所说的：

> 血脉、经络、骨髓，深藏而不可见也。阴阳表里，暗昧而难征验也。今有病脑者，啼笑无节，举措失常，而医经家指为心病。其持之有故，言之成理，闻者则以为心病矣。有病内

---

① 《伤寒论评释》，人民卫生出版社，1955年12月版，第7页。

分泌者，肌肤黯淡，支体罢敝，而医经家指为肾病。其持之有故，言之成理，闻者则以为肾病矣。[①]

中国古代医学认为人类生理各器官部位是相互影响相互联系的整体。《内经》从阴阳五行学说的观点来解释五脏各器官之间的相互联系。《内经》以为五行是相生相克不可分割的整体，五脏也是相生相克不可分割的整体。如果某一器官发生了疾病，它必然影响到其他器官。如果肝脏发生了阴阳失调的现象，它会影响到眼睛的视力，还会影响到消化系统的不正常，它会影响到情绪容易激动。其他部门的器官也是这样。所以“头痛医头，足痛医足”成为中国医学理论对于形而上学观点的绝妙的讽刺。可惜我们今天也还有些医学家坚持他们的形而上学的观点。这种观点不但落后于今天的先进医学观点，甚至也落后于二千年前的医学理论早已达到的成就。

《内经》认为生理现象和心理现象是相互联系的，近代的科学实践已经证实了生理现象和心理现象是紧密联系而不可分割的。中国古代医学对于这一点已有了初步认识。《内经》曾说过，肝脏的疾病和人类的愤怒的情绪相关联——“怒伤肝”；心脏的疾病和人类的喜悦情绪相关联——“喜伤心”；脾脏的疾病和人类的思虑作用相关联——“思伤脾”；肺脏的疾病和人类的忧郁的情绪相关联——“忧伤肺”；肾脏的疾病和人类的恐惧的情绪相关联——“恐伤肾”[②]。现在我们应当指出，问题倒还不在于论证身体的各个内脏器官和情绪之间是否具有像《内经》所说的那样机械联系。这

① 《伤寒论今释·叙例》。

② 参看《内经·阴阳应象大论》及其他各篇。

种说法可能有一定的科学根据，还要继续深入研究，这一点对于我们来说并不是主要的。在这里应当特别指出的乃是《内经》通过一定的科学实践，在二千多年前就明确地指出了人类生理现象和心理现象的内在联系这一基本观点，在今天看来也是正确的。这样在哲学上就给唯物主义的认识论提供了可靠的理论保证。

精神活动是由于人类的分析器官受到外界刺激后引起的大脑皮质的兴奋和抑制的作用。心理活动和人类的呼吸、消化、循环、内分泌各个系统有关联（这些关联虽然未必完全像中国古代医学所猜想的那样的关联），这是事实。我们应当指出的乃是中国古代医学天才地提出了生理和心理活动的互相关联的辩证观点，因而在医疗实践上才可能取得一定的成绩。伟大的历史家司马迁在他的不朽的古典历史著作《史记》中以相当的篇幅记载了一些著名医生的活动。汉初的名医淳于意诊断齐王的儿子的疾病时曾指出他的病源，说：

> 此悲心所生也，病得之忧也。①

三国时代，中国名医华佗也有过从精神上治疗病人的故事：

> 郡守病，佗以为其人盛怒则差，乃多受其货而不加治，无何弃去，留书骂之。郡守果大怒，令人追捉杀佗。郡守子知之，属使勿逐。守瞋恚既甚，吐黑血数升而愈。②

这些故事中的人物，用不着详细的考订，但先秦两汉各书中不断出现同类性质的传说和记载，应当认为这是在广大人民中间流传的事

① 《史记·扁鹊仓公列传》。

② 《三国志·魏书·华佗传》。

实。这类事实说明了中国古代医学早已认识到生理和心理活动的相互关系是十分密切的。这种影响是内在的、有机的、不可分割的。根据上述的观点，《内经》经常提醒人们要适当控制个人的感情，使感情不要过于放纵。《内经》说：

> 天有四时五行，以生长收藏，以生寒、暑、燥、湿、风。人有五脏化五气，以生喜、怒、悲、忧、恐。故喜怒伤气，寒暑伤形，暴怒伤阴，暴喜伤阳。[①]

中国古代道家哲学的养生一派的哲学和《内经》有相类似的见解。像《淮南子》也曾说过：

> 人，大怒破阴，大喜坠阳，大忧内崩，大怖生狂。[②]

《内经》并且指出人类身体的健康和自然环境是相互关联的。因而在进行治疗时要经常考虑到疾病患者所处的自然环境的具体条件。这种观点在《内经》中也曾反复地申述：

> 喜怒不节，寒暑过度，生乃不固。故重阴必阳，重阳必阴。故曰："冬伤于寒，春必温病；春伤于风，夏生飧泄；夏伤于暑，秋必痎疟；秋伤于湿，冬生咳嗽。[③]

又说：

> 逆春气，则少阳不生，肝气内变；逆夏气，则太阳不长，

① 《内经·阴阳应象大论》和《天元纪大论》略同。

② 《淮南子·精神训》。

③ 《内经·阴阳应象大论》。

心气内洞；逆秋气，则太阴不收，肺气焦满；逆冬气，则少阴不藏，肾气独沉。[①]

从以上的观点出发，《内经》始终认为在医疗方面必须充分考虑客观环境：

故治，不法天之纪，不用地之理，则灾害至矣。[②]

中国古代医学还建立了对待疾病和健康的整体观念。中国古代医学从来不把健康和疾病的关系割裂开来，因而能够从比较全面的观点建立它的治疗的理论，并且恰当地估计医疗作用，而不陷于医学万能论的错误。中国古代医学有极丰富的医疗经验，但是都能够老老实实地承认医疗对生命的作用是有限的。当扁鹊治好了“暴蹷而死”的虢国太子时，“天下尽以为扁鹊能生死人”。扁鹊说：“越人（按：扁鹊自称）非能生死人也，此自当生者，越人能使之起耳。”[③]

由于中国古代医学对疾病和健康的认识是建立在全面的认识基础之上，所以一向把保健放在第一位，把药物治疗放在次要的地位：

动作以避寒，阴居以避暑，内无眷慕之累，外无伸宦之形，此恬憺之世，邪不能深入也。[④]

如果不注意平日的卫生，那就会：

① 《内经·四气调神大论》。

② 《内经·阴阳应象大论》。

③ 《史记·扁鹊仓公列传》。

④ 《内经·移精变气论》。

> 忧患缘其内，苦形伤其外，又失四时之从，逆寒暑之宜，贼风数至，虚邪朝夕，内至五脏骨髓，外伤空窍肌肤，所以小病必甚，大病必死。①

《内经》从上述的整体观念出发，建立了以预防为主的正确的保健观点。把保健和营养放在首要地位，认为医疗乃是由于不得已的情况下采取的被动的措施。所以《内经》中屡次叮嘱说：

> 是故圣人不治已病治未病，不治已乱治未乱，此之谓也。夫病已成而后药之，乱已成而后治之，譬犹渴而穿井，斗而铸锥，不亦晚乎？②

中国医学认为即使因不得已而治疗时，也要及时早治，不要等到病重再治。中国过去有人称赞高明的医生能“起死回生”，但是一个高明的医生经常是反对这种被动的治疗方法的。所以《内经》说：

> 善治者治皮毛（按：疾病未深入，仅仅有一些疾病的征象时，就开始治疗），其次治肌肤，其次治筋脉，其次治六腑，其次治五脏。治五脏者，半死半生也。③

唐代著名医学理论家王冰对《内经》中这一段话做了精确的注解。他说：

---

① 《内经·移精变气论》。

② 《内经·四气调神大论》。

③ 《内经·阴阳应象大论》。

> 病势已成，可得半愈。然初成者获愈，固久者伐形。故治五脏者半生半死也。[1]

总起来看，《内经》一书体现了中国古代哲学中的丰富的辩证法思想，而且在中医的医疗、营养、保健各方面也都贯彻了辩证法的原则，从来不把某一措施孤立起来对待。这种观点是极其珍贵的，值得吸取的。

辩证观点并不是哪一个人想出来的，而是一切事物本来就在辩证地发展着。古代的科学家通过精密的观察、无数次的实践，把这一客观存在的普遍现象提高到理论原则，并根据这种理论又来推动科学的实践。中国古代的医学就是这样反复实践、反复认识，不断提高、不断丰富起来的。

但是我们也必须承认中国古代的辩证法还不可能发展到十分完善的地步，它也具有一般古代辩证法所共有的历史的弱点。正如毛泽东同志在《矛盾论》中所指示的：

> 辩证法的宇宙观，不论在中国，在欧洲，在古代就产生了。但是古代的辩证法带着自发的朴素的性质，根据当时的社会历史条件，还不可能有完备的理论，因而不能完全解释宇宙，后来就被形而上学所代替[2]。

自然现象、生命现象、病理现象是复杂的，远在二千多年前的科学成就绝不可能全面地、深刻地认识这些规律。但古代的自然科

① 〔唐〕王冰：《重广补注黄帝内经素问·阴阳应象大论篇》。

② 《矛盾论》，《毛泽东选集》第一卷，人民出版社，1952年7月版，第278页。

学和唯物主义哲学在和宗教唯心主义的观点做斗争时又不能回避这些问题，对于一些当时还不能解释的现象也要勉强加以解释，遂不免有主观的牵强附会的地方，其中也夹杂着神秘主义的因素，有时把自然现象和生理现象互相比附：

> 惟贤人上配天以养头，下象地以养足，中傍人事以养五藏。天气通于肺，地气通于嗌，风气通于肝，雷气通于心，谷气通于脾，雨气通于肾。六经为川，肠胃为海，九窍为水。……阳之汗，以天地之雨名之；阳之气，以天地之疾风名之。暴气象雷，逆气象阳。①

像这种唯心主义的、神秘主义倾向的观点，在中国古代医学中也还不是个别的现象，在《内经》中到处可以发现这些不合科学原则的说法：

> 天不足西北，故西北方阴也，而人右耳目不如左明也。地不满东南，故东南方阳也，而人左手足不如右强也。……"东方阳也，阳者其精并于上，并于上则上明而下虚，故使耳目聪明而手足不便也。西方阴也，阴者其精并于下，并于下则下盛而上虚，故其耳目不聪明而手足便也。故俱感于邪，其在上则右甚，在下则左甚。此天地阴阳所不能全也，故邪居之。"②

我们今天没有必要隐瞒这些缺点，因为这是事实。现在有些反对中医的人常常片面地夸大了中医在这一方面的缺点，甚至连其中的合

① 《内经·阴阳应象大论》。

② 同上。

理的部分也一并否定，这不是实事求是的科学态度。恩格斯的教导永远值得我们记住：

> 而自然哲学只能这样来描绘：用理想的、幻想的联系来代替尚未知道的现实的联系，用臆想来补充缺少的事实，用纯粹的想象来填补现实的空白。它在这样做的时候提出了一些天才的思想，预测到一些后来的发现，但是也说出了十分荒唐的见解，这在当时是不可能不这样的。①

恩格斯的指示是说由于当时的具体条件，由于历史的局限性，古代的唯物主义哲学“这在当时不能不如此”。我们决不能非历史主义地否定了中国古代医学中最有价值的唯物主义因素和辩证法思想，马克思主义的原则教导我们判断某些哲学流派，主要应当看它是怎样解决实际问题，用的什么观点和方法，同什么人携手并进，在客观上支持的是什么、反对的是什么，并且对以后的哲学思想起过什么影响。

如果根据这样的尺度来检查一下《内经》以及其他古代有关中医理论的著作，我们可以肯定地说：中国古代医学是用素朴的唯物主义原则来认识生命问题、疾病问题、精神作用问题的，它包括了丰富的辩证的思想方法，并且和当时的唯物主义哲学携手并进。在客观上（以至在主观上）一直在和宗教迷信思想做斗争，并且替后来的医学的进一步发展开辟了道路，对以后的哲学无神论思想起了启发作用。这些事实，尽够雄辩地粉碎那些腐朽的资产阶级学者轻

① 《路德维希·费尔巴哈和德国古典哲学的终结》，《马克思恩格斯选集》第四卷，人民出版社，1972年5月版，第242页。

视文化遗产、诬蔑中国医学的谰言。

五

中国古代医学的理论表明了科学的发展和唯物主义哲学的发展经常是血肉相连的。科学研究的实践不断丰富和巩固了唯物主义哲学，同时每一个时代的唯物主义哲学思想也经常对科学的发展起着促进作用。

中国古代医学发展的道路又一次证明了科学和唯物主义哲学是唯心主义和宗教思想的敌人。它们是在和当时流行的宗教迷信思想斗争中成长起来的。

中国古代医学中有许多观点和方法不仅在过去有价值，其中有许多内容在今天仍旧有它的价值。因为医学是自然科学，它不是社会的上层建筑，它的发展和成长是建立在科学实践的基础上的。只有那些做了资产阶级思想俘虏的学者才诬蔑中医是“封建医”。只有那些不看事实的人才诬蔑中国医学是“不科学”。

中国古代医学的理论不但捍卫了它自己的科学阵地，同时也给中国古代哲学史上的无神论思想提供了强有力的科学论据，如果没有秦汉之际的阴阳五行的唯物主义学说，没有《内经》这部光辉的经典医学著作，后来汉代的伟大无神论者王充思想的出现那是很难设想的。

如何吸取中国古代医学的珍贵遗产，这是当前极为迫切的任务。《内经》一书在中医的经典著作中有着特殊重要的地位，但是目前似乎还没有引起学者们足够的注意。希望全国医学家对这一方面能做进一步深入的研究。这不但对中国文化有益，我们相信这一研究工作会对世界文化有所贡献。

从《内经》看中医的理论基础*

《黄帝内经》（本文简称“《内经》”）是汉初编纂的一部医学全书，是世界上最早的成系统的医学巨作，它总结了周、秦以来的医疗经验。所有的中国医学著作，从《伤寒论》起，都是在《内经》已有的基础上逐渐丰富完善起来的，所以历代的中医学者称它为“医书之祖”。

几千年来公认《内经》为“医书之祖”倒不仅是由于它的时代最早，而是由于它提供了一套中国医学的理论和医疗原则。《内经》在中国医学史上的不朽的地位，恰如《孙子兵法》在中国军事思想史上的不朽的地位一样。

《内经》一书中充满了一些“阴阳”“五行”“精”“气”的观念。在受过现代医学教育的人们看来是很难接受的，认为中医所讲的道理有些玄虚，觉得“中国医学讲阴阳五行，不科学”。为了说明这一问题，有回溯一下中国古代哲学史发展的必要。

中国古代哲学史和世界哲学史一样，也是在两条不同的哲学路线斗争中发展起来的：一条是唯心主义的路线，一条是唯物主义的

* 原载《江西中医药杂志》1956年第6期。

路线。许多唯物主义哲学流派认为充满了宇宙的是极精微的物质实体“气”所构成的。“气”具有流动性、粒子性，有清、浊之分。清的和轻的“气”是构成天空的材料，属于阳；浊的和重的“气”是构成大地的材料，属于阴。阴、阳二气构成了万物和人类。这种观点在战国末期（公元前4—3世纪）形成了唯物主义哲学的主流。像《吕氏春秋》的十二“纪”、《礼记》的《月令》、《管子》中的若干篇，以及后来的汉初的《淮南子》，都包含着这种思想。例如《吕氏春秋》所说的：

> 太一出两仪，两仪出阴阳。阴阳变化，一上一下，合而成章。浑浑沌沌，离则复合，合则复离，是谓天常。

这里所谓“太一”就是原始状态的、混沌未分的“气”；两仪、阴阳是已分的、具有矛盾对立性质的“气”。

五行的观念是根据人们日常生活实践中所最常接触的五种物质形态归纳出来的。他们认为世界上一切东西都是由五种元素——水、火、木、金、土构成的。成分简单的东西由一种元素构成，成分复杂的东西由五种元素在极复杂的情况下构成。这一派还认为五种元素之间有互相推动、滋生的关系，他们叫作“五行相生”；五种元素之间也还具有互相克服、限制的关系，这种关系叫作“五行相胜”。

阴阳五行的学说在于摆脱“上帝支配世界”的观念的束缚，力图在物质世界本身中寻求万物发生发展以及消灭的根源，从经验、从生活实践、从当时的科学成就的基础上向宗教迷信进行斗争。因此，阴阳五行学说在战国末期逐渐发展成为一套比较完整的唯物主义的哲学体系。这就是古书上所说的“阴阳家”。古代的阴阳家都是包括了五行学说的。郭沫若先生曾指出：

（阴阳五行的学派）在它初发生的时候，我们倒应当说它是反迷信的，更近于科学的。在神权思想动摇了的时代，学者不满足于万物为神所造的那种陈腐的观念，故尔有无神论出现。有太一、阴阳等新的观念产生。对这种新的观念犹嫌其笼统，还要更分析入微，还要更具体化一点，于是便有这原始原子说的金、木、水、火、土的五行出现。万物的构成求之于这些实质的五个大原素，这思想应该算是一大进步。[①]

作者基本上同意郭沫若先生的看法，阴阳五行学派的出现，标志着中国唯物主义哲学得到进一步的发展。

阴阳五行学说本质上是唯物的，但是应该指出，唯心主义者也利用了这种学说，他们把阴阳对立、五行相生相克的观点解释社会、历史和人们的吉凶祸福，宣传了宿命论和神秘主义。这一派和上面所说的阴阳五行学派应加以区别。

《内经》的理论基础是和古代阴阳五行学派密切相关的。《内经》首先根据当时素朴的唯物主义的世界观指出：

夫五运阴阳者，天地之道也，万物之纲纪，变化之父母，生杀之本始，神明之府（按：即精神的寄居所）也。[②]

《内经》在这里正确地指出人类身体活动、精神作用、生命现

① 《十批判书·吕不韦与秦王政的批判》。

② 《内经·天元纪大论》。

象是整个自然界的一部分。它从自然规律的统一性这一唯物主义世界观的前提出发认识生理和疾病现象，在五行观念的支配下，《内经》把人类的五脏、五官、五情，以及五味都和五行配合起来，比如木代表肝、火代表心、土代表胃、水代表肾、金代表肺。《内经》还根据医疗经验，指出五脏之间有互相制约互相辅助的关系。金可以克木，意味着肺部有病，会影响到肝脏和血液的正常。《内经》也还利用“五行”的观念，把人类的身体器官和它的作用看成统一的整体。因此，中医所谓“胃”，其实不仅限于容纳食物的胃脏，它也指人们的消化系统，还指人身的消化作用。这样，采用了更广泛的、象征意义的“土”来代表胃的器官和功能就方便些。古代中医对其他内脏的看法也是如此。

所以中医用阴阳五行之气来说明病理和生理，看来很“玄虚”，其实是确有所指的。我们说这种基本观点（特别是机构和功能联系，机构之间的制约）是可取的，是有着合理的内核的。

中国古代医学根据当时科学实践并根据当时素朴的唯物主义哲学观点，指出人是自然的一部分，所以要按照自然规律认识病理和生理现象：“五脏、十二节皆通乎天气。”根据自然规律统一的原则，《内经》认为，顺着自然界的规律，就不会生病；违反了就会生病，以至死亡。《内经》说：

> 阴阳四时者，万物之终始也，死生之本也。逆之则灾害生，从之则苛疾不起。[1]

① 《内经·四气调神大论》。

如果违反四时的变化，就会生病：

> 数犯此（按：即四时、阴阳）者，则邪气伤人，此寿命之本也。……顺之则阳气固，虽有贼邪，弗能害也。[①]

中国古代医学已意识到自然界有一种不利于人类身体的极细微的物质，他们称作“邪气”，有时也叫“四时不正之气”。这种“邪气”侵入人的身体内部，就会使人生病。古人不知道有细菌，但中医根据长期丰富的经验，推测到某种危害身体的不是鬼神的作祟而是某种物质性的“邪气”，这一观点在当时是科学性的假设。中医还指出，只要身体健康，抵抗力强（“阳气固”），就可以避免“邪气”的侵害。由于中医正确地掌握了这一观点，因而在医疗观点、保健理论方面也经常采用增强病人的体质的措施，使病者“阳气固”来抵抗疾病。中药中有许多药物并不是有治疗作用（像一些“滋阴”“养卫”的药品特别多），却有防病的作用，这在世界医学中是一特色。这种以增强体质来抵抗疾病的治疗观点，和它的自然观是分不开的。

中国古代医学从唯物主义的原则认识病理现象，所以治疗理论方面也贯彻了唯物主义的原则：

> “病之始起也，可刺而已（按：病象轻微，可用针砭），其盛，可待衰而已（按：中医治疗乙型脑炎和伤寒的理论根据即在此）。”故因其轻而扬之，因其重而减之，因其衰而彰之。形不足者，温之以气；精不足者，补之以味。其高者，因

① 《内经·生气通天论》。

而越之；其下者，引而竭之；中满者，泻之于内。其有邪者，渍形以为汗；其在皮者，汗而发之；其慓悍者，按而收之；其实者，散而泻之，审其阴阳，以别柔刚，阳病治阴，阴病治阳，定其血气，各守其乡。血实宜决之，气虚宜掣引之。[1]

我们在这里没有必要解说这些治疗过程，但是我们应当认识这些治疗过程贯串着一个极有价值的原则，那就是根据不同的病情和病人的个别体质强弱的差异而提出不同的治疗方案。所以有的要泻，有的要补，有的要发汗，有的要休息……中医在治疗效果获得良好的成绩，和它对病理分析所采取的唯物主义的观点是分不开的。

当然，我们也必须指出，中医的理论也还具有直观性和推测性的弱点。有些原则，它天才地说对了，但它却不能对许多复杂的问题做出完全符合科学原则的说明。中医的理论中间有科学，也夹杂着推测。像以上所举的“邪气”或“四时不正之气”可以伤人的假说，确曾有力地打击了鬼神作祟而使人生病的谬说，并且正确地指出疾病的发生有它的物质根源。但满足于“邪气”伤人的假说，而不对疾病的起源做更深入的钻研，那就无法接受现代科学的最新成果，妨害了中医的继续发展。

中国古代医学是以阴阳五行的唯物主义哲学作为理论基础的，它一方面具有素朴的唯物主义因素，一方面也具有辩证法思想。中国古代医学认为自然界和自然界中的每一个具体的事物都有它的阴阳对立的两方面。事物就是在阴阳对立的矛盾中存在着。中医认为，阴、阳二气的两种势力在人的身体内，如果能够维持正常的对

① 《内经·阴阳应象大论》。

立平衡状态，人就健康；如果不能维持正常的对立平衡状态，人就会生病。所以说：

> 阴平阳秘，精神乃治；阴阳离决，精气乃绝。①

又说：

> 阴不胜其阳，则脉流薄疾，并乃狂。阳不胜其阴，则五脏气争，九窍不通。②

根据阴阳二气对立平衡的原则，从《内经》开始，就奠立了把疾病分为太阳、阳明、少阳、太阴、少阴、厥阴六种类型。《伤寒论》基本上是按照这种观点继续发展和丰富起来的。阎德润先生曾对中医的三阴三阳的分类做过科学的说明：

> 凡病之热者为阳，寒者为阴；实者为阳，虚者为阴。若以西医之名词注释，则病之属于进行性者为阳，属于退行性者为阴；机能亢进者为阳，机能衰减者为阴。③

当然，由于当时科学发展的局限性，古代医学家对人类的内脏及肢体的结构的认识还不能达到精密无误的程度，因而有些地方对于病理现象的解释不能令人满意。

中国古代医学还正确地指出了人类生理的器官部位是相互影响、相互联系的整体。五行是不可分割的，有相生相克的关系，五

---

① 《内经·生气通天论》。

② 同上。

③ 《伤寒论评释》，人民卫生出版社，1955年12月版，第7页。

脏也是整体，有相生相克的作用。如果某一部分的机构活动不正常，必然影响到其他有关机构。比如中医认为肝脏发生了阴阳失调的现象，就会影响到眼睛的视力，会影响到消化的不正常，也会影响到情绪容易激动等等。其他部门各器官也是这样。所以"头痛医头，脚痛医脚"成为中国医学理论对于形而上学观点的绝妙的讽刺。可惜我们今天也还有些医学家也存在着这类形而上学的观点。他们不但落后于今天先进的医学，甚至连二千多年前的医学中有价值的部分也还没有好好吸取。

中国古代医学在二千多年前，就已指出生理现象和心理现象是互相联系的。《内经》中曾说过，肝脏的活动和愤怒的情绪相关联（"怒伤肝"），心脏的活动和喜悦的情绪相关联（"喜伤心"），脾脏的活动和思虑作用相关联（"思伤脾"），肺脏的活动和忧郁的情绪相关联（"忧伤肺"），肾脏的活动和恐惧的情绪相关联（"恐伤肾"）。①

现代科学业已证明人类心理活动是由于人类的分析器官受到外界刺激引起的大脑皮质的兴奋和抑制作用。心理活动和呼吸、消化、循环各个系统有内在的联系。由于科学的局限性，中国古代医学没有能够完全正确地说明这种关系。

中国古代医学经常从整体的观点出发，所以反对孤立地认识问题的思想方法，所以对疾病和健康的关系也是联系来看的。因此，中国医学常把保健放在第一位，而把药物治疗放在次要的地位。中国医学主张：

---

① 《内经·阴阳应象大论》及其他各篇。

动作以避寒，阴居以避暑，内无眷慕之累，外无伸宦之形，此恬憺之世，邪不能深入也。[①]

如果不能注意平日的卫生，就会招致危险的后果：

忧患缘其内，苦形伤其外，又失四时之从，逆寒暑之宜，……小病必甚，大病必死。[②]

从维持健康的整体观念出发，中医树立了预防为主的保健观念：

是故圣人不治已病治未病。……夫病已成而后药之，乱已成而后治之，譬犹渴而穿井，斗而铸锥，不亦晚乎？[③]

即使不得已而治疗时，中国医学主张要在早期进行治疗：

善治者治皮毛（按：病未深入时即治疗），其次治肌肤，其次治筋脉，其次治六腑，其次治五脏。治五脏者，半死半生也。[④]

总起来看，中国古代从科学实践中相当深刻地体现了辩证法的思想。它在医疗、营养、卫生、保健、生理、心理、病理各方面都具体运用了这一正确的观点。这种思想方法和观点是极其珍贵的，值得充分重视的。

但是我们也必须承认中国古代辩证法还不可能发展到十分完善

① 《内经·移精变气论》。

② 同上。

③ 《内经·四气调神大论》。

④ 《内经·阴阳应象大论》。

的地步。以《内经》为代表的中医思想方法也具有古代辩证法共同的弱点。自然现象、生命现象、病理现象是复杂的，远在二千多年以前的科学理论绝不可能圆满地、深刻地认识这些规律，所以《内经》中也不免夹杂着许多不科学、神秘主义的成分。有些问题，当时的科学水平不能做出正确的解释，而勉强解释时，必然陷于牵强附会的错误。这些缺点都是无可隐瞒的。恩格斯的教导值得我们记住：

> 自然哲学所能用以执行这个任务的唯一办法，就是拿理想的、幻想的联系来代替它还不知道的真实的现象联系，拿虚构来替代缺乏的事实，单只在想象中把真实的缺陷填补起来。这样做时，自然哲学吐露了好多天才的思想和猜到了好多后来的发现，但也有过不少的废话和胡说。①

中国古代医学的第一部经典著作《内经》，它的贡献不仅在于提供了治疗的方法，还在于建立了具有素朴唯物主义和自发辩证观点的医学理论，这种理论保证了中国古代医学从世界观上和唯心主义的巫术、迷信截然分开。同时，中国医学的理论的某些弱点、缺点也隐伏在这里。因为古代的唯物主义和古代的辩证法思想还不足以完全说明自然界，中间还缺少一段自然科学发展的过程。它的唯物主义还很粗糙，不能区分生理、生命和自然界其他现象的本质区别，它的辩证法思想也夹杂着笼统、混淆的弱点。这就妨碍了它进一步的发展。

① 《路德维希·费尔巴哈和德国古典哲学的终结》。

在今天，学习中医的人，固然要努力学习中医的医疗技术，学习中医的理论，但在掌握了中医的医疗技术、研究了中医理论中合理的内核的时候，还要努力学习自然科学和辩证唯物主义，以补救在长期停滞的旧时代中国医学所具有的弱点。只有这样，才能为进一步用现代先进的医学理论来予以整理改造打下基础。

中医理论研究要跟得上国力发展*

中国哲学史研究从来就是把中医的理论看作中国哲学史的一部分。楼宇烈同志和我一起做过《中国哲学史》教科书的写作工作，我们把《黄帝内经》列为教科书的一章，这是从1956年开始的。我们认为中医不纯粹是科学领域的事，也应该依从实践检验科学的哲学标准。回想我们自己的爷爷，我们爷爷的爷爷是靠什么维持健康的呢？怎么治病的呢？就是靠中医。这是不能够忘本的。但今天忘本忘到这么一个程度，说中医不科学，这是不对的。怎么不科学？中国的数千年实践就证明了中医是科学的。

现在随着中国综合国力的增强，中医也随之得到国际重视。现在在国外，用针灸治疗很普遍，还在一些国家的医疗保险里给予报销。随着中国国际地位的逐渐提高，国际上看中医的分量，也同看中国经济一样重了。国际势力很实际，也很“势利眼”。对传统哲学，比如印度哲学，它的抽象思维水平也不低，可是现在国际上听到的声音就很弱。印度目前的综合国力还不行，它的学说就没有受到重视。现在我们国家的地位蒸蒸日上，国民生产总值年年提高，

---

* 原载《中国社会科学院院报》2007年3月27日第3版。

这是世界史上的奇迹。随着国势的增强，综合国力的增强，我们自己对中国文化的发展也要跟上。要增强我们的自信心。

《黄帝内经》有一个基本思想，就是重视对疾病预防为主。空气的污染，细菌的传播，每人碰到的机会是一样多，为什么有的人有病，有的人没有病？有的人受了侵害顶不住，有的人顶得住？这就关乎健康问题，个人健康是不是有问题。所以根据不同情况预防保健，这是《黄帝内经》的主要思想。西医是头痛医头、脚痛医脚，中医不是这样看的。例如对血压高，其中有心脏问题，但生气也影响血压高，天气热了也可以引起血压高，各种因素都在里头，它不仅仅是一个血液循环的问题。不仅是单个因素的问题，而是整体的问题。中医是整体的观念、整体的看法。我觉得我们应该保持这种很可贵的观察问题的方法。过春节大家收到贺年卡，看一看中国朋友、外国朋友关于通信地址的表示，具体到地名，西方是小地方放在前面，大的放到后头，国家放到最后；中国是刚好相反，国家、省、地区、县、乡、村。这是写信上的不同。到外国买东西找零钱和国内也很不一样的。外国是先把零钱找给你，最后找给你整的；中国人找钱不是这样的。你拿十块钱买东西后，剩了五元六角钱，找钱时先给你五元钱，然后再给你找个零。这是思维方式的问题。西方先看见局部，然后再到整体；我们中国人是先看到整体，然后再到局部。这种思维方式很难得、很可贵，也是值得我们发扬的。

对中医哲学的研究，我们哲学史领域做得不够。我希望可以辩证讨论，可以交流。既然中医哲学是中国哲学的一个组成部分，我们中国哲学史研究刊物、其他哲学研究的刊物，应该给中医哲学一块园地，让他发表发表意见，辩论辩论，讨论讨论。如果有一个中医哲学专门的刊物更好。不过综合哲学刊物有一个好处，就是发行面广量大，影响也广。每年有几篇有分量的中医哲学研究文章出现，对整个学科发展也是有好处的。这个过程也是培养新队伍的过程。

研究中医，我们守土有责，对这个科学的阵地不能放弃。这不是个人的问题，这是一个民族兴亡的问题，这是民族能不能继续前进的问题。最重要的是建立中华民族的自信心，发现我们民族的长处，发扬它的优点，同时对反对的意见也要了解它、吸收它。合理的就可以吸收，然后才可以壮大自己。我觉得吸收就是这么一个道理，合理的吸收作为自己的养分，这就可以丰富自己的文化，做到不断发展。我们的祖先过去是这么做的，中华文化也是这么发展起来的，现在我们还是要继续这样做。对中医的研究要从理论上跟上去，要了解西医，同时要发展自己。

努力提高对中医哲学重要价值的认识*

中国哲学是一个内蕴十分丰富的宏大架构，里面不仅有儒、释、道、法，还有独树一帜的中医哲学。在以往的中国哲学史研究中，人们的着眼点主要集中在儒学、中国佛学、老庄之学、明辨学和法家学说等哲学流派上，而对源远流长的中医哲学却重视不够。1956年，我和楼宇烈编著《中国哲学史》教材时，曾把中医哲学的代表性著作《黄帝内经》编入其中。但总体来说，我们对中医哲学的研究一直以来都非常欠缺。

由于中国哲学界和中医学界长期缺乏对中医哲学的研究，因此，我们对中医哲学的独特价值尚未获得充分的认识。从大的方面看，中医哲学的价值主要表现在两个方面：

第一，中医哲学作为中国哲学的重要组成部分或者说中国哲学的重要分支，丰富了中国哲学广博的内涵。在人们的传统观念里，中国哲学是一种政治哲学、一种道德哲学、一种伦理哲学，它的基本概念和范畴大都局限在社会伦理学的领域里。中医哲学则修正了这一偏颇认识。通过《黄帝内经》等中医哲学著作，我们可以看到

* 原载《河北学刊》2007年第3期。

中国哲学发展史上矗立着自然哲学和科学哲学的伟岸身影，可以说，中医哲学同儒、释、道、法一起构成了中国哲学宏大殿堂中的几座重要的柱石。

第二，中医哲学研究的对象是中医的本原问题，也就是生命的本质问题，并通过探讨生命的终极问题来“究天人之际，探阴阳之赜”。几千年来，中国医学在对人体、对天人关系的研究中积累了异常丰富的理论，形成了中华民族所独有的中医哲学。中医哲学的一些基本概念和范畴，以及所特有的思维方式和表达方式，为我们全面和深入地了解与把握中国哲学提供了新的视角。可以说，对中医哲学的深入研究极有可能带动起整个中国哲学研究的创新性发展。

《黄帝内经》是中医哲学的原典，也是中国哲学最重要的经典著作之一。《黄帝内经》作为周秦以来到西汉初年中国古代医学的总集，其价值不仅在于总结了秦汉以前的医疗经验，并且包含着丰富的唯物主义和辩证法思想，特别是对生命起源、疾病成因以及形神关系等问题的分析和论述，为中国古代唯物主义和无神论思想提供了重要依据。

《黄帝内经》继承了先秦的气一元论的唯物主义观点，认为“气”（或阴阳二气）是产生一切的物质根源：

> 阴阳者，血气之男女也；左右者，阴阳之道路也；水火者，阴阳之征兆也；阴阳者，万物之能始也。[①]

这就是说，阴阳二气及其作用不但表现在万物中，人的生理现象也

① 《黄帝内经·阴阳应象大论》。

体现了阴阳二气运行的原则。《黄帝内经》认为，世界是由阴阳二气相互作用的结果，并指出：

> 清阳为天，浊阴为地。地气上为云，天气下为雨。……清阳出上窍，浊阴出下窍；清阳发腠理，浊阴走五脏。[①]

《黄帝内经》把人的身体结构视为自然界的一个组成部分，人的养生规律同自然界的运行规律有密切的联系，进而提供了从自然界寻找病理的唯物主义和朴素辩证法的医疗原理。《黄帝内经》说：

> 治不本四时，不知日月，不审逆从，病形已成，乃欲微针治其外，汤液治其内……故病未已，新病复起。[②]

自然界发展变化的一般原理同人体生理发展变化的原理是一致的，所以不能把生理现象同自然现象割裂开来，这就把医疗的理论与唯物主义自然观密切结合了起来。

《黄帝内经》把自然现象、人的生理现象、精神活动统一于一个共同的物质基础，认为疾病的起因是由于人体受到自然界存在着的某种有害物质侵害而产生的，指出：

> 阴阳四时者，万物之终始也，死生之本也。逆之则灾害生，从之则苛疾不起。是谓得道。道者，圣人行之，患者佩

① 《黄帝内经·阴阳应象大论》。

② 《黄帝内经·移精变气论》。

之。从阴阳则生，逆之则死。[1]

这就是说，只要顺着阴阳四时变化的规律，适应季节的变化，人们就不会生病；违反了规律便会生病。这种规律（“道”），“圣人”自觉地照着做，愚人却违背它。顺从这些规律可以维持生命，逆着它则必然招致病灾。

《黄帝内经》不仅从唯物主义原则说明疾病现象，在治疗理论方面也贯彻了对症下药的唯物主义原则：

病之始起也，可刺而已，其盛，可待衰而已。”故因其轻而扬之，因其重而减之，因其衰而彰之。形不足者，温之以气；精不足者，补之以味。其高者，因而越之；其下者，引而竭之；中满者，泻之于内。其有邪者，渍形以为汗；其在皮者，汗而发之；其慓悍者，按而收之；其实者，散而泻之。[2]

这是说，治疗时要根据不同情况，有的要补，有的要泻，有的要发汗，有的则要休息。我们在这里没有必要讲述中医复杂的治疗过程，但从中可以认识到古代医学所秉承的从实际出发的唯物主义态度和方法。

在中国古代，老子、荀子、韩非子对唯物主义自然观的建构做出了积极贡献，对古代宗教迷信思想给予了有力的驳斥，但对于生命的起源、精神的作用、疾病的产生尚缺乏详尽的说明。这样，必然给宗教迷信宣传留下了活动的空隙。《黄帝内经》恰恰在这一

① 《黄帝内经·四气调神大论》。

② 《黄帝内经·阴阳应象大论》。

方面用当时可能达到的科学理论回击了宗教迷信思想。它对生命、精神与身体的关系做出了唯物主义的说明，认为生命、精神统一于物质的身体，身体是精神的基础，生命是身体的现象，也是自然现象，它指出：

> 在天为气，在地成形，形气相感而化生万物矣。①

又说：

> 物生谓之化，物极谓之变，阴阳不测谓之神，神用无方谓之圣。②

在这里，中医哲学把生命的变化、精神的作用，甚至带有超乎常人的“圣人”的能力，都给安放在了共同的物质基础之上，认为它们都是物质的变化和作用的结果。由于世界上一切事物均有着共同的物质根源，一切事物都不是一成不变的，而是在阴阳二气的矛盾中发展变化。所以，阴阳二气在人的身体内维持正常的平衡状态并经常维持精气血脉的畅通，才能保持健康，它指出：

> 阴平阳秘，精神乃治；阴阳离决，精气乃绝。③
>
> 阴不胜其阳，则脉流薄疾，并乃狂；阳不胜其阴，则五脏气争，九窍不通。④

---

① 《黄帝内经·天元纪大论》。

② 同上。

③ 《黄帝内经·生气通天论》。

④ 同上。

《黄帝内经》的这些建立在人体各部器官有机联系上的辩证观点，利用阴阳五行的学说来说明五脏之间的关系。五行之间具有相互依存、相互制约的关系，五脏也有类似的关系，它们之间是不可分割的整体。如果某一器官发生疾病，功能不正常，必然会影响到其他器官。比如，肝脏功能不正常，就会影响到视力，还会连累消化系统不正常，还会使患者情绪容易激动。此外，《黄帝内经》还注意到身体健康与自然环境之间的密切联系，指出：

> 逆春气，则少阳不生，肝气内变；逆夏气，则太阳不长，心气内洞；逆秋气，则太阴不收，肺气焦满；逆冬气，则少阴不藏，肾气独沉。①

又说：

> 忧患缘其内，苦形伤其外，又失四时之从，逆寒暑之宜，贼风数至，虚邪朝夕，内至五脏骨髓，外伤空窍肌肤，所以小病必甚，大病必死。②

《黄帝内经》通过五行相生相克的术语，阐述了人体内脏的内在有机联系。这种从整体看人的内脏相互关系的理论，有效地丰富了中国哲学特有的思维方式。

在长期医疗实践的基础上，《黄帝内经》还提出了生理现象与心理现象的内在联系，认为肝脏病和愤怒的情绪有关联，“怒伤肝”；心脏病和喜悦的情绪有关联，“喜伤心”；脾脏病和思虑

---

① 《黄帝内经·四气调神大论》。

② 《黄帝内论·移精变气论》。

活动有关联，“思伤脾”；肺脏病和忧郁的情绪有关联，“忧伤肺”；肾脏病和恐惧的情绪有关联，“恐伤肾”。[①]《黄帝内经》在两千多年前就明确指出生理现象和心理现象的内在联系与相互影响，指出了它们相互之间的联系。这些富有价值的辩证法思想，直接或间接地对中国哲学的发展起到了促进作用。

以《黄帝内经》为代表的中医理论秉承的是一种整体的思维方式，而不是西医的头痛医头、脚痛医脚。例如高血压，除了心脏的问题，情绪也会影响血压，气温高了也可以引起高血压，各种因素都会对人体产生一定影响，并非仅仅是一个血液循环的问题。即不是单个因素的问题，而是整体的问题。中医遵奉的是整体观念、整体看法，中医哲学的特点就表现在这里面，我们应该继承和弘扬这种可贵的观察问题的方法。比如过节邮寄贺年卡，中国和西方国家关于通信地址的表示方式截然不同，西方国家是把小地名放在前面，大地名放到后头，国家名放到最后；中国则正好相反，国家、省、市、县、乡、村。到外国买东西找零钱同国内也不一样。外国人是先把零钱找给你，最后找给你整钱；中国人则相反。这就是思维方式问题。西方人先看见局部，然后再到整体；中国人则是先看到整体，然后再到局部。这种思维方式有助于我们更好地认识世界，值得发扬光大。

① 《黄帝内经·阴阳应象大论》及其他各篇。

司马迁的哲学思想*

司马迁曾说过他写《史记》的目的：

> 仆窃不逊，近自托于无能之辞，网罗天下放失旧闻，略考其事，……稽其成败兴坏之纪，……凡百三十篇。亦欲以究天人之际，通古今之变，成一家之言。①

司马迁写作的目的，绝不是为历史而历史，而是为了从历史事件中探寻社会历史发展道路中的“成败兴坏之纪”，也还在于探寻宇宙人生的根本道理，这也就是他所说的“究天人之际，通古今之变”。可惜这些庄严的词句被后来一些无知文人用作自吹自擂的滥调。中国古代有不少的文人，只要写历史，都要大言不惭地宣称他在“究天人之际，通古今之变”，这就近于无聊了。像蒋介石御用学者钱穆也在他写的历史书中自称为“究天人之际”，不但是无知，而且是无耻了。

我们研究古代的思想家的思想，并不是只看他主观的愿望，而是要根据事实来做具体的分析。司马迁在中国历史上、文学上的伟

* 据《中国哲学史论》。原载《新建设》1956年第6期。

① 《报任安书》。

大的成就，这里不再重复论述，就以他的哲学思想方面的贡献来说也是值得我们充分重视的。

一

在宇宙观方面，司马迁和他的父亲司马谈一样，都继承了先秦唯物主义道家思想的传统，接受了古代唯物主义学说。他认为天地万物的根源不是由于超现实的精神性的实体或“上帝”创造的，而是由于物质世界本身的原因。世界是物质性的：

> 乃合大道，混混冥冥。光耀天下，复反无名。[①]

这正是先秦以来，老子学说的继承。“气”的原始状态是“混混冥冥”的，在它没有形成任何具体东西以前，还说不上什么名称，所以叫作“无名”。“无名”绝不是不存在的东西，而是最根本、最原始物质性的实体。至于人类的生命、身体的起源，司马迁父子也提供了唯物主义的说明。他们认为：

> 凡人所生者神也，所托者形也。神大用则竭，形大劳则敝，形神离则死。死者不可复生，离者不可复反，故圣人重之。由是观之，神者生之本也，形者生之具也。[②]

这一段中所说的“神”的性质，张守节在他的《史记正义》中说：

① 《史记·太史公自序》。

② 同上。

“混混者，元气神者之貌也。”《史记集解》引用韦昭的话也说：“声气者神也，肢体者形也。”张守节和韦昭都是沿袭了秦汉以来唯物主义哲学对“神”“气”的一般的理解来注释《史记》的。司马迁父子继承了周秦以来唯物主义哲学的优良传统，认为“气”是一切事物的根源。自然界和人类都是由“气”产生的，和“神”或“上帝”没有关系。唯心主义哲学家和宗教家故意把“神”说成精神性的、永存的“上帝”或“鬼神”。这种观点和古代唯物主义是鲜明对立的。司马迁父子采取了唯物主义哲学世界观，和唯心主义的哲学世界观处在对立的地位。

唯物主义从来就是和自然科学密切相联系的。自然科学的发展可以推动唯物主义哲学的发展。司马迁父子都是“世掌天官”，司马迁本人就是精通天文科学的一位专家。汉初的自然科学和唯物主义哲学都是以道家的哲学作为骨干的，更具体地说，都是以阴阳五行学说作为理论根据的。郭沫若先生曾说过：

> （阴阳五行）这一思想在它初发生的时候，我们倒应当说它是反迷信的，更近于科学的。在神权思想动摇了的时代，学者不满足于万物为神所造的那种陈腐的观念，故尔有无神论出现，有太一、阴阳等新的观念产生。对这新的观念犹嫌其笼统，还要更分析入微，还要更具体化一点，于是便有这原始原子说的金、木、水、火、土的五行出现。万物的构成求之于这些实质的五个大元素，这思想应该算是一大进步。[1]

---

① 《十批判书·吕不韦与秦王政的批判》。

司马迁父子的哲学，就接受了当时最流行的阴阳五行的哲学思想。唯物主义哲学思想的高涨和广泛传播是秦末、汉初哲学发展的总趋势。相信阴阳五行学说的不止邹衍一派，像《吕氏春秋》、《礼记》的《月令》、《管子》的《五行》、《淮南子》都是的。就是那些不满意唯物主义哲学的唯心主义的哲学家，像董仲舒和后来的班固也采用了阴阳五行的间架而充填了一些唯心主义的内容。《汉书》赞司马迁，说他“先黄老而后六经”。这是班彪和班固对司马迁的不满，认为司马迁不是正统，意存贬斥。古代也曾有些好心肠的卫道者，认为司马迁并不是“先黄老”，而是“尊六经”，这种“爱护”恰恰掩盖了司马迁的进步的一方面。司马迁被正统派认为“异端”正是他值得人们尊敬的地方。

司马迁参加了汉代第一次大规模的制定《太初历》的工作（在公元前104年）。他和当时全国第一流的科学家唐都、洛下闳、邓平、兒宽、尊大、射姓、司马可、宜君、淳于陵渠、壶遂等二十余人共同制定了新历。新历改正了周秦所用颛顼历长期所积累的差误，避免了“朔晦月见，弦望满亏”的缺点。

在汉朝的统治者看来，制历一方面是为了装点刘姓王朝“改正朔、易服色”的新气象，另一方面这部精确的历法直接对生产起着指导作用。这部历法就是以后两千多年来一直沿用的“夏历”的基础。它的特点是以建寅之月为一岁之首，以包括冬至节的那一个月后两个月为正月。人们过年的时候正是冬闲的时候，适当地配合了黄河流域农业生产的节奏，因而符合了人民的利益。司马迁是制定历法的主要参加者，他的阴阳五行的学说充分表现在《史记》的《律书》和《天官书》中，其中有些观点和周秦时代《礼记》的

《月令》的哲学思想极为接近。据说汉代“太史令凡岁将终，奏新年历。凡国祭丧娶之事，掌奏良日及时节禁忌”[①]。

司马迁父子认为阴阳五行学说有它的缺点，认为“大（按：太重视）祥（按：灾异）而众忌讳，使人拘而多所畏”，但是他们还是承认阴阳五行学说在解释“四时之序”、天道运行方面“不可失也”。

我们说司马迁在宇宙观方面继承了古代阴阳五行学说的唯物主义传统，并结合了他的精深的科学造诣，建立了他的唯物主义哲学的世界观，完全是有根据的。

司马迁在天文学方面，根据丰富的科学知识，说明天体运行是有规律可循的，他具体而精密地观察了天象、星座的位置，从而说明天象运行并不是什么神秘莫测的，而是可以由人类推算出来的自然现象。这种科学本身就是最强有力的打击宗教迷信的武器。今天看来，《史记·天官书》所记载的二千多年以前星球的运行、星座的位置和中国古代第一部记载星象的著作《甘石星经》具有同等不朽的价值。《史记》精确地记载着几百个星体、星座，并指出它出现的时间和季节运行的规律。

但是也必须指出，司马迁当时的科学发展和今天的科学成就相比，应当说是不够成熟的。汉代的天文学虽然已走上了科学的道路，但也残存着古代占星术的影响。司马迁在一定程度上还相信天上某星的出现和运行会造成人世上灾难和幸福。比如他曾认为金星在南，会“年谷熟”；火星与水星合、火星与金星合的时候，不可以用兵，用兵就会“大败”；岁星与金星争斗，“其野有破军”，等等。

---

① 《北堂书钞·设官部》引《汉旧仪》。

在音律方面，他也相信某种音律和社会上的用兵的成败、刑罚的适当与不适当有一定的联系。

“律历，天所以通五行八正之气，天所以成熟万物也。”[①]他利用当时的科学成就，以唯物主义原则，在更多的方面对自然现象进行解释、说明。他在音律方面提出有乐理学根据的理论。这一贡献的哲学意义就在于他根据科学的事实否定了“圣人”由他的主观意图可以创造音律的唯心主义观点。

司马迁把自然现象和社会人事现象中某些偶然先后联系出现的事件看作内在的必然的关系，显然是不正确的。司马迁在主观上固然反对“上帝”创造世界的宗教迷信思想，但是这种占星术的残余所留下的“天人感应”的观点，势必给宗教唯心主义留下了活动的地盘。

虽然如此，科学的局限性没有使司马迁放弃了对宗教迷信思想的战斗。司马迁在宇宙观方面一直进行着反对目的论的斗争。他要尽可能地用人事来说明人事，而避免用“天道”来说明人事。《史记》记载着项羽失败时，自称是“此天之亡我，非战之罪也”，司马迁指出项羽的失败是他自己的过失，而不是什么“天意”：

> （项羽）自矜功伐，奋其私智而不师古，谓霸王之业，欲以力征经营天下，五年卒亡其国，身死东城，尚不觉悟而不自责，过矣。乃引‘天亡我，非用兵之罪也’，岂不谬哉！[②]

蒙恬被秦王二世赐死时，蒙恬自以为有功，不当死，但他最后

① 《史记·律书》。

② 《史记·项羽本纪》。

认为是他修长城、修驰道时曾经堑山堙谷，犯下“绝地脉”的罪过的报应。司马迁也批判了这种迷信的思想：

夫秦之初灭诸侯，天下之心未定，痍伤者未瘳，而恬为名将，不以此时强谏，振百姓之急，养老存孤，务修众庶之和，而阿意兴功，此其兄弟遇诛，不亦宜乎！何乃罪地脉哉？[①]

司马迁反对“天命”可以决定人们的吉凶祸福的思想，在当时是有它的实际意义的。因为当时统治者御用的学者，像董仲舒这一批人，从各方面搜求“证据”，论证“天”是有意志的，天子是代“天”立言的，王权是神授的。从而教导那些被统治者必须乐天安命，安心当奴才，不要反抗。当时的统治者还力图“证明”富贵贫贱都是由“天命”决定的，只要按照统治者所规定的道德规范办事，奉公守法，就会得到好的结果。这种从思想麻痹人民的反抗思想的手段是反动的，也是毒辣的。司马迁由于他个人的不幸的遭遇，更主要的是他根据历史上大量的事实，他对当时的统治者从思想上奴役人民的教条提出了怀疑。他在《伯夷列传》中对于忠实于自己的理想、不为暴力屈服的伯夷、叔齐兄弟的殉道行为表示敬仰，并对宗教迷信、“天道有知”的观念提出了怀疑：

或曰：“天道无亲，常与善人。”若伯夷、叔齐，可谓善人者非邪？积仁絜行如此而饿死！……天之报施善人，其何如哉？……若至近世，操行不轨，专犯忌讳，而终身逸乐，富厚累世不绝。或择地而蹈之，时然后出言，行不由径，非公正不发愤，而遇祸灾者，不可胜数也。余甚惑焉，傥所谓天道，是

① 《史记·蒙恬列传》。

邪非邪？[1]

司马迁这种怀疑是带有“叛逆”性格的。作为一个精通古今历史事变的专家，他所看见的古往今来许多的不合理、不公平的事实刚好证明统治者所宣传的那一套教条全是鬼话。安富尊荣的，经常是那些最贪婪、最无耻、最低能的剥削者、寄生者。至于那些善良的、忠诚的、追求真理和正义的人们却经常遭到凌辱、迫害、折磨和贫贱的痛苦。这是什么“天道”呢？对“天道”的怀疑构成了司马迁的唯物主义哲学思想中最光辉的组成部分。同样的思想，也表现在司马迁另外的著作中：

> 悲夫，士生之不辰，愧顾影而独存。恒克己而复礼，惧志行之无闻。谅才韪而世戾，将逮死而长勤。虽有形而不彰，徒有能而不陈。何穷达之易惑，信美恶之难分。时悠悠而荡荡，将遂屈而不伸。使公于公者，彼我同兮；私于私者，自相悲兮。天道微哉，吁嗟阔兮。人理显然，相倾夺兮。……顺逆还周，乍没乍起。理不可据，智不可恃。无造福先，无触祸始。委之自然，终归一矣。[2]

司马迁在这篇简短的抒情诗中倾泻了他对当时不合理的社会现象悲愤的抗议。他诅咒当时社会上人与人之间倾夺和欺凌，他也指出了“天道”的渺茫和“天道”的无知。

司马迁要在不合理的社会中企图寻找所谓公道，他要探寻人类

① 《史记·伯夷列传》。

② 《悲士不遇赋》。

的社会历史变化发展的真相。因而他探求的问题自然从宇宙观转向了社会观、历史观。

二

在社会历史观方面，司马迁也做出了卓越的贡献。他认为决定人类命运的，首先是人类自己，而不是“天”和“鬼神”的力量。他说：

> 国之将兴，必有祯祥，君子用而小人退。国之将亡，（必有妖孽），贤人隐，乱臣贵。[①]

“国之将兴，必有祯祥；国之将亡，必有妖孽”，这是古代相传的宗教迷信的成语。司马迁在这里给它以新的、排除宗教迷信的解释。他认为所谓“祯祥”不是什么祥瑞、符命的出现，而是“君子用而小人退”的政治清明的现象。“妖孽”也不是什么妖怪事物，而是“贤人隐，乱臣贵”的政治混乱现象。这种打击神怪宗教思想决定国家兴亡的进步思想是极其珍贵的。

司马迁的功绩不仅在于摆脱宗教迷信思想对历史发展的影响，并且在于他积极地建立了他的具有进步意义的对于历史的看法。

司马迁的《史记》固然主要记载了帝王将相的世系和事迹，这和他的唯心主义的历史观，认为英雄伟人创造历史的基本观念是分

① 《史记·楚元王世家》。

不开的。但是我们更应当注意的乃是他还记载了许多小市民，一向被人轻视的、在社会上不占地位的小人物的许多值得尊敬的事迹，他精密地观察了历史上极丰富、极生动的事实。他给仅仅称王几个月的陈涉以极高的历史地位，甚至和正统派一向认为神圣不可侵犯的“汤武革命”并称。他歌颂了这一群揭竿而起的奴隶们，肯定了他们在推翻秦政权中所起的巨大作用。他也初步意识到社会上各阶层、各种不同的职业中的杰出人物对历史的功绩，这种历史家的见识是极可贵的，可以说是古代历史家中绝无仅有的范例。至少，司马迁对历史发展已具有笼统的整体的观念。当然，司马迁也还是承认英雄伟人是历史的创造者，但在客观上，他这样去写历史，势必不自觉地妨害了少数人物包办历史的旧观念。既然把历史的发展的动力放在人物的身上，自然排斥了“天意”“天志”的作用。司马迁第一次以他的现实主义的观点，把历史看成人类自己活动和创造的历程，而不再是实现“神”的意志的工具，不再是被“神意”早已安排好了的，这一功绩是不可磨灭的。

司马迁为了通过历史的事实更有力地揭露社会上的压迫、欺诈和种种不合理的现象，他大力歌颂了给人们解除困难而不惜以生命相殉的游侠人物，称赞那些为民除害的“循吏”，给那些残下媚上的坏官坏事写下了《酷吏列传》。这都表示司马迁的憎恨暴力、同情弱者的人道主义精神。

就在这些具有善良愿望、具有进步意义的表现中也反映了司马迁的历史观的弱点。司马迁向往公平，要求社会合理。他希望能有真正为被压迫者（因为他司马迁自己也在某些方面和被压迫者有着同样的命运）主持公道的社会，但是他看不见（也不可能看见）历史的真正的主人，也不知历史发展的动力，因而也看不出历史发展的方向。他最后不得不又回到“三王之道若循环，周而复始”[①]的旧轨道。他憎恨暴力，同情弱者和人民，但是他没有（也不可能）认识阶级社会内政权的实质就是和暴力强制分不开的。抽象的“仁义”，不过是统治者为了自己的需要，硬把它说成为全民共同的道德规范和千古不变的是非的标准。司马迁找不到他所憧憬的公平时，便发出对“天道”怀疑的怨言。这种怀疑“天道”的怨言是清醒地认识历史的第一步。但是要真正认识历史，要从历史发展本身中进一步探寻。社会历史的现象是最复杂的，司马迁和古代任何伟大的思想家一样，历史的局限性和阶级的局限性使他在这方面无能为力。当他没有能力用历史本身说明历史发展的客观性和规律性时，他不得不对宗教唯心主义的历史观做重大的让步。像他在《东越列传》中无法解释东越何以能长久统治，而归结为其先世可能“有大功德于民”，所以“历数代常为君王”。在《韩世家》中认为韩国有“阴德”，在《魏世家》中认为秦统一海内是命定的（“天方令秦平海内”），认为李广有卓越的战功而不得封侯是八字不好（“数奇”）。他虽然力图摆脱宗教迷信的思想，但是最后不得不求救于茫茫的“天道”。

对于社会历史发展的动力，司马迁也曾提出过极有意义的见解。他继承了先秦唯物主义哲学家的优良传统，企图从人类经济生活方面寻求原因。他认为人们关心自己的生活的幸福，谋取个人的利益是人的天性。这种天性的要求是不能遏止的：

① 《史记·吕太后本纪》。

> 夫神农以前，吾不知已。至若《诗》《书》所述虞夏以来，耳目欲极声色之好，口欲穷刍豢之味，身安逸乐，而心夸矜执能之荣。使俗之渐民久矣，虽户说以眇论，终不能化。故善者因之，其次利道之，其次教诲之，其次整齐之，最下者与之争。[①]

司马迁这种说法，确实触到了正统派的思想家的隐痛所在，因而惹起他们的不满，说他离经叛道，“序游侠，则退处士而进奸雄；述货殖，则崇势利而羞贱贫”[②]。我们今天看来，这些卫道者的不满，不但不足以贬损司马迁的价值，相反地倒是更可以见出司马迁的伟大。

司马迁把每一个人对生活利益的要求放在第一位，并认为，“天下熙熙，皆为利来；天下攘攘，皆为利往”[③]。这不是无的放矢，正是对那些荒淫无耻、唯利是图，但又“口不言利”的统治者们有力的打击。以董仲舒为代表的汉代儒家正统派，秉承了汉武帝的意旨，教导人们不要讲什么“利”，只要讲明“道”“义”就够了。这就是汉代统治者向人民标榜的“正其谊，不谋其利；明其道，不计其功”（董仲舒对策）的可耻的实质。统治者只要自己广收天下人之利，反而自称为“清高”；他们要扼杀人们生存权利的要求，却宣扬什么“正义”。这真是最自私、最贪婪、最无耻的道德教条！司马迁在这里从根本上给以揭露，他宣称，统治者和被统治者都是一样的为了“利”。为利并不是什么错误。要求生活过得

① 《史记·货殖列传》。

② 《汉书·司马迁传》。

③ 《史记·货殖列传》。

好，这是每一个人起码的要求。这种要求是出自天性，无法制止的，只有最愚蠢的统治者才与民争利，只许自己得利，而不许别人提出同样的要求。

司马迁在这里更进一步对生产的发展做了初步的分析：

> 故待农而食之，虞（按：从山泽中贩运特产的人）而出之，工而成之，商而通之。此宁有政教发征期会哉？人各任其能，竭其力，以得所欲。故物贱之征贵，贵之征贱，各劝其业，乐其事，若水之趋下，日夜无休时，不召而自来，不求而民出之。岂非道之所符，而自然之验邪？”[①]

司马迁企图用经济原因，生产和交换的双方需要的客观情况来说明社会分工的必要与可能，并指出社会的发展正是由于各人为了满足自己的生活需要而努力工作着，这种愿望既是出于自然，而又符合客观需要，这就是“道”之所在。他还论证了求富是“物之理”“人之欲”，从而从许多实际的事例中驳斥了那些不允许人民言利的伪善者们的谎言。更值得注意的，司马迁在这里力图在经济原因中说明社会分工和社会发展的道路。司马迁以“求利”的观点来打击当时伪善者并撕破他们的假面具，这是有极大的进步意义的。当然，他的“求利”的观点也还是唯心主义的想法。他和今天的个人主义的资产阶级腐朽思想，为了个人的利益而剥削别人，危害集体的利益的思想，无论在性质上、在客观作用上都是不相同的。今天的资产阶级思想完全是过时的，不能和司马迁的具有进步意义的战斗性的重利的思想相提

① 《史记·货殖列传》。

并论。

司马迁也企图从经济生活方面寻求道德产生的根据。他继承了管子的名言：

> “仓廪实而知礼节，衣食足而知荣辱。”礼生于有而废于无。故君子富，好行其德；小人富，以适其力。[①]

问题虽然不是新提出的，但是和当时社会历史条件联系起来考察，就可以看出司马迁的道德观是有战斗意义的，这是针对统治者们所宣扬的“仁义”出于天性，宣扬先天道德观念的唯心主义观念而提出的反驳。统治者为麻痹人民，一再宣称服从统治者的剥削制度，叫人从思想上放弃反抗的企图才是“仁义”，他们又说“仁义”是每一个人生来具有的品质。

司马迁所谓道德仁义的具体内容和当时统治者所要求的道德内容完全一样，因为他虽然是统治者中间不得志的人，但还是统治阶级内部的。不过司马迁强调指出，统治者不要以为灌输一切道德教条就可以生效，首先要满足人民起码的生活要求。有了衣、食才会接受那一套道德规范。在客观上，这种学说对广大人民是有利的。

司马迁进而给求利致富者以理论根据：

> 贫富之道，莫之夺予，而巧者有余，拙者不足。……富无经业，则货无常主，能者辐凑，不肖者瓦解。[②]

他在韩非以后，继续提出自由竞争的思想，公开为当时的工商业者

① 《史记·货殖列传》。

② 同上。

辩护，他又说：

> 布衣匹夫之人，不害于政，不妨百姓，取与以时，而息富贵，智者有采焉。①

他对那些为统治者死心塌地当贫贱奴才的人物进行指责，认为那是可耻的；他对那些强取豪夺而发家致富者也进行抨击：

> 今治生不待危身取给，则贤人勉焉。是故本富为上，末富次之，奸富最下。无岩处奇士之行，而长贫贱，好语仁义，亦足羞也。②

* * *

总起来看，司马迁的哲学思想，在中国哲学史上有着重要的贡献。他在宇宙观方面，根据当时天文学的知识并继承了先秦的阴阳五行的哲学思想，发展了唯物主义哲学，因而对于当时的目的论的宇宙观进行了有力的打击。

在社会历史观方面，司马迁的贡献更为卓越。他根据丰富的历史材料，从事实上说明“天道无知”“天道茫茫”，从而打击了和宗教迷信长期纽结在一起的“天帝”“鬼神”决定人类命运的社会历史观点。他并且尽可能地从自然现象和社会现象的本身去说明自然现象和社会现象。但是他也和古代许多唯物主义者一样，常常用自然现象来附会社会现象，用天上星象解释人世上历史的变化，因而使他的哲学思想和当时流行的唯心主义的“天人感应”的宗教迷

---

① 《史记·货殖列传》。

② 同上。

信观念有时划不清界限。司马迁为了摆脱神权支配的影响，他力图为社会、历史的发展寻找它的物质原因，因而在历史观方面有着古人所少有的清醒的实事求是的精神。

但是人类对自然界、对社会的认识是有着一定的历史过程的。因为："人的认识，主要地依赖于物质的生产活动，逐渐地了解自然的现象、自然的性质、自然的规律性、人和自然的关系；而且经过生产活动，也在各种不同程度上逐渐认识了人和人的一定的相互关系。"[①]司马迁时代的科学发展、生产技术，以及各方面实践活动，如果和今天来比较，显然还处在比较低级的阶段。因而司马迁的哲学思想尽管达到了他可能达到的高度，如果和今天来比较，显然是很不够的。毛泽东同志早已指出："在很长的历史时期内，大家对于社会的历史只能限于片面的了解，这一方面是由于剥削阶级的偏见经常歪曲社会的历史，另方面，则由于生产规模的狭小，限制了人们的眼界。人们能够对于社会历史的发展作全面的历史的了解，把对于社会的认识变成了科学，这只是到了伴随巨大生产力——大工业而出现近代无产阶级的时候，这就是马克思主义的科学。"[②]

毛泽东同志上述教导，一方面告诉了我们马克思主义哲学，是哲学上的历史的变革，只有马克思主义哲学才把社会历史变成为科学，只有马克思主义哲学才最后堵塞了唯心主义哲学在社会历史观方面的隐藏的洞穴；另一方面，毛泽东同志也告诉了我们，就在社会历史这一科学领域内，由于人类的实践，即使远在马克思主义哲学出现以前也还是有些片面的了解。也就是说在社会历史方面，古

① 《实践论》,《毛泽东选集》第一卷，人民出版社，1966年7月版，第259-260页。

② 《实践论》,《毛泽东选集》第一卷，人民出版社，1966年7月版，第260页。

代的哲学家在某些个别的问题上也还提出过符合事实的见解，并不是对社会历史的发展完全无所知。正因为如此，我们今天重新检查司马迁的哲学思想，特别是他和唯心主义的社会历史观点进行斗争时所提出的论证和论据是有历史意义的。通过对司马迁的哲学思想的初步探索，使我们更加明确马克思主义哲学的革命的变革是和它的文化继承性有着辩证的联系，而不可以割裂的。

李筌的唯物主义观点和军事辩证法思想*

李筌是一位长期被忽略了的唐代唯物主义哲学家，约为唐玄宗时人，生卒年不详，著有《阴符经疏》①和《孙子兵法》的注解、《太白阴经》等书，有丰富的军事辩证法思想和唯物主义思想。他在青年时期曾隐于嵩山。唐代有些求仕进的知识分子，如果不是出身门阀士族，就要经过科举考试；也有以隐士身份作为进仕之阶的，即所谓以终南为“仕宦之捷径”②。少室为嵩山三峰之一，与唐东都洛阳相去不远，李筌原来是“少室布衣”③，后来曾任荆南节度判官，后做到刺史。

一、唯物主义自然观和无神论思想

李筌的唯物主义哲学思想主要保存在《阴符经疏》中。《阴符

* 原载《北京大学学报（人文科学）》1963年第6期。

① 《阴符经》可能出于北朝，或与道士寇谦之有关。李筌有注疏。

② 《新唐书·卢藏用传》。

③ 据近人余嘉锡：《四库提要辨正》卷十一，科学出版社，1958年10月版，第595页。

经》是道教的重要经典，与兵家思想有关，也有不少宗教神秘主义思想，有些含混不明确的哲学概念。李筌的《阴符经疏》却对它做了明确的唯物主义的解释。

关于宇宙起源的问题，李筌说：

> 天者，阴阳之总名也。阳之精气轻清，上浮为天，阴之精气重浊，下沉为地，相连而不相离。……故知天地则阴阳之二气。气中有子，名曰五行。五行者，天地阴阳之用也，万物从而生焉。万物则五行之子也。故使人观天地阴阳之道，执天五气而行，则兴废可知，生死可察。除此外，无可观执，故言尽矣。[①]

在先秦时期，还没有把阴阳、五行、万物的发生次序固定化，阴阳与五行的关系还不是这样明确的。后来，汉以后才明确了阴阳、五行、万物的依次派生关系。李筌继承了两汉的唯物主义传统，以天地为阴阳二气所构成，五行为二气的演化，万物又由五行产生。这种朴素的唯物主义的宇宙生成论后来成为我国古代最一般的说法。

《阴符经》说：

> 天有五贼，见之者昌，五贼在心，施行于天。宇宙在乎手，万物生乎身。

这是唯心主义观点。李筌在《阴符经疏》中说：

> 五贼者，五行之气也，则金、木、水、火、土焉。……所言贼者，害也。逆之不顺，则与人生害，故曰贼也。

---

① 《阴符经疏》。这一段话是对《阴符经》“观天之道，执天之行，尽矣”的注释。

把“五贼”解释为五行之气，五行之气是客观存在的物质，它的运行不以人的意识为转移，所以人如“逆之”则对人发生危害。他又说：

> 此言阴阳之中，包含五气，故云天有五贼。……又贼者，五行更相制伏，递为生杀，昼夜不停，亦能盗窃人之生死、万物成败，故言贼也。……心既知之，故使人用心观执五气而行，睹逆顺而不差，合天机而不失，则宇宙在乎掌中，万物生乎身上。如此则吉无不利，与道同游，岂不为昌乎？[①]

这里李筌明确地提出了解阴阳五行运行的规律（“心既知之”）并掌握（“用心观执五气而行”）这些客观规律，即可顺利。

关于“天道”自然变化与人事社会治乱的关系，李筌也力图做出唯物主义的说明，从而反驳了阴阳灾异的唯心主义观点。《阴符经》说：

> 愚人以天地文理圣，我以时物文理哲。

这两句话意思十分含混，李筌《阴符经疏》中给予明确的唯物主义的解释：

> 愚人见星流日晕、风雨雷电、水旱灾蝗而生忧惧，殊不知君臣道德，政理[②]淳和矣，安抚黎人[③]，转祸为福。……天地

① 《阴符经疏》。

② 唐人避唐高宗讳，“治”字都作“理”字。

③ 唐人避唐太宗讳，“民”字都作“人”字。

悬日月以照善恶，垂列宿以示吉凶，皆道德自然之理矣。愚人仰视三光，观天文之变易，睹雷电之震怒，或寒暑不节，或水旱虫蝗，恐祸及身，悉怀忧惧。愚人以此为天地文理圣也。时物文理者，但君怀廉静，臣效志贞，獯鹊不喧，边烽无燧，兆人①康乐，寰宇宁泰，纵天地灾祥，无能为也。……尧遭洪水九年，汤遭大旱七载，兆庶和平，人②无饥色，何者？为君有道，政理③均和，主信臣忠，百姓戴上，虽有水旱，不能为灾也。水旱者，天地也；文理者，时物也。若明时物之理者，皆能转祸为福，易死而生。故曰："我以时物文理哲。"

这是说，愚人不明白自然变化的规律，以天变为神圣不测，只有明白这些规律的人才可以把社会现象（时物）与天象变化区分开来，才可以不以天变灾异而生忧惧。李筌虽然没有达到刘禹锡的"天道"与"人道"区分的认识水平，但已发展了仲长统的"人事为本，天道为末"的思想。

《阴符经》说：

天地万物之盗，万物人之盗，人万物之盗也。

意思是说天地盗取万物，万物盗取人，人盗取万物。它的究竟的意思还是不大明确。李筌的《阴符经疏》却有其独特的解释。他说：

① 唐人避唐太宗讳，"民"字都作"人"字。

② 同上。

③ 唐人避唐高宗讳，"治"字都作"理"字。

> 言天地万物，胎卵湿化，百谷草木，悉承此七气[1]而生长，从无形至于有形，潜生覆育以成其体。如行盗窃，不觉不知。天地亦潜与其气，应用无穷，万物私纳其覆育，各获其安，故曰："天地万物之盗。"

这不是说天地盗取万物，而是万物盗取了天地之气而成万物。

解释"万物人之盗"时，李筌说：

> 人与禽兽草木，俱禀阴阳而生。人之最灵，位处中宫，心怀智度，能反照自性，穷达本始，明会阴阳五行之气，则而用之。……人于七气之中，所有生成之物，悉能潜取以资养其身，故言盗。

这是说，人具有智慧，能夺取万物以资养其身，这种夺取（"盗"）是合理的。

解释"人万物之盗"时，李筌说：

> 言人但能盗万物资身，以充荣禄富贵，殊不知万物反能盗人以生祸患。言上来三义更相为盗者，亦自然之理。[2]

李筌已感到天地、万物与人之间有矛盾又有统一的关系。他认为这是自然之理，顺应这个自然之理，就可得到胜利，"惬其宜则吉"；违反了这个原理，就带来灾祸，"乖其理则凶"，"向于三盗之中，皆须有道，令尽合其宜，则三才不差，尽安其

① 阴、阳与金、木、水、火、土五行，共为七气。

② 《阴符经疏》。

任矣”[①]。

李筌对当时迷信阴阳五行的思想进行了批判。当时唯心主义哲学利用阴阳观念宣传宗教迷信思想。他说，万物因阴阳而生，但不是脱离了具体条件来谈阴阳。比如春天来了，草木萌芽，但仓廪中的粮食并不能萌芽。离开一定的条件，光靠阴阳不能使万物发生。至于迷信阴阳、占卜，依靠“天命”“鬼神”，只能导致败亡。战争的胜败，主要决定于人事。他说：

> 任贤使能，不时日而事利；明法审令，不卜筮而事吉；贵功赏劳，不禳祀而得福。”[②]

这是说，任用有才干的将士，不必选择好日子，就会得到胜利；严格按照法令办事，不要卜筮，就会得到好的结果；赏罚严明，不要求神保佑，也不会遇到灾祸。至于那些忽略人的努力，迷信占卜，求神保佑，只能在战争中得到失败：

> 无厚德而占日月之数，不识敌之强弱而幸于天时，无智无虑而候于风云，小勇小力而望于天福，怯不能击而恃龟筮，士卒不勇而恃鬼神。[③]

放弃人事，求助于鬼神，只能自取败亡。李筌认为“天道”“鬼神”是看不见、不存在的东西。李筌继承了《孙子兵法》中的唯物

① 《阴符经疏》。

② 《太白阴经·天无阴阳》。

③ 同上。

主义观点，《孙子兵法》说“天者，阴阳寒暑时制也”[①]，这里所谓“阴阳”不是占卜迷信的唯心主义阴阳时日，而指的是阴阳气候。孙武也讲到“先知”，但不是向鬼神求教，“不可取于鬼神”[②]。李筌最后说：

天道于兵，有何阴阳哉？[③]

二、发挥主观能动作用的辩证法思想

（一）地理险阻不是最后决定胜败的因素

在古代武器的技术条件下，地形对于战争的决定作用远比武器发达的今天重要。李筌充分认识到地形对于战争的重要作用，但是他没有陷于地形决定论。他主张在地形的条件下，要充分发挥人的主动作用。根据了《孙子兵法·九地篇》关于利用地势的原则，他认为“兵因地而强，地因兵而固”。作战时，诸侯自战的“散地”不要进行战斗；进入敌国境内，不深的“轻地”不要停留；不要攻取交战双方都有利的“争地”；不要断绝双方都可以去的“交地”；对三属诸侯之国的“衢地”不要合围；对城邑附近的“重地”，只能掠夺其资；遇到山林沼泽地带的“圮地”，要迅速

① 《孙子兵法·计篇》。

② 《孙子兵法·用间篇》。

③ 《太白阴经·天无阴阳》。

通过；对地形险要，敌方可以少数兵力阻击我们多数兵力的“围地”，计谋；不战则亡的“死地”，则必须力战。地形是主要的因素，作战时必须充分考虑地理环境。但这些，李筌认为只能作为“兵之助”，真正起决定作用的是人，不是地，在任何地势条件下都可以制订出正确的取胜的作战方案，所以他说：

地之险易，因人而险。[①]

（二）人的勇怯不是天生的

当时还有流行的一种形而上学和唯心主义观点，认为某一地区的人勇敢，某一地区的人懦弱，并且认为这种勇敢、懦弱是天性生成，不可改变的。当时有所谓“秦人劲，晋人刚，吴人怯，蜀人懦，楚人轻，齐人多诈，越人浇薄，海岱之人壮，崆峒之人武，燕赵之人锐，凉陇之人勇，韩魏之人厚”[②]。李筌认为这种唯心主义的先天的人性勇怯论是毫无根据的。他列举了无数的战争的历史证明秦国也打过不少败仗，不能说“秦人劲”；吴王夫差曾称霸中原，打败越国、齐国，不能说“吴人怯”；蜀人在诸葛亮统帅下，屡次用兵中原，威加魏将，不能说“蜀人懦”；项羽起兵灭秦，威加海内，不能说“楚人轻”；齐国田横五百壮士，同时死难，不能说“齐人诈”；越王勾践以弱攻强，九年灭吴，不能说“越人浇薄”。

李筌用大量史实，批判了所谓先天人性论，指出这种说法与事

① 《太白阴经·地无险阻》。

② 《太白阴经·人无勇怯》。

实不符。他认为人的勇怯之性是后天形成的：

> 勇怯在乎法，成败在乎智。怯人使之以刑则勇，勇人使之以赏则死。能移人之性、变人之心者，在刑赏之间。勇之与怯于人何有哉？①

只就他反对人性有先天勇怯的区别这一点来说，他给那些唯心主义观点以严峻的批判是有积极意义的。李筌毕竟是一个地主阶级的军事家，他从剥削阶级的立场来认识人性，认为人性都是好赏畏罚的，他认为驾驭人民的手段只有赏和罚。这和韩非等人对待人民的看法是一样的。他的剥削阶级的偏见使他不肯也无法理解劳动人民的性格。这也说明作为剥削阶级的军事思想家，对待士兵的看法的局限性。李筌无法理解，当农民起义时，连封建王朝的法统也敢于一齐推翻，更不用说他们颁布的刑赏条例了。李筌也无法理解什么是人的本性。但是只就他反对有所谓先天的勇怯，反对用地理环境决定勇怯的观点，是可取的。对古代人性论的进一步开展认识，不是没有参考价值的。

（三）国家的强弱不是注定不可改变的

还有一种形而上学观点，好像是从事实出发的唯物主义观点，认为只有富强的国家才能在战争中取胜。贫弱的国家的命运，只好听任大国的摆布。那些泥古守旧的读死书的人说：

> 儒生之言皆曰："兵强大者必胜，小弱者必亡。"是则小国之君无伯王之业，万乘之主无破亡之兆。

① 《太白阴经·人无勇怯》。

他用历史事实反驳说：

> 昔夏广而汤狭，殷大而周小，越弱而吴强。[①]

但是事实表明弱小者终于战胜了强大者。李筌用辩证法的观点批判了这种形而上学的宿命论。

李筌先指出战争的胜负决定于双方力强的对比，强大者胜。但是李筌还进一步指出，必须“乘天之时，因地之利，用人之力，乃可富强”。“乘天之时”并不是坐等天的恩赐，而是做到“春植谷，秋植麦，夏长成，冬备藏”，尽量发挥人力。“因地之利”并不是专靠土地的肥沃和地形险要，而是要积极“饬力以长地之财”，调动全国各地的物力，而使物尽其用，要使“器用备”（完备生产工具），“地诚任，不患无财”。“用人之力”，要把人力用于生产方面，“非有灾害疾病而贫者，非惰则奢；世无奇业而独富贵者，非俭则力”，他主张只有发挥了人力，才能“不畏强御”。[②]

李筌还指出，贫富不是天生不可改变的，只看人是不是肯发挥主观的努力。他说：

> 夫有容身之地，智者不言弱；有市井之利，智者不言贫。地诚任，不患无财；人诚用，不畏强御。……国愚，则智可以强国，国智，则力可以强人。[③]

强国，主要在于发动人力，积蓄力量。他说：

---

① 《太白阴经·术有阴谋》。

② 《太白阴经·国有富强》。

③ 同上。

故知伯王之业非智不战，非农不赡，过此以往而致富强者，未之有也。[①]

上述发挥主观能力的见解，还是有它的阶级局限性的。他把个人贫富的原因，只看作个人的努力，而不能看到社会制度的作用。比如他认为造成个人的贫困的经常原因是奢侈和懒惰，把富足的原因说成勤俭和努力。用这种理由说明农民的贫困则不公，因为农民主要是受剥削而陷于贫困的；用这种理由说明地主的富足则不实，因为地主说不上勤俭。这是受他的地主阶级立场决定的。这里要指出的是李筌没把贫富的原因归于“天命”，没有把国家的强弱诿之于“命定”，他给人的主观能力以充分的估价，这是十分可取的。因为在反对目的论、天意决定论的斗争中，一般唯物主义者，如果不用宿命论（如王充），就是用偶然论（如范缜），这两种理论的共同缺点都忽视了人的能动作用。无论宿命论或偶然论，都把事业的成败从有人格、有意志的“上帝”那里夺取过来，交给了不可知的“命运”的手里，仍然是在社会外部寻找说明，不得不背离唯物主义的初衷，陷入唯心主义。李筌总算力图从人类本身的努力，从社会内部寻求说明社会的原因，在中国哲学史的社会历史观方面是有贡献的。

我们也必须指出，李筌只讲到尽了人的主观努力，即可转弱为强，化贫为富，但是他还没有认识转化要有条件。毛泽东同志说：

两个相反的东西中间有同一性，所以二者能够共处于一个统一体中，又能够互相转化，这是说的条件性，即是说在一定

① 《太白阴经·国有富强》。

条件之下，矛盾的东西能够统一起来，又能够互相转化；无此一定条件，就不能成为矛盾，不能共居，也不能转化。[①]

李筌忽视转化的条件而讲转化，势必使他的结论陷于唯心主义。

（四）充分利用有利形势和时机，掌握主动

李筌认为作战要保持自己的机密，利用一切有利的条件：

战阵无常势，因敌以为形。故兵之极至于无形，无形则间谍不能窥，智略不能谋。[②]

所谓“无形”，是说不把自己的战略意图暴露在敌面前，有时要故意造成假象迷惑敌人。当自己兵少，有时“曳柴扬尘”以表示阵地人数众多；自己兵多，又有时“减灶灭火”以表示人数不多。

有利的形势必须使全军明了，就可以增加作战的信心。他说，“夫未见利而战，虽众必败；见利而战，虽寡必胜”，一切形势是由人造成的，战和不战都“制在于人”。指挥作战，必须捕捉战机，“见利而起，无利而止”。[③]李筌说，“见利乘时，帝王之资。故曰：‘时之至，间不容息。’先之则太过，后之则不及。见利不失，遭时不疑。失利后时，反受其害”[④]，不失时机，便会主动；失去时机，就会被动。他说，“夫善用兵者，以便胜，以地强，以谋取，此势之战人也”，这是说要善于利用一切有利的形势，以发挥主

① 《毛泽东选集》第一卷，人民出版社，1952年7月版，第321页。

② 《太白阴经·兵形篇》。

③ 《太白阴经·作战篇》。

④ 同上。

动权。掌握了这样有利的形势，就像“建瓴水于高宇之上，砉然而无滞溜；又若破竹，数节之后，迎刃自解，无复着手”。[①]李筌对于掌握时机，争取主动，还举例说，“令其半济（过河）而击之，前者知免，后者慕之，蔑有斗心”[②]。像宋襄公那种蠢猪式地空讲仁义道德，失去有利时机，化优势为劣势，其结果只能是陷于被动，归于失败。

三、主动发现敌人意图和利用权术的军事思想

《孙子兵法》中曾说过，对待敌人不能太老实。敌人是不可信的，因而提出了《九变》《用间》等篇。李筌发展了这一思想。李筌说，古代有人对敌人讲仁义，结果犯了大错误。“徐守仁义，社稷邱墟[③]。鲁尊儒墨，宗庙泯灭。”[④]李筌认为，根据敌的不同特点，要探敌人之心：

> 探仁人之心，必以信，勿以财；探勇士之心，必以义，勿以惧；探智士之心，必以忠，勿以欺；探愚人之心，必以蔽，勿以明；探不肖之心，必以惧，勿以常；探好财之心，必以

① 《太白阴经·作战篇》。

② 《太白阴经·作战篇》。

③ 指战国时徐偃王行仁义，为楚国灭掉的故事。

④ 《太白阴经·数有探心篇》。

> 贿，勿以廉。[①]

以上是根据敌的性格、人品来了解敌人的虚实的一些原则。

李筌还根据敌人不同的社会地位、知识才能、经济地位发现敌人的秘密。他说：

> 夫与智者言，依于博——智有涯而博无涯，则智不可以测博。与博者言，依于辨——博师古而辨应今，则博不可以应辨。与贵者言，依于势——贵位高而势制高，则位不可以禁势。与富者言，依于物——富积财而物可宝，则财不足以易宝。与贫者言，依于利——贫匮乏而利丰赡，则乏不可以赒丰。与贱者言，依于谦——贱人下而谦降下，则贱不可语谦。与勇者言，依于敢——勇不惧而敢刚毅，则勇不可以慑刚。与愚者言，依于锐——愚质朴而锐聪明，则朴不可察聪。[②]

最后作者总结了这八种不同的敌人对象以及对付他们的不同的方法，说：

> 此八者（按：即智、博、贵、富、贫、贱、勇、愚）皆本同其道而末异其表。同其道，人所欲听；异其表，听而不晓。如此则不测浅、不测深，吾得出无间、入无朕，独往而独来。……谋何患乎不从哉？[③]

① 《太白阴经·数有探心篇》。

② 《太白阴经·数有探心》。

③ 同上。

李筌指出，只有充分了解敌人，才可以争取主动而不被动。他说：

> 夫道贵制人，不贵制于人。制人者握权，制于人者遵命也。[①]

这是说，用兵的原则要调动敌人，而不要教敌牵着鼻子走；要使自己握权，而不要对敌人“遵命”。争取主动的原则是“避人之长，攻人之短；见己之所长，避己之所短”。他继承和发展了《孙子兵法》中利用敌人的特点把敌人的优点化为弱点、把自己的弱点化为优点的思想。他提出对待敌人、敌国的统治者，要做到：

> （敌人）好说道德者，必以仁义折之；好言儒墨者，必以纵横御之；好谈法律者，必以权术挫之。[②]

李筌说：

> 情变于内者，形变于外，常以所见而观其所隐，所谓测隐探心之术也。[③]

他主张，要制造一些对自己有利、对敌人不利的条件以探测敌的意图（“测隐探心”）。这不是被动地等待机会，而是主动地创造条件进行了解，这都是对《孙子兵法》“知彼知己”的原则的进一步的运用。

《太白阴经》中还有不少对敌人的一些权术思想。他对于《孙子兵法》的“不战而屈人之兵”的理解是充分利用敌的矛盾和弱

---

① 《太白阴经·数有探心》。

② 同上。

③ 同上。

点。他说：

> 夫太上用计谋，其次用人事，其下用战伐。[①]

李筌企图区别战争的正义性与非正义性，他说：

> 《经》曰，兵非道德仁义者，虽伯有天下，君子不取。

又说：

> 盖兵者凶器，战者危事。阴谋逆德，好用凶器，非道德忠信，不能以兵定天下之灾，除兆民之害也。[②]

李筌虽然主观上企图区别战争的性质，但是我们必须看到，李筌毕竟是剥削阶级的军事家。一切剥削阶级没有不是唯利是图，对内镇压，对外侵略的。李筌为了取得战争的胜利，为了满足剥削者的贪欲和掠夺野心，他主张不择手段地对敌国进行破坏活动。他说对于敌国，要：

> 离君臣之际，塞忠谠之路，然后淫之以色，攻之以利，娱之以乐，养之以味。以信为欺，以欺为信；以忠为叛，以叛为忠。忠谏者死，谄佞者赏。令君子在野，小人在位，急令暴刑，人不堪命。所谓未战以阴谋倾之，其国已破矣。[③]

从李筌的言论，我们从历史实践中又一次证明了，剥削阶级的

---

① 《太白阴经·术有阴谋》。

② 《太白阴经·善师篇》。

③ 同上。

本性才是战争的根源。因为它无论对内对外，都要靠剥削和掠夺才能生存。“战争是政治的另一种手段（即暴力）的继续”[1]，它是颠扑不破的真理。只有社会主义国家，内部没有对广大人民的对抗性的社会矛盾，对内没有剥削，对外根本不需要也不允许进行向外扩张的战争。历史知识可以使我们开阔眼界，对于我们今天认识帝国主义的侵略本性，不是没有用处的。

李筌的军事辩证法基本上继承了《孙子兵法》的辩证法和朴素唯物主义思想。但是，他根据秦汉南北朝以来长期战争经验的总结，对《孙子兵法》的辩证法思想有所发展。李筌更进一步认识到人的主观能动作用的问题。他的贡献不止于军事科学本身，而且也具有一般认识论和方法论的哲学意义。他开始避免了过去的唯物主义者论述社会现象经常犯的两种错误（宿命论和偶然论）。对待社会现象，他比过去的哲学家具有更多的唯物主义因素。

---

① 《社会主义与战争（俄国社会民主工党对战争的态度）》，《列宁全集》第二十一卷，人民出版社，1959年7月版，第284页。

刘知几的进步的历史观*

刘知几[①]，生于唐高宗龙朔元年（661年），死于唐玄宗开元九年（721年），唐代的著名史学家，在唐朝任史官近三十年。他以一生的精力写成《史通》。这部书是我国第一部成系统的史论，是研究刘知几思想的重要材料。

一、对传统思想怀疑与批判

刘知几是唐朝地主阶级中进步的知识分子，他和当时贵族大地主集团有一定的矛盾。他在唐中央政府任职期间，一直遭受贵族大地主集团的排挤、压抑，甚至他的史学工作也受到干涉。现实的政治斗争，丰富了他的学术内容，增强了他的批判精神。他对剥削阶级的明争暗斗、互相倾轧的黑暗内幕感受较深，对统治阶级内部矛盾有一定的认识。现实政治斗争的经验使他对待历史的理解深刻

* 原载《文史哲》1964年第1期。

① 《旧唐书》卷一六二；《新唐书》卷一三二。

了，使他具有不同于死抠书本的书呆子的读书方法，他的史论，也就不同于一般封建知识分子的空洞议论。关于历史本身的著作、研究方法的议论不属于本文讨论的范围，这里不去说它，只就他对传统思想的怀疑与批判，有许多有价值的见解，值得提出，引起注意。

按照几千年相传的传说，以及典籍记载，尧、舜是被认为无可怀疑的“圣人”。有人说“尧舜之民，可比屋而封”①。刘知几根据他所理解的政治斗争和一定的史料，对尧、舜这样的偶像提出了怀疑。他说尧自动把天下让给舜，这种传说是美化了尧舜，掩蔽了事实。“据《山海经》谓放勋之子为帝丹朱，而列君于帝者，得非舜虽废尧，仍立尧子，俄又夺其帝者乎？”②刘知几联系到后来的历史事实，他说：“观近古有奸雄奋发，自号勤王，或废父而立其子，或黜兄而奉其弟，始则示相推戴，终亦成其篡夺。求诸历代，往往而有。必以古方今，千载一揆。斯则尧之授舜，其事难明，谓之让国，徒虚语耳。”③这是说，他不相信正统派写的历史，他认为正统派一贯相传的尧、舜以天下相让，其实不过是篡夺。

历史界的传统看法认为舜以天下传给禹。刘知几对此也提出了怀疑。据《虞书·舜典》，舜死于苍梧之野。刘知几说，苍梧在楚境的汨罗，在汉称为零桂。那个地方接近五岭，地气瘴疠，家里略有些产业的人也不会由中原跑到那里去，怎能设想万乘之君，可能到那里去巡游？舜以垂暮之年，远涉不毛之地，而且二妃没有伴随，哀怨幽恨以死。舜的下场哪里像个自动逊位皇帝？刘知几根

① 见陆贾的《新语》。

② 《史通·疑古》。

③ 同上。

据他自己的历史知识推断，“历观自古人君废逐，若夏桀放于南巢，赵迁迁于房陵，周王流彘，楚帝徙郴，语其艰棘，未有如斯之甚者也”[①]。

因此，他断定，舜老死苍梧，恐是禹把舜放逐出去的。

尧、舜、禹，正统史学家说他们是三个好的帝王，被捧为封建帝王的最高典范。刘知几根据史实，揆以情理，对此提出疑问。这种不盲从、不迷信，敢于怀疑的精神，开拓了治史者的思路，使那些埋首故纸堆中，只顾记诵、不动脑筋的读书人不得不为之震惊。更重要的是他指摘了三代圣王的篡夺行为，也是揭露历史上的所有帝王的假仁假义的虚伪面貌。这是我国封建史学中最富有民主性的菁华思想的部分。

正统派的史学家一向把亡国的桀、纣当作暴君的典型。刘知几对此也提出了不同的意见。他说：“‘五经’立言，千载犹仰，而求其前后，理甚相乖。”[②]他举例说：“称周之盛也，则云三分有二，商纣为独夫。语殷之败也，又云纣有臣亿万人，其亡流血漂杵”[③]。刘知几指出，这些话虽然出自经典，但前后显然矛盾。纣虽然有过失，“欲加之罪，能无辞乎”[④]？

《论语》也是在汉以后封建学者不敢轻议的一部经典，王充还敢提出一些怀疑，其余的封建学者只能附会、注释，不敢怀疑。刘知几对于孔子称赞周文王的话也敢于怀疑。《论语》说：“大矣，

① 《史通·疑古》。

② 同上。

③ 同上。

④ 同上。

周之德也！三分天下有其二，犹服事殷。”[①]刘知几说，周的统治者如果仍旧是殷的臣属，他的三分天下有其二，土地只能兼并来的，这就是僭越。周统治者“戡黎灭崇”，就是自专征伐，“亦犹近者魏司马文王（按：指司马昭）害权臣，黜少帝，坐加九锡，行驾六马。及其殁也，而荀勗犹谓之人臣以终。盖姬之事殷，当比马之臣魏。必称周德之大者，不亦虚为其说乎”[②]？这不啻直接指摘孔子的夸大、不实，把圣德之至的文王比作准备时机、进行篡夺政权的司马昭。不带有几分叛逆精神，这些话是不敢说的。

此外，对于孔子的《春秋》[③]的写作态度、内容的真实性都有所指斥。《春秋》有时把坏事说成好事，有“虚美”的缺点。

二、对历史记载中五行灾异、神鬼迷信记载的驳斥

刘知几根据历史材料对各种有关迷信的记载，通过事实分析给予有力的驳斥。刘知几的反迷信思想对于当时科学思想的发展有直接促进作用，对于唯物主义哲学思想也有积极推动作用。由于他的地主阶级的阶级偏见，使他对于古代的历史记载中的荒诞不经之谈还不敢断言其必为虚妄；也由于受到当时科学发展水平的限制，他对于许多怪异现象还无法找到科学解释。因而刘知几的无神论思想

---

① 见《论语·泰伯》，文句略有出入。

② 《史通·疑古》。

③ 刘知几相信《春秋》是孔子自著。对《春秋》一书的体例的评论和不满也就是对孔子的评论和不满。

还有某些不彻底的地方。

（一）对阴阳五行灾异说的批判

自从邹衍开始，用五德终始讲历史发展，董仲舒又推波助澜，完成了庞大的神学目的论思想体系。又经历了两汉之际的谶纬迷信的传播，以致形成了深入社会人心的风气。经过王充等人的批判，对神学目的论有所澄清，但封建统治者为了夸大他们取得统治地位的神学根据，也不断编造迷信传说，并把它写进历史记载，以欺骗人民。

刘知几认为历史所记载的大事的成败，主要在于人事而不系于“天道”、龟卜。他举例说，武王伐纣时，占卜吉凶，“龟焦蓍折”，如按照迷信，认为神明不允许出征，武王还是出了兵，结果一举擒纣。南朝宋武帝出兵攻打卢循时，军中大旗杆折断，幡沉水中。迷信者认为是不吉之兆，但刘裕毅然进兵，大败卢循。相传鵩鸟入舍，会给主人带来不幸。汉代贾谊在长沙时，有鵩鸟入舍，次年文帝召他入京，他不但没有得祸，反而得到升迁。古之国史，“闻异则书”，历史上有许多日食、山崩、陨霜、雨雹、冬天冰、螟伤苗之类的记载。这并没有什么神秘。①

有许多阴阳家，为了把事实神秘化，他们故意把天变与历史事实本不相关的事件联系在一起，“不凭章句，直取胸怀，或以前为后，以虚为实。移的就箭，曲取相谐。掩耳盗钟，自云无觉”②。他们自以为这样乱说一通就可以骗人，其实他们这些迷信家之间的

① 大意见《史通·书志》。

② 《史通·书志》。

说法就矛盾百出，难以自圆其说。刘知几指出："且每有叙一灾、推一怪，董（按：指董仲舒）、京（按：指京房）之说前后相反；向（按：指刘向）、歆（按：指刘歆）之解，父子不同。"比如"《春秋》桓公三年，日有食之"，董仲舒、刘向以为是预示后来"鲁、宋杀君，易许田"，刘歆以为是预示后来"晋曲沃庄伯杀晋侯"，京房又以为是预示后来楚庄称王，"兼地千里"。又"庄公七年，夜中星陨如雨"，刘向以为"夜中"指的是中国；刘歆以为白昼象中国，夜中指外国。刘知几说，这都是完全由主观推测、毫无根据的。[①]刘知几对董仲舒首倡阴阳五行之说给以严厉的批判。他说："下帷三年，诚则勤矣。差之千里，何其阔哉！"[②]刘知几还指出历史上有许多记载是"前事已往，后来追证，课彼虚说，成此游词"[③]的。

刘知几对于那些乌烟瘴气的用迷信的历史解说家给以有力的反击。但是他还有些迷信思想残余，他还认为除了那些随意乱说的迷信，还有所谓可信的神秘主义的预言，他说"至如梓慎之占星象[④]，赵达之明风角[⑤]，单飏识魏祚于黄龙[⑥]，董养征晋乱于苍鸟[⑦]，斯皆肇

① 《史通·书志》。

② 《史通·五行志杂驳》。

③ 《史通·书志》。

④ 《左传·昭公十七年》：梓慎预言宋、卫、陈、晋将有火灾，后果有火灾。

⑤ 《三国志·吴志》：赵达善于推算吉凶，"无不中效"。

⑥ 《后汉书·方术传下》：单飏预言五十年后在谯这个地方有王者兴，后来魏代汉。

⑦ 《晋书·隐逸传》：永嘉中，洛阳城东北步广里地陷，有二鹅出。苍者飞去，白者不能飞。董养预言中国要发生大乱。

彰先觉，取验将来，言必有中，语无虚发。苟志之竹帛，其谁曰不然？”[①]这是刘知几过分相信史书的记载，以假当真的思想局限。

（二）对祥瑞符命迷信思想的批判

刘知几对祥瑞符命的认识，也和他对阴阳灾异的认识一样，基本上认为是虚妄的，但他还没有根本否认它。在《史通·书事》篇中说：“夫祥瑞者，所以发挥盛德，幽赞明王。至如凤皇来仪，嘉禾入献，秦得若雉，鲁获如麇，求诸《尚书》《春秋》，上下数千载，其可得言者，盖不过一二而已。”这说明刘知几认为所谓祥瑞事件只是历史上千年不遇的极个别的现象。这些祥瑞的出现是“发挥盛德，幽赞明王”的，可是后来的情况就远远不是这样了：“爰及近古则不然，凡祥瑞之出，非关理乱，盖主上所惑，臣下相欺。故德弥少而瑞弥多，政逾劣而祥逾盛。”这是说，后世的祥瑞是臣下投合人主的喜好，故意编造出来的，君主的道德越少，国家的政治越坏，祥瑞就编造得越多。汉代桓、灵两帝的政治最混乱，他们的祥瑞比汉代太平盛世文、景时代还多。曹魏和司马氏的政治就不好，“五胡十六国”的刘渊、刘曜、石勒这些残暴的统治者比曹氏和司马氏更坏些，而刘氏王朝的祥瑞比曹氏、司马氏两朝还要加倍。“而史官征其谬说，录彼邪言，真伪莫分，是非无别。”[②]刘知几能指出祥瑞之说泛滥于“主上所惑，臣下相欺”，不能不谓之有识，但是他还相信祥瑞有真伪，这是他对迷信思想让步、妥协处。

刘知几还指出，即使有祥瑞、符命，而真正对国家的兴衰治乱

---

① 《史通·书志》。

② 《史通·书事》。

起决定作用的还是人的主观努力。他批评司马迁的史论过多的讲天命，而没有重视人的主观作用是错的。司马迁在《史记·魏世家》发表议论说：

> 太史公曰：……说者皆曰魏以不用信陵君故，国削弱至于亡。余以为不然。天方令秦平海内，其业未成，魏虽得阿衡之佐，曷益乎？

刘知几针对司马迁这段过于相信天命的思想进行了驳斥。他说：

> 夫论成败者，固当以人事为主，必推命而言，则其理悖矣。盖晋之获也，由夷吾之愎谏[①]；秦之灭也，由胡亥之无道。……然则败晋于韩，狐突已志其兆[②]；“亡秦者胡”，始皇久铭其说。……假使彼……君，才若桓、文，德同汤、武，其若之何？苟推此理而言，则亡国之君，他皆仿此，安得于魏无讥者哉？[③]

刘知几这里更明确地指出即使有所谓关于国家兴亡的预言，如果有了德才兼优的君主，国家不幸的命运并不是不可以改变的，将亡的国家还是可得到挽救。亡国不决定于符命和预言，创业建国也不是符命和预言就可以决定的，决定创业建国的还是人的努力。刘知几列举了陈氏将有齐国、周王将得天下，虽有符瑞，如果他们创业的君主“德不半古，才不逮人”，他们也不能登上帝王、君主的宝座。

---

① 晋惠公夷吾拒绝忠言，以致失国。事见《左传·僖公十五年》。

② 《左传·僖公十年》：狐突曾梦见死去的太子申生，申生告诉狐突说上帝将令秦国惩罚晋国。过了五年，秦俘晋君。

③ 《史通·杂说上》。

刘知几还指出，把一切诿之于“天命”，既不能真正说明历史的发展，也不足以给人们以有益的经验教训。他说：“夫推命而论兴灭，委运而忘褒贬，以之垂诫，不其惑乎？”[①]他还指出，这样相信“天命”的说法，不但司马迁有这种错误，像后来鱼豢的《魏略议》、虞世南的《帝王论》，当他们论到辽东公孙氏的失败的原因、江南陈氏亡国的原因时，都是讲“天命”。他们与司马迁犯了同样错误。

在马克思主义以前，人类对于历史的规律基本上是无知的，但是先进的哲学家对历史发展的规律的探索所付出的努力却是无可厚非的。他们努力在探索决定历史的是人还是神，是人的努力还是“天命”；历史发展的动力是来自社会外部，还是来自社会内部。在刘知几以前，管子、韩非、司马迁、王充等人都力图从“天命”“鬼神”的支配下解放出来并做出了一定的成绩。刘知几在前人努力的基础上做出了相应的贡献，他的《史通》的主要锋芒指向阴阳灾异、祥瑞符命的迷信思想。他的学术活动时代正是武则天当权的时代。武则天为了登上皇帝的宝座，不惜编造神学预言，收买符命，惑乱人心。刘知几的指斥符命、批判迷信的现实战斗意义就显得更为光辉。

就他反对迷信、“天命”而强调人的主观努力而言，他是有成绩的。但是他所谓人的主观努力，不是人民群众，而是才智聪明的“圣人”，一般人民提不到话下。他还是一个历史唯心主义者。至于历史发展的规律性，他还没有认识。他的反对神学的历史论著给后来的柳宗元、刘禹锡的历史观准备了理论前提。

① 《史通·杂说上》。

宋明诸子

长期被埋没了的民主思想家——邓牧[1]

邓牧生于南宋理宗淳祐七年（1247年），死于元成宗大德十年（1306年）。他出身于封建地主家庭，三十岁时，宋亡国，他抱着亡国遗民的隐痛度过了他的后半生三十年的日子。在四十八岁时，他结识了宋亡后坚贞不屈的爱国诗人谢翱，可惜相识一年，谢即死去。他还与另一位爱国诗人周密友好。从他的交游中可以想见他的社会活动和精神生活。

具有爱国思想的知识分子，不与劳动人民相结合，纵有远大的抱负，也必致一事无成。邓牧结果走了退隐的一条路。他在五十三岁时（1299年）隐于余杭大涤山的洞霄宫，七年后即去世。

宋朝的灭亡，蒙古奴隶主贵族的统治，对于当时广大人民及爱国知识分子是一个绝大的刺激。当时人民起义军的壮烈的反抗，终于被残暴的敌人和卖国汉奸的武力镇压下去。邓牧在文集《伯牙琴》的第一篇《尧赋》中充分表现了他对异族侵略的愤慨：

> 呜呼！茫茫九原，龙蛇居之，衣冠礼乐之封，交鸟迹与兽蹄。洪水之患岂至此？

* 原载《光明日报》，1954年9月5日。

在蒙古奴隶主贵族压迫下，邓牧并没有失去宣扬真理复兴民族的信心。他把希望寄托到将来。他在《伯牙琴·自序》中说：

> 伯牙虽善琴者，钟子期死，终身不复鼓，知琴难也。今世无知音，余独鼓而不已，亦愚哉！然伯牙破琴绝弦，以子期死耳。余未尝遇子期，恶知其死不死也，故后存此。

南宋从第一个皇帝（宋高宗赵构）起，即对金贵族称臣纳贡，对人民剥削镇压。这个奴才政府一直维持到被敌人取消时为止。南宋的统治者除了用政权机构镇压人民，还使用理学作为统治人民的思想武器。无耻的统治者，一方面对人民讲什么“道统”“华夷之辨”“君臣大义”；另一方面实行搜刮人民的脂膏以供奉人民的敌人——先是对辽金，后来对元统治者。统治者为了巩固自己的利益，不惜把人民抛向被双重奴役的深渊。

邓牧亲眼看见人民遭到种族压迫和歧视，也亲眼看见南宋君臣如何残酷剥削和荒淫无耻而招来的灾难。因此，他怀疑君主制度和君主的作用：

> 天生民而立之君，非为君也。奈何以四海之广，足一夫之用邪？①

他在《君道》中说，古代理想的国君，吃粗糙的饭，“饮食未侈也”；穿朴素的衣服，“衣服之备也”；住简单的房子，“宫室未美也”；随时接近人民，“其分未严也”。秦以后的那些皇帝都想“竭天下之财以自奉”，“凡所以固位而养尊者，无所不至”。

① 《伯牙琴·君道》。

他以讽刺的笔锋，刻画出皇帝的自私的丑态：

惴惴然若匹夫怀一金，惧人之夺其后。

像这样的皇帝怎能不祸国殃民呢？

邓牧指出所有秦以后的皇帝根本不是为人民办事的，而是为了自私享乐的。所以弑君篡位，在邓牧看来，是极平常的事，没有什么不应该。他用嘲笑的语调说：

彼所谓君者，非有四目两喙，鳞头而羽臂也。状貌咸与人同，则夫人固可为也。

又说：

今夺人之所好，聚人之所争，慢藏诲盗，冶容诲淫，欲长治久安，得乎？……欲为秦，莫若勿怪盗贼之争天下。

他并打破传统的“正统”观念：

天下何常之有？败则盗贼，成则帝王。若刘汉中（按：指汉高帝刘邦）、李晋阳（按：指唐高祖李渊）者，乱世则治主，治世则乱民也。

只有使人不把皇帝的职位当作剥削和享乐的工具，才可以消灭争夺的根源。

在《吏道》一篇中，邓牧曾提出，在必要时废除一切官吏，让人民自治的主张。

他根据皇帝的自私的特点，加以分析，并指出皇帝为了达到他剥削和统治的目的才设置官吏，根本不是为了人民的利益：

> 以害民者牧民，而惧其乱，周防不得不至，禁制不得不详。然后大小之吏布于天下。

于是“天下愈不可为矣”（按：《明夷待访录》《原臣》的基本观点出于此）。

邓牧指出官吏的作用不在于与皇帝“共理天下”，自私自利的皇帝为了“竭天下之财以自奉”，又怕人“夺其位”，才用官吏来帮忙。皇帝为了达到以天下为私的目的，必须设官分职以防止人民造反。又怕官吏夺他的天下，于是设置更多的官吏，使他们互相监视、互相牵制。其结果只能“率虎狼（按：指官吏）以牧羊豕（按：指被剥夺生活权利的百姓）”，天下怎能不乱呢?

任何人都应当自食其力，邓牧说，不应当过寄生的生活。官吏都是寄生在人民身上的，官吏越多，人民的负担越重：

> 今一吏，大者食邑数万，小者虽无禄养，则亦并缘为食，以代其耕，数十农夫力有不能奉者。

何况这些大批害民的官吏，“夺其（民）食，不得不怒。竭其（民）力，不得不怨”。

邓牧指责那些不食其力，只想夺取别人现成的财物的人就是盗贼。而大小官吏都是合法的盗贼，所以他们对人民的危害也更大。这些盗贼“吏无避忌，白昼肆行，使天下敢怨而不敢言，敢怒而不敢诛”。

最后，邓牧主张：

废有司，去县令，听天下自为治乱安危，不犹愈乎？

邓牧的文集，在邓牧自己的序文中记载只收有六十余篇，已经不全，现存的只有文二十九篇、诗十三首。这些文章有的由于文章的优美，为自命风雅的地主阶级文人所欣赏，有的由于附在道教的丛书中，侥幸得以保存下来。元、明、清以来，一直被沉埋着。清朝修《四库全书》，御用的官方学者已认识到邓牧的民主思想有“危害性”，因此，于邓牧的二十几篇文章中特别指出《君道》与《吏道》两篇，企图用他们的反动的观点把它加以“消毒”。他们说：“《君道》一篇，竟类许行并耕之说，《吏道》一篇，亦类《老子》剖斗折衡之旨。……有激而言之，不觉其词之过也。”[1]

像邓牧这样的进步的思想家，在中国哲学发展的历史上是很多的。但是千百年来，许多具有科学性、民主性的学说，在封建统治阶级的压制下，在正统学说的排斥下，在御用学者的曲解下，以及在帝国主义豢养的买办学者的割裂下，不是被沉埋，就是被阉割，以致面目全非。如何去发掘它、阐明它、端正它、还原它，这是新中国每一个哲学史工作者的责任。

本文仅对于邓牧的民主思想做一极简单的介绍，至于全面而深入地分析研究，还须另外详论。

① 《四库全书·伯牙琴提要》。

李贽思想的进步性*

李贽以激进姿态、激烈言辞抨击当时社会混乱、政治腐败、道德虚伪的风气，以他犀利的笔锋、挥洒自如的文风向社会大声疾呼。李贽吸取王守仁学派的教育方法，从心理、情感上启发学者的自觉性。他利用当时流行于社会的小说《水浒》、戏曲《西厢记》的影响，用批注的方式宣传自己的观点，从而形成社会的轰动效应。李贽抨击的范围，直指朝廷达官贵人、名流学者，揭露当时一批假道学的虚伪性，批评他们行为与口号相脱节：平日讲的不去做，平时做的又和他们讲的全不相干。

李贽的学术活动，正当嘉靖、隆庆、万历时期。明朝统治集团的衰败、腐朽现象已十分严重。隆庆时期经过张居正的整饬、振作，有了一些起色。张居正死后，立刻又回到了老样子。统治阶层荒淫、贪婪、迷信神仙，政府实权由一群太监掌握。嘉靖、万历当皇帝，几十年不见朝臣。国家民穷财匮，而官僚、宗室的禄米比明初开国时增加到几十倍。

当时学术界充斥着靠背诵宋儒朱熹《四书集注》作八股文的

---

* 据《任继愈学术文化随笔》。原载《首都师范大学学报（社会科学版）》1994年第5期。

知识分子，这些人为应付考试做官，只会抄录、模仿，没有治国安民的真本领。有识之士对此早已不满。社会上到处弥漫着虚伪、欺诈、媚俗、颟顸、苟安、说假话的污浊风气。

李贽对当时腐败的政治和学术界的虚伪、浮华风气进行了猛烈的抨击。他这种激烈反抗正统思想的态度，在某些方面与魏晋时期嵇康、阮籍反对当时封建礼教的动机和心态相似。李贽并非根本抛弃礼教，而是反对当时说教者的虚伪性。那些御用学者们天天口诵"圣人之言"，侈谈"仁义"，实际上追求的却是一己的私利。这些道学家们平时只知"打躬作揖"，"同于泥塑"（指朱子教人习静坐和闭目反思的训练），而当国家"一旦有警，则面面相觑，绝无人色"，以至"临时无人可用"。

湖北黄安大官僚耿定向以卫道者自居，李贽去函，揭露他欺世盗名：

> 试观公之行事，殊无甚异于人者。……读书而求科第，居官而求尊显，博求风水以求福荫子孙。种种日用，皆为自己身家计虑，无一厘为人谋者。及乎开口谈学，便讲尔为自己，我为他人；尔为自私，我欲利他。……以此而观，所讲者未必公之所行，所行者又公之所不讲，其与言顾行、行顾言何异乎？[①]

李贽在《忠义水浒传序》中说：

> 若以小贤役人，而以大贤役于人，其肯甘心服役而不耻乎？是犹以小力缚人，而使大力者缚于人，其肯束手就缚而不

① 《焚书》卷一《答耿司寇》。

> 辞乎？其势必至驱天下大力大贤而尽纳之水浒矣。则谓水浒之众，皆大力大贤、有忠有义之人可也。[①]

这是说，按照合理的社会秩序，应当让贤者有德者在高位，不贤无德者在下位，天下可以相安，社会得以安定。由于政治黑暗，是非颠倒，才把一些忠义之士逼上梁山。

当时有海盗林道乾，率众出没海上，劫夺财物，官兵不能制。李贽认为，像林道乾这类有才干的人士不受重用，才铤而走险。如果使林道乾这样的人才“当郡守二千石之任，则虽海上再出一林道乾，亦决不敢肆”，“唯举世颠倒，故使豪杰抱不平之恨，英雄怀罔措之戚，直驱之使为盗也”[②]。

明朝建国到崇祯亡国，共二百七十六年，李贽的政治、学术活动时期正当明王朝中叶，比起开国时期的盛世，显然走下坡路，但离明朝亡国还有一百多年。开国时期的思想家，如宋濂、刘基、方孝孺、姚广孝等人，对新建的统一王朝充满了信心，如提倡关心人民疾苦、减少农民赋役、惩治贪官污吏等，主张不是停留在口头上、文字上，而能见诸行动。明中叶以后，一方面政治腐败，宦官弄权，但也有一批忠贞之士支撑其间，有王守仁、张居正等人整顿人心、振刷吏治，有戚继光等安边武将，有况钟、海瑞等临民廉吏，使得濒临亡国的明朝政权才没有很快败落。李贽看到了当时的社会危机，但仍对明王朝寄予希望，尚未完全绝望，对封建专制制度没有发生怀疑。

---

① 《焚书》卷三《童心说》。

② 《焚书》卷四《因记往事》。

等到明朝彻底灭亡后，黄宗羲撰《明夷待访录》，才从根本上怀疑集权的君主制度，指出："为天下之大害者，君而已矣。"[①]又说："天下之治乱，不在一姓之兴亡，而在万民之忧乐。"[②]黄宗羲反对君主制的思想是李贽当时看不到也不敢触及的。

总之，李贽哲学还属于王守仁学派的体系，是王学在新条件下萌发的具有革新精神的正统主张。如李贽的《藏书》评论历史人物，把黄巢列入《盗贼传》，把张角、张鲁列入《妖贼传》。在《昆仑奴》文中说："自古忠臣孝子，义夫节妇，同一侠耳。"[③]评论戏曲《拜月亭》时说："详试读之，当使人有兄兄、妹妹、义夫节妇之思焉。……事出无奈，犹必对天盟誓，愿始终不相背负，可谓贞正之极矣。"[④]

把李贽的批判言论估价过了头，提高到反封建的高度，是不符合李贽的思想实际的。李贽以孤臣孽子之心，深刻揭露明代社会弊端，揭露是深刻的，提出解决问题的方案则是无力的。李贽的遭遇既是他个人的悲剧，也是当时有进步要求的知识分子的悲剧性遭遇。

① 《明灵待访录·原君》。

② 《明灵待访录·原臣》。

③ 《焚书》卷四《杂述·昆仑奴》。

④ 《焚书》卷四《杂述·拜月》。

李贽的悲剧结局*

李贽曾以狂狷激烈的言行，引起社会的关注，人们认为他不合时宜，性情古怪孤僻；做地方官及学校教官，为上级所不喜；退而著书、讲学，也遭到道学者们的围攻，终于以七十六岁的高龄被迫害，死于狱中。

中国思想史上出现了这样一位怪杰，值得引起治学者的深思。

研究中国哲学史，不能忽略其地区性。秦汉以后，中国是个统一的大国。这个统一的大国，给广大人民带来了实际利益。同时，为使这个大国保持巩固，除了政治上要高度集中，还要思想上的集中统一。为了强化集中，必须限制那些不利于集中统一的现象。

秦汉以前，中国学术界普遍关心的问题是如何建立一个集中统一的多民族国家。由于地域辽阔、民族众多、各地区风俗各异，为了推进这个多民族统一大国巩固完善，中国人民花费很长时间，不断使这个制度完善。经过若干朝代的努力，达到了中央高度集权的目的。凡事物的利弊往往相伴出现，高度统一做到了，随之带来了原先没有的弊端。

* 原载《首都师范大学学报（社会科学版）》2000年第4期。

李贽生活在明朝嘉靖、万历时期。庸劣昏聩的两个皇帝长期掌握着全国最高权力。明朝开国时期，朱元璋英武过人，而且来自民间，他废除宰相制，皇帝直接行使政府职权（指挥六部），提高了行政效率，暂时舒缓了民间疾困，没有出现什么问题。传了几代以后，接连出现几位庸劣皇帝，大小政事都要由皇帝亲手裁决，高度集中的权力很自然地落在皇帝亲信的宦官手中。宦官包围着皇帝，形成明朝致命的祸害，宦官的祸害伴随着明朝的终结。

政治的腐败影响到社会风气的败坏。

明朝以科举取士，造就了大批说假话的官僚。因为科举考试的答案早有规定，应试者“代圣贤立言”，不能发表与标准答案不同的意见，诱迫士子说假话。这批应试士子自幼被训练成揣摩试官的意见、随波逐流的文风、唯上是从的性格。名为学习孔孟之学，实际上背叛孔孟的宗旨。

李贽是科举考试中的过来人，深悉其中的积弊，只是如实揭示出当时一些假道学的真面目，自然地遭到多数庸众的围攻。

以个人的力量与社会力量抗争，其悲剧性的结局不言而喻。

李贽这个人的出现，与他的时代及地区文化环境的关系也应引起我们的注意。

泉州在宋代是中国对外贸易的重要港口，李贽自幼生长在这里。泉州是李贽新思想的温床。福建又是中国理学大师朱熹一生讲学活动的重要基地，也是传统文化很发达的地区（当时文化发达的地区还有浙江、江西、湖南。福建文化最发达）。福建刻书业的兴旺可以侧面说明闽学的兴盛。李贽生长在闽学盛行、中外文化交汇的泉州，有可能从另一个视角来看待传统文化，因而感到“读传注不省，不能契朱夫子深心”[①]。

中国地域辽阔，各地区经济发展极不平衡。明朝中叶以后沿海及长江下游经济比较发达，出现了手工业工场，如苏州纺织工人的集体反抗官吏盘剥即是一例。福建泉州得风气之先，在海外与内陆交会处，外来最新非传统文化（特别是早期市民的公平交易观及重商观念）与中国最系统的传统文化的接触，必然会引导有识之士认真思考。一些切近生活的实际问题，如凭本领生活（种田），将本求利（经商），与士大夫比起来，并不见得低人一等。个人合理的要求应当被认可。“夫私者，人之心也。人必有私，而后其心乃见。若无私，则无心矣。如服田者，私其秋之获，而后治田必力”[②]，“穿衣吃饭即是人伦物理。除却穿衣吃饭，无伦物矣”[③]。

如果李贽当初不是定居在湖北的麻城，最后不是定居在北京通州，而是辞官后告老还乡，回到泉州，或在深得人民拥戴的云南姚安度其晚年，即使他仍然抨击腐败、讲学收徒，所受的迫害也会相对减轻一些，也许得以终其天年。

李贽虽然以出家人的姿态，却抱着一颗火热的童心，无所顾忌地指摘社会积弊，活动在保守势力很强的内陆湖北和北京，又是孤军作战，用匕首直刺敌人的要害，其悲剧性的结局势难避免。

由于中国儒教势力过大，中央集权的政治结构过于严密、完整，新的社会因素——资本主义势力难得发展，虽有几次萌发的机遇（一次在明中叶，一次在清初），都未能成长起来。一直到鸦片

① 《焚书》卷三。

② 《藏书》卷三二。

③ 《焚书》卷一。

战争（1840年），中国社会自然经济堡垒依然难以打破。

李贽的狂狷性格早已为人们所熟知。狂狷性格、不羁言行的背后，确有它的社会基础，李贽从内心还是希望这个大明王朝祛除积病，恢复真正的纲常名教，疾恨欺世盗名、言不由衷的伪道学。只是当时新生的社会力量尚未成熟，尚不能作为一个独立的阶级出现在历史舞台上。直到第一次欧洲大战期间，中国才有了真正的新生的社会力量。经济变革在先，文化思潮随之继起，李贽的真价值得以揭示出来。应该对他做出公允、可信、为多数人认可的评价。

李贽改革悲剧给后人的启示*

李贽是卓越的思想家，生长于嘉靖与万历皇帝统治时期。明朝这两个皇帝十分昏庸，而又统治时期最长。这两位昏君中间，经过张居正的短期整顿，有所起色，随后又回到文恬武嬉的老样子。

李贽主张改革，从理论上提出“童心说”，就是说号召人们说真话，不要说假话。偏偏这又是一个从上到下弥漫假话的社会。之所以出现这种现象，是皇帝为首的政府大力提倡的结果。明朝科举考试以八股取士，政府限定用朱熹的《四书集注》的观点为标准答案，美其名曰“代圣贤立言”。应试者不得用自己观点来做文章，只允许用圣贤的口气来诠释“四书五经”上的文句。这就是说，用科举取士的指挥棒，指导天下读书人，照抄程朱学派的文句应付考试。应付得好就可以从此走上做官的道路，不按这条道路走就没有上进的机会。

读书人要上进，必须走科举这条道路。明朝立国二百多年，通过八股考试走上仕途的何止成千上万，李贽面对的几乎全部是八股应试的读书人。可以断言，李贽打击面太宽，遭到的阻力自然也大。

---

* 原载《首都师范大学学报（社会科学版）》2002年第4期。

中国的改革家都有他们的抱负、理想。最早的商鞅、吴起，以后的范仲淹、王安石，直到清末的康有为，这些改革家、思想家针对他们所面临的社会问题提出过有益的改革方案，都有贡献。改革家必须上边得到国君的支持，下边有一批同僚的支持。他们的改革主张，有的得到贯彻执行，有的夭折了。不论成功与否，改革家们的命运结局都不太好，有的为改革牺牲了性命；有的事业无成，受到政治迫害。李贽的改革遭遇比所有改革者都惨。他的改革思想，上边遭到皇帝的反对，下边遭到保守官僚的反对。因为李贽的主张触犯了他们的利益和名誉。李贽的对立面强大而顽固，李贽为了捍卫自己的理想，不计后果，孤军奋战，只能以悲剧结局。

明末有东林党出现，也提倡政治改革。东林党打击面偏重在某些政治人物或政府的某些政治措施，涉及方面较狭窄，以聚徒讲学形式，稍后逐渐形成了一个议政团体，比李贽当年孤军奋战的处境强一些。东林党遭遇迍邅，但略胜于李贽。

李贽并不主张推倒明朝皇帝，另起炉灶，他主观上还是希望明朝上下能够改弦更张，由萎靡疲沓到清明有为。有识之士，如李贽这样的思想家早看到病情危急，病入膏肓。而当时在位者“自我感觉良好”，不以为然。

明朝的万历时期，欧洲已开始萌发资本主义，向近代社会迈进。中国在世界的地位开始下滑。当时流行谚语，讽刺朝廷腐败：“翰林院的文章，太医院的药方，武器库的刀枪，光禄寺的茶汤。”[①]明朝皇帝出自民间，从朱元璋始，对于知识分子只是在必

---

① 《万历野获编》卷二十四。

要时利用一下，并不重视，他对知识分子有一种本能的不信任感。明朝几个起作用的文人，如宋濂、刘基，结局都不好。后来对知识分子用廷杖责罚，有的死于杖下。皇帝选后妃，不信任知识分子家庭出身，多选自民间。皇帝不重视文化，皇帝幼年受的教育也不正规。如武宗亲征宸濠造反，不当皇帝而当“威武大将军”。因为他在幼年听到保姆讲故事，最高的官是大将军，不知道皇帝的超越地位。明朝皇帝文化水平一般不高，兴趣庸俗，喜好斗蟋蟀、玩鹰术、游猎，寻求性刺激。在历代王朝中明朝的皇帝兴趣低下、文化不高算是比较突出的。李时珍青年时曾被推荐在太医院，他看不惯太医院的腐败，抛弃京官的优越待遇，回到乡下，深入民间，广泛搜集药材标本，著成《本草纲目》这部药学宝典。

《儒林外史》所描写的明朝中期以后的知识分子精神状态，可以帮助我们更好地理解当时的社会风气。李贽致耿定向的信指出，当时读书人只知道中举，发迹，为子孙谋。明朝士大夫虽然都曾熟读“四书五经”，他们的行动完全是另一回事。

李贽在云南姚安任地方官，亲身经历了当官者的污浊与百姓的苦难。他对现实政治改革绝望了，决定辞官不做，另谋挽救社会危机的道路。他定居麻城后，认真反思，结合古今历史经验，写了许多史论、政论的专著，提出了一整套社会改革理想。

探讨李贽的改革经验，并不是发思古之幽情，而是我们今天也面临着非改不可的新形势。因为我们正处在新旧制度交替之间，比如行政效率低下，腐败之风屡禁不止，市场经济与计划经济转轨时期的不相衔接，等等。与李贽的改革有相似处，也有不相同处，就是在世界竞争的激烈、国际环境的复杂，远远超过李贽所遇到的。

现在要指出的是，李贽所处的时代和他所遭遇的障碍，我们今天已不存在。要求改革的不是少数人而是多数人，我们是从上到下都致力于改革，走向现代化，是全国上下共同的愿望，凡是不利于现代化的都要改。李贽所要求的改革，在明朝始终推行不开，只有等到农民起义军李自成推翻明王朝时才结束这场争辩。

新中国建国后，也出现不少失误，给国家和人民造成不少损失（如“大跃进”、人民公社、“文化大革命”）。这些错误都由政府自己改正，改正后又走上正轨。

马克思主义哲学不同于过去一切哲学，就在于它提出了群体的认识。掌握真理，不能只限某一两个先知先觉的哲学家，社会改革不是少数哲学家的事，而是人民群众自己的事。现代社会的改革，不靠神仙皇帝的拯救，而是靠觉醒的群众自己来争取。群众愚昧、不自觉的环境下，孤军奋战，成功的可能性很小。从策略上讲，李贽反对虚伪、反对说假话是正确的。但他指摘了孔子，自然犯了众怒。王阳明也主张改革，反对说假话，他以朱熹为靶子，指名道姓批评朱熹。批评朱熹，实际上也涉及孔子。李贽的改革思想提出的问题过于超前，比如男女平等的思想，当时的妇女没有自觉的平等要求，更难被男人为主体的广大群众所接受。于是反对者对李贽进行人身攻击。谣诼四起，使李贽处于孤立地位，有口难辩。自诩民主先进的美国，直到1920年，美国妇女才取得与男人同等的选举权，时间比中国的五四运动还迟了一年。李贽的主张比美国的男女平等观提前了三四百年，显然太超前，难为多数人所理解。

今天我们要的是，不但改革方向要对，而且要看到今天中国的处境已不同于李贽。当年李贽提出的改革只限于中国一国之内。今天的中国是跻身于世界的中国，中国的改革既是中国的，又涉及世界。中国处在世界激烈竞争大潮中，落后就要挨打，不改不行，改得慢了也不行。落后就要挨打，中国人民对此有切身感受。我们有充分信心迎接新世纪，把自己应当改革的事办好。李贽的改革，对我们有启发。

近代诸子

马建忠的思想*

一、生　平

马建忠（1844—1900年），字眉叔，江苏丹徒人。年幼时正赶上太平天国革命，他的故乡是太平天国的占领区，他很失悔由于太平天国的起义，使他失去了考科举的机会。他幼年在上海读书，学会了拉丁文、希腊文、英文、法文，运用语言的能力“与汉文无异”。后来又学习外国历史地理、天算、物理、化学、生物、地质等科学，对西方资产阶级的政治与科学是比较了解的。

清朝光绪元年（1875年），他以郎中资格，被李鸿章派往法国留学。清光绪三年（1877年），他在巴黎考试院参加文科及理科的学位考试，及格。他又参加过律师、政治、外交各科的考试，也都及格。

他在法国留学时兼任当时中国驻法公使郭嵩焘的翻译，回国后即参加了洋务派集团，曾于清光绪七年（1881年）赴印度与英国驻印总督协商增鸦片入口税及招商专卖鸦片事。清光绪八年（1882

* 原载《中国近代思想史论文集》，上海人民出版社，1958年7月版。

年），李鸿章奏派他至朝鲜，介绍朝鲜国王与英、美、德三国订立商约。同年六月，日本插手朝鲜内乱，朝鲜此后逐渐脱离中国，堕入日本帝国主义圈套。李鸿章的一些卖国计划是马建忠执行的。当时的顽固派以他精通洋务，骂他为汉奸；当时的一些爱国分子也认为他与李鸿章一气，对他不满。他的一生，“称之者一，谤之者百”，有人说他是“隽才”，有人主张把他“立正典刑”。

他与洋务派发生过政治关系，执行过洋务派的主张，但他的意见与洋务派又不尽相同。他主张发展民营工商业，民富而后国强。他认为西方各国政治，有其本，有其末。洋务派主张买机器、买船炮、练洋操，这些都是“末”。“讲富者以护商会为本，求强者以得民心为要”，因为“护商会而赋税可加，则盖藏自足；得民心则忠爱倍切，而敌忾可期”[①]。

洋务派自诩的“富强之道”，本是为了发展官僚资本，他以为这不是根本。因此他在光绪八年以后即在政治上不得意，“志未得遂”，“为世垢忌，摈斥家居”。他于逝世前三年出版《适可斋记言记行》，于逝世前一年出版了《马氏文通》。前一书记载他的思想和行动，后一书是用西洋语法的规矩剖析中国古文语法的著作。

马建忠与薛福成都是洋务派中分化出来的改良主义者。

马建忠的思想反映了初期的民营工商业者的要求，因为这时中国的民族工业还处在萌芽状态，还没有独立的具有规模的民营工业，只有分散的、小规模的民营工业和进出口的商业。规模比较大的新式企业只有官办、官督商办或官商合办几种类型的。中国的资

① 《适可斋记言记行·记言·上李伯相言出洋工课书》。

产阶级希望依附在官办企业的势力之下来求得自己的发展。因此，代表这些民营工商业者希望依靠政治力量取得官商合办的权利。而当时的洋务派确也吸收了一部分官僚富绅的资本作为商股。但这些商股受官股极多的限制，不能尽量发展，因而企图从洋务派束缚下解放出来。马建忠、薛福成等人正是反映了这一阶层的愿望。在中日战争以前，洋务派的弱点还未彻底暴露，而当时力量微弱的民营工商业者虽已经对洋务派的措施表示不满，但还没有完全绝望。这些早期的改良主义者不反对洋务派，只是对洋务派的主张提出若干修正。稍后像何启、胡礼垣或陈炽、郑观应等人，他们由于自己的切身利益与洋务派的矛盾，更由于他们的经济力量逐渐发展壮大，同时洋务派的弱点也更加暴露出来，所以后期的改良主义已对洋务派完全不存任何希望，他们提出了以保存封建制度为前提的“民主”的要求。后期的改良主义从何启到康、梁，他们已不再依附洋务派，而是寄希望于当时的清朝皇室。他们乞求最高统治者清朝皇室帮助他们压倒洋务派来谋取资产阶级的利益。

二、思　想

（一）反对西方资本主义国家侵略的爱国思想

马建忠对于西方第一个向中国武装侵略的英国的认识是深刻的，他曾指出英国侵略行为是一贯的、阴险的。他从历史上列举英国伪善掩饰下的侵略行为。他说，“英人二百年来专假互助以吞噬人之土地”，英国曾“助”五印度，结果灭了五印度；曾“助”加拿大，结果戕害了加拿大；曾“助”土耳其，结果削弱了土耳其。英国是“豺狼其心”，“而犹自称秉理之民，守义之邦。噫！是直如欧人谓英王君相唯利是图，妄谈公德。其心则长蛇也，其口则羔羊也”①。

马建忠对于西方资本主义国家表示深切的痛恨，他充满了爱国的热情。他说：

> 今日之中国，其见欺于外人也甚矣。道光季年以来，彼与我所立约款税则，则以向欺东方诸国者转而欺我。于是其公使傲睨于京师以陵我政府，其领事强梁于口岸以抗我官长，其大小商贾盘踞于租界以剥我工商，其诸色教士散布于腹地以惑我子民。夫彼之所以悍然不顾，敢于为此者，欺我不知其情伪，不知其虚实也。②

西方资本主义国家口头上讲什么公法，而实际上是骗人的：

> 泰西之讲公法者，发议盈廷，非说理之不明，实所利之各异。……于是办交涉者，不过借口于公法以曲徇其私。③

马建忠看出了当时西方资本主义国家具有侵略的本质，不讲信义，欺我朝廷、官长、子民，怀着悲愤控诉的心情来提醒国人。当时的洋务派，像曾国藩之流无耻地称赞洋人占领过北京，对中国“可灭而不灭”，洋人掌握了中国的关税“可吞而不吞”，并以此为“大

① 《适可斋记言记行·记言·勘旅顺记》。

② 《适可斋记言记行·记言·拟设翻译书院议》。

③ 《巴黎复友人书》。

仁”“大信”。洋务派是卖国的，当时的改良派是爱国的。

改良派有反抗侵略的思想，这是进步的一面，但他们没有认识到中国反抗侵略应当走什么道路。他们错误地认为当时洋务派对外交涉失败只是由于不了解外国的情况：

> 士大夫中能有一二人深知外洋之情实而早为之变计者，当不至有今日也。①

中国士大夫不了解敌情而吃亏，这是事实的一面。如果进一步探究原因，就应当看到敌人敢于肆行侵略，主要是由于人民的力量没有发动起来。人民没有发动，所以被反动的官僚、反动的政府可以肆无忌惮地帮助“洋人”镇压人民。人民没有权，没有充分发动，即使真有“一二人深知外洋之情实”，也还是不能击退外来侵略的。在鸦片战争中林则徐的失败已足以说明这一点了。马建忠只看到上层士大夫个人的爱国作用，以为洋人“敢于为此者，欺我不知其情伪，不知其虚实也”，显然这个结论是不对的。

（二）富民说

洋务派提出“富国”“强兵”的欺骗人民的口号。马建忠从西方资本主义制度中学会了分析“强国”与“富民”的关系，指出“治国以富强为本，求强以致富为先”。他更进一步指出，致富首先要使民富。鸦片输入以前中国收入远不如鸦片战争以后，何以那时中国不贫呢？因为那时还没有大量的国际贸易。那时“以中国之人运中国之货以通中国之财”。那时国家的财富，“循环周复而财不外散”。到了

① 《适可斋记言记行·记言·拟设翻译书院议》。

鸦片输入以后，中国入口货增多，每年入超三千万，三十年来，财货外流，一去不返，所以民贫，民贫了国家就弱。

有了国际贸易，才使中国贫困。对于这一问题，当时有种种不同看法。顽固派（保守的封建地主阶级）怀恋着闭关时代太平盛世，他们反对国际贸易；洋务派不问人民死活，只顾开放贸易，以饱私囊。马建忠认为这两种认识都不对。他指出国际贸易不能抗拒，这是天下共同的趋势，只要善于掌握通商，对中国有利而无害。这是马建忠比当时洋务派及顽固派都高明的地方。他说：

> 通商而出口货溢于进口者利，通商而出口货等于进口者亦利，通商而进口货溢于出口者不利。彼英美各国皆通商，而进出口货不能两盈，故开矿以取天地自然之利，以补进出口货之亏；至地利不足偿，乃不惮远涉重洋，叩关约款以取偿于我华民。然则天下之大计可知矣，欲中国之富，莫若使出口货多，进口货少。出口货多，则已散之财可复聚；进口货少，则未散之财不复散。其或散而未易聚也，莫若采取矿山自有之财。采取矿山自有之财，则工役之散不出中国，宝藏之聚无待外求。[1]

洋务派也欢迎中外通商，但是洋务派不敢触动洋人的利益，他们是寄生在洋人的利益之下来图私利，对于本国出产的货物采取压迫的政策，对洋货则采取“保护”的政策。这是马建忠所代表的民营工商业者所极力反对的。因此，乘英人要求免除厘卡时，马建忠向李鸿章建议同时向英人提出增加洋货进口税。洋商“数十年吸中

①《适可斋记言记行·记言·富民说》。

国之膏血，官商贫富无不仰屋而嗟”。他深为华商所受压迫不平：

言利之臣，……以为多设一卡，即多一利源，不知税愈繁而民愈困，民愈困而国愈贫矣。盖财之于国，犹血之在身，血不流行则身病，财不流行则国病。①

乃洋商人内地，执半税之运照，连樯满载，卡闸悉予放行；而华商候关卡之稽查，倒箧翻箱，负累不堪言状，……律以西国勒抑外商庇护己商之理，又不啻倒行逆施矣。兹乘其欲免厘金，许我加税之机，仿照各国通商章程，择其可加者加之，以与厘捐相抵，然后将厘卡尽行裁撤，省国家之经费，裕我库储；便商贾之往来，苏其隐困。皆幸赖有此修约之转机也。②

外来制成之货中国亦出者，如洋布之类，应加重征，至值百抽十五之数，庶几中国产棉仿用机器织布，赀本虽重，亦可夺西人之利。③

闻之西人，谓中国税则增至值百抽十三，差可与厘金相抵，而西人欲停厘捐，有愿值百抽八者。今……一律减至值百抽十，外加各色杂捐，似可当厘金之入。即或不当厘金之入，而利权归我，农贾殷富，亦何靳此些须厘金培养国脉。④

夫不许通商，或可借以启衅；欲行增税，断难因之兴戎。不然，欧洲瑞士、比利时，蕞尔弹丸，介于大国之间，将无税之

---

① 《适可斋记言记行 · 记言 · 铁道论》。

② 《适可斋记言记行 · 记言 · 覆李伯相札议中外官交涉仪式洋货入内地免厘禀》。

③ 同上。

④ 同上。

> 可加，而国非其国矣，然犹可自立而度支不窘者，弱于势犹强于理。中国据理以争，何畏不情之请！美国税则最重，未闻有以加税与他国决裂者。此理光明正大，质之万国，无可置喙。[①]

他以为我们应当理直气壮地向英国提出增税，而畏葸媚外的洋务派头子李鸿章不敢这样做。他们不但不敢，而且利用厘卡以自肥，他们何尝会想到“利权归我，农贾殷富”？更何尝想到“培养国脉”？他们更不会想到“省国家之经费”，苏商贾之“隐困”。这种办法与洋务派的要求相反，当然洋务派不会采纳。

马建忠虽然已认识到西人的公法是块假招牌，他对于当时中国民营工商业者的要求也只能提出“据理力争”。他只说中国增税合理，外国不会因此而对中国用兵。说明马建忠也还是害怕外国兴兵，而是希望不会因此兴兵。这种思想还是软弱的。马建忠没有认识欧洲的比利时不是殖民地，比利时增加进口货物的关税与否，不会影响帝国主义的根本利益。中国增税则直接影响帝国主义的根本利益，没有人民的力量做支援，只凭交涉是不行的。

不过这种要求，是进步的中国资产阶级的要求，是符合广大人民利益的。软弱的民族资产阶级与洋务派相同之处，即是怕因保护关税而兴兵；和洋务派不同之处，在于为了民族资产阶级的利益提这一合理的要求。

马建忠除了提出保护关税的贸易政策，还提出发展国内工业，开发富源，开金矿，修铁路。他主张借洋债以修铁路，开矿山。“以商人纠股，设立公司，然后以洋债贷给公司。……如是数年之

① 《适可斋记言记行·记言·覆李伯相札议中外官交涉仪式洋货入内地免厘禀》。

间，即可转贫民为富民，民富而国自强。”“铁道专由商办，而借债则官为具保。如是则阳为借债之名，阴收借债之效。用洋人之本，谋华人之生。取日增之利，偿岁减之息。”铁道修成，可以“救患”，可以“节用”，可以“开源”。[①]

因为当时中国民间资本相当分散，无力单独承担大规模的工业建设，改良主义的思想家希望“用洋人之本，谋华人之生”，希望“借洋债为具保”。这也正是薛福成、马建忠等人改良主义思想的特点。而洋务派则在于借洋债以自肥、中饱，而不在于发展民营企业；民营企业的发展，反而对官僚资本不利，所以马建忠的建议，只不过是建议而已，当然不会得到采纳。

（三）对西方资本主义民主制度的认识

马建忠对于西方的政治制度比当时的洋务派的知识丰富得多。他曾指出西方各国的富强不在于有机器设备，而在于他们保护工商业者的一套政策、制度。他曾对李鸿章说：

> 近今百年，西人之富，不专在机器之创兴，而其要领专在保护商会。……忠此次来欧一载有余。初到之时，以为欧洲各国富强，专在制造之精、兵纪之严。及按其律例，考其文事，而知其讲富者以护商会为本，求强者以得民心为要。护商会而赋税可加，则盖藏自足；得民心则忠爱倍切，而敌忾可期。他如学校建而智士日多，议院立而下情可达。其制造、军旅、水师诸大端，皆其末焉者也。于是以为各国之政尽善尽美矣。及

① 《适可斋记言记行·记言·铁道论》。

入政治院听讲，又与其士大夫反复质证，而后知“尽信书则不如无书”之论为不谬也。[①]

他不只看到欧洲各国的富强，而且又看出其民主政治制度的虚伪的另一面：

英之有君主，又有上下议院，似乎政皆出此矣。不知君主徒事签押，上下议院徒托空谈，而政柄操之首相与二三枢密大臣。遇有难事，则以议院为借口。美之监国（按：马译“总统”为“监国”），由民自举，似乎公而无私矣。乃每逢选举之时，贿赂公行，更一监国则更一番人物，凡所官者皆其党羽。欲望其治，得乎？法为民主之国，似乎入官者不由世族矣。不知互为朋比，除智能杰出之士，如点耶诸君，苟非族类而欲得一优差、补一美缺，戛戛乎其难之。[②]

他指出了欧洲各国的假民主，完全是事实，也是欧洲的民主制度破产的明证。马建忠比当时洋务派、顽固派对西方文化的无知高明得多。资本主义的民主制度在欧洲尽管是已经暴露出它的腐朽性，而在封建制度严密笼罩之下的中国，民主制度还是必不可少的良药。马建忠从封建主义的立场批评欧洲的假民主，因而得出结论，错误地认为中国不必要民主，在这一点上，他与洋务派站到一起去了。他所向西方学习的，虽然不限于只学造船、造炮，他还学了国际公法、社会科学、自然科学，但是他没看到民主对于中国的积极作用。

① 《适可斋记言记行·记言·上李伯相言出洋工课书》。

② 《适可斋记言记行·记言·上李伯相言出洋工课书》。

马建忠不学习西方的民主，不只是由于看透了西方的民主制度是假的、是腐败的才不学，主要的是当时中国资产阶级还在萌芽的初期，极软弱，还在倚赖洋务派，还没有成为反封建的力量，不敢也不能提出政权的要求。他还是初期的改良主义的思想家，比后期的改良主义者更形软弱，所以只能对洋务派的主张做些补充修正。

（四）马建忠思想（早期改良主义）的特点——从洋务派到改良主义的转化

马建忠计划要写一部书——《闻政》。其中分为八项：开财源、厚民生、裕国用、端吏治、广言路、废考试、讲军政、联邦交。这书并未写成，从这一书的计划大纲中已可看出马建忠思想的全貌。

从洋务派分化出来的改良主义的思想不敢提出“民权”的要求，只能提出微弱的“端吏治”“广言路”等修正性建议。这说明当时的民营工商业者只能依附于当时的官僚统治集团，极谨慎而有限度地提出他的改良主义思想。但马建忠把“开财源”“厚民生”放在首要的地位，这又说明这一阶级尽管力量微弱，但还是有他的独立的阶级利益的要求，他们为了自己的阶级利益，想利用外资，发展民营工业；为了反对更为保守的顽固派（因为顽固派根本反对对外贸易，反对兴办工业），他们有与洋务派合作的必要。马建忠等人承认洋务派的基本方向，只是嫌洋务派做得不够，因而企图在洋务派的基础上做一些重要的修正、补充。

事实上，民营工商业者与洋务派（官僚买办阶级）毕竟是两个不同的阶级，其利益是有矛盾的。区别在于洋务派旨在“防民”，改良主义意在“富民”。洋务派是帝国主义的代理人，而改良主义还有从帝国主义经济压迫下挣脱出来的企图。洋务派与当时的腐朽的封建制度没有矛盾，而改良主义与当时的封建制度已蕴蓄着矛盾。因此，早期的改良主义虽然是洋务派中孵化出来的，而最后终于站在洋务派的对立的一方面，进而提出了政治上要求改良的主张，从洋务派中分化出来，成为独立的一股力量。

何启、胡礼垣的改良主义思想*

何启，字沃生，广东南海县人，留学英国十余年，受过系统的西方资本主义教育，归国后在香港做律师兼医生，曾任香港议政局员十余年。香港议政局是香港的议会的性质，由英国及其他国籍的绅商代表人物六人组成，何启是以中国籍的绅商资格参加的。他又是香港大学的创办人之一。1895年，孙中山广州起义，他曾给以协助。1900年，北方义和团运动，他曾奉英国驻港总督之命劝李鸿章联合孙中山成立独立政府，但未实现。以后他曾应清政府的聘请回国创办铁路、银行等企业，因与洋务派意见不合，不到两个月即辞归香港。他的著作多半用英文写出，由胡礼垣译成中文，加以阐释。他年龄略长于胡礼垣，生卒不详。

胡礼垣，字荥懋，号翼南，生于1847年，死于1916年。他是广东三水县人，出身于买办商人家庭，自幼住在香港，毕业于香港皇仁书院。他没有考过科举，但对中国经史等书读得不少。他创办《粤报》，译有《英例全书》，曾助英商在南洋北般岛上修建商埠。1894年中日战起，他正在日本，中国使馆人员撤退，因他在商

---

* 原载《中国近代思想史论文集》，上海人民出版社，1958年7月版。

界有威信，当时中国留日商民共推他代理神户领事。战争结束即返香港，他是港澳爱国工商业者中的知识分子。

何启、胡礼垣从1887年到1900年，先后共同发表了一些论文，其中包括1887年的《曾论书后》，1894年的《新政论议》，1898年的《新政始基》《康说书后》以及康梁维新运动失败后的《新政安行》，1899年的《新政变通》《劝学篇书后》《前总序》，1900年的《后总序》，这些论文汇编为《新政真诠》。

何、胡二人都是长期住在香港的中国人，他们受的是买办性的教育。他们的思想反映了中国由海外华商转化来的民族资产阶级的要求。他们在香港一方面看到英国资本主义的繁荣，因而羡慕英国资产阶级的经济制度；他们另一方面也看到海外华商遭受外国政府的压迫。他说："华商受亏，鲜能借中国之官伸理者。……出洋之民，初则见拒于美国，继而并拒于新山，而檀香山等处亦已效尤。地球虽大，华人之怀远志者将置身无所矣。其有执照准入境者，则必重抽身税。堂堂中华，其民竟欲比苴发重唇之族而不可得也!"[①]这是华商在外国得不到政府的保护，遭受欺压的悲愤的控诉。华商在国内也同样地受欺压，有重税的压迫，有厘卡的盘剥，"一货六税，天下罕见"。他感慨地说："以官为名，以民为货，……良民何不幸而为中国之民哉？"[②]

当时在政治上无权无势的民族资产阶级及一部分海外华商在国外受外国资本主义的压迫，在国内受到洋务派的官办工业或官督商办工业的压迫，他们希望中国有一个比较强有力的政府能够

① 《新政真诠·教忠篇辩》。

② 《新政真诠·曾论书后》。

保护他们在国内外的经济利益，他们要求为民族资产阶级的前途开辟道路。

早期的改良主义者，如薛福成、马建忠等，对洋务派还存在着幻想，希望洋务派纠正其“缺点”。何启、胡礼垣的时代，洋务派的卖国媚外的本质已更加暴露出来，中日战争后，“自强”的幌子已骗不了人民，而当时海外华商及国内的民营工商业的经济力量是已较早期有了增长（虽然还是很微弱的）。中日战后，帝国主义对中国的侵略已不限于商品输出，进而做资本输出，当时官办及官商合办的企业只有少数特权官僚从中得利，至于一般无权无势的普通工商业者，不但从中得不到利益，反而受到损害。正如何、胡所说的，“官督商办”的结果，利则归官僚中饱，“害则归商”。洋务派在帝国主义面前是走狗，而在民营工商业者面前是虎狼，他们凭借帝国主义与封建势力来限制民族资本的发展。而当时海外华商及由此转化来的民族资产阶级要求在新式企业中投资（如铁路、矿山），但一听说“官督”，“商民”就不敢“办”了。他们感到必须从洋务派的压迫下解放出来，才有出路。

他们认为“商民”若不在政治上取得发言权，即不能在经济上得到发展，于是他们畏怯地向当时的统治者提出了“民权”的要求。他们向洋务派抗议，向洋务派的思想支柱——封建思想做一定限度的抗议。他们希望在原有的封建制基础上做一些政治上的改良。他们也谈到这种改良是为了人民，他们心目中的“人民”主要是“商民”。

何启、胡礼垣自称其思想根本精神不外八个字：平理、近情、顺道、公量。他们说，现在有些人都在谈变法，还有人慷慨上书，甚至牺牲、革命（按：此指戊戌维新），这都是不了解形势而以

“躁进”的态度来对待这一问题。他们主张遇到双方发生争执，不要只站在一方面看问题，也要替对方设想。比如中国人受西洋人的欺凌，固然西洋人不对，中国人也有错误。我们自己有矿不开，自然难怪外人来开。至于改变政治也不要操之过急，不要“一意孤行”，总要“合情合理”。

当时正在萌芽的民族资产阶级的力量是软弱的，因此他们在强大的敌人面前，对帝国主义、对封建主义感到有反对的必要，但又不敢坚决反对，他们也知道“外人”“凌我华人”，但不赞成人民起来反抗，认为那是“招祸”；他们也知道封建思想束缚了新兴资产阶级的发展，但不主张违反“孔教”。由于这个阶级力量的薄弱，他们的政治要求也就表现得极有限度而不彻底。他们和其他的改良主义者一样，不是向统治者夺取政权，而是向统治者祈求开放一部分政权，以满足民族资产阶级的要求。但他们比早期的改良主义者进了一步，提出了民权思想。早期的改良主义，如薛福成、马建忠等人，连“民权”两字也不敢提。

他们在反帝反封建的思想斗争中看不到反封建的主要力量是农民，甚至害怕农民暴动，他们对太平天国革命及义和团运动采取敌视的态度，因此改革内政、反对侵略的愿望就落了空。

何启、胡礼垣在主观上只是为了初期民族资产阶级的利益，在客观上，他们既然提出反侵略、反洋务派（即官僚买办集团）及反封建主义的思想，哪怕是极微弱的呼声，也应该肯定其进步意义。因为这种思想在一定程度上符合于中国广大人民反帝、反封建革命运动的总要求。

一、对洋务派的抗议——改良主义的经济思想

1887年，曾纪泽用英文发表了一篇《中国先睡后醒论》，吹嘘中国的海军战船已很得力，足可以自强。曾纪泽说："治国者必先使外侮既绝方可内修国政，犹之治家者必先使壁宇完固方可条理家规。"至于"开机器局，修建铁路、开矿等富国利民"的事均可等待以后再办。

何、胡在《曾论书后》一文中，指出这种看法正是"本末倒置"，中国的危机主要在于官与民对立，而不在于缺少武器。"国之根本在于民，而民之身家托于官。官不保民，而民危矣；官反害民，而民愈危矣。""豺狼之噬人也犹有饱时，而官府之私囊无时可饱也；盗之劫人也犹有法治，而官府之剥民无法可治也。""根本浮动，国何以安？"他们认为这是"中国真忧之所在"。

他们指出国家的安危要看内政是否修明、人民是否幸福、君民是否融洽，更要看人民的利益是否得到保护。人民感到国家的利益与自己的利益一致时，国可以保。他说："国之所以自立者，非君之能自立也，民立之也。国之所以能兴者，非君之能自兴也，民兴之也。然则为君者其职在于保民，使民为之立国也。"国家首先取得人民对国家的信任，然后才能谈到富强。修铁路必须借外债，就证明人民对国家不信任。人民不是没有钱，可是怕洋务派的剥削，他们不愿投资。洋务派只知从借款中取佣金中饱而主张借外债修铁路、开矿山。使洋人掌握了中国的海关税饷作为借款的担保，等

于“居家开店”，“以管钥帐柜给人作按”，“是自不有其家、不要其店也。以海关税饷作按，是自不有其国、不有其民也”。“数十年之后，外国无取中国之名，而有得中国之实；外人无治中国之苦，而能收中国之财。是中国之君将欲求为守府之君而有所不得，中国之国将欲求为自主之国而有所不能也。”

洋务派为了“一己之私，而置中国之民于奴，奉外国之人为主”，“是直卖国而已，是直卖民而已”。借外债的结果，“所作而有利也，其利则专归于外人，是为吾民者不得而利之也；所作而有害也，其害仍取偿于百姓。”

他们在《新政始基》中也一再指出工商业只宜民营，不宜官民合办。因为官有权，民无权，“是非可否皆决于官”，而当时的官“于理财之事百计经营”，“而独于爱民一节置若罔闻”。洋务派勾结帝国主义，结合封建势力，对中国民营工业采取扼杀的手段，对于海外华商希望转化为民族资产阶级的要求采取拒绝的态度。他们洋务派自知官办工业的产品低劣，所以怕民间的工业的技术超过官办工业，一旦造起反来，官府没方法抵御。洋务派利用“官督商办”来取得私利，“以仇民之计为误国之谋，以假公之名为济私之实”。何启、胡礼垣给洋务派以无情的批评。

何启、胡礼垣再从官民的关系上指出“国之所以立者，唯民”，“而能为官固禄位保宠荣者无非民也，是有恩于官者莫民若也”。因而他指出官不但不应剥削商民，而应听令于民，应当“以民情为国脉”“以商旅作邦基”，这样，中国的民族工业必可“由剥而复，转废为兴”。“民气厚则国势张，财源来则国体立。”他们以为只有向这一方向发展才是中国自强的道路。[1]

以上所举这些思想正是反映了当时“大商巨贾，或曾作客外洋，或久在商途阅历而熟知时务者”走向民族工业的要求。他们的目的是自利，而他们的自利的要求在客观上与历史发展的方向是一致的。因为当时的民族资产阶级要求从帝国主义的压迫下、从洋务派的压迫下解放出来，对人民是有利的。

以上是他们的经济思想。

二、改良主义的民权思想

当时的民族资产阶级已较初期略有发展，薛福成、马建忠等人所代表的思想已不能满足于这一新兴阶级的要求。他们要求参加政权。他们一方面看到英、美各国资产阶级民主的先例；一方面又深感不取得政治地位，经济利益没有保障。他们提出了“民权”的要求。但是旧的封建势力还很大，张之洞曾以《劝学篇》的谬论，代表顽固封建势力向新兴的有民权思想的改良主义进攻。张之洞以“中学为体，西学为用”的反动口号迷惑了一部分人心，列举了清朝许多“良法善政”，“深仁厚德”，“证明”国人应以“保圣教”为第一义。他所谓“圣教”是“三纲”说，是替清朝政权找出不必改革的根据。封建主义最怕民权思想，所以他说“民权之说无一益而有百害”，而最大之害是“民权”可以“召乱”。张之洞

① 所引原文均见《新政真诠·新政始基》。

在《劝学篇》中曾说："方今中华诚非强盛，然百姓尚能自安其业者，由朝廷之法维系之也。使民权之说一倡，愚民必喜，乱民必作，纲纪不行，大乱四起。倡此议者岂得独安独活？且必将劫掠市镇，焚毁教堂，吾恐外洋各国必借保护为名，兵船陆军深入占据，全局拱手而属之他人，是民权之说固敌人所愿闻也。"

清朝的忠实奴才、垂死的封建制度的拥护者是多么害怕人民的力量！何启、胡礼垣的民权思想已经是极温和的要求，这一点极温和的要求也是顽固派所害怕的。

正在萌芽的中国资产阶级，面临着中国当前危机，他们敢于面对中国的危机提出他们认为合理的要求，这就是一种进步的表现。这一阶级尽管力量薄弱，但在当时不失为一种新生的力量，要使它得到发展，首先要求改良政治制度。他们说中国贫弱的根源就是"民无权"。他们说，权是人人本来就有的，不是人造出来的。天既给人以生命，就必然给人以保护生命的权利；天既给人以求生的资料，就必然给人以保护私人财产的权利。国君，凡是能实现民权以推行大经大法的，人民就拥护他；否则，人民就推翻他。拥护国君的未必是善，推翻国君的未必是恶。因为人民自顾生命，自保身家，完全是为了维护自己的权利。[①]根据以上的理由，他们说："天下之权唯民是主。"

他们看来，民虽有权却不能"自行其权"，必须选举君主"代民操其权"。君主若不能代民操其权，人民可以废掉他。中国古代"尧舜三代之隆，与近代泰西富强之本"，都是由于实行民权的缘

① 以上大意见《新政真诠·正权篇辩》。

故。他们在这里驳斥了“民权无一益而有百害”的谬论。

他们进一步指出君民的关系：“苟无民，何有国？苟无国，何有君？苟无议院，何有朝廷？是故庶民者，国君之所先也；议院者，朝廷之所重也。”议院的制度可保证民权的实行，“民权之复，首在设议院、立议员”，“议院者，合人人之权以为一国之用者也”。[1]

封建统治者不允许人民过问政权，妄称人民的衣食为君主的“恩赐”，何启、胡礼垣却说君是由民来养活的，君就应该给人民以权：“天下之事必以出钱者为主。”若只要人民出钱，而所办的事情反而不许出钱者过问，“是自古至今，普天之下所无之理”。人民出了钱，就有权过问政治。

他们又说所谓“民权”，不是使君民对立，而是为了使君民的关系调和得更好。中国之弱是由于“君民隔绝”，开议院可以使“君民一体，上下同心”，他们提倡民权不是为了消灭君主制度，而是要在现存的君主制度下得到一些改良。他们为了不使统治者害怕，声明“民权之国与民主之国略异”。这也正说明了当时萌芽的资产阶级力量薄弱，对封建势力的妥协性。这也正是改良主义的特点。

这种民权思想反映了他们这一阶级为了经济的利益而提出的政治要求。他们认为“不设议院则民无以兴其业”。议员的资格是“商民贾富之家皆得为议员”。他们很羡慕外国的资产阶级享有民权，才可以致富、得名、得利。“外国凡铸造枪炮各大工厂，制造

① 《新政真诠·正权篇辩》。

铁鉴诸大船澳，其主人不特能图大富，而且坐致大名，袭爵封君，利赖勿替。以所作之物能护国卫家也。唯其以民权之理明故也。”[①]相反，当时中国的资产阶级却受到完全不同的待遇。倘若在中国也有豪富从事这些工业制造，“不特破家，且干宪典”，“其人必不免于刑戮矣”[②]。

洋务派借口“自强”以济其私，何启、胡礼垣以为真正的自强之道绝不是“西学为用”者所谓造船、练洋操，要紧的是学习西方资产阶级的民主制度，用民主制度来保障资产阶级的利益。为了达到这个目的，他们提出“民政为本、军政为末，内政为始、外攘为终”[③]的口号，“民权愈盛，其国愈强”[④]。他们提出了“变法”的要求：“中国宜变之法何哉？曰君民隔绝，其法宜变；……商务无权，其法宜变。”又说：“变隔绝，则应设议员。变商务，则应去官督。……变法者，非徒设各项机器厂之谓也。机厂者，皮毛耳，上各事则命脉也。命脉不变，皮毛宜其无所济也。”[⑤]

这就是何启、胡礼垣的政治思想的主要内容。资产阶级的民主制度在当时的欧洲，在先进的工人阶级面前已暴露其反动性，但在东方的中国，有人不满于顽固的封建制度能够提出“民权”的口号，却是进步的。

---

① 《新政真诠·正权篇辩》。

② 同上。

③ 《新政真诠·新政论议》。

④ 《新政真诠·劝学篇书后》。

⑤ 同上。

三、对封建文化的抗议

在何启、胡礼垣的时代，封建主义的思想意识在广大人民间还占着统治地位。在封建社会中主要生产者是农民。商人只管贩运，不事生产。何启、胡礼垣的时代，“商”的意义除了贩运货物，还包括“企业”“工业制造”等内容。他们提出要使国家富强，要把旧日的“士农工商”的“四民”的次序改为“商农工士”。在封建的生产关系中，地主阶级依靠剥削农民来维持其生活，不必费心思经营，自然不忧衣食，所以他们可以欺骗劳动人民，使他们不必争“利”。地主阶级希望维持其封建剥削关系万世不变，因而制造出“三纲”的道德条文，规定了君对臣、父对子有绝对权威。垂死的封建统治者害怕新事物，他们怕谈“变”。何启、胡礼垣对这些顽固守旧思想提出了抗议。

（一）对“三纲”说的批判

何启、胡礼垣指出“三纲”说与“五伦”说的区别：“‘三纲’之说非孔孟之言也。商纣无道者也。而不能令武王为无道，是君不得为臣纲也。”[①]“汉宋之学重‘三纲’，泰西之学重‘五伦’。重‘三纲’者有君无民，重‘五伦’者君民兼顾，此君权民权之别，中外学术所由分也。”[②]何、胡认为“三纲”是封建社会的

① 《新政真诠·教忠篇辩》。

② 《新政真诠·前总序》。

下级对上级片面服从的道德标准，“五伦”是封建社会的上级与下级、人与人之间相互的义务标准。他们认为“五伦”是正确的道德标准，君臣、父子之间有义务，但是是相互对峙的。这里反映了改良主义思想家反抗封建道德的进步的一方面，同时也反映了他们对封建君臣关系的妥协态度。尽管如此，他们对于当时深入人心的片面服从的封建道德起着一定的摧毁作用。

张之洞无耻地教人忠君，教人“君臣同心”，教人爱清朝皇帝。何启、胡礼垣说：“亲亲长长而天下平，非专为子弟言之也。……君不君则臣不臣。……不能舍其君而专责其民也。”“三纲”说实行的结果就是“君可以无罪而杀其臣，长可以无罪而杀其幼”，等于提倡“勇威怯，众暴寡，贵陵贱，富欺贫”，其结果必使中国走向野蛮的道路。他以封建社会的道德“五伦”来对抗封建社会的道德“三纲”，说明他们虽然不赞成片面服从，不甘心完全做君主制度下的奴隶，但他们还不肯背弃君主制度。他们的反抗是极有限度的。

（二）资产阶级的个人主义思想

何、胡一再指出中国古代“圣人”不讳言利，不讳言富，所以中国古代的政治清明，号称盛世。他们认为求利是人的天性。自己为自己打算叫作“私”，这是极正当的，而且是人人都有的要求。洋务派假公以济其私，又不敢公开讲“私”，这是虚伪，这是借此掩盖一人之私。“如今日言，则家不妨私其家，乡不妨私其乡，国不妨私其国，人亦不妨私其人。”“但能合人人之私以为私，于是各得其私，而天下大治矣。各得其私者，不得复以私名之也。谓之公焉可也。但能不以己之私夺人之私，不以人之私屈己之私，则国家亦无患其不富，并无忧其不强。”[①]他们看来，人人各得其私，天下就为公了。

何启、胡礼垣所谓“私”，在当时是反抗封建集体主义，个人要求解放的进步思想。在封建专制统治下，只有统治者有发言权，他们的私也成为“公”。而无权无势的小人物的利益根本被抹杀，谁要过分强调个人利益那就是“大逆不道”。个人的思想与行动也是不自由的，个人只能作为“臣”“子”“奴”“仆”而生存，而没有自由的个人。何启、胡礼垣所代表的无权无势的工商业者的利益也正是在不合理的封建制度下的受限制者的利益，而他们的“私”的利益在当时得不到重视。何启、胡礼垣提出“人人各得其私”的说法，在当时是大胆的，也是进步的。

这里所说的“私”，也相当于西方资产阶级的“自由”的意义。他们说“里勃特”日本人译作“自由”，“自由”容易使人误解为不服管束，离经叛道，他们怕触犯了封建统治者的忌讳。这也说明了在反封建思想斗争中他们所表现的怯懦、软弱。在《正权篇辩》中说：

> 人人皆欲为利益之事，而又必须有利于众人，否则亦须无害于众人。苟如此，则人人之所悦而畀之以自主之权也。一乡之内人人有自主之权，则其俗清；一国之内人人有自主之权，则其国宁；环宇宙之内人人有自主之权，则天下和平。民权之说如此，自主之说如此。

① 《新政真诠·正权篇辩》。

这里曲折地引用了古代的“圣人之言”作为护符，借以表明他们的思想并不违背圣教。从这里固然说明他们思想的进步性，同时也说明了他们思想的妥协性。

（三）反对宗经的思想

顽固保守势力利用“六经”的条文以抗拒新思想，“六经”对顽固派、对封建统治阶级是最好的工具，被用来禁锢人民的新思想。何启、胡礼垣当时不反对孔子，借孔子作为掩护来证明“六经”不应拘守，因为孔子也反对宗经。他们反复指出经学不但不能致用，反而成了新思想的障碍。以“六经”教人，只能耗人精神，使人学了一堆几千年前早已过时的知识，有什么用呢？他们以为倒不如秦始皇焚书的办法对于泥古不化的人更有用些。

他们说，孔子不但不教人宗经，相反地却教人不要宗经。孔子删改过《诗》《书》等经，足见孔子主张“使经宗我，使经我用”。孔子对《易经》不但未加删改，反而大力注释，补充《易经》的道理正是重变化，反对保守。孔子推崇《易经》，其主要原因就在于《易经》“以无常法为常法之常法”。他们认为孔子若生在当今时代而当权时，孔子一定比俄国彼得大帝更加注重造船，也一定注意兴办工业。真正的“圣人之徒”一定主张变法。[①]

他们又说，要变法必学习西洋的学问。“唯其愈救时，是以愈求西学。唯其愈深西学，是以愈能救时。”他们反驳那些以为“西学愈深，则其疾视中国亦愈甚”的顽固思想。他们说顽固分子，连张之洞等在内，由于“先有中学之见横梗胸中”，所以仿效西法归

---

① 《新政真诠·前总序》。

于失败。他们不能看出张之洞等人的“西学为用”，其目的正是为保持中国旧的封建君主专制制度；他们学习西方的“洋务”，正是为了防止西方民权思想渗入中国人心。张之洞等人的罪恶还不在于对“西学”的认识错误，而在于有意地为反动的清朝皇帝服务，有意地打击进步的思想。

他们不仅指出张之洞等“中学为体，西学为用；中学为本，西学为末；中学为经济，西学为富强”的思想是错的，他们又揭发了当时流行的学问，其内容不外“浅陋之讲章，腐败之时文，禅寂之性理，杂博之考据，浮诞之词章”，这些学问完全不能解决当时中国的实际问题。“宋代理学如朱子者，强国学之必致于衰，弱国学之必致于灭。非惟不可以救当时，而且足以累后世”，因此他们主张废科举、兴学校，按照资产阶级的要求来培养人才。

他们反对宗经，敢于指出拘守封建时代的“六经”有害，主张学习西方的实用科学，这在当时是进步的思想。这些思想都对保守思想起着一些破坏作用。但他们不反对孔子，也不怀疑封建制度，这又表现了他们的改良主义的妥协性的一方面。

四、对帝国主义的认识

从鸦片战争到中日战争，中国遭受到更深的民族灾难，面临瓜分的危机。帝国主义者纷纷在中国划分势力范围。这种情况是广大人民所不能容忍的，这种情况也直接打击了刚萌芽的民族资产阶级的经济利益。何启、胡礼垣为了本阶级的利益，他们以沉痛的心情叙述出当时中国面临的危机："方今中国东三省以及山东、云南、广西、广东铁路矿务之利权，旅顺口、大连湾、威海卫、广州湾水道门户之险要，俱已归于外人！……叹时事之日非，伤神州之板荡。……冀其殷忧启坚，多难兴邦耳！"[①]

他们不仅看到当时中国民族所处的危机，同时也初步看出了帝国主义侵略对中国的不利。当时外国资本向中国侵入，表面上好像帮助中国建设，有些外国人也很"热心"地为中国计划着开发富源，借款给中国。他们警惕地指出："彼洋人者，岂真欲固我邦家，安我黎庶哉？果其意出于此，则借款之立必无出入折扣、低昂利息、经纪剥削、核算金镑等事。"[②]洋人"所放在利，所侵必权；所侵在权，所据必地，所奴必民"。他们在《新政安行》中指出帝国主义侵占中国领土的目的不只因为这些国家本国有人满之患，而是为了掠夺中国人民的利益，所以帝国主义要在中国"开铁路"，"广轮舶"，"辟矿产"[③]。

帝国主义既然为了侵略，到中国开矿、修铁路，何、胡以为中国为了防止侵略，必须自己主动地先开办这些工业，"亟亟为之，以绝其望"。他们对帝国主义没有足够的认识。由于在思想上受了帝国主义的教育的毒害，以为帝国主义所讲的公开市场、公开竞争是帝国主义的真话，以为外国与中国通商是"公其物、利其事"。倘若中国有矿而自己不来开采，又不允许外人来开采，这是"不公其物、不利其事"，既然"不便于人，人皆得而责之"。中国有

① 《新政真诠·新政论议》。

② 《新政真诠·新政安行》。

③ 同上。

矿，外人“不来取者，原情之说也；其果来取者，执理之说也”。这种论调与帝国主义分子李提摩太、丁韪良等竟完全一样！

何启、胡礼垣对帝国主义认识不正确，这只是问题的一方面。另一方面，主要的原因是他们代表一部分买办商人的利益。这些人在经济上对帝国主义有一定的依赖性。他们怕洋务派的剥削因而不敢对中国投资，他们深知洋务派怕“洋人”，他们主张中国的新式企业最好多招洋股，有了洋股，中国人也可以放心入股，就不怕洋务派的欺压了。这正是反映了他们的买办思想。他们长期受英国的教育，依赖英国势力长期住在香港，他们对英帝国主义存着幻想：“瓜分之说，英虽从长计议，未便允许。然若中国纪纲终堕，不能与英深期结纳，协力维持，则鹿失中原，逐之者众。英虽盛强岂能止各国之争？既不能止其争，必将自顾其利，四分五裂，势所必然。”[①]他们错误地认为英国未曾参与瓜分中国的阴谋，这显然是荒谬的见解。他们不认识帝国主义之本质，相信帝国主义是“文明”的，并相信国际公法是西洋各国奉行不渝的真理：“西人性理之书最有用者唯有公法。公法之存心也忠而恕，其持论也公而平，其言事也详而辩，其说理也质而真。”[②]他们错误地认为中国对外交涉吃亏是由于不懂得国际公法；帝国主义侵略中国是由于中国自己不争气；外国人在中国不遵守中国的法律是由于中国法律定得太严酷，若能参照外国法律，把中国的法律定得宽一些，“洋人”也可以遵守中国的法律。

何启、胡礼垣未尝不感到帝国主义对中国的压迫，他们也提到

---

① 《新政真诠·劝学篇书后》。

② 《新政真诠·新政始基》。

过海外华商遭受欺凌，但又因为他们对于帝国主义者有一定的依赖性，所以他们的对帝国主义的认识极为模糊。他们羡慕帝国主义的“文明”，震慑于帝国主义的武力。既然看不见人民的力量，自然他们会感到帝国主义的武力不可抗拒。在《康说书后》中充分表明了他们思想中的买办性。

中日战后，康有为在保国会的演说中号召国人拒和，对日继续作战，提出“保国”“保种”的口号。康有为从地主阶级的立场警告国人，他说香港的华人最尊贵的只能做外国人手下的“买办”，而不能做“大班”，“印度被灭，无所六等以上人者”，“观分波兰事，胁其国主，辱其贵臣，荼毒缙绅，真可为吾之前车哉”。“若使四万万人皆发愤，洋人岂敢正视乎？”康有为提出“自强”“变法”，“责在士大夫”。这一篇慷慨激昂的演说虽然从地主阶级士大夫的立场发出发愤自强的号召，但也反映了当时广大人民的反侵略的爱国热情，在当时产生了广泛的振奋人心的影响。康有为的这种坚决抵抗的精神惊动了何启。何启害怕康有为这种过激的言论，他授意胡礼垣作《康说书后》，驳难康说。《康说书后》表现了何启、胡礼垣对帝国主义的依赖性、妥协性，又一次表现了何、胡的“平理、近情、顺道、公量”的妥协思想。他们对国内的洋务派及封建制度曾提出过一定程度的反对的主张，还有一定的斗争勇气，而在帝国主义面前成为懦夫。

何启、胡礼垣在《康说书后》中替帝国主义的侵略寻找借口，他们说印度“无六等以上人者”，是由于印度人“不好学”，能力低，香港华人很有社会地位，做“大班”的人很多，甚至有人在香港政府“身兼七八职者”（按：指何启）。何启、胡礼垣不可能看到中国四万万人会有反帝的力量，只感到中国的封建势力敌不过洋人的武力，所以极怕因反对帝国主义的侵略而招出麻烦来，更怕提到“发愤”的字样。他们指出鸦片战争就是由于“激于义愤”“不自量力”才招致失败。他教人“谦虚戒慎”，因此，他们原谅历史上降敌求和的秦桧，说他“非不忠于宋”；反对“不自量力”坚决抗敌的文天祥。他们说，文天祥受了宋朝君主的恩惠，他个人誓死抗元倒也没有什么不应该，但文天祥不该率众抗元。文天祥说：“乐人之乐者，忧人之忧；食人之禄者，死人之事。”可是“天祥之乐”并非得自宋君，“天祥之食”也非得自宋君，都是得自人民，“而乃杀数十万民”以报君，“吾知孔孟必无是道也”。“杀身以成仁可也，杀民以成仁不可也。舍身以取义可也，杀民以取义不可也。”①

文天祥率民抗敌，体现了广大人民反侵略的要求。文天祥所以成为宋朝的民族英雄，并非只是为了报个人的私恩，数十万人跟他一齐杀敌，一同成仁取义，不是人民受文天祥的“利用”。何启、胡礼垣把商民个人的利益看得比祖国的利益更重，这是不对的。固然，当时何启、胡礼垣的时代，异族统治、腐败透顶的清朝政权对于一些无权无势的商民来说没有什么可爱，不值得为清朝效忠。但是当半殖民地的中国遭到民族危机时，号召人民群起抗敌，完全是正义的。何启、胡礼垣只看见帝国主义的强大，认为反抗帝国主义会使中国之民“将欲居覆屋、在漏舟、作犬羊、为奴隶或亦不可再得”，竟认为发愤抗敌引起的结果比做奴隶还坏，这完全是买办

① 《新政真诠·康说书后》。

思想。他们所关心的只是眼前的最切身的利益，至于广大人民的长远的利益，他们并不关心。中日战后，三国干涉赎回辽东半岛，他们觉得不合算，他们说："何必从日本人手中赎回来，留给将来俄国人再来夺取呢？"他们还相信帝国主义中间有真正的"公道"："平壤既战而后，使各国肯出一言，则必无旅顺威海之失。"中国平日对帝国主义"诚意不孚"，所以失败。

五、何启、胡礼垣思想的估价

何启、胡礼垣为了正在由海外华商转化来的民族资产阶级的利益而提出了他们的经济政治的要求，而这些要求也就是当时的民族资产阶级的要求。他们有一定的反帝的情绪，但对帝国主义是害怕的，他们并不积极反帝，他们的买办性决定了他们对帝国主义的妥协态度。他们也是反封建主义的，由于阶级力量的薄弱，他们不可能有彻底的反封建的思想。因为看不见农民的力量，甚至对农民采取轻视的态度，所以他们不是向统治者夺取政权，而是向统治者祈求开放一部分政权，以满足民族资产阶级的要求。

他们鼓吹西方资产阶级的政治制度，揭发封建制度的腐朽情况，暴露了洋务派的反动面目，反对顽固保守的封建思想，提倡向西方学习，这些思想在客观上对戊戌维新运动起了配合的作用，对后来的辛亥革命也起了一定的帮助作用。

现当代诸子

鲁迅同中国古代伟大思想家们的关系*

中国文化革命的主将、伟大的思想家、伟大的革命家鲁迅离开我们整整二十年了。在这二十年的时间里，我们不但取得了鲁迅所向往的使全国人民能够生存、温饱，而且向着更美满、更广阔、更崇高的人类共同的理想——社会主义和共产主义社会迈进。

我们今天所获得的胜利中也有鲁迅的伟大功绩。在过去的艰苦的岁月里，鲁迅曾分担了人民的苦难，领导文化界向反动势力进行斗争。为了纪念我们的伟大的导师，我们有更深入地向鲁迅学习的必要。

在"五四"以前，作为旧中国的启蒙思想家，鲁迅是中国的柏林斯基；在"五四"以后，直到鲁迅的逝世，作为在马克思主义领导下的文学家、思想家，鲁迅是中国的高尔基。因为鲁迅所探索的中国革命、进行革命斗争的道路，就是中国人民探索革命、进行革命斗争的道路。"鲁迅的方向，就是中华民族新文化的方向。"②

鲁迅永远活在中国人民的心里，就在于他的一生和中国人民反

---

* 据《中国哲学史论》。原载《科学通报》1956年第10期。

① 《新民主主义论》,《毛泽东选集》第二卷，人民出版社，1966年7月版，第658页。

帝反封建的斗争相结合，他和广大人民共患难、同命运。他是在历史悠久、文化遗产极丰富的土壤里哺育成长起来的，也是在旧中国这块灾难深重的土壤里磨炼出来的。

任何思想的产生都不能脱离了培育它生长的土壤。鲁迅曾受过西方进步的资产阶级革命思想的激荡，受到近代科学训练和苏联进步作家的影响，接受了达尔文主义。这些条件对鲁迅来说都是非常重要的，也是大家所熟知的，现在不在这里谈。这些条件都只能作为构成鲁迅的革命思想的外因，不通过内因，只有外因就不会起作用。

什么是决定鲁迅的哲学思想发展的内因呢？

决定鲁迅革命思想发展的道路的是旧中国半封建半殖民地的社会条件和中国固有的优秀的民族文化传统。关于社会条件，这里不准备多说，瞿秋白同志的《〈鲁迅杂感选集〉序言》[①]已做过深刻而正确的说明。本文只着重谈谈鲁迅和中国民族文化继承和发展的关系。

鲁迅先前在人民大众的反帝反封建的革命浪潮影响下，后来在党的领导下勇敢地担任了向封建主义、帝国主义战斗的任务。在这一艰巨的思想战线上，为了打垮敌人的反扑，他不得不深入中国优秀的文化传统中摄取营养，积蓄力量。残酷的革命斗争的实践，逐渐使他学会了怎样打击敌人；优秀的文化遗产，帮助了他从敌人的内部更有效地挖空了敌人所凭据的思想堡垒。如果忽视了中国民族文化传统中的进步思想对鲁迅的思想所起的巨大作用，就会妨害对鲁迅的全面的认识。

---

① 《瞿秋白文集（二）》，人民文学出版社，1953年7月版，第977页。

哲学史上无数的事实早已证明了任何新思想的产生一方面有它的阶级基础，一方面有它的思想传统。鲁迅的哲学思想的发展也不例外。我们怎样理解文化、思想的继承性呢?

从哲学史上看来，思想斗争从第一天起就有进步与保守思想的斗争、唯物主义与唯心主义的斗争。这两条路线贯串到底，不但过去、现在是这样，将来的共产主义社会，阶级消灭了，思想斗争也还存在。[①]毛泽东同志指出："我们是马克思主义者，我们不能割断历史。"在古代阶级对抗的社会里，两种文化经常斗争的阵线是：一边是为剥削阶级服务的文化和思想体系，它和广大人民的利益处在对立的地位；另一边虽然也是剥削阶级中的人物所创造的文化和思想体系，但是这种文化和思想体系和广大人民的利益息息相关，它是为人民所关心的，是属于人民的。它也是促进进步的新文化、新思想产生的真正源泉。鲁迅的革命思想显然是属于后一种体系，而不属于前一种体系。

富有革命性的、进步的思想体系经常和它当时占统治地位的保守的甚至反动的思想体系做斗争。革命性的、进步的思想经常被正统派指为"叛逆""异端"，因而被压制。就像压在巨石下的斜逸横出的古树，环境尽管对它不利，可是它有顽强的生命力，任何力量也压制不住它的生长，"正统派"的保守思想不能消灭它。鲁迅曾说过：

> 幸而这一类教训（按："这一类教训"是指的"正统派"的保守思想）虽然害过许多人，却还未能完全扫尽了一切人的

① 参看《人民日报》1956年4月5日《关于无产阶级专政的历史经验》。

天性。没有读过“圣贤书”的人，还能将这天性在名教的斧钺底下，时时流露，时时萌蘖；这便是中国人虽然凋落萎缩，却未灭绝的原因。[①]

当然，这种在“名教的斧钺”底下萌芽的思想，腐朽了的剥削阶级的老爷们是看不惯的，因为它有几分“二心”，对“名教”有危害，只能被指为“异端”。鲁迅的革命性的思想，如果我们要指出它的继承性，那么他所继承的恰恰就是一向被剥削阶级的反动统治者看作怀有“二心”的“异端”的传统。鲁迅之所以遭到“正人君子”和“卫道者”们的“围剿”，事情一点也不奇怪。因为这两种传统从来就是敌对的。

有些人仅仅从鲁迅著作中的字句着眼，认为鲁迅既然是一个革命者，就要打破一切传统，不要任何凭借，反对一切过去的东西。我们试翻开鲁迅的著作看，的确有推翻一切的话。比如鲁迅就说过：“我们目下的当务之急，是：一要生存，二要温饱，三要发展。苟有阻碍这前途者，无论是古是今，是人是鬼，是《三坟》《五典》，百宋千元，天球河图，金人玉佛，祖传丸散，秘制膏丹，全都踏倒他。”[②]鲁迅也曾说过“少看中国书，其结果不过不能作文而已”，鲁迅以为“去读古书，却比不能作文之害还大”。[③]

那些民族虚无主义者鼓吹打倒一切，自称是鲁迅思想的继承

---

① 《我们现在怎样做父亲》,《鲁迅全集》第一卷，人民文学出版社，1956年10月版，第252页。

② 《忽然想到》,《鲁迅全集》第三卷，人民文学出版社，1956年10月版，第36页。

③ 《答“兼示”》,《鲁迅全集》第五卷，人民文学出版社，1956年10月版，第287页。

者，对民族文化遗产采取一脚踢开的态度，这是极端反动的。我们仔细读过鲁迅的著作，就会知道在文化遗产的继承问题上，鲁迅是最能吸收和发扬民族文化遗产的优秀传统的。鲁迅是爱国主义者，是民族虚无主义的敌人。但是鲁迅所继承的，乃是一向为“正统派”所鄙视、所压制的“异端”思想。鲁迅说得很清楚：“我们从古以来，就有埋头苦干的人，有拼命硬干的人，有为民请命的人，有舍身求法的人。……虽是等于为帝王将相作家谱的所谓‘正史’，也往往掩不住他们的光耀，这就是中国的脊梁。”[①]

事实已说得很清楚了，丧失了民族自信心的人，安心出卖祖国文化、在思想上做了帝国主义和封建主义奴才的人，绝不能继承中国文化遗产。鲁迅是最爱国的，是最尊重文化遗产、最有资格接受文化遗产的人，他所继承的不是什么帝王将相们所谓“正统派”的思想，而是真正的“中国的脊梁”。这种思想是中国传统文化的支柱。

在中国古代思想中哪些是我们的优良传统？

毛泽东同志曾指出过，在几千年的封建文化中有“封建性的糟粕”，有“民主性的精华”。精华，就是唯物主义的思想、科学思想或者是为科学开辟道路的思想传统，反权威、反压迫的传统。中国古代文化中糟粕和精华的区别，鲁迅有极深刻的认识。中国古代许多伟大思想家经常在鲁迅的笔下出现，并通过他的批判取舍，把精华部分介绍给读者，也把糟粕部分给以揭露。有些思想家遭到鲁迅的讽刺和嘲笑，有些思想家通过艺术形象得到表扬。但是我们还不能简单地从文句上的批判和表扬来区别鲁迅继承的是哪些思想，

① 《中国人失掉自信力了吗？》，《鲁迅全集》第六卷，人民文学出版社，1956年10月版，第92页。

反对的是哪些思想，仅仅这样还是不够的。

例如在字句上，鲁迅曾对影响最大的思想家孔子在许多地方采取攻击的、否定的态度。如果从字面上做这样的理解，就会完全和鲁迅的真正见解相反。因为鲁迅和反动思想做斗争的时代，封建主义和帝国主义结成联盟，打起“保存国粹”的招牌，为封建道德张目，不但遗老们要祭祀孔子，民国成立后的教育部也要派鲁迅这些职员们向孔子的牌位磕头，北洋军阀拟定的伪宪法草案上居然规定“以孔教为国教”，连洋博士胡适也在“整理国故”，这些新文化的敌人几乎拿出全部力气向新文化反攻。他们都在利用孔子作为工具，就连无耻的袁世凯和流氓土匪头子出身的军阀张宗昌们也“把孔夫子拿出来当砖头用”。鲁迅看得很清楚，这些魔鬼们和他御用的文人越要高举“孔夫子”这块“圣人”招牌来反对人民革命，而鲁迅“要打倒他（按：“他”是作为招牌用的孔子）的欲望也就越加旺盛”。鲁迅所攻击的不是两千多年前的孔丘，他所攻击的是反动势力所崇拜的偶像化了的“圣人”。因此，鲁迅的笔下有时故意对孔子来一点“不恭敬”，使得那些道学先生们在鲁迅的嘲笑下更加显得狼狈。孔子虽然是中国一个伟大的教育家，但也存在着很多缺点，从科学的态度着眼，为什么不能批判呢？事实上，“五四”前后新文化革命高潮时期，新思潮以排山倒海的压力摇撼着封建文化的堡垒，而封建文化也据垒顽抗的时候，当时实在不可能对孔子的思想做出全面性的分析。因而反对孔子的理论中有些是偏激了些。尽管有些偏激，但为了向旧文化进攻，在战略上还是正确的。鲁迅和其他新文化的战士们打击那被反动派哄抬为“大成至圣文宣王”，向“道冠古今”“德配天地”的神像抛几块砖头不但是可以，简直应该这样做。这种神圣化了的孔子不但鲁迅要反对，就是今天要写哲学史也不允许把孔子哄抬到神圣的地位，虽然孔子有许多伟大的贡献。鲁迅对孔子的估价是相当公允的。他说他反对孔子的理由是由于当时许多人“把孔子装饰得十分尊严时，就一定有找他缺点的论文和作品出现。即使是孔夫子，缺点总也有的，在平时谁也不理会，因为圣人也是人，本是可以原谅的”①。

在另外的地方，鲁迅对孔子哲学思想中的积极进取的人生态度是肯定的。他说：“至于孔老相争，孔胜老败，却是我的意见：老，是尚柔的；‘儒者，柔也’，孔也尚柔，但孔以柔进取，而老却以柔退走。这关键，即在孔子为‘知其不可为而为之’的事无大小，均不放松的实行者，老则是‘无为而无不为’的一事不做，徒作大言的空谈家。……于是加以漫画化，送他出了关，毫无爱惜”②。

从以上的论述中，不难看出鲁迅认为孔子是一位“知其不可为而为之的事无大小，均不放松的实行者”。对于孔子这个人，学术界一直有不同的评价，这是一个值得讨论的问题。鲁迅对孔子在封建社会中的偶像地位，主张坚决打倒。仅就孔子与老子相比较，鲁迅对孔子的“以柔进取”比老子的“一事不做”，还是给以较多的肯定的（至于孔子是不是如鲁迅所指出的“以柔进取”，还可以讨论，这里可以存而不论）。对老子的学说，现在还没有得到一致的结论，他的“无为而无不为”是不是“一事不做”，这个问题还在

① 《在现代中国的孔夫子》，《鲁迅全集》第六卷，人民文学出版社，1956年10月版，第253页。

② 《〈出关〉的“关”》，《鲁迅全集》第六卷，人民文学出版社，1956年10月版，第425页。

研究中。但是，老子的思想确实有它的消极退守的缺点。这种缺点也确实给中国人民留下了许多不好的影响，鲁迅反对老子的这一方面完全是应当的。

墨子是中国人民所熟悉的另一个伟大的思想家。鲁迅在《故事新编》中曾生动地、忠实地用艺术的形象的手法使这位思想家重现在读者的面前。鲁迅集中写出墨子为了宋、楚两国人民的利益，以十日十夜的时间徒步从鲁国赶到楚国，用他的智慧和勇敢，折服了好战的楚王和贪功的公输般。这是在中国人民中间流传了几千年的故事。通过鲁迅笔下的墨子形象，使读者认识到墨子的英雄形象是可敬的。墨子一贯反对不义的侵略战争，但他不向侵略者乞求和平，而是靠自己的力量保卫和平。可见中华民族爱和平、反对战争是有它的优良传统的。而对待好战分子的态度又表现了中华民族的坚强的性格。鲁迅的憎恨历史上侵略者奴役人民的暴行，鲁迅的艰苦朴素的生活，对劳动人民的关怀，在一定程度上接近墨子（事实上，墨子这种思想，并不看作他个人的思想，应当认为他体现了中华民族优良品质的一部分）。我们只要翻开鲁迅的著作，随处都使人感到他对帝国主义侵略行为的憎恨，他对卖国投降者的痛斥，他对那些“媚态的猫”、为敌人驱使的“乏走狗”是怎样的鄙视，使我们感到做一个真正的中华民族儿女又是怎样的值得自豪。爱好和平、保卫和平的决心和信念是中华民族几千年来的优良传统。鲁迅继承了这一传统。

中国古代另一个伟大思想家庄子，对鲁迅的影响也是深刻的。

鲁迅在他的故事新编中嘲笑了庄子的“无可无不可”对于是非、真假都无所谓的、模棱两可的态度。在鲁迅的天才的笔下，似乎使得飘飘然曾化为蝴蝶的庄周，在现实生活面前，不能模棱、无法“无可无不可”的时候，不得不显出“窘急”，使他不得不从所谓“超脱”的空想中还原为一个普通的人。像这种“无可无不可”，“彼亦一是非，此亦一是非”的相对主义，确实是庄子思想中主要落后的一方面。它反映了悲观失望，看不见前途的自我陶醉的消极思想，这种思想是有害的。

是不是鲁迅对于庄子的思想没有吸收呢？也不是的。庄子的思想中也还有它的进步的一方面。比如庄子对当权派富贵的轻蔑；对盗窃“仁义道德”的辛辣的讽刺；对庸俗市侩的嘲笑；对统治者的消极不合作，不事王侯的傲骨，在中国的广大知识分子中也曾起过好的影响，这种人生态度也确曾使历代剥削阶级的统治者感到不方便。也正因为庄子的思想在一定的程度上有不受拘束、浪漫自由的性格，所以几千年和忠诚为封建统治者服务的孔孟学派的伦理道德观念有些抵牾。庄子本人在旧中国的哲学史上远远不能和孔孟并肩，因为他不大像“圣贤”，只好退居于诸子之列；不能算作正统，只好归入“异端”。

因此，我们不能认为鲁迅没有在庄子的思想中吸取进步的东西。只有善于继承文化遗产的、具有卓越的见解的思想家才懂得从过去的丰富的文化遗产中吸取什么、抛弃什么；只有那些思想的懒汉，才安心当古人的奴隶，抱着死人的骸骨不放手。这一点，可参看郭沫若先生的《庄子与鲁迅》①一文。文章中肯定了庄子思想的价值，并指出鲁迅在思想上所受的庄子的影响。郭沫若先生文章所涉

① 《今昔蒲剑》，第275-296页。

及的，这里不再重复。

鲁迅自己深知庄子思想中的“无可无不可”的自由主义的观念的危害性，所以在许多文章中劝青年不要读《庄子》。他说：“就是思想上，也何尝不中些庄周、韩非的毒，时而很随便（按：‘随便’是指的庄子思想的毒害），时而很峻急（按：这里是指的韩非思想的危害）。”[①]

鲁迅还对那些劝青年学生读《庄子》《文选》这两部可以教会人们作文章的说法提出反对的意见：“我们试想一想，假如真有这样的一个青年后学，奉命唯谨，下过一番苦功之后，用《庄子》的文法，《文选》的语汇，来写发挥《论语》《孟子》和《颜氏家训》的道德的文章，‘这岂不是太滑稽吗’？”[②]

根据以上的理由，鲁迅的见解是对的，那些复古的形式主义者使青年在《庄子》和《文选》中揣摩文法，挦扯字汇，无非要把青年们变成“古董”，这是应当反对的。鲁迅对他们的驳斥是十分必要的。

中国文学史上第一个伟大诗人——屈原——对鲁迅的影响也是极为深刻的。

屈原的伟大成就和他在中国以及世界文学史上不朽的地位早有定论，这里不再多说。屈原不但是一位文学家，他还是政治上遭受迫害，不得谅解，被不合理的社会所戕杀的伟大思想家。他是中国

① 《写在“坟”后面》，《鲁迅全集》第一卷，人民文学出版社，1956年10月版，第364页。

② 《答“兼示”》，《鲁迅全集》第五卷，人民文学出版社，1956年10月版，第287页。

历史上所有爱国忧民、坚持正义，为真理而活着、为真理而死去的光辉的榜样。他也是被“正统派”认为缺乏圣贤气象，具有叛逆性格的人物之一。我们试看，鲁迅对这位伟大的诗人和思想家是怎样地发出由衷的歌颂：“《离骚》者，……其辞述已之始生，以至壮大，迄于将终，虽怀内美，重以修能，正道直行，而罹谗贼，于是放言遐想，称古帝，怀神山，呼龙虬，思佚女，申纾其心，自明无罪，因以讽谏。……次述占于灵氛，问于巫咸，无不劝其远游，毋怀故宇，于是驰神纵意，将翱将翔，而睠怀宗国，终又宁死而不忍去也。”①

鲁迅在他早期的《摩罗诗力说》一文中即对屈原做出正确的估价，他认为屈原的伟大，就在于他具有“放言无惮，为前人所不敢言”的坚强独立的性格和伟大的理想：“惟灵均（按：‘灵均’即屈原）将逝，脑海波起，通于汨罗，返顾高丘，哀其无女，则抽写哀怨，郁为奇文。茫洋在前，顾忌皆去，怼世俗之浑浊，颂己身之修能，怀疑自遂古之初，直至百物之琐末，放言无惮，为前人所不敢言。”②

鲁迅认为唯一美中不足的就是屈原的作品“多芳菲凄恻之音，而反抗挑战，则终其篇未能见”。我们对屈原的要求，当然不能和近代民族主义觉醒时期的作家相比。但鲁迅对屈原的反抗传统、追求真理的精神是向往的。所以在《汉文学史纲要》中，鲁迅认为宋玉、唐勒、景差之徒只学到了屈原的词藻的华丽，而屈原的“九死

① 《汉文学史纲要》，《鲁迅全集》第八卷，人民文学出版社，1956年10月版，第275—276页。

② 《摩罗诗力说》，《鲁迅全集》第一卷，人民文学出版社，1956年10月版，第200页。

未悔”追求真理的精神却丧失了。这一批评是恰当的。屈原对鲁迅的思想的影响，可参看许寿裳先生的《屈原和鲁迅》一文[①]，这里不再重复。

除了上面所列举的先秦时代影响深远的伟大思想家对鲁迅的影响，鲁迅对于秦汉以后的一切带有反抗压迫、解放个性的思想家，对于实事求是、痛恨虚妄、夸大的思想家，对于敢于向伪善者进行揭发的思想家都加以肯定和表扬，并吸收他们的长处。这种追求真理、对抗权威的思想斗争在鲁迅幼年时代已经开始。冯雪峰同志曾对于鲁迅这一方面思想发展的线索有过研究和说明：

> 根据鲁迅本人的自述、别人的追记以及我们所已得到的材料，我们现在已经有充足的证据可以证明鲁迅在这十二个年头中读了不少的中国古籍。他不仅有‘过目不忘’的记忆力，并且每每有新颖的见解，而对于旧的观点和封建的、宗法社会的传统的伦理观念常有敢于持异的勇气。同时在所谓正统的经、史之外，对于野史和杂集之类具有特别的兴趣。因此搜寻、阅读以及抄录，也特别的勤快，而且，少年鲁迅也曾经勤于寻访绍兴的文物遗迹，抱着诚敬爱慕景仰的心情去对待绍兴府属的先贤们。而对于这些先贤中的具有反抗思想和爱国精神的诗人、文士与学者的著作的搜寻也更为热诚。[②]

鲁迅给他的好朋友的儿子开过一张书单，其中除了一些工具性

① 《亡友鲁迅印象记》，第5–8页。

② 《鲁迅生平及其思想发展的梗概》，《论文集》第一卷，人民文学出版社，1952年9月版，第256–257页。

的书，只有少数几种，就在这少数的几种之中，有汉代伟大唯物主义者、反宗教迷信的先进思想家王充的《论衡》，有记载魏晋时代旷达率真、不拘礼法的人物言行的《世说新语》，有揭露唐代“文人取科名之状态”的《唐摭言》，有“论及晋末社会状态”的《抱朴子外篇》，有记录明末清初之“名士习气”的《今世说》[①]。

像鲁迅所开的这些书固然不是什么隐僻难见的著作，但和“卫道者”们所标榜的那些束缚人的言行、麻痹人们思想的“五经四子”“圣经贤传”有本质的不同。

鲁迅是主张一切事物都在变化发展的，他反对形而上学的停滞不变的历史观。有些人主张鲁迅的发展和进化的观点是来自西方的进化论，这种观点是有根据的。但也不能否认，鲁迅之所以坚信进化论并能较快地接受进化论，和他对于中国固有历史发展的思想是分不开的。进化论的学说是西方的，在中国古代的哲学遗产中，关于历史要进化，不能返到古代去的观念对于鲁迅来说并不是陌生的。比如先秦的《韩非子》、汉代的王充《论衡》都大同小异地提出社会要改变，历史不能倒退，反对“今不如古”的陈腐守旧思想。鲁迅说过曾受过韩非思想的“毒”，学了他的“峻急”。鲁迅绝不是说韩非的思想中充满了毒素。

事实证明，《庄子》和《韩非子》中反复古主义、反对经典中的宗教迷信、反权威、反偶像崇拜的思想，早已被历代的“圣人之徒”目为“非圣无法”。可见鲁迅并没有中了古人的什么毒，倒是吸取了他们思想中的进步因素，从而丰富了自己的营养。

---

① 参看许寿裳著《和我的友谊》,《亡友鲁迅印象记》，第93—94页。

王充《论衡》更是一部反对泥古不化、大胆宣扬无神论的著作。王充提出种种论据，说明人类历史不是退化的，不是“一代不如一代”，这种进步的、符合或接近科学的思想给鲁迅的唯物主义的思想打下了良好的基础。这种思想强有力地构成了鲁迅在接受马克思主义以前的主导思想。鲁迅在很长的一段时期内，凭借了进化论作为武器，向封建复古主义、历史循环论、历史倒退论种种谬说展开了斗争，这是事实。如果认为鲁迅的进化观点完全是从西方移植过来的，和中国固有的唯物主义哲学思想的传统没有关系，这是不符合事实的。

在汉以后的伟大唯物主义思想家中，鲁迅还接受过嵇康的思想的影响。对阮籍等人，鲁迅也是赏识的。嵇康这些人，在封建时代敢于向庸俗虚伪的礼教用行动来抗议，敢于和当权派不合作，甚至不惜牺牲了自己的生命，当司马氏父子为了自己的利益在那里扮演“尧舜禅让”的丑剧时，他敢“非汤武而薄周孔”。嵇康这种行为，是当时媚俗的、奴颜婢膝的那些读书人所不敢做的。像嵇康、阮籍这些人，他们出身于剥削阶级，不可避免地带有剥削阶级的弱点，比如迷恋饮酒、享乐，过着疏懒放纵的生活，这是他们的弱点。鲁迅从这些人物的思想和行动中也吸取了他所要的东西。鲁迅称赞他们不板起面孔来教人学“圣人”，他们针对“圣人”法定的“学而时习之，不亦说乎”的古训，居然说：“人是并不好学的，假如一个人可以不做事而又有饭吃，就随便闲游不喜欢读书了，所以现在人之好学，是由于习惯和不得已。”①

① 《魏晋风度及文章与药及酒之关系》，《鲁迅全集》第三卷，人民文学出版社，1956年10月版，第390页。

鲁迅对于嵇康、阮籍这些魏晋名士寄予深切的同情。因为这些提倡个性解放的人物，不但在当时对当权派的虚伪阴谋进行了斗争，而他们的影响对后来的许多封建余孽也起着匕首的作用。鲁迅从1912年就利用在机关工作的余暇，校订了《嵇康集》，到1924年出版。这一工作，说明了鲁迅是怎样地不惮烦劳，对于古代敢于反抗暴力的思想家表现的敬意。

此外，凡是在中国历史上多少有过反对封建压迫，具有反抗精神的思想家，鲁迅都随时发扬他们的学说。就战略战术上来说，借助古人的进步的思想攻击那些食古不化的顽固思想更容易收到战斗的效果。

封建伦理加给人民的枷锁之一就是“孝”道。在“孝”的压力下不知葬送了多少有为的青年男女的幸福，斫丧了多少天才发展的机会。在“孝”的包庇下，长辈的胡作非为、荒淫无耻也是正确的，因为他是“长辈”。鲁迅首先向廿四孝中的标本开刀，对灭绝人性的“郭巨埋儿”，丑态百出的“老莱斑衣”，荒诞不经的“王祥卧鱼”“孟宗哭竹”，进行了愤怒的控诉、无情的讽刺和鞭挞，使得那些假道学们在真理面前不得不陷于张皇失措的境地。鲁迅在这战斗中特别引用了二千年前进步思想家孔融的见解：“父之于子，当有何亲？论其本意，实为情欲发耳。”①

鲁迅借用了孔子的嫡派子孙的话，向那些自称“孔子之徒”们提出反驳。孔融这种见解也不是从孔融开始就有的，远在东汉时代的王充的著作《自然》篇和《物势》篇中早已说过，父母生子女说

① 《我们现在怎样做父亲》,《鲁迅全集》第一卷，人民文学出版社，1956年10月版，第253页。

不上什么“恩”，只是“男女合气”的自然结果。鲁迅就是这样吸取古代哲学中进步思想的优良传统，以他的锋利的匕首割断那些长期束缚人民的“四大绳索”。这种斗争，体现了中国人民的共同愿望。我们经常记得为千千万万的进步人类所传诵的名言：“背着因袭的重担，肩住了黑暗的闸门，放他们到宽阔光明的地方去；此后幸福的度日，合理的做人。”[①]

鲁迅不愧为人类灵魂的工程师，不愧为伟大革命的旗手，他的伟大理想、慈爱深宏的胸襟永远激动着我们。今天的新中国，每一个人从思想上、政治上得到了前所未有的自由、平等。我们在纪念鲁迅时，不能不想到，先进的思想家们，为了争取后代的幸福，曾经付出过多少惨重的代价。

自从汉代董仲舒以来，在哲学史上的正统派思想家经常奉行着“天不变道亦不变”的形而上学的戒律。这种千古不变的正统思想经常占统治的地位，盘踞在人心里。统治阶级为了防止任何的变革，也经常以“遵古”“仿古”作为首要原则。这样长期盘踞人心的结果，使得封建统治者安心，可以用“不变”的原则来压制任何要求变革的思想。鲁迅从人民的利益，从中国哲学史上另外的一个传统，向这些陈腐的观念展开了斗争。“可惜中国太难改变了，即使搬动一张桌子，改装一个火炉，几乎也要血；而且即使有了血，也未必一定能搬动，能改装。”[②]

① 《我们现在怎样做父亲》，《鲁迅全集》第一卷，人民文学出版社，1956年10月版，第246页。

② 《娜拉走后怎样》，《鲁迅全集》第一卷，人民文学出版社，1956年10月版，第274页。

恰恰和这种传统相反，中国古代有许多杰出的素朴的辩证法思想家，像古代的《老子》《庄子》（在一定程度上）、《周易》以及后来许多进步的哲学思想都对辩证法做出过不同程度的贡献。这些思想家们用他们的哲学思想丰富了中国文化遗产。鲁迅继承并发挥了辩证法的思想，他从世界观上坚决反对“天不变道亦不变”的唯心主义的、形而上学的观点。鲁迅认为变化和矛盾是绝对的，静止不变的状态只是相对的。变革的力量一定战胜保守不变的力量：

> 平和为物，不见于人间。其强谓之平和者，不过战事方已或未始之时，外状若宁，暗流仍伏，时劫一会，动作始矣。故观之天然，则和风拂林，甘雨润物，似无不以降福祉于人世，然烈火在下，出为地囱，一旦偾兴，万有同坏。其风雨时作，特暂伏之见象，非能永劫安易，如亚当之故家也。……人得是力（按：即矛盾斗争的力量），乃以发生，乃以曼衍，乃以上征，乃至于人所能至之极点。[①]

从发展进化的世界观出发，鲁迅对当时旧中国因循守旧的思想提出了严厉的指斥。在《故事新编》的《理水》一篇中，用生动辛辣的描写，把那些昏庸顽固分子的滑稽无知的丑态刻画在纸上。故事中说禹知道了他的父亲治水用培土的方法阻止洪水失败以后，就改用疏导的方法。下面是禹和那些顽固昏庸分子们的对话：

> （禹）大声的说道：“我经过考查，知道先前的方法：

① 《摩罗诗力说》，《鲁迅全集》第一卷，人民文学出版社，1956年10月版，第197—198页、第199页。

> ‘湮’，确是错误了。以后应该用‘导’！不知道诸位的意见怎么样？”……一位白须白发的大员，……坚决的抗议道：“湮是老大人的成法。‘三年无改于父之道，可谓孝矣。’——老大人升天还不到三年。”[①]

鲁迅在这篇小说所嘲讽的“大员”们，实际上并没有被作者夸大。他们的确是在旧中国成群结队地分布在社会上每一个角落里，他们自己既不要革新，还要死躺在别人企图革新前进的道路上，挡着愿意前进的人的去路。这些小丑们，在鲁迅的打击之下，显得那么苍白、低能、令人作呕。

还是这些封建主义买办主义的走狗们，他们害怕任何变革，就像浑水缸中沉淀的渣滓一样，唯恐有一点震荡。他们害怕新事物，生怕外国的事物给他们带来了灾害。鲁迅对这些国粹主义者（实际上是卖国主义者）给予无情的鞭挞：

> 汉唐虽然也有边患，但魄力究竟雄大，人民具有不至于为异族奴隶的自信心，或者竟毫未想到，凡取用外来事物的时候，就如将彼俘来一样，自由驱使，绝不介怀。一到衰弊陵夷之际，神经可就衰弱过敏了，每遇外国东西，便觉得仿佛彼来俘我一样，推拒，惶恐，退缩，逃避，抖成一团。[②]

正如鲁迅所指出的，中国过去的优良传统是对任何外来文化，

① 《理水》,《鲁迅全集》第二卷，人民文学出版社，1956年10月版，第341-342页。

② 《看镜有感》,《鲁迅全集》第一卷，人民文学出版社，1956年10月，第301页。

只要是人民喜欢的、对人民有利的，我们都是欣然接受；我们自己的文化，只要是对其他民族有利的，我们也从不因为是自己的什么“国粹”而吝啬不给，这是中国民族的优良的传统。沦为半封建半殖民地的时期，统治者们才变得神经过敏起来。若说这些国粹主义者们根本拒绝一切的外来的东西，也不尽然：进口的享乐奢侈品，进口的鸦片烟，他们倒是拿来就用，享之泰然的。如果说鲁迅的革命思想不过是古代进步思想家的继续和发展，这也不完全合事实。鲁迅革命的思想，从一个进步的唯物主义者发展到一个坚强的马克思主义者，从进化论的世界观发展成为辩证唯物主义的思想战士，这是一个飞跃的过程，这一过程主要归功于党的领导，归功于鲁迅的长期斗争的革命实践。这样，才使他从一个自发地为人民的解放而斗争的勇士转变成为一个自觉地在党的领导之下全心全意为人民服务的英雄。

“鲁迅是封建宗法社会的逆子，是绅士阶级的贰臣”[①]，正是由于他是“正统派”所疾视的“逆子”和剥削阶级的“贰臣”，他才有条件继承了中国文化中最丰富、最有价值的，和“正统派”对立的思想体系，这一思想体系和顽固派所保卫的“正统思想体系”同样的源远流长。鲁迅所继承的才是真正的民族文化遗产。

① 瞿秋白：《〈鲁迅杂感选集〉序言》,《瞿秋白文集（二）》，人民出版社，1953年7月版，第977页。

肃清科学研究工作中胡适思想方法的流毒*

胡适的实验主义的思想方法是在他的主观唯心论的世界观和不可知论的认识论的支配下的反科学的方法。一切唯心论（实验主义也在内）不管它如何伪装，归根到底都是科学的敌人、宗教的伙伴。唯心论的特点就在于它坚持与客观事物及其发展规律不相符合的学说。因此，应用反科学的唯心论的思想方法必不能得出正确的结论来。正确的结论不是“碰”对了的，而必然是通过科学实践的道路获得的。只有马克思主义的辩证法才是唯一的论自然界、社会以及人类思维运动一般法则的科学；胡适的实验主义思想方法完全是反科学的方法，它是马克思主义辩证法的死敌。

胡适一生反革命的活动多半是通过他的“科学研究”的著作，并假借“科学工作者”的身份在广大知识分子中散布毒素的。今天必须清算他在中国科学界所散布的毒素。他在旧中国的科学研究者中间所以能发生欺骗作用，主要还不在于他的露骨的、反动的政治言论，而是他的一些所谓“学术性”的著作。为了彻底把胡适的反

* 原载《科学通报》1955年2月号。

科学的思想从新中国的科学界中清除出去，我们有必要对胡适的所谓“科学研究”的“成绩”加以检查。只有这样才可以揭穿他在中国学术界设下的骗局。

一

胡适的实验主义方法是从美国杜威那里搬来的。我们批判胡适的反科学的思想方法时，一方面要注重批判他的关于方法的“理论”，一方面也要注重检查他关于方法的运用。这样分进合击，才容易把它的余毒扑灭。

有些科学研究工作者曾有过这样的疑问：实验主义的方法是主观唯心论的不符合客观事实的思想方法，这是大家所公认的，那么胡适在一些枝枝节节的问题上也得到了一些符合客观事实的微不足道的结论。他所用的是什么方法？是不是说实验主义的思想方法有时对于研究一些枝枝节节的问题也还有效？在旧中国的科学界，胡适正是靠了这一点微不足道的考证，在科学研究者中间散布他的实验主义的毒素的。

让我们检查一下胡适的所谓“学术研究”的著作中的“成绩”，看他究竟用的是什么“方法”并用怎样的方式进行欺骗的。

胡适的“学术研究”中，曾归纳了古代汉语中的“吾”“我”“尔”“汝”等人身代名词，证明春秋时代汉语的人身代名词有“格”的变化（按：这里的“格”和今天我们在语法中所用的“格”的含义略有不同）。他也归纳了一些诗经中的“言”字，来说明诗经中的“言”字的用法和含义。他也还考出了一些小说的作者的生卒和版本的先后演变，像《红楼梦》的作者，以及《水浒传》和《儒林外史》的作者和版本等等。以上这些枝枝节节的“成绩”只在胡适的全部著作中占很少分量。在胡适的绝大多数的“科学研究”的文章中，关于文学史方面的、哲学史方面的以及其有关社会历史的“研究”中，几乎无一处不是荒谬的。

从以上的分别检查中，我们不难看出，如果不直接涉及社会历史根本问题时，如果不直接影响到胡适的买办资产阶级的利益时，他曾使用了一般的形式逻辑中的归纳方法，因而得到一些比较合乎事实的结论。

但是，任何方法都不能不为它的哲学体系服务。实验主义的主观唯心论根本不可能正确地反映客观世界的真实和它发展的规律。所以归纳法到了胡适的手中也不得不受到实验主义的哲学体系的限制和歪曲。当他认为考出一些白话小说的作者，对于他宣传白话文的意图相符合时，他就考一考《红楼梦》的以及其他白话小说的作者。当他认为考据学可以引导一部分青年脱离当前的政治斗争，并可利用来对抗马克思主义的传播时，他就大力宣扬考据学是科学的方法。当他认为要证明中国文化“落后”“野蛮”时（这一点，胡适的买办资产阶级的文化汉奸的立场是一贯的），他就“考证”屈原这个人“不存在”。当他认为要大大发挥他的“大胆的假设、小心的求证”的主观唯心论的思想方法时，他就毫无根据地“证明”《醒世姻缘》的作者是蒲松龄。当他为了要说明帝国主义根本不存在，一切都是“中国人自己不争气”，他也会“归纳”一些中国的“贫困”“愚昧”“五鬼”的现象。

我们必须指出，胡适在这里如何使用他的蒙混和欺骗的伎俩。首先我们要指出，形式逻辑的方法是人类的低级的思想方法，人人（连反动派在内也不能完全违背）都离不开它。但形式逻辑的思想方法（对辩证法来说它是低级的方法）并不是胡适的实验主义的主观唯心论的思想方法的组成部分。形式逻辑不是主观唯心论，它虽然曾在胡适的手中被利用、被歪曲，甚至被夸大，但它与实验主义的思想体系是截然不同的两件事。我们应当区别开，那些在胡适的著作中使用形式逻辑的归纳方法所考出的一些最简单的比较符合客观实际情况的结果，不能写在实验主义的思想方法的账上。胡适一贯利用偷天换日的手法篡夺科学的成果，把归纳法“据为己有”，把中国哲学史上的进步思想家说成实验主义式的哲学家，把文学上的名著说成自然主义的“写实”作品。这是应当给以揭露的。

其次，在他的实验主义的哲学体系下，胡适也必然歪曲了并限制了形式逻辑的正确运用，并且在旧中国的科学研究工作中，通过他的“研究”著作，广泛传播这种错误的思想方法，直到今天，他的毒害也还有待进一步肃清。因为形式逻辑是人类共同的低级思想方法，它本身却是一种科学，它有它的尊严，绝不允许对它“随意装扮”。科学的方法（像形式逻辑）只有在唯物主义的世界观和辩证法的指导下，才能够正确地发挥它应有的效能。因为“逻辑的形式与规律不是空虚的外壳，而是客观世界的反映”[①]。

胡适的实验主义的主观唯心论的哲学体系和他的大资产阶级的反动立场决定了他不敢正视客观事实。因此，他所用的“科学研

① 列宁：《黑格尔〈逻辑学〉一书摘要》。

究”方法也只能停留在研究事物的表面现象的阶段，并通过这些现象的“研究”来直接或间接地为他的反动阶级服务。胡适提倡实验主义的思想方法这一具体行动的本身就是为了抵抗马克思主义，就是为了教会青年“防身的本领”。实验主义者并不就为了发现客观真理（实验主义者否认客观真理），而是为了解决一些眼前的用得着的个别的极琐碎的枝节问题。因而形式逻辑的归纳方法在胡适的手中必然遭到歪曲，受到局限。

实验主义者胡适为了对抗科学的马克思主义，从来没有忘记打起一块“科学”的招牌，并冒用了形式逻辑的归纳法作为实验主义的方法。可怜得很，他所冒用的那一点点形式逻辑的归纳法也只能停留在列举式的归纳法的范围内，片面地认为例证越多，结论越可靠。胡适曾说，明代的陈第举了二十四条例证，证明古代“服”字读“逼”，而清代顾炎武举出了一百六十二条例证。胡适因而认为后者比前者更“科学”，“这种方法是打不倒的”。[①]

像这种列举式的归纳法，只能得到或然性较高的真实性，绝不能得到“打不倒”的规律。与此相反，科学的归纳法的特点就在于它是有计划、有原则的选取归纳材料，而不是随意偶然杂凑一些现象。所以科学的归纳法不仅在于找出事物中的相同的属性，而且在于找出这些属性之所以产生的必然原因来。而这一点正是“不可知论”的胡适所必须反对的。因为实验主义者胡适努力使人把认识停留事物的表面现象的罗列阶段。他们为了反对客观真理，反对客观真理的普遍性和必然性，他们避免“通则”，只讲“事实”；

① 《胡适文存三集》卷二，第120-121页。

不讲因果规律等“范畴”，只讲适合于资产阶级目前的利益的“效果”。这种错误的思想方法，它不仅仅是唯心主义的，也势必陷于形而上学的思想方法的错误。我们知道，辩证唯物主义的敌人是唯心论，也是形而上学。而一切反动的思想家为了抗拒辩证唯物主义，他们所可能采取的方法也只能是唯心论和形而上学这种腐朽的武器。

事实上，直到今天，也还有不少的研究工作者在思想方法上，并没有与胡适的思想方法（唯心主义的和形而上学的）划清了界限；也还有不少的科学研究者把列举的归纳法奉为至宝并夸大为一般的方法，在各种科学领域内广泛使用。

进一步来考查，不但列举的归纳法不能发现事物规律，即使科学的严格的归纳法，它所能达到的成就和辩证法相比较，也还是不完备的。列宁曾指出：“以最简单的归纳方法获得的最简单的真理，总是不完全的，因为经验总是未完成的。”[①]可见要达到“由此及彼，由表及里”的科学知识，特别是关于社会历史发展的最复杂的科学知识，形式逻辑的归纳法是远远不够的，而必须进一步掌握辩证唯物主义的思想方法。就在这一问题上，受过胡适的思想方法影响的一些学者还没有足够的认识。

受胡适以及其他资产阶级唯心主义、形而上学的思想方法影响的一些专家学者，也还有人仅仅停留在列举式的归纳法的阶段，他们企图用这种“不完全”的方法来说明中国社会历史事件的发展和变化，显然是不能胜任的。比如陈寅恪先生在他的《唐代政治史述

① 列宁：《黑格尔〈逻辑学〉一书摘要》。

稿》中，根据归纳得来的现象，说明唐代中央政府变革的原因就在于把守北门的军官。这种论证显然是只看到了现象，没有接触到本质。值得注意的像陈寅恪先生所犯的方法上的错误并不是个别的，而是相当普遍的。

二

胡适为了假冒“科学”的名义，他要做出一些尊重“事实”的样子。他随时都在找寻他所认为“满意”的证据。胡适在口头上以及他的研究中经常说到“证据”。他叫人“拿证据来”，“跟着证据走”。他又说：“科学的方法说来其实很简单，只不过尊重事实，尊重证据。”①像胡适这样的主观唯心论的观点居然也讲起“尊重证据”来了，我们对他所谓“证据”要特别警惕。什么是他的“证据”呢？“一切材料都是证据。”②

像他这种不分主要和次要，平等看待证据的态度，正是替他的多元论的历史观找借口，并用这一方法来对抗马克思主义从社会经济法则来说明社会历史发展的科学原理。这种错误的观点曾在中国的学术界造成极大的危害。胡适自己也不得不承认证据可以“像两面可以割的剑”。根据同样的证据，居然可以得出“你有你的真理，我有我的真理”的结论来，他的证据的可靠程度不问可知。他的对待证

① 《治学的方法与材料》，《胡适文存三集》卷二，第88页。

② 《古史讨论的读后感》，《胡适文存二集》卷一，第162页。

据所用的方法的不科学也就不问可知。他对待客观实在究竟是心是物的问题，以“不了了之”，把这种态度应用到科学研究上，必然否认有所谓客观的是非。因此，在胡适看来，真理也不过是“方便的假设”，证据也就成了“方便的假设”。胡适经常提到“证据”，也正如他经常廉价地提到“科学”、提到“真理”一样。

胡适的平等地看待一切“证据”的方法，势必把一切现象之间根本联系、主要矛盾一概抹杀。对于事物，没有起决定性的因素，只有纷然杂陈的一大堆现象。按照胡适的方法，绝不会得出科学的规律来。得不出科学规律，这正是胡适的实验主义的根本意图，正好做他的“多谈问题，少谈主义”的注脚。

胡适为了表示他真正“尊重”事实，他还提出过审查证据的方法，这种“严格”的方法也曾博得相当广大的科学研究者们的赞叹，并且有不少的学者也用他的方法去搜求证据，进行科学研究。胡适说，对待证据，要注意：一是这个证据是什么地方寻出的？二是什么时候寻出的？三是什么人寻出的？四是依地方和时候上看起来，这个人有做证人的资格吗？五是这个人虽有证人的资格，而他说这句话时有作伪（无心或有意的）的可能吗？①看起来，胡适对于证人的资格审查的手续很严格，设下了五道关卡，真像极尽“客观”之能事。但他的恶毒的用心，就在于使人们抛开一条更根本的原理——阶级分析的方法。胡适提倡他的思想方法，目的在于对抗马克思主义，对抗“赢余价值论”。他要在他的“科学研究”工作中另搞一套反历史唯物主义的“方法”。历史唯物主义这一科学原

① 见《古史讨论读后感》,《胡适文存二集》卷一，第162页。

理告诉我们，在阶级社会内一切知识不得不打上阶级的烙印。历史上专门骗人的，像胡适之流，固然不少，但歪曲事实真相的证人，倒也不见得都是骗子。那些“忠厚传家久”的“君子”们也还照旧歪曲事实，像历史上所传说的不说谎话的司马光就把北宋时代的社会经济的客观事实给歪曲了。因为他的阶级立场使他看不清、看不见，甚至把事实完全看错。

重要的问题还不在此。胡适主要的目的是使人把研究的注意之点经常停留在考订材料的真伪阶段，而使人不再注意社会历史的发展的客观规律。

在今天，我们一切科学工作者，不论是什么人，只要他脱离了马克思列宁主义的指导原则，哪怕他自以为万分“客观”，其结果必然陷到主观主义的泥坑里。现在也还有人以为暂时放松了马克思列宁主义的学习也还可以进行科学研究。这种研究者不但难以发现客观事物发展的规律，甚至连最简单的事实也可能看不见。“越研究越糊涂”的绝不止俞平伯先生一个人，这一教训是深切的，也是沉痛的。为了在科学研究工作中不犯错误，少走弯路，我们必须以马克思列宁主义作为我们研究的指导原则。

胡适为了表明他有“科学”方法，曾屡次宣扬，进行科学研究应当用实验室的办法。但是做过实验、进过实验室的，都知道实验的方法就是主动地控制所用来进行实验的对象的环境来进行科学研究的方法。只能研究自然科学中的一些现象，对于社会现象是不能用“实验室的方法”的。

问题已经十分清楚，胡适指出了“科学”来，并不是他相信科学，只是想要在“科学”的幌子下，欺骗相信科学的人。

胡适宣传“实验室的方法”的目的就是要把自然科学实验中的方法搬到研究社会历史方面，宣传“超阶级”“超党派”的客观主义的研究方法。他故意混淆自然科学和社会科学之间的界限。我们必须指出这是实验主义者（自从皮耳士以来）一贯借用科学的招牌偷偷贩运反科学的唯心主义的伎俩。他们用“实验室的方法”来对抗阶级斗争的学说。他并比附自然界中没有阶级斗争的事实，以及生物学上的生物进化现象，来“证明”他的庸俗进化论有“科学”根据，为他的政治上改良主义服务，并由此得出抹杀阶级斗争的结论。在他的恶毒的意图下，他把阶级斗争硬说成“长衫朋友”“制造”的。

胡适这个帝国主义的走狗，他以“学术”为工具以达到他的反动的政治目的，可是他标榜什么“学术第一”“为学术而学术”，考订出“一个字的古义”也可以“不朽”，受他影响的一大批学者专家们倒是真正有人在那里“为学术而学术”。这一批学者在主观上和胡适的意图根本不同，而在客观上正好帮助了反动政权的巩固。胡适的科学研究要“超政治”“超党派”的毒害宣传，在中国学术界造成极端严重的危害，到今天还成为很多知识分子思想改造的障碍。“为学术而学术”的思想表现在文学艺术方面就是“为艺术而艺术”。在旧中国，有些学者实际上已经为反动政治服务，与人民的需要脱节，还自以为“学术自由”“学术是永恒事业”。等到全国人民真正做了国家的主人，连这些相信“学术独立”的专家们也在内，人民要求这些专家为人民服务时，他们反倒觉得“学术”应远离政治。他们听到科学研究要服从政治，总觉得不大舒服。他们在政治上确也拥护党的政策，而在科学研究方面还迷恋“为学术而学术”的旧调子。这种学术“超政治”的思想的实质，正是列宁所指出的“只是可耻地掩饰着的对唯心论与信仰主义的奴颜婢膝而已”[①]。抱着学术超政治的思想的专家们，为什么不想一想，客观上已经给反动政权服务了，反觉得无害于学术的尊严，给人民服务，又觉得有些滞碍。我们借此机会检查检查这种思想的根源是有好处的。

三

为了对抗当时的历史唯物主义的革命理论，胡适用他的“历史的方法”来引诱青年。现在只看胡适如何运用他的“历史的态度”来处理历史问题，他如何研究历史，这种方法的危害性在哪里。

这位可耻的史学家胡适曾以他的“历史的态度”现身说法，做了一些“示范”，叫人如何照他的方法研究历史事件的发展。他把他的方法归结为以下的四步：第一步，把每一件史事的种种传说，依先后出现的次序排列起来。第二步，研究这件史事在每一个时代有什么样子的传说。第三步，研究这些史事的逐渐演进：由简单变为复杂，由陋野变为雅驯，由地方的（局部的）变为全国的，由神变为人，由神话变为史事，由寓言变为事实。第四步遇可能时，解释每一次演变的原因。[②]

这里的第一条只是整理资料的手续，第二条也就是胡适所谓

① 《唯物论与经验批判论》，人民出版社，387页。

② 见《古史讨论读后感》，《胡适文存二集》卷一，第155页。

“索引式的整理”及“结账式的整理”。第一、第二两条并不是实验主义的方法，而是研究一般历史事件或问题通常采用的一种方法。这种编排年代的方法，可以提供历史事件先后出现的线索。胡适所做出的一点成绩，像作家的生卒、版本的真伪、一个塔的真伪等等，多半靠这种方法。胡适把人们一般运用的方法夸大为“原则”，并狂妄地以这种极初步的编排年代的研究方法来对抗马克思主义，竟无耻地掠夺了这种方法归为私有。

倒是他说的第三条才属于找寻历史发展的规律的范畴，恰恰在这一条方法中胡适大量地偷运进了他的歪曲中国历史、诬蔑中国文化的反动的观点。胡适及其流派有计划地企图把中国历史缩短，证明中国“落后”，甚至连中华民族的起源也说成由“西方输入”的，他们才满意。自认为尊重证据的胡适，连“假设”也不要，竟肯定了中国历史都是“由神变成人”“由寓言变成事实”。他的目的除了力图证明“中国百不如人”，并没有其他目的。

至于第四条，最容易使一般形式主义者显出他们的黔驴技穷的窘状。不论胡适之流如何归纳、类比，他根本不可能找到历史演变的真正原因。胡适对于这一点明知心劳日绌，只好说“遇可能时”就“解释每一次演变的原因”；实在找不出“原因”，只好用造谣代替“求因”。

胡适所宣扬的这种形式主义的排年代的方法，在旧中国历史界曾发生过广大的影响。因为这种办法只要囤积一点资料，就可以慢慢编排历史事件的先后，把现象的先后排列出来，再用他们仅有的一点主观知识随意解释，这就是旧中国历史研究工作中发表得最多而不解决历史根本问题的一些“科学研究”的总情况。一般资产阶级研究历史科学所能达到的最高成就也只能做到这样。只要随便翻一翻解放前的学术刊物，其中随处可以发现罗列现象的排年代的方法。胡适这一派的专家们还自以为有“发展观点”呢！

这一恶劣的倾向，曾在胡适的“示范”倡导之下得到广泛流传的机会。胡适在《三侠五义序》中曾排列出关于包公的故事和李宸妃的故事的传说的演变。我们都知道，以历史故事为中心的小说，它必须由历史事实开始，经过一定的发展演变，最后写成定型的文学作品。而胡适怎么看待这一事实呢？他说：“这个故事（按：即《三侠五义》书中关于包公的和李宸妃的故事）不过是传说生长史的一个有趣味的实例。此事虽小，可以喻大。包公身上堆着许多有主名无主名的奇案，正如黄帝周公身上堆着许多大发明大制作一样。李宸妃的故事的变迁沿革也就同尧舜桀纣等等古史传说的变迁沿革一样。”在这里，他把小说故事发生、发展和形成的过程加以歪曲，说成中国古代历史事实的增加和夸大，甚至是造谣的过程，并进而“论证”古代许多历史事实根本不存在。

这位有“历史癖”的胡适，还不止是“癖令智昏”，而是企图通过他的“证据”为帝国主义的文化侵略服务。他首先混淆了文学发展和历史发展的界限。他考来考去，证明了包公的传说与李妃的传说与历史“不合”。胡适的罪恶绝不止于浅薄和无知，而在于他的奴性和无耻。他由此借题发挥，对中国古代历史进行歪曲。他尽力使人相信中国古代历史全是无中生有，“一点一点的加添起来的”，因而对中国古代丰富的文化遗产做出了虚无主义的结论：“其实古史上的故事没有一件不曾经过这样的演进，也没有一件不可用这个历史演进的方法去研究。尧、舜、禹的故事，黄帝、神农、庖牺的故事，汤的故事，伊尹的故事，后稷的故事，文王的故事，太公的故事，周公的故事都可以做这个方法的实验品。”[①]

胡适对待中国历史的荒谬恶毒，正说明他对待帝国主义的奴颜媚骨。帝国主义为了找一些奴役中国人民的“理论根据”，首先要诬蔑中国一切“落后”“野蛮”，这样，“文明人”侵略“野蛮人”才会显得“公平”。帝国主义分子，哪怕他是“中国通”，究竟对中国的历史知识有限，他们心有余而力不足。于是奴才学者胡适之流挺身而出，承担了从文化上出卖祖国的任务，用他的“科学方法”去“推迟”中国古代文明发展的时期，否认中国文化对全世界文学的贡献。甚至连帝国主义都无法抵赖的中国三大发明之一的印刷术，胡适也不甘心肯定它的价值，无耻地说，中国印刷术发明得早，所以中国的校勘科学不及欧洲和日本的高明。在奴才胡适的眼睛里，连他的主子老爷都不得不承认的中国对世界文明的贡献的印刷术，也成了“罪状”。

在另外一方面，胡适混淆了历史和文学的界限，这种遗毒从他的《红楼梦考证》以来在中国蔓延了几十年。

马克思主义指导原则下的文艺理论坚决反对割断文学作品和它的历史条件的联系。也只有马克思主义的文艺理论才能够正确地认识文学作品和它的时代的有机联系。但两者的有机联系绝不是把历史事实强加在文学作品的头上，也不是用文学作品混淆历史事件的真相。以胡适为首的这一批研究者完全打乱史学和文学的研究界限，既曲解了历史，又妨害了对文学的正确的理解。像《红楼梦考

① 《三侠五义序》,《胡适文存三集》卷六，第686-689页。

证》，如果说它有一点点成绩，那就是考定了《红楼梦》的作者、版本和时代。但胡适却并不甘心只谈作者的生卒和版本，以他的浅薄的“科学方法”硬要研究《红楼梦》的意义。其结果的荒谬，不问可知。问题倒还不是胡适个人的研究结果的荒谬，而在于他的这种荒谬的“研究方法”贻害之深广。

“五四”以来的古典文学的研究工作一直在胡适所设下的圈套中打旋子。比如对于《红楼梦》的研究方面，有按照胡适的方法亦步亦趋的俞平伯和周汝昌；有些《水浒》的研究者作《宋江考》；有些《儒林外史》的研究者也把吴敬梓的行止和书中的主人公混加比附；有的人研究《孔雀东南飞》的古诗，竟连诗中的女主人公投塘自杀的地点也“找到”了；也有人研究白居易的《琵琶行》，精心推敲究竟太守上了弹琵琶女子的船，还是弹琵琶的女子上了太守的船；也有人考孟姜女的历史。

为了对于文学作品有比较深入的认识，对于作品的内容要进行全面的考察，对于作者的生平事迹也必须掌握，而这些工作的进行只有在马克思主义的原则指导下才不致迷失方向。因此，我们所谓深入细致的研究绝不同于胡适之流所倡导的“研究方法”，使作品和历史纠缠不清，既损害了作品，又违反了历史。如果不及早清除这些混乱现象，中国古典文学的研究就不会走上健康发展的道路。

四

胡适为了引诱青年脱离当前的政治斗争、脱离革命，他曾竭力宣扬在他的实验主义思想方法指导之下的考据学。在这一科学研究部门中，他有意地把社会历史上的大问题化为小问题，把社会历史上的根本问题化为枝节问题。在“科学工作”的外衣掩蔽下，散布他的“少谈主义”的反科学、反革命的毒素。考据之学是一种整理历史材料的学问，但在“五四”以后，它已不限于清代封建学者把考据的重点放在“圣经贤传”的范围，在一定的程度上说来，它标志着知识分子在新文化运动启示下的理性主义的觉醒。胡适丝毫没有放弃利用这一客观情况的机会，他设下种种机会，引导知识分子脱离革命的队伍，企图削弱革命力量。这时有些知识分子害怕革命的风暴，要躲一躲，寻求一个“安身立命”的园地，有的躲进了图书馆，做些“为学问而学问”的考据。也还有一些保守的知识分子，在新旧文化斗争中，眼看中国封建文化的墙角在动摇了，他们为了保存“国粹”，想在封建文化的死灰余烬中寻求一点残骸。也有一部分帝国主义所指使的或者受了帝国主义的思想毒害的知识分子，为了替帝国主义寻找侵略中国的理由，也在考据，企图证明“中国落后”“一切不如人”。这一派的代表人就是胡适。

胡适叫人回到故纸堆中去“整理国故”，他的政治意图就是为了引导青年离开革命斗争的队伍，叫人“少谈些主义”，“多读几部好书”。他的反动的政治立场使他不敢面对历史的根本问题，只谈些枝枝节节的小问题，一个字的古义、作者生卒、版本真伪等等。胡适带头搞一些考据，自己宣传“发现一个字的古义等于发现一颗恒星”。他利用考据传播他的民族自卑感和失败主义的思想，以瓦解人民反帝反封建的战斗意志。

由于胡适这些学阀掌握了全国重要科学研究机关和文化出版

事业，于是胡适所提倡的考据才会成为当时的“显学”，才“吃得开”。只有胡适这一派所欣赏所鼓励的考据的研究才容易发表，于是胡适派的考据的风气弥漫在旧中国的学术界。

就在胡适那些“学术性的研究”著作中，胡适一刻也没有忘记执行他的反革命的任务。他利用一切机会向中国人民、中国历史、中国革命放射毒箭。比如他在《三侠五义序》就宣传了他的歪曲中国历史的言论；在《水浒传考证》中就攻击农民起义；在《元典章校补释列序》中就埋怨中国的印刷术不该发明得太早；在《入声考》中就菲薄中国学者的研究成绩，歌颂外国资产阶级学者的成绩；“整理国故”本是他自己标榜的重要事业，而他只要证明中国文化“不过如此”[①]。

由于以胡适为首的反动学阀统治了旧中国的科学研究机构，他们所提倡的考据学严重地妨害了历史科学研究的正常发展。

首先，他们把考据的对象限制于极狭隘、极琐碎的问题。因此，谁要有材料，谁就有考据的成绩，谁就有资格做“专家”。旧中国的学术界充分反映了腐朽的资产阶级的恶劣作风，普遍造成垄断材料、囤积居奇的风气。遇到新材料若不抢先发表，就秘不示人，宁可让材料霉烂损坏，也不肯让别人动手研究。像河南安阳出土的甲骨片，本来是全国人民的财产，自从出土的那一天起，就被胡适这派学阀少数人把持着。许多学者只能从他们发表的“研究成果”中得这一些知识。如果这批材料能早日公开，让多数有能力的专家共同研究，那么我们对于古代历史知识要远远超过今天的水

① 见《整理国故与“打鬼”（给浩徐先生信）》，《胡适文存三集》卷二，第212页。

平。现在这批材料竟被胡适这一派的学阀带到台湾，他们宁可把这批文化遗产为蒋匪帮殉葬，也不肯公开让大家研究。这对于中国科学研究的损失是无法估计的。这种囤积垄断的作风，在今天的学术界也还存在着，那些专靠“脂批”，自己抬高身价的红学专家只是一个例子。

第二，考据把科学研究长期停留在现象的材料的整理阶段。几十年来，一直把考据当作历史科学、文学、哲学以及其他科学的本身。在长时期内，考据学的辖区几乎伸展到旧中国社会科学的全部领域，并篡夺了解放前旧大学及研究机关中的历史、文学的领导地位。由于考据学的本身的性质只限于整理资料的范围，因而掩盖了社会科学的阶级斗争的使命，使得许多学者只看到考据本身，而不知道考据学在全部科学中应该占的地位。

第三，在考据学风的长期训练下，旧中国的资产阶级知识分子养成一种极端狭隘、近视的思想方法和研究方法。他们只看见部分的材料而看不见全体，只见树木，不见森林，甚至把树木当作森林，把树木的一枝一叶当作森林。这种思想方法下训练出来的专家，对于部分的问题考订得愈精详，对于全体的知识反愈贫乏。有些研究外国文学二十多年的专家却不会用中文写一张因病请假的条子；研究外国史的专家可以不知道唐朝和宋朝的先后；搞考古的可以不懂得中国的历史；甚至精研隋唐史的专家以“不敢观三代两汉之书”自夸，而其他专家对于这种“谨严”的态度深加赞许，不以为怪。胡适派的考据学风培养出来的专家，曾严重地摧残了中国历史科学的正常发展，其客观效果就是助长了帝国主义对中国的文化侵略。几十年来，考据学在胡适及其学派的煽动鼓荡下，造成畸形发展的肿胀现象。流毒所及，正如毛主席所指出的："对于自己的历史一点不懂，或懂得甚少，不以为耻，反以为荣。"[①]这些专家们"对于自己的东西既无知识，于是剩下了希腊和外国故事，也是可怜得很，从外国故纸堆中零星地捡来的"[②]。

文化思想战线上没有中立的余地。一旦抛弃了祖国的历史，不认识祖国的历史，必然与爱国主义的道路相反，成为帝国主义文化的俘虏。胡适这个帝国主义的走狗，在中国历史界以及文化界造成的毒害是十分严重的。他伪装得像尊重历史，也通过他所标榜的考据方法"研究"历史，恰恰就在这样的伪装下，从历史科学的内部摧残了历史科学。他使人们迷惑于一大串纷乱因素之中，使人们看不见社会发展的根本原因，使人舍本逐末，迷失方向。

这种片面专家"研究"方法，不止流毒于旧中国的科学研究方面，也曾蔓延到革命队伍以内，使革命遭到损失；不止在过去曾经"谬种流传，误人不浅"，直到今天，它还成为我们进行社会主义思想改造的严重障碍。

那么，我们今天应当怎样对待考据学？考据还要不要？我们的回答是"要"，只是坚决排除以胡适的思想方法指导的考据。

我们从辩证唯物主义的观点方法从事于任何科学研究，必须从具体资料入手。摆在我们当前的任务，就是用辩证唯物主义的方法去搜集资料、整理资料。对于资料首先要加以"去伪存真，去粗取精"的功夫，这也正是考据学的任务。随着文化建设的高潮的到来，我们的科学研究的领域也将逐渐扩大，我们考据的对象也要逐

① 毛泽东：《改造我们的学习》。

② 同上。

渐扩大。我们的时代是革命的时代，随时遇到新的问题，需要新的材料。同时我们有责任继承我们伟大的民族的优良的文化遗产，也只有我们人民做主人的时代才有资格吸取过去的文化遗产。

我们生在伟大的毛泽东的时代，我们值得骄傲。我们有马克思列宁主义的思想武器，因而我们完全有条件把科学研究工作推进到中国历史上从来没有过的高度。我们的科学研究工作现在刚刚开始，第一步要先从搜集材料开始。毛主席指出："一般地说，中国幼稚的资产阶级还没有来得及也永远不可能替我们预备关于社会情况的较完备的甚至起码的材料，如同欧美日本资产阶级那样，所以我们自己非做搜集材料的工作不可。"[①]

我们要给考据以合理合法的地位，不允许它像过去那样篡夺历史科学的领导权，只许它在马克思列宁主义的原则指导下规规矩矩为科学研究服务。也只有在马克思列宁主义的原则指导下的考据学才可以真正发挥它的"去伪存真，去粗取精"的科学效能。同时我们也必须明确，考据的方法不是胡适个人发明的，它与中国的历史科学的历史同样悠久。在封建社会，它曾为封建统治阶级服务；在旧中国，帝国主义和封建军阀统治时期，它曾为帝国主义和封建军阀服务。因此考据学在过去，不论它如何精密，它的科学性是受到一定的局限的。不能因为胡适曾使用它进行过一些危害科学、歪曲历史的活动，我们就不要考据。我们坚决反对的是胡适派的考据。因为胡适派的考据不能认识事物的真相，不能发现事物间的联系，只能限于琐碎的问题，最多只能运用一般的粗浅形式逻辑的思

① 《〈农村调查〉的序言和跋》。

想方法，这样的方法它不能担负社会主义文化建设的任务。

五

在批判胡适的思想方法这一战斗中，我们要努力提高我们的科学研究工作的水平，要把我们的科学研究工作大大推进，达到现在世界最先进的科学水平，要担当起以科学理论指导我们国家进行经济建设和文化建设的任务。我们要把自己锻炼成为精通业务、有高度理论水平的科学工作者，要经常记住毛主席对我们的指示："现在我们党的中央做了决定，号召我们的同志学会应用马克思列宁主义的立场、观点和方法，认真地研究中国的历史，研究中国的经济、政治、军事和文化，对每一问题要根据详细的材料加以具体的分析，然后引出理论性的结论来。这个责任是担在我们的身上。"[①]

① 《整顿党的作风》。

批判梁漱溟的生命主义哲学*

“五四”前后，曾经出现了大批的封建复古主义的思想：《学衡》杂志反对白话文，康有为叫嚣以孔子为教主，从袁世凯到曹锟、段祺瑞都提倡祀孔和读经，胡适也在借口“整理国故”引诱青年钻入故纸堆，欧阳竟无以支那内院作为宣传佛教唯心主义的基地。这种复古、守旧的邪风正如鲁迅先生所攻击的，非把中国变成一个丧生命的大“古董”不止。这一反动的逆流，正是表示在新文化运动的巨大威力下，垂死的反动思想企图做最后的反扑。

如果把当时“五四”前后的这一股逆流放在当时全世界的反马克思主义的哲学逆流中来考查，就更容易看清楚它的反动作用。

苏联的建立，鼓舞和支持了东方殖民地及附属国的民族革命运动。东方民族革命运动的高涨直接震撼了帝国主义的大后方。在全世界范围内帝国主义面临着经济萧条和政治的危机，他们不敢向前看，只有妄想在中古封建主义、宗教迷信中找寻救命的药方。

当时西方资本主义国家所流行的唯心主义学派都带有反理性主义的共同特色。像詹姆士和杜威的实验主义、克鲁泡特金的“互

* 原载《人民日报》，1955年9月22日，署名汤用彤、任继愈。

助论”、柏格森和倭铿的生命主义、杜里舒的神秘莫测的“隐德来希”、罗素的“冲动”，加上上世纪的叔本华、尼采的盲目主观的意志学说，这些唯心主义的毒素思想形成了一股反理性主义的逆流。这些思想传播到当时半封建半殖民地的中国来，给帝国主义和封建主义在中国的统治建立理论根据。梁漱溟的反动哲学就是在全世界反理性主义的唯心主义哲学逆流的影响下，配合了当时国内的复古主义的逆流，来宣扬“孔子精神”和“中国文化”的。

梁漱溟和当时那些形形色色的复古主义者抱着同样的目的，都企图用所谓“孔子精神”和“中国文化”来加强那腐朽欲断的束缚人民的“四大绳索”[①]。

但正如毛主席所说：“在经济落后的半殖民地的中国，地主阶级和买办阶级完全是国际资产阶级的附庸，其生存和发展，是附属于帝国主义的。”[②]梁漱溟既然为封建主义效忠，对马克思主义仇视，他势必匍匐在帝国主义的脚下，做他们的走卒。我们试检查一下梁漱溟的哲学，恰好证明了这一点。梁漱溟所讲的“孔子精神”和“中国文化”一方面吸取了中国封建文化的反理性主义的糟粕；一方面也大量吸取了叔本华、尼采、柏格森、杜里舒、罗素、倭铿、克鲁泡特金等人的反理性主义的毒素，其中柏格森更是主要的。

梁漱溟反动的政治观点是以他的主观唯心主义的世界观作为理论基础的。他认为：

---

① 参看《湖南农民运动考察报告》，《毛泽东选集》第一卷，人民出版社，1951年10月版。

② 《中国社会各阶级的分析》，《毛泽东选集》第一卷，人民出版社，1951年10月版。

宇宙为一大生命；生物进化与人类社会之进化同为此大生命之开展表现。①

这一神秘的“大生命”，梁漱溟认为也就是人类的“生活”：

尽宇宙是一生活，只是生活，初无宇宙。由生活相续，故尔宇宙似乎恒在。……宇宙实成于生活之上，托乎生活而存者也。②

照梁漱溟看来，世界是“大生命”，生物进化和人类社会发展是由文化决定的，文化是由“意欲”决定的，而“意欲”却是这一个“大生命”的表现。这就是说，世界本身、社会本身以及生物界都不是客观存在，而只是由于有了“大生命”的存在，它们才存在。生命派认为世界不是物质的存在，世界的本质只是“大潜力或大要求或大意欲——没尽的意欲”。他们企图抹杀物质世界，把物质世界精神化、神秘化。离开人类大脑的活动，居然还有独立存在的“大要求”“大意欲”，这对于一个正常的、相信科学的人来说，实在是不可想象的。梁漱溟的世界观恰恰就是建立在这种不可想象的、神秘的基础上。

生命主义者提出了没有物质基础的、超乎一切之上的“大意欲”，并且由此进一步狂妄地否认人所公认的常识。他们硬说，物质对世界发展起着妨害作用。他们经常说物质世界是产生一切“罪恶”“堕落”“停滞”的根源。梁漱溟说，物质世界本身就只

① 《中国民族自救运动之最后觉悟》，第369页。

② 《东西文化及其哲学》，第48页。

能发生“向下的冲动”，为了避免物质世界引起人类的“向下的冲动”，只有让“盲目的意志冲动”“大意欲”尽量发展，用这种“向上的冲动”来抵制“向下的冲动”。生命主义者要用“精神”来克服“物质”，实际上就是用“生命”“精神”来代替物质。所以他把“生命”和“意欲”说成“‘现在的我’对于‘前此的我’之一种奋斗努力”。[①]他所谓“现在的我”即是“心”或“精神”，所谓“前此的我”即物质。这一派反动的主观唯心主义的哲学敌视唯物主义达到疯狂的程度。他们和从古以来的僧侣主义者一样：分明向饥寒的劳动人民进行敲骨取髓的剥削，却叫喊着要轻视物质；他们一刻也离不开贪婪和享乐，经常依附于豪门贵族，却叫喊什么“出世”。梁漱溟的“乡农学校”里，一间屋子里对农民严刑拷打，另一间屋子里向农民讲“万物一体”和“仁”的最高境界。

问题已很清楚，梁漱溟的生命主义哲学认为有了“大生命”，有了“生活”，才有“宇宙”。显然“生命”“生活”是第一性的，而宇宙的存在是第二性的。真正永恒存在的不是物质，而是“生命”。

马克思主义者认为，生命是物质的一种运动形式，它是物质发展到了一定的阶段的必然的产物；生活是生物维持它的生命的活动过程，就人类来说，生活就是社会实践，它包括在一定的社会发展的历史条件下的生产斗争、阶级斗争、科学研究等实践活动。而梁漱溟却把生物界的生命现象和人类社会的生活混同起来：生命也就是生活，生活也就是生命。把一个莫名其妙的“大生命”神秘化，

---

① 《东西文化及其哲学》，第49页。

把它当作创造一切的力量。

梁漱溟不但抹杀人同一般生物（动植物）的界限，甚至也抹杀了生物同无生物的区别，他把一切都给它加上神秘的“生命”或“生活”。他们把整个世界当作一个“大生命”，神秘的生命。他们所谓生命并不需要任何物质基础，相反，物质的存在倒是要靠这一超自然的和推动自然发展的力量，宇宙以生命为基础，宇宙靠生命才存在。因此，他们所谓“生命”，乃是反常识、反科学的一种最后创造的力量。

这一派，把个人的心理状态中的感情作用看作“大生命”的实质，这就是他们所谓“仁”。他们把中国封建社会的伦理关系看作永恒的关系，把这种封建道德叫作真正的“生活”。唯心主义的理学家常说“仁”是“天地之心”，梁漱溟也绝对拥护王阳明的“草木瓦石也有人的良知”的主观唯心主义的谬说。他们把浑沌的、神秘的、不可言说的“生命”作为世界的根源，这也就是用主观意识吞没客观世界。

把客观世界当作是具有生命的，有意欲的、有心理活动的神秘的事物，这样的反动学说，在中国陈腐的封建主义文化的垃圾堆中也可以找到不少。上古可以追溯到孟子。最明显的是北宋时期的程颢和他的门徒们。这一派曾公开宣扬生命是万物的根源，并在中国哲学史上引起了相当广泛的毒害影响。

程颢和他的门徒讲“仁”，曾提出一个新的（但是腐朽的）说法。他们说，“仁”就是桃仁、杏仁的“仁”，桃仁、杏仁是桃树、杏树的根本，有了桃仁才有桃树，有了杏仁才有杏树，因此桃仁和杏仁是桃树和杏树存在的前提。他们这一派根据桃、杏的

“仁”，进而主观地给世界找寻根源，他们认为人类的“仁”乃是天地间无所不包的生命力量。有了“仁”才有人类，才有世界。他们认为中国的封建社会的伦理秩序是体现了“仁”，甚至自然界的春生、夏长、秋收、冬藏也是体现了“仁”。这一种神秘伟大的力量是“天地的心”，是世界的根源，是事物生长、变化的最后的推动力量。

在半封建半殖民地的旧中国，任何封建主义的思想体系，不可避免地要抬出帝国主义的思想体系替自己撑腰。梁漱溟不仅是一个顽固的复古主义者，而且是维护帝国主义的利益的买办学者。他把封建主义中宣扬“生命”的学说和帝国主义学者柏格森的生命派的学说混在一起。

梁漱溟转述柏格森的思想说：

> 宇宙的本体不是固定的静体，是“生命”是“绵延”……[①]

梁漱溟的生命主义，也正是这些反动的生命学说的翻版。他说：

> 这一个“生”字是重要的观念，知道这个就可以知道所有孔家的话。……他（按：指孔子）以为宇宙总是向前生发的，万物欲生，即任其生，不加造作必能与宇宙契合，使全宇宙充满了生意春气。[②]

这里的“生”，也就是梁漱溟在另外的地方讲的“仁”。梁漱溟和其他的封建主义的哲学家一样，认为“仁”不但是社会上压迫者和

① 《东西文化及其哲学》，第79页。

② 《东西文化及其哲学》，第121页。

被压迫者共同遵守的规律，也是自然界的规律。他把旧中国人压迫人不合理的秩序解释为普遍的秩序。

梁漱溟的生命主义哲学继承并发扬了宋代理学的唯心主义传统及明代王阳明的主观唯心主义的学说。王阳明在他的《大学问》一篇文章中充分发挥了神秘的“万物一体”的主观唯心主义的学说。梁漱溟到处发挥王阳明的“天地万物与人为一体”“草木瓦石也有人的良知”的谬说。他认为宇宙本身就是一个“大生命”，离开了人的良知就没有客观世界。他要人不分别彼此，“与人为一体”。

生命主义的世界观是主观唯心主义的，在认识论方面，也必然否认认识的来源有客观物质基础。他们认为，我们不可能认识独立于我们意识之外的客观世界，只能反观自己的内心。因为照他看来，根本没有独立于人们意识之外的客观世界。梁漱溟所谓认识“本体”就是认识“大生命”，而这一“大生命”是流动的，是绵延（他完全同意柏格森的生命主义哲学），这一种神秘的境界，“非感觉理智所能办，必方生活的直觉才行，直觉时即生活时，浑融为一个，没有主客观的，可以称绝对”[①]。这一神秘的“大生命”，人类不能通过科学的认识的道路去认识它，只有靠不可言说的“生活的直觉”才行。

这一派的哲学既然否认认识的来源，必然也否认认识的可能。他们把认识看作自己认识自己的过程，所以梁漱溟一再说认识要“无对”（没有客观对象的认识），要“反身而诚”“向内用力”。如果说梁漱溟也用“认识”这一词，那只是叫人认识“生

① 《东西文化及其哲学》，第79页。

活”。他的“生活”就是指的他所尊奉的与人民为敌的封建剥削制度秩序下的生活。

科学必须建立在唯物主义的基础上，而生命主义根本否认客观世界的物质性；科学的规律就是客观世界发展的规律，而生命派却否认有认识客观世界的可能；科学和理性不可分，而生命主义公开反对理性，认为理性（梁称理性为“理智”）根本不能认识客观世界。梁漱溟以及一切直觉主义学派共同的特点，就在于它公开反对理性、反对科学、反对分析。他们认为说不出所以然的“道理”最有“道理”，只要“心安”就“理得”，一件事情，只要主观上觉得非做不可，就去做，这种行为就是对的。宋代有一个直觉主义者杨简经常说“人心自明，人心自灵”。佛教禅宗的和尚常用一种神秘的比喻来宣扬他们的直觉主义的认识论，他们常说“如人饮水，冷暖自知”。这就是说，在认识上，真假、是非没有客观标准，如果硬要找寻标准，那就是每一个人自己的主观意识。这种直觉主义必然是神秘主义的。他们反对用科学方法获得真理的可能，他们不承认由感性到理性认识的唯一科学的认识过程。他们反对有客观真理。他们认为只要“问心无愧”，就不怕“伤天害理”，按照本能，不加理性思维的行动就是最“合理”的行动。

在20世纪，科学昌明的时代，反动的阶级为了反对马克思主义，他们搬用了古代及中古时期那一套陈腐的名词，并且把它修整得更平滑，企图掩盖它的反科学、反理性的面貌。梁漱溟在这里抬出他的“理性”，来掩盖他的反理性的实质。他说：

二十七年我亦还不认识理性，同意克鲁泡特金道德出于本能之说，而不同意罗素本能、理智、灵性之分法。及至有悟于理性、理智之必须分开。而后恍然罗素之三分法为不易之论。——罗素所云灵性相当于我所谓理性。[①]

这就是说，在二十七年前他还不懂得利用“理性”这一名词来骗人。二十七年来在马克思主义的普遍影响下，越来越多的群众认清了科学、民主、理性的重要，直觉主义越来越骗不了人，于是梁漱溟就篡夺了进步群众所相信的“理性”这一有号召力的名词，给它注入直觉主义的唯心主义的内容。梁漱溟所谓“理性”是一种心理的状态，是一种感情，而不是经过科学的分析，实践所证明的正确的认识。他说：

所谓理性者，要亦不外吾人平静通达底心理而已。[②]

又说：

知的一面曰理智；情的一方面曰理性。[③]

不欺好恶而判别自然明切者是之谓理性。[④]

理性之取舍不一，而要以无私底感情为中心。[⑤]

按照梁漱溟的说法，这种“无私底感情”“平静通达底心理”所产生的神秘的力量是无法估计的。它不仅是“人类的特征”，它还是

① 《中国文化要义》，第348页。

② 《中国文化要义》，第135页。

③ 《中国文化要义》，第138页。

④ 《中国文化要义》，第141页。

⑤ 《中国文化要义》，第138页。

“推动历史，支配社会，控制人生”的唯一力量。[①]

梁漱溟用感情的直觉代替了理性的科学的分析，用主观的心理状态代替了判别是非的客观标准，用主观的直觉的好恶（喜欢或不喜欢）代替了检验真理的实践。他们说的“理性”实际上已变成“上帝”的代用品，因为只要凭借“无私的感情”“平静通达底心理”，居然能够“推动历史，支配社会，控制人生”，它不是不可思议的万能的“上帝”是什么？

这一生命主义的反动传统，在清末汉奸头子曾国藩的手中也曾有所发挥。国民党匪帮的头子蒋介石和陈立夫更进一步把这个反动传统同帝国主义的生命派哲学相结合，制造了反动透顶的“唯生论”。他们认为宇宙发展和社会发展都是由一种神秘的、不可抗的生之力量在推动着。世界的发展是盲目的冲动所造成的，没有任何规律，只要诚心诚意地信仰这种反动的哲学，就会产生出一种莫名其妙的蛮干的力量，就会产生他们所谓“革命”（应当说是反革命）的行动。这些法西斯的匪徒们认为只要盲目行动（他们所谓“力行”），就是实现了生命的原则，就是他们所谓“人生的意义”。法西斯匪徒们说“生命之意义在创造宇宙继起之生命”，他们把人和动物完全等同起来，说“人本是争生存的动物”，“生来就有一种向上的冲动”。这种原始的动物性的“争生存”“向上的冲动”被看作世界发展的动力。

梁漱溟恰恰也唱着同样的调子。他说：“人的生活那里都是有意识的，他同动物一般也是出于本能，冲动。”[②]又说，“欲

① 《中国文化要义》，第348页。

② 《东西文化及其哲学》，第170页。

望”“冲动”是“人类行为的源泉”[1]，“人类社会之进化，不外乎是沿着生物进化来底；二者同为宇宙大生命之表现，前者实为后者之继续”[2]。

从以上的例证，我们不难看出，北宋的二程、王阳明、曾国藩，到蒋介石、陈立夫，这一系列的生命主义的哲学，都自己号称继承了中国文化。如果叫它作“中国文化”，那就是中国文化中最反动的封建性的糟粕。而这一反动的生命主义哲学的传统，恰恰也就是梁漱溟奉为至宝，尊为“中国文化”的“要义”的。

梁漱溟的这些根本的观点，并不只是词句上和蒋介石、陈立夫的“唯生”哲学的词句相同，而是精神实质上完全一致。胡适以他的实用主义为蒋介石和帝国主义服务，梁漱溟以他的生命主义哲学为蒋介石和帝国主义服务，这一点也是一样的。

---

① 《东西文化及其哲学》，第170页。

② 《中国文化要义》，第43页。

批判梁漱溟的反动的文化观*

梁漱溟的反动的文化观的提出，最早是在1921年所发表的《东西文化及其哲学》一书。在当时，他为了对抗五四新文化运动，企图利用他那封建复古主义的武器向新文化运动所号召的“科学”和“民主”新方向进攻。梁漱溟的反动的文化观的反动实质和它的危害性却远远超出了通常学术上所讨论的文化问题的界限。他的文化观是和他四十年来勾结国民党军阀、武装地主镇压农民的活动相配合的，也是和他的“乡村建设”对抗马克思主义的正确地解决中国革命的理论相配合的。他的文化观乃是他的反动的政治理论的重要组成部分。

四十年来，梁漱溟从来没有放松宣扬他的文化观为他的主子——旧中国的封建地主阶级——服务。从《东西文化及其哲学》到解放后（1949年）出版的《中国文化要义》，这许多年来他的反动的政治观点都深深地镶嵌在他的文化观的框子里，“文化”这一概念实际上成了容纳他的唯心主义的、反动思想的垃圾箱。

* 原载《哲学研究》1955年第3期。

一

梁漱溟的反动的文化观是建立在他的主观唯心主义生命哲学的理论基础上的。

梁漱溟首先否认文化的发生和发展有它的物质基础。他荒谬地认为文化是“无因”而产生的，文化的产生由于“天才的奇想”。这就是说，文化的产生不是依赖于社会的生产方式，而是依赖于人类的主观愿望。

在生命主义者（梁漱溟也包括在内）看来，整个世界就是一个无穷尽的“生命之流”。梁漱溟说：“宇宙为一大生命，生物进化与人类社会之进化同为此大生命之开展表现。”[①]他又说：“照我们的意思，尽宇宙是一生活，只是生活，初无宇宙。由生活相续，故尔宇宙似乎恒在。其实宇宙是多的相续，不以一的宛在。宇宙实成于生活之上，托乎生活而存者也。”[②]他又说一切生活产于“大意欲，没尽的意欲”。

照梁漱溟的哲学公式，世界是由“意欲”所创造、所构成的。“意欲”是最初的、唯一的推动事物发生和发展的力量。人的“意欲”也就自然成为决定人类文化发展的决定因素。他的文化观就是以他的生命主义哲学的世界观为基础的。

---

① 《中国民族自救运动之最后觉悟》，第369页。

② 《东西文化及其哲学》，第70－71页。

在他看来，只要有了什么样的欲望和行动，就会产生出什么样的文化形态。梁漱溟毫无事实根据地、武断地硬说人类有三种不同的欲望，就产生出三套各不相同的文化。那就是他捏造的所谓“向前要求的欲望”“调和持中的欲望”和“向后要求的欲望”。由“向前要求的欲望”，就产生了他所谓“西洋的文化”；由“调和持中的欲望”，就产生了他所谓“中国的文化”；由“向后要求的欲望”，就产生了他所谓“印度的文化”。显然，这是一种彻头彻尾反科学、反常识的唯心主义的文化观。

文化是什么呢？文化是怎样产生和发展的呢？从人类的历史证明，文化是人类的物质财富和精神财富的总和。文化的发生是由于人类在生产劳动、在科学研究、在阶级斗争的一系列的活动中积累创造出来的。它必须是在一定的社会物质生活条件之下才能产生。它的形态也必然是被客观存在的社会性质所决定的。绝不是由于什么凭空生出来的所谓“欲望”决定的。

当然，梁漱溟和他所代表的旧中国曾占统治地位的地主阶级是有它的“欲望”的。他们在革命高潮下吓得发了昏，他们唯一的希望就是保持住摇摇欲坠的封建政权。在已经觉醒了的人民面前，他们仅仅希望苟延残喘，过一时算一时，他们希望中国的情况不要变化，“调和持中”，不要走马克思主义所指引的革命的道路，这就是他们这些反动派的衷心的“欲望”。

欲望也只能是欲望，历史的发展是按照它自己的既定道路，循着客观规律前进的。不论是谁，只要他敢于挡着历史前进的道路，必然碰得头破血流，梁漱溟和他所代表的一撮地主阶级的“欲望”不是被人民革命的巨大力量打得粉碎了吗？

二

梁漱溟的文化观，在于混淆阶级对抗的社会中两种文化的界限。在《东西文化及其哲学》一书中，他抄袭了西方资产阶级社会学者文化分类的观点，按照地区的分布，毫无道理地把中国、印度、西洋分为三种文化类型。这就是说，把西方存在的两种截然不同的、代表两个历史发展阶段的文化（资本主义文化和社会主义文化）笼统地称为“西方文化”。即使在资本主义文化中，也还是有两种不同的文化：一种是反映腐朽的、反动的资产阶级意识的文化，一种是反映被压迫者无产阶级的进步的、生气勃勃的文化。对于这些，梁漱溟和所有的资产阶级的社会学者一样，他们故意取消这些区别。对于中国文化，他们也采用了同样的蒙混手法，把代表地主阶级的、反科学、反民主的文化和代表工农大众的科学和民主的文化混为一谈，统称为“中国文化”。实际上，他们乃是把西方资产阶级的文化叫作“西洋文化”，把中国封建地主阶级的文化叫作“中国文化”。他们把印度的进步的文化抛开不管，却诬指两千年前的佛教为“印度文化”，更是大胆狂妄，不顾事实。

梁漱溟的文化观的荒谬还不止于此。他还在玩弄文化这一概念，对这一有严格科学意义的“文化”的含义随便加以扩大或任意给以缩小。

他在《中国文化要义》一书中一开首就说：“俗常以文字、文学、思想、学术、教育、出版等为文化，乃是狭义底。我今说文化就是吾人所依靠之一切，意在指示人们，文化是极其实在底东西。文化之本义，应在经济、政治、乃至一切无所不包。”哪知他刚刚说完了他所谓文化是“一切无所不包”，紧接着又说：“此云中国文化，是说我们自己的文化，以别于外来的文化而言；这亦就是特指吾中国人夙昔生活所依靠之一切。文化本从传递交通而有，于此而求‘自有’、‘外来’之划分，殆不可能。……故大略划取未受近百年影响变化之固有者，目为中国文化如是而已。”“又文化无所不包。……这里亦特就其社会人生来讨论，如是而已。”

梁漱溟有意地制造混乱，在于模糊读者的认识。他先摆出一副研究中国文化全部问题的姿态，而暗中宣扬中国文化中的封建伦理道德的部分向读者推销，这就是他所谓“社会人生”的问题。事实上，在他的有关文化问题的反动著作中，并没有涉及什么广义的文化，并不是“无所不包”，而只是就他的封建地主阶级的观点来论述、宣扬他的社会、政治观点。更确切地说，他所讨论的都是属于如何保存中国封建社会的上层建筑的问题。我们试看梁漱溟的著作中，凡是谈到中国文化的特点，总不外“伦理本位”“周孔教化”等等，这也足以说明梁漱溟所关心的与其说是文化问题，不如说是政治问题。

今天略具社会科学常识的人，都会承认道德、哲学、艺术、宗教是有它的阶级内容的，不同的阶级有不同的道德标准，有不同的世界观和宗教观。绝不能笼统地把中国不同的阶级的文化硬套在一个“中国文化”的框子里，而不加区别。像束缚了中国人民几千年的“四大绳索”（神权、族权、夫权、政权）[①]，并不是对于所有的

① 见《湖南农民运动考察报告》,《毛泽东选集》第一卷，人民出版社，1951年10月版，第33页。

中国人民都有利的，它仅仅对于那些少数剥削者（封建地主阶级）有利。奉“周孔教化”为宝训的并不是广大的中国人民，而是那些剥削、寄生的封建渣滓。

从来都是剥削者把自己的意志强加在广大人民的头上，冒充为全民的意志。梁漱溟所宣扬的所谓“中国文化”“伦理本位”“周孔教化”，也还是重复了历史上剥削阶级的旧手法，把中国封建地主阶级用来统治人民的精神武器硬写在“中国文化”的账上，算作全中国人民共同信奉的思想意识，这是我们坚决不能承认的。我们必须把他这种阴谋揭穿。

三

梁漱溟既然站在封建地主阶级的立场，他必然和一切剥削阶级对待历史、对待文化的态度一样，他绝不会看见劳动人民在文化创造上的贡献。他说：“中国自黄帝至周公、孔子这几个人太聪明。如果只有平常的天才，那么，道理可以一点一点的接续逐渐发明，其文明可以为积累的进步不已；若开头是个非常大天才，其思想太玄深而致密，后来的天才不能出其上，就不能另外有所发明，而盘旋于其范围之中。西洋是前一个样子，中国是后一个样子。……周公、孔子替我们预备的太周到妥帖，愈周到妥帖，愈维持的日子久，便倒不能进步了。……所谓孔子太周到妥帖的，不是别的，就是他那调和的精神。”[1]

① 《东西文化及其哲学》，第227–228页。

梁漱溟在这里一方面诬蔑中国文化的停滞不进，诬蔑我们伟大的中国人民所创造的文化是“盘旋不进”；一方面又诬蔑我们伟大的劳动人民没有创造文化的能力，把文化创造的权利归结为“天才”“伟人”的“偶然的奇想”。他不仅诬蔑劳动人民为愚昧无知，甚至无耻地说他们是文化发展的障碍。显然这种反动的文化观是为封建主义和帝国主义服务的。坚持剥削阶级立场的梁漱溟毫不掩饰地、露骨地为地主阶级做辩护：“在劳动者们，本是劳力，自少用心，……就杜绝了理智之深入与开展，杜绝了科学之路。”[①]又说：“无剥削即无文化。”[②]事实还不清楚吗？梁漱溟所热爱的“中国文化”，就是“孔子的调和精神”，而主张维持孔子调和精神的阶级就是封建地主阶级。在他们看来，没有“剥削”就没有孔子的调和精神的文化。梁漱溟面临着阶级斗争严重的关头，他会毫不掩饰他的剥削阶级的本相。这里也充分暴露了剥削阶级对劳动人民极端的仇视和轻蔑。

在古代社会，生产力还不发达的时候，劳心者与劳力者的分工，对于文化的发展与创造确曾起过一定的推动作用，但是，那也仅仅是对于真正从事脑力劳动者（像那些科学家、艺术家、文学家、哲学家等）的研究和创作的实践来说的，绝不能不加分别地把那些吃剥削饭为生的、脑满肠肥的王公、贵族、地主、官僚看成文化的创造者，更不能把人民的公敌，像蒋介石、韩复榘这一批封建军阀和帝国主义分子说成是文化创造者。

梁漱溟和他所代表的地主阶级在革命的潮流面前时时刻刻幻想

① 《中国文化要义》，第266页。

② 《中国文化要义》，第173页。

着剥削制度可以“万古长存”，并恬不知耻地以“创造文化者”自居。这种邪说谬论，必须给以彻底的粉碎。他尽管说什么“吾曹不出，奈苍生何”，说什么“现在我不能死，我若死，天地将为之变色，历史将为之改辙，那是不可想象的事”[①]。梁漱溟自高自大到唯我主义的地步，他居然希图用他自己捏造的宗教式的谶语来篡夺历史发展的功劳，使“天地变色”“历史改辙”，以他这样的“天才”来和马克思主义旗帜下的革命群众相抗拒，真可算“蚍蜉撼大树，可笑不自量”了。

四

在文化观方面，梁漱溟一再强调中国文化的“特点”和“优点”就在于它有孔子的“理性”“伦理本位”，而没有宗教。他说：“中国文化内宗教之缺乏，中国人之远于宗教，自来为许多学者（按：梁漱溟所谓‘学者’是封建地主阶级的学者和帝国主义的御用的学者）所同看到底。”“中国以孔子伦理为准则。”[②]

宗教迷信在中国曾有过广大的活动地盘，直到今天它也还成为科学思想发展的障碍，梁漱溟居然不顾事实，说中国“没有宗教”，这是十分大胆的造谣。现在我们没有必要和他纠缠这些人所共知的事实。现在我们需要检查一下梁漱溟所谓宗教的内容是什

① 《香港脱险寄宽恕两儿》，1942年。

② 《中国文化要义》，第9页。

么，然后再检查一下梁漱溟自称富于“理性”而不是“宗教”的孔家“伦理本位”的实质。

梁漱溟说：“宗教是什么？此非一言可答，但我们却可指出，所有大大小小高下不等底种种宗教，有其共同之点，就是：一切宗教都从超越于人类知识处立他的根据。而以人类情感之安慰、意志之勖勉为事，分析之，可得两点：（一）宗教必以对于人的情志方面之安慰勖勉为其事务；（二）宗教必以对于人的知识方面之超外背反立其根据。”①

我们根据以上所引的例证，可以看出梁漱溟对于宗教问题也和他对于文化的其他方面的问题一样，他是一贯地用他的主观唯心主义的观点来解释宗教的。宗教，我们认为它是历史的范畴，它是支配着人们的自然力量和社会力量在人们头脑中的歪曲的、虚幻的反映。宗教绝不像梁漱溟所说的，由于“偶然的奇想”，由于人类的“欲望”产生的。梁漱溟和我们的有科学根据的对于宗教的认识处在完全对立的地位。

在五四新文化运动以后，马克思主义在人民群众中引起广泛的影响，梁漱溟深知公开宣扬宗教学说一定找不到市场，骗不了更多的人，于是他也假装着不相信宗教的样子，叫喊什么中国只有“周公的礼乐和孔子的道理”，只有“伦理思想”而没有宗教。实质上，他所说的伦理道德，所谓“理性”、所谓“孔子的道理”就是宗教的代用品、变相的宗教。梁漱溟自己说，那就是“道德代宗教”。因为世界上绝没有抽象的道德，梁漱溟所谓“道德”就是封

① 《中国文化要义》，第104-105页。

建道德规范。他所谓的道德代宗教也就是他企图以封建道德规范来代替宗教，把“道德”宗教化。

梁漱溟把“孔子的精神”装扮成为“超是非”“不计较利害”“平静安和的心理”“无所得而畅快”的宗教态度。他也就是站在这样的封建道德的立场来反对科学，他认为科学重理智而不重理性（他所谓“理性”即封建道德规范的自觉的心理），因而认为不符合“中国文化”的精神。他注重直觉而反对对客观事物进行分析。他所反对的都是属于科学方面的，也正是宗教的敌人。他所支持的都是属于宗教方面的，也正如他所说“情志方面的安慰”“超越于人类知识的知识”的宗教感情。他表面上似乎不赞成宗教，但是他并不反对宗教的本质，而是反对某些宗教的表面形式。所以，我们不难看出梁漱溟的主观唯心主义和他的盲目信仰主义，和他排斥科学、反对理性的态度是一致的。他虽没有公开提倡拜泥菩萨，但并不意味着他不是一个十足的信仰主义者。他在思想上既然是一个坚决的信仰主义者、反理性主义者，他最后必然倒向宗教。

宗教，在阶级对抗的社会中，它所起的作用，主要的是宣扬屈服，驯从奴才品性。对剥削和压迫采取容忍的态度，把幻想寄托在“来世”。它的任务在于向被剥削、被凌辱的广大群众说教，要他们逆来顺受，不但要消除他们的反抗的行为，更主要的是要消灭他们企图反抗的思想。而梁漱溟以道德代宗教的恶毒主张恰恰就是从思想上解除被剥削、被压迫人民群众的武装。他四十年来的主要政治活动就是干他的“以道德代宗教”的反动宣传。

梁漱溟经常在他的文化观中叫卖他的“伦理本位”的文化，什么是他的“伦理本位”呢？就是说像旧中国大家庭制度下的家长对子女的独裁统治，男子对妇女的歧视和压迫，地主阶级对农民群众的剥削和奴役。这就是他所谓“中国文化”的精华、“伦理本位”的主要内容，这也就是他的变相的宗教。我们试看他是怎样不顾事实地替“伦理本位”的文化做欺骗的宣传：“孔子的伦理，实寓有他所谓絜矩之道在内，父慈、子孝、兄友、弟恭，总使两方面调和而相济，并不是专压迫一方面的——若偏欹一方……全成了一方面的压迫。一半由于古代相传的礼法，自然难免此种倾向。”①

这真是奇怪的逻辑！封建的伦理道德，在梁漱溟的眼光中居然成了公平交易的原则，居然不是专压迫一方面的！其所以产生压迫一方面不过由于礼法的偏差（按：梁漱溟这里的“倾向”即偏差）！可是我们有权利追问一句：为什么几千年来这种“倾向”只发生于在上者压迫在下者、剥削者压迫被剥削者呢？为什么几千年来被这些“伦理道德”剥夺了幸福、失去生命的都是那些被凌辱、被损害、被剥削的无辜的人们呢？梁漱溟如果承认事实，他是不能回答这些问题的。

梁漱溟之所以竭其全力要从“文化”上“论证”“伦理本位”的“优越性”，妄想在维护中国文化这一口号的掩饰下贩运他的宗教毒素，来加强束缚人民的精神上的锁链，这是注定要失败的。

---

① 《东西文化及其哲学》，第223—224页。

五

梁漱溟的文化观是反爱国主义的，它是为帝国主义服务的。旧中国的地主阶级，近百年来，就是一个垂死的、没有丝毫进步作用的阶级。它在政治上、经济上都要依靠帝国主义的支持，当然在文化思想方面也不能例外。这是20世纪旧中国地主阶级的特点。通过梁漱溟的文化观，恰恰可以证明这一事实。

帝国主义为了通过中国的封建地主阶级来控制旧中国的广大人民，他们必须支持腐朽的封建制度和封建文化。他们两者互相勾结在一起来对付中国革命人民。梁漱溟在这里扮演了相当重要的角色。

帝国主义为了给他们的侵略中国的罪恶行为找借口，他们诬蔑我们落后，一切不如人，借此企图动摇我们的民族自信心。梁漱溟也无耻地附和这种滥调。他采集了一切帝国主义分子诬蔑中国人民的谰言，甚至连日本侵华的军队的手册也用来作为诬蔑中国文化的证据。他说，中国民族有“五大病”：“幼稚”“老衰”“不落实”“落于消极亦再没有前途”“暧昧而不明爽”①。他还无耻地说中国民族的品性有不良的大特点：自私自利、吝啬、虚伪、和平文弱、知足自得、守旧、马虎、坚忍及残忍、韧性及弹性、圆熟老到等。同“西人”相比，中国人缺少“公共观念”，缺少“纪律习惯”，缺少“组织能力”，缺少“法治精神”。

事实已足够彻底粉碎梁漱溟的反动无耻的谎话。站起来的中国

① 《中国文化要义》，第322-326页。

人民，不但摆脱百年来所受的凌辱，而且走向繁荣富强的大道，现在正满怀信心地踏着坚定的步伐向社会主义迈进。中华民族和伟大的苏联正在并肩携手为保卫全世界的和平做出不朽的贡献，它已成国际上主要的安定力量之一。这些事实，梁漱溟是不愿看见的。

梁漱溟自以保卫中国文化的学者自居，实际上他是十足的帝国主义的应声虫。这一点上，他和胡适没有两样。

帝国主义希望我们中国人民永远处在殖民地的地位，永远陷于贫困的境地，梁漱溟就宣传中国文化中“安贫乐道”“无所得而畅快”的反动理论。

帝国主义希望我们永远保持古老的封建制度，以便于他们通过封建地主阶级来控制广大农民。梁漱溟就在这儿密切配合着帝国主义的需要，大讲他的“伦理本位”“理性早启”，他不但直接为保存封建制度而努力，也同时为帝国主义的侵略行为效忠。

帝国主义宣传奴役其他民族的世界主义，目的在于使被侵略国家的人民漠视自己祖国的利益，漠视民族的优良传统，漠视民族文化的特点和优点。他们要利用这种毒辣的手段来破坏一个民族的自信心。梁漱溟也无耻地跟着帝国主义叫嚣，说中国人从来不知“爱国”观念，只讲“世界主义”。他说：“宗教……殊无西洋宗教那种伟大尚爱的精神；文学如诗歌词赋戏曲，虽多聪明精巧之处，总觉也少伟大的气概，深厚的思想和真情；艺术如音乐绘画，我不甚懂，私臆以为或有非常可贵之处，然似只为偶然一现之文明而非普遍流行之文化。知识一边的科学，简直没有；哲学亦少所讲求。……社会一般所有，只是些糊涂浅拙的思想。”[①]

---

① 《东西文化及其哲学》，第226页。

历史的事实证明，中国科学的发展，像天文、物理、数学、医学、农业以及其他各方面的成就，不但丰富了中国自己的文化，也丰富了世界人类的文化。而且有许多重大的发明曾达到了当时科学发展的最高水平。梁漱溟死心踢地站在地主阶级的立场替帝国主义做辩护，他是不肯承认这些事实的。在我们祖国的历史上曾出现过许多伟大的思想家、政治家、军事家、文学家和艺术家，在我们祖国的历史上也产生了无数的民族英雄和革命领袖，他们都为祖国立下了不朽的功勋。对于这些，梁漱溟只是闭上眼睛，装作看不见。

从以上的事实，我们不难看出，凡是帝国主义希望我们保存的腐朽的东西，像封建制度，像落后的物质生活，梁漱溟绝不敢碰伤它，并按照帝国主义的意图来宣扬这些落后反动的文化糟粕的“优越性”；凡是帝国主义感到对他们不方便、有危害性的东西，像我们科学的成就、民主的传统、抵抗异族侵略的伟大精神，梁漱溟也跟着帝国主义叫嚣、诬蔑，替帝国主义搜求证据。我们可以肯定地指出，梁漱溟是在“爱护”中国文化的幌子下为帝国主义效忠的，他和胡适一样，都是为了帝国主义的利益来歪曲、诬蔑中国文化的。所以，梁漱溟的文化观点，实际上是封建复古主义和帝国主义奴化思想相互结合的产物。

六

通过以上所揭露的事实和我们进行的分析，可以证明梁漱溟的文化观是十足的为封建地主阶级和帝国主义服务的反动理论。他讲的是“文化”问题，而内容却是政治问题。他的反动的锋芒是指向马克思主义和革命人民的。

毛主席早已指出：“在经济落后的半殖民地的中国，地主阶级和买办阶级完全是国际资产阶级的附庸，其生存和发展，是附属于帝国主义的。”[①]在毛主席所指出的那种社会历史条件下，封建地主阶级和买办资产阶级必然在思想、文化上找寻他们的代言人：“在中国，有帝国主义文化，这是反映帝国主义在政治上经济上统治或半统治中国的东西。”[②]最明显的，帝国主义的走狗，像胡适这些人，已在全国广大人民严正的批判下，遭到可耻的破产，他再也不能用他的伪科学的招牌骗人。梁漱溟的思想又是一种类型，毛主席也曾英明地指出过：“又有半封建文化，这是反映半封建政治和半封建经济的东西，凡属主张尊孔读经、提倡旧礼教旧思想、反对新文化新思想的人们，都是这类文化的代表。”梁漱溟和他的信奉者都是属于这一类型的。在旧中国四十年来，胡适以帝国主义的代理人的身份传播他的反动的奴化思想，梁漱溟以封建地主阶级的代理人的身份传播他的反动的封建复古主义思想。

① 《中国社会各阶级的分析》,《毛泽东选集》第一卷，人民出版社，1951年10月版，第3页。

② 《新民主主义论》,《毛泽东选集》第二卷，人民出版社，1952年3月版，第688页。

向梁漱溟的反动思想展开斗争*

梁漱溟作为封建地主阶级的代言人，在中国革命的各个阶段，他都提出过他的反动的理论和主张。

我国伟大的五四运动，“带着为辛亥革命还不曾有的姿态，这就是彻底地不妥协地反帝国主义和彻底地不妥协地反封建主义”[①]。就在这一时期，梁漱溟发表了他的《东西文化及其哲学》。这是一部反对“五四”新文化、保卫封建文化的反动著作。为了掩盖他不同于一般顽固的清末遗老的守旧分子，他在书中大量引用了帝国主义唯心主义的学说替他的反动理论撑腰。他的反动的锋芒在于反对科学和民主，对抗马克思主义的传播。

在第一次国内革命战争以后，大资产阶级和帝国主义相勾结，大规模地向革命根据地展开军事“围剿”，同时，在广大的国民党统治区展开了文化“围剿”。千百革命青年遭到蒋介石的屠杀。就在这时候，梁漱溟向蒋介石提供了他的反共的策略——《中国民族自救运动之最后觉悟》。这部反动著作主要的是在“向左倾青

---

* 原载《文艺报》1955年第18期。

① 《新民主主义伦》,《毛泽东选集》第二卷，人民出版社，1952年3月版，第692页。

年说话”。紧接着，梁漱溟勾结了反动军阀韩复榘，蒙骗了、组织了一部分青年到了山东省的农村，并且由一个县扩大到几十个县，去“争取农民”“改造农民”防止“赤匪”。他还总结了他的反动的经验，发表了《乡村建设理论》（也叫作“《中国民族之前途》”）。在这一时期，他的主要的企图是武装土豪劣绅，镇压农民运动，并按照帝国主义的意图，反对中国工业化。

在全国解放前夕，他更发表了《中国文化要义》一书，总结了几十年来一系列的反动的看法，宣扬他的反动的政治路线，企图和共产党的正确路线顽抗到底。

一、主观唯心主义的世界观——生命主义的反动本质

梁漱溟认为“宇宙为一大生命，生物进化与人类社会之进化同为此大生命之开展表现”[①]。他说：“照我们的意思，尽宇宙是一生活，只是生活，初无宇宙。由生活相续，故尔宇宙似乎恒在。其实宇宙是多的相续，不似一的宛在。宇宙尽成于生活之上，托乎生活而存者也。”[②]他又说，一切生活产生于“大意欲——没尽的意欲”。

照他的哲学公式，必然得出宇宙是由“意欲”创造的，是由人类的生活产生的，宇宙是一个神秘的“大生命”的结论。他所谓“大生命”也还是从“没尽的意欲”产生的。在梁漱溟看来，宇宙

① 《中国民族自救运动之最后觉悟》，第369页。

② 《东西文化及其哲学》，第70-71页。

只是“似乎恒在”，其实并不存在。真正存在的是“大生命”“生活”“意欲”。

这里，梁漱溟的世界观和唯物主义的世界观处在尖锐地对立的地位。他公开否认宇宙的物质性，而把宇宙说成精神性的存在；主张精神是第一性的，物质世界不过是精神的产物。他把人类的生活和“意欲”当作创造世界的最后力量，先有了“意欲”，才有世界。梁漱溟的世界观是唯我主义的，是主观唯心主义的。

像梁漱溟这一套生命主义的哲学并不是什么新鲜的东西，而是中国封建主义的主观唯心主义的哲学和帝国主义的生命主义的哲学的混合物。他尊崇孔子、王阳明。他把资产阶级的反动哲学家叔本华、尼采、柏格森、倭铿、杜里舒、杜威、罗素等引为同道，并称他们最符合中国孔子的精神。这一派的哲学的特点在于公开反对理性、反对科学、反对分析，而提倡笼统的、盲目的直觉主义、神秘主义，提倡盲目的冲动。他们认为只有盲目的冲动才最能表现宇宙精神。他们认为世界的发展是盲目的意欲的冲动，人类的行动也只是盲目的冲动，没有任何规律可循。它十足地表现了帝国主义时代反理性主义的盲目冲动的哲学的特点。

从梁漱溟的眼光看来，改造社会、改造世界只不过是改造自己的“意欲”，因为社会和世界无非是“意欲”的表现。阶级斗争，更无此必要。总之，社会上一切不合理的制度，人压迫人、人剥削人的现象都只是精神方面的事，都是由于被压迫者的思想没有想通。梁漱溟四十年一直教人学习“孔子精神”——不计较、不反抗、容忍，并认为这是中国文化的“特色”，他的实际用意即在此。

二、反动的社会观——中国没有阶级对立，只有职业分途

梁漱溟的反动的社会观点和欧洲的许多帝国主义学者一样，都在寻找“理由”，说社会上没有阶级。梁漱溟曾搜集了一些例子，来证明中国几千年来只有“职业分途”，没有阶级对立。他说，中国过去的科举的考试制度是“最平等”的。不论是什么人，只要“十年寒窗”，考试及格，就能“朝为田舍郎，暮登天子堂”。不论是什么人，只要退职，仍然是平民。他又说贫富的升降很快，有“十年河东，十年河西”的谚语。他还根据帝国主义分子所做的调查，认为中国北方“大多数人都有土地”，甚至说“百分之九十以上人家都有土地”[①]。并且武断地说，有些有地主阶级存在的地方，佃农有“永佃权”，他因而得出结论，说这就是“平分了地主的所有权”。

梁漱溟企图利用中国小农经济的特点——贫富的变化很快，来掩盖阶级剥削这一事实。财产所有权的转移，只是由甲剥削换成由乙去剥削罢了，绝不能因此而断定剥削阶级不存在。资本主义社会中也经常有暴发户和破产的资本家，怎能因此而断定说没有资本家和工人阶级的对立呢？一千多年来，封建王朝一直用科举制度选拔“人才”，真好像机会均等，而事实上，“十年寒窗”的读书人大多是些什么人呢？难道不正是梁漱溟所硬不承认的地主阶级的代言

① 以上均见《中国文化要义》，第162页、163页。

人吗？至于“永佃权”，更是欺人之谈！人们用牛马拉车，有的人用固定的牛马拉车，一直拉到它死去为止，难道也可以说牛马平分了主人对车子的所有权吗？梁漱溟用这一套最拙劣的骗术是骗不了人的！

马克思主义的阶级和阶级斗争的理论是无产阶级的战略指导原则，也是观察社会的基本的武器。梁漱溟为了从根本上反对马克思主义，他硬说中国社会“特殊”，没有阶级。这就是说，中国社会可以“特殊”到脱离社会发展的轨道，“特殊”到马克思主义这一放诸四海皆准的真理到此行不通。没有“阶级”，那么共产党的“阶级分析”“阶级斗争”的原则就是“制造矛盾”。请看，梁漱溟就是用这种不顾事实的胡说来反对马克思主义的。胡适和梁漱溟的一唱一和，都诬蔑共产党在“煽动组织暴乱”[①]，他们在这一点上是完全一致的。梁漱溟的反对阶级斗争的谬说还不止此。他还说过，不需要共产党的领导，中国老早已经实行了共产主义的原则。他说：“中国从来把财产看成一家的，几乎是接近共产，很富共有的意思。”梁漱溟把族权统治下的大家庭制度竟说成“共产主义”。他不顾事实地说：“我们可以看出中国社会，其经济结构隐然有似一种共产。”[②]

梁漱溟用他一贯的狡猾的手法，先对共产党歪曲，再根据歪曲了的事实进行诬蔑。他说：“中国社会问题，绝不如共产党或传习共产党脑筋之国民党人所想象，可以斗争斗出结果来的。”[③]又说：

---

① 见胡适：《答梁漱溟先生》。

② 以上均见《乡村建设理论》，第168页、26页。

③《中国民族自救运动之最后觉悟》，第406页。

“共产党亦是西洋人根本精神赤裸裸地表现，……沿着功利主义，自由竞争的发展，……一反吾民族王道仁义之风。”[①]他先诬指共产党的主张是西洋资产阶级的“功利主义”，然后再说它不合民族“王道仁义之风”，不合“民族精神”。我们不要忘了，封建军阀和蒋介石最希望革命人民放下武器，帝国主义最希望我们对它们保持梁漱溟所谓“王道仁义之风”。封建军阀和蒋介石确实是以身作则，对帝国主义奴颜婢膝，奉行不抵抗主义的。梁漱溟认为这才是“王道仁义之风”。梁漱溟不是说对帝国主义不应当去“革命”，而应当以“外交”交涉吗？这正是蒋介石的投降政策的忠实的支持者。胡适说，亡了国不要紧，有“殷遗民”做榜样，认为帝国主义对中国“九一八事变”的调查最“公道”。梁漱溟也完全和胡适一鼻孔出气。

这些就是梁漱溟的离奇、荒谬、反动透顶的反对阶级学说、反对共产主义的“理由”。

三、反动的历史观——天才创造历史

梁漱溟以为整个宇宙都是“意欲”“生活”的产物，宇宙只是“似乎恒在”，它真正存在与否是不可知的。把这一反动的主观主义的世界观运用到历史的发展上，必然引出他的唯心主义的历史观。他认为，中国文化只是几个少数的天才所创造的。他说：“中

① 《中国民族自救运动之最后觉悟》，第105页。

国自黄帝至周公、孔子几个人太聪明。如果只有平常的天才，那么道理可以一点一点的接续逐渐发明，其文明可以为积累的，进步不已；若开头是个非常天才，其思想太玄深而致密，后来的天才不能出其上，就不能另外有所发明，而盘旋于其范围之中。西洋是前一个样子，中国是后一个样子。你看，西洋文化不是积累起来的，而中国文化不是一成不变的吗？……所以一成不变的原故，……周公、孔子替我们预备的太周到妥帖，愈周到妥帖，愈维持日久，便倒不能进步了。所谓孔子太周到妥帖的，不是别的，就是他那调和的精神。”[①]梁漱溟把历史、文化看作少数天才的创造，自然把群众看得十分低下，群众不过是群氓。文化、科学、艺术的创造和发明，完全托付在几个所谓“天才”的身上。因此，梁漱溟一生不忘“教导农民”，并不是承认群众有天才，要启发他们，也不是为群众谋利益而帮助他们。他把农民看得又笨又蠢，认为农民只能听从像梁漱溟这样的“天才”的摆布，仍然是“民可使由之，不可使知之”的愚民政策的老办法。

我们马克思主义者一贯认为，为了使中国走向社会主义的道路，最大的问题在于教育农民；我们教育农民，是以工人阶级的世界观教育他们，使他们走社会主义的道路，使他们永远免于贫困破产和被剥削、被压迫的命运。梁漱溟却认为农民可以欺骗，可以把他们骗得跟地主富农跑而永远不自觉。事实证明，梁漱溟的主观想法是破产了。梁漱溟自己一直不认识这一点，他自己吹嘘：“吾曹不出奈苍生何！”甚至以为中国的前途、中国民族的命运完全在他

① 《东西文化及其哲学》，第154页。

一个人的肩上："现在我不能死，我若死，天地将为之变色，历史将为之改辙，那是不可想象的（不会有的事）。"[①]试看梁漱溟自高自大到什么程度，他认为自己代表整个民族的历史的命运！这不是唯我主义是什么？梁漱溟就是这样对待历史的。

梁漱溟既然认为宇宙都是"意欲"所决定的，而历史也是由"意欲"决定的。中国的历史已早为周公、孔子安排定了，用不着改，也不可能改。孔子的"调和精神""偷理本位"不可能改变。也就是说中国人民应当永远被压制在地主阶级的势力之下，不能翻身。梁漱溟就是用这种极荒谬的说法来反对马克思主义的。他说："近年则自马克思派社会史观念之流行，人们又必欲把中国在封建社会与资本社会之间安插下去。安插不下也要安插，只嫌中国太古怪，而不疑学理之有它。这都是对于人类社会进化误于'独系演进论'，误于一种'阶梯观'。"[②]

用"意欲"决定文化、"生活"决定文化来反对科学的唯物主义的历史观。所以梁漱溟反对社会的发展有它共同必经的五种生产方式，他诬指这种唯一科学的历史观为"独系演进论""阶梯观"。梁漱溟面对着马克思主义在欧洲特别是在苏联的成功的事实，难以一手遮住天下人的耳目，于是换了一个花招，说马克思主义在欧洲是对的，中国的情形特殊，用不上；文化的发展是"多元"的。梁漱溟在这一点上和胡适一样，都诬指马克思主义只是限于一时一地才能行之有效的学说，而企图否认马克思主义是放诸四海皆准的真理。中国文化和历史，在梁漱溟看来是毫无根据的、偶

① 《香港脱险寄宽恕两儿》，1942年。

② 《中国文化要义》。

然几个天才创造的产物："文化这东西，俱是天才的创作，偶然底奇想；只有前后左右底缘，而没有因。"①

中国的文化既然是几个"天才的创作""偶然底奇想"，那么，只有像梁漱溟这样的天才，才可以解决中国问题，靠科学的马克思主义是不行的。所以梁漱溟认为中国最不可缺少的是他自己，而不是马克思主义的理论。这种主观唯心主义、唯我主义的"理论"，简直达到狂妄得可笑的程度了。

梁漱溟就是以这种"理论"来对抗马克思主义，企图把中国民族引向万劫不复的深渊的。

四、毁灭农村、压迫农民的"乡村建设"

梁漱溟四十年来一直自认为深入农村、了解农民，并且是为农民谋福利的。他自以为比胡适更"深刻"的地方在此，其实，他比胡适更恶毒的地方也在此。他从反动的立场对待农民问题。几十年来努力争取农民，其用意是"要想消除共产党的农民运动，必须另有一种农民运动起来替代才可以"，并且认为有了他所谓的"农民运动"（按：应当说作"有了由地主领导的镇压农民的武装组织"），"其他的农民运动才用不着，共产党才可以没有"②。

这种所谓"乡村建设运动"在为谁服务，问题是很明显的。首

① 《东西文化及其哲学》。

② 以上均见《乡村建设理论》。

先是武装了地主，保证田地可以收到租；可以帮助封建军阀横征暴敛，使农民不能反抗，并且有了武力可以防止农村的“赤化”。这是针对中国的农民革命、针对中国共产党的土地政策而提出的紧急措施。所以他认为他的“村治”是有前途的，到处可以受军阀地主的支持的。他认为山东的封建军阀可以作为他的靠山。他曾自鸣得意地说过：“常有人问我：‘你办的乡村建设研究院不行呀！韩主席一倒，研究院不也要随着倒吗？’我回答他说：‘我不是无端做梦，韩主席也不会陪我做梦。’”[①]一个吸饱山东人民的血养肥了的封建军阀，当然不会做梦。死心塌地为封建军阀服务的梁漱溟也不是做梦。他们怀着一个共同的目的，就是剥削、压迫农民，镇压农民革命。他不但没有做梦，而且十分清醒，他说：“我们为什么与农民应合而合不来。……我们走上了一个站在政府一边来改造农民，而不是站在农民一边来改造政府的道路。这样，则我们与农民处于对立的地位。”[②]

他直接为封建军阀、地主阶级服务，同时也就是为帝国主义服务。他在几十年前就主张“农业中国，工业日本”。他要永远把中国的农村变成给帝国主义供给原料的基地，同时又是帝国主义的商品推销的市场。这还不是很清楚的吗？

① 《乡村建设理论》。

② 同上。

五、世界主义的文化观——民族失败主义

梁漱溟不是从社会发展的观点，结合民族形式的特点来看待文化问题，而是首先按照资产阶级社会学的观点，按地域把世界的文化分为“中国的”“西洋的”“印度的”三大支，并把这三大支的文化说成是根本对立的东西，针对“五四”以来要求“科学”与“民主”的口号，提出他的反动谬说。他认为，中国文化的特点就决定了没有科学，也没有民主。他说：“凡以为中国未进于科学者，昧矣，谬矣！中国已不能进于科学。凡以为中国未进于德谟克拉西（按：即民主）者，昧矣，谬矣！中国已不能进于德谟克拉西。”[①]

他在这里故意强调中国文化的特殊性，目的在于对抗当时日益高涨的要求科学、争取民主的革命口号。他和张君劢这一批人的手法一样，企图把宗教、艺术、道德、文化划出科学的领域以外，并借此反对历史唯物主义。他在他自己所划定的“非科学”的领域内，尽力诬蔑文化，销毁民族自信心，宣扬他的失败主义、奴化思想。

为了忠实地为封建地主阶级和帝国主义服务，梁漱溟便首先要破坏中国人民反帝的情绪，破坏中国人民的爱国精神。他和胡适一样，宣传“中国一切落后”的谬论。不过，他还嫌胡适所使用的破坏中国民族自尊心和崇拜帝国主义文化的欺骗方法“太笨”，达不到目的。他首先认为中国不是一个国家，替帝国主义罗素的诬蔑中

---

① 《中国民族自救运动之最后觉悟》，第97页。

国的谰言做义务宣传："中国从古就是世界主义者。讲天下太平，不与人分家。……'爱国'二字，在中国像一新的名词。圣人的教训，旧日的书籍，完全找不到。"[①]我们的民族英雄，在梁漱溟眼中，反而成了背叛"圣人教训"的叛逆。梁漱溟为了实现他的"圣人的教训"，不但不用"爱国"这一名词，就连一丝一毫爱国的气息也没有。胡适宣传"中国百事不如人"的奴才思想，梁漱溟在这一点上和胡适完全一样。"宗教，……殊无西洋宗教家那种伟大尚爱的精神；文学如诗歌词赋戏曲，虽多聪明精巧之处，总觉也少伟大的气概，深厚的思想和真情；艺术如音乐、绘画，我不甚懂，私臆以为或有非常可贵之处，然似只偶然一现之文明而非普遍流行之文化。知识的科学，简直没有；哲学亦少所讲求。……社会一般所有，只是些糊涂浅拙的思想。"[②]以"爱护中国文化"自诩的梁漱溟，恰恰就是"中国一切不如人"的奴才言论的宣讲者。

从帝国主义的立场来看中国，中国不得不成为一个"文化团体而非国家"，那么帝国主义侵略我们就不算是国际侵略、民族压迫了。从帝国主义的立场看中国，梁漱溟归纳出，中国这个民族本身就"衰老"了，"衰老的民族"和衰老的人一样，干不了革命，只能被宰割。所以，梁漱溟眼中的中国文化有五大病："幼稚""老衰""不落实""落于消极亦再没有前途"、"暧昧而不明爽"（《中国文化要义》）。又说，中国民族的品性有不良的十大特点：自私自利、吝啬、虚伪、和平文弱、知足自得、守旧、马虎、坚忍和残忍、韧性及弹性、圆熟老到等。中国民族和"西人相

① 《乡村建设论文集》。

② 《东西文化及其哲学》，第153页。

比”，梁漱溟以为“西人所长，吾人所短”的有四点：中国人缺少“公共观念”“纪律习惯”“组织能力”“法治精神”。

有了这些“五大病象”“十大特征”“四大缺点”的中华民族，只有听凭帝国主义的宰割。所以他喊出了民族投降主义的失败论调：“中国的失败，自然是文化的失败。西洋的胜利，自然亦是他们文化的胜利。”在他看来，中华民族的出路只有失败、投降，当然他要荒谬地宣称：“我莫之能御，盖早决于历史矣，决于文化矣。”①胡适说中国人自己“不争气”，被侵略是“咎由自取”，因为“帝国主义不入那五鬼不入之门”。梁漱溟比胡适更进了一步，他说中国是生来注定该受侵略的，“早决于历史矣，早决于文化矣”。这正是替帝国主义向中国人民发起“攻心战”。

无论梁漱溟装出多么关心中国文化的样子，实质上，他是封建地主阶级的奴仆，也是帝国主义的传声筒。

六、简单的结论

梁漱溟之所以不同于其他的反动思想家，在于他不仅有“理论”，也还有行动。他四十年来一直是为封建主义服务的。他的直接的主人是封建主义、军阀官僚。当然，他也是给帝国主义服务的，他的更高的主人是帝国主义。正如毛主席所指出的：“在经济落后的半殖民地的中国，地主阶级和买办阶级完全是国际资产阶级

① 以上均见《中国民族自救运动之最后觉悟》。

的附庸，其生存和发展，是附庸于帝国主义的。”[①]在这样的社会历史条件下，在文化方面必然有它的反映：“在中国，有帝国主义文化，这是反映帝国主义在政治上经济上统治或半统治中国的东西。这一部分文化，除了帝国主义在中国直接办理的文化机关，还有一些无耻的中国人也在提倡。一切包含奴化思想的文化，都属于这一类。在中国，又有半封建文化，这是反映半封建政治和半封建经济的东西，凡属主张尊孔读经、提倡旧礼教旧思想、反对新文化新思想的人们，都是这类文化的代表。帝国主义文化和半封建文化是非常亲热的两兄弟，它们结成文化上的反动同盟，反对中国的新文化。”[②]

今天梁漱溟所倚靠的主子早已被人民的力量肃清了，作为支持梁漱溟几十年的反动的理论的阶级基础已不存在，我们完全有可能把梁漱溟的反动思想消灭干净。

---

① 《中国社会各阶级的分析》，《毛泽东选集》第一卷，人民出版社，1951年10月版，第8页。

② 《新民主主义论》，《毛泽东选集》第二卷，人民出版社，1952年3月版，第688页。

悼念汤用彤先生*

汤用彤先生的逝世，是我国学术界的一大损失。

两周以前，我曾去医院看过汤用彤先生。他在病榻上还对我说："我的病不要紧，我有信心会好的，我还能工作……"长期卧病，人是消瘦多了，看来精神还好，我劝他安心养病，过几天再来看他。没有想到，这次见面竟成永诀。

汤用彤先生，字锡予，湖北黄梅县人，生于1893年。1916年清华学校毕业后，留学美国。1922年回国后，到1948年，历任东南大学、中央大学、南京大学、西南联合大学、北京大学哲学系教授、系主任、文学院长等职。1949年北京解放后，任北京大学校务委员会主席。1952年起任北京大学副校长。建国以来，担任中国人民政治协商会议全国委员会常务委员、全国人民代表大会代表、中国科学院哲学社会科学部委员。多年来担任《哲学研究》《历史研究》的编辑委员会委员。

汤先生是个博学的学者，学术界都知道他是中国佛教史的专家，同时，他对中国哲学史，特别是对于魏晋时代的哲学思想有过极深的

* 原载《历史研究》1964年第3期。

研究。他对西方资产阶级哲学，如英国经验主义（洛克、休谟、巴克莱等）、大陆理性主义（笛卡尔、斯宾诺莎等）都有多年的研究，这两门外国哲学的课，经常轮换着开设。此外他对中国历史和文学的修养、对梵文和英文的修养都是很好的。他的著作有《汉魏两晋南北朝佛教史》《魏晋玄学论稿》《印度哲学史略》《往日杂稿》《魏晋玄学中的社会政治思想》等，接近完成的有《梁高僧传校注》，尚有关于佛教史、道教史的若干论文分别发表于国内各杂志。

汤先生到北大后，胡适提倡的考据学正风行，有些人为了争奇斗胜，专门找一些冷僻的题目去研究，喜欢引证一些人们少见的书，以炫耀自己的渊博。汤先生并没有走这条乖僻的路，他的佛教史虽以精审的考据见长，但所取材料多是大路边上的，如“二十四史”、《高僧传》《世说新语》《资治通鉴》等，立论也很平易实在，而不好发奇谈怪论。今天看来，他所提供的佛教史资料还是确实可信的。

过去研究佛教史的，往往是些爱好佛教的信徒、居士，汤先生平时与和尚、居士很少来往，而是把佛教思想当作一种社会现象来研究。他那时用的是唯心史观，看问题虽然不能看到本质，但是比起那些和尚、居士们对佛教怀着迷信的态度的研究，成就自然要高出许多。

由于汤先生对西方近代资产阶级唯心主义哲学有较深的理解，他就有条件利用西方近代资产阶级的一些思想方法对佛教思想进行分析比较，比起那些只用封建的、含混不清的叙述，用佛经解佛经的中世纪的办法提高了一个历史阶段，这也是使汤先生佛教史的研究成绩能够超过封建学者的原因。

建国以后，汤先生学习了马克思列宁主义，接受了唯物史观，扩大了眼界，才进一步认识天外有天，感到资产阶级的观点方法比起辩证唯物主义的方法，又有霄壤之别。他曾表示要下决心学好马克思列宁主义、毛泽东思想，对佛教史重新钻研，对自己的过去的成绩也要重新估价。可惜，身体健康一直没有恢复，赍志以终！

回想起我和汤先生的相识是在1934年，刚考进北京大学哲学系的时候，他给一年级讲哲学概论。那时汤先生四十一岁，满头白发，教学认真负责，循循善诱，给听过他的课的人留下深刻的印象。抗日战争时期，汤先生在昆明西南联合大学教书。日本投降后，又随着学校回到了北京（当时的北平）。汤先生除了有一年休假时到美国讲学，三十多年来一直是在北京大学哲学系教课的。我先在北大做学生、研究生，后来又在北大哲学系教书，算来，认识汤先生和他相处达三十年。这三十年是不平凡的三十年，经历了两个截然不同的时代。我在北京大学学习时，日本帝国主义的年年进逼，威胁着中华民族的生存，年年有反对日本帝国主义和反对国民党卖国投降的学生运动。抗日战争期间，共产党领导的八路军、新四军得到了全国人民的爱戴，延安是抗战的灯塔。而在蒋管区则政治腐化、贿赂公行，安分守己的公教人员更是衣食不周。反动派刮尽了全国人民的血汗，养肥了四大家族。抗战胜利后，接着是蒋介石撕毁停战协定，发动大规模内战。人民仍然过着暗无天日的生活。几十年的内忧外患，使得一些爱国知识分子认清了前途，接受了共产党的领导，走上了革命的道路。还有一些洁身自好，不愿意与蒋介石国民党同流合污，又不懂得哪是革命的出路的知识分子，过着半饥半饱的生活，打算在学术中寻求安身立命的道路。自以为是为“学术而学术”，皓首穷经，潜心研究，工作条件是艰苦的，心情是沉重的。虽说做出一些成果，对这些成果也“敝帚自珍”，但是，这种成果对国计民生有什么用，自己也茫然。汤先生从前也有过这种苦闷。解放后，学习了马克思列宁主义、毛泽东思想，汤先生不止一次地说过：“若不是遇到全中国的解放，真可算糊涂过了一生。我自以为‘为学术而学术’，哪里有这回事？自以为‘超政治’，哪里能超得了政治？还不是为反动派帮了忙！”汤先生总是以沉痛的心情回顾解放前这段生活的。

全国解放了，北京解放了，北京大学的师生和全国人民沐浴在党的阳光下，获得了新的生命。汤先生怀着欢欣的心情工作着。他感到过去所学的都是些唯心主义的东西，对于接受唯物主义有妨害作用，因而总是对自己过去的研究成果抱着批判的态度。别人提到或称赞他的《佛教史》时，汤先生总是带着不安的心情，说他要重新写一部，那是唯心史观，要不得。后来中华书局要重新印他的《佛教史》，他曾多方考虑，最后才答应。他对我说，解放后，把解放前的旧作原封不动地拿出来，交给读者，于心不安，他要我替他写一篇重印后记，附在书后。当时他在病中，还担心把自己的旧观点传播给读者。这都表明他具有和唯心主义学术观点划清界限的愿望，有改造自己学术体系的决心。

1954年冬，汤先生患脑溢血，先是几个月神志不清，以后半身不遂，经过多方治疗，才逐渐恢复了半个身体的机能。他自己经常对人说：“若不是解放了，若不是党和人民的关怀，我这个病是不可能治好的。”身体略好时，医生告诉他，只能上半天工作一小时，下半天工作一小时，又由于眼睛有白内障，一只眼睛已失去视力，他还是艰难地找资料、翻书，有些重要的发现，就叫助手帮他记下来，也有时自己动手摘录。病中，十年来，积累了十几本读书的札记。对于一个长期重病的六七十岁的老年人，这个工作量是相当大的。其中有关于佛教史的，有关于印度哲学史的，还有一部分是翻阅《道藏》时摘录的（有些曾发表过）。为了感激党挽救了他的生命，这些札记叫作《康复札记》。1963年五一节，汤先生身体比较好，晚上曾到了天安门，见到了敬爱的领袖毛泽东同志。毛泽东同志和他亲切地谈了话，问到他的健康和研究工作情况，并且说，读到了他的《康复札记》。毛泽东同志的慰勉和关怀，给了汤先生极大的鼓舞，他回来后经常说自己对党、对人民做的工作太少了，他一再提出要招收研究生。学校领导曾考虑到他的健康，前几年没有给他招研究生，只配备助手，帮助他抄抄书，找找材料。经过他的坚决请求，还是给他招了一名研究生，第二年又招了一名。汤先生早年对研究生的指导只是指出个方向，更多地让研究生自己钻研。晚年，唯恐学生学不到、听不懂，他对研究生的指导工作做得十分耐心、十分细致。有时讲起书来，忘了自己的病。每和研究生谈过一次话，下午甚至第二天身体健康情况立刻下降，不顾医生的嘱咐、家人的劝告，他一谈到学问，全都忘了。

我每次去看汤先生时，他更是谈起来兴奋得不能停止。经常谈学习中的问题、读书的心得，有时也谈他自己的思想状况，还虚心地要别人给他提意见。他从来不谈他的病，除非别人问起时。他这种勤勉的工作态度和严格要求自己的精神不能不使人感动。

解放后，历次政治运动、重要的政治学习，汤先生一直是积极参加的。1957年反右斗争中，他躺在床上，口述大意，写成了对右派分子进行驳斥的文章。只要能行动，他总是天天读报。后来眼睛坏了，看小字吃力，就独自静静地坐在收音机旁收听国内外的大事。全国人民代表大会开会，他有病不能出席，但还是用最大的努力阅读大会的文件和重要发言稿。近来报上发表的若干批判现代修正主义的重要文章，他除了听广播，还要花上大半天的时间去读。别人劝他不要太劳累了，应当注意休养，他总是说，反对修正主义是头等重要的事，不学习不行。

今年的五一节，首都人民和全世界人民一道，沉浸在欢乐的节日气氛中。汤先生在病床上难以抑制自己兴奋的心情，高呼“中国共产党万岁”“毛主席万岁”“五一节万岁”等口号。由于长期卧病，心力衰竭过甚，几分钟后，竟与世长辞了。

汤先生病中念念不忘的有两件事，一件是他指导的两名研究生没有培养到毕业，一件是他的许多研究计划没有完成。这些遗留的工作，既然是党和人民所需要的，就不会半途而废，现在都已由领导方面做了妥善的安排。遗憾的是汤先生再也不能亲身参加这些工作，不及亲见他心血灌溉的成果了。

汤用彤先生和他的治学方法*

《汉魏两晋南北朝佛教史》出版到现在快半个世纪，这部著作得到国内外专家学者的重视。汤先生除了佛教史，还有不少其他方面的著作多种，这里不想多说什么评赞的话，可由读者自己去判断。中外学者公认的汤先生的成就还是在中国佛教史这个领域。古人说："鸳鸯绣出凭君看，不把金针度与人。"相处多年的师友都知道，汤先生一辈子从事研究工作，留下了传世之作，但他生前从未讲过他研究佛教史用的是什么方法。现在试图通过汤先生的佛教史著作成果，谈一谈汤先生的治学方法。虽说和汤先生在一起，朝夕相处达三十年之久，先是跟他当学生，后来跟他当助手，对他的治学方法有一些初步感受，但个人的看法难免片面，未必符合实际。汤先生去世近二十年，墓木已拱，无所取证，现在写出来，供参考。

汤先生病逝于1964年，当时痛惜他死得早，不料两年后，即发生了"文化大革命"，以他多病的身体，在北大那个环境，怕也难渡过这一劫难。汤先生去世已十九年，这十九年中，我国经历了极大灾难，又从极大的灾难中得到重生，全国人民满怀信心地向前迈

* 原载《中国史研究》1983年第2期，题为《论汤用彤先生治学的态度和方法》。

进，文化事业将有一个高潮。这一新时代，可惜汤先生不及见。

一、传略及著述

汤用彤先生，字锡予，湖北黄梅县人。1893年农历六月二十三日（公元1893年8月4日），生于甘肃省渭南县。他的父亲曾在甘肃省任地方官多年，幼年随父亲读“四书五经”、古代历史，受过比较严格的封建家庭教育。

1912年春，他由北京顺天高等学堂考入清华学堂。顺天高等学堂是一个水平比较高的中学，该校在北京抗战前称为河北高中，地址在地安门东大街，即现在的北京市东城区教师进修学院。当年汤用彤先生在戊班，梁漱溟先生（当时名梁焕鼎）在丙班，张申府先生在丁班，李继侗与郑天挺先生在庚班，一个年级为一班。1916年毕业于清华学校，同年考取留美官费。因患痧眼，留校工作，教国文，并治痧眼。在清华读书时，与吴宓先生交谊颇深。

1918年赴美国留学，读大学课程，当时清华学校与美国的大学的课程基本衔接。1920年入哈佛大学研究院。1922年取得硕士学位。在哈佛期间，学梵文、巴利文。梵文课程一般要三四年方可卒业，汤先生勤奋过人，提前完成应学习的课程，于1922年回国。回国后于1922年到1926年在南京东南大学任哲学系教授、系主任，陈康先生是那时的学生。陈康后来在德国十余年，通晓古希腊文，成了我国有数的古希腊哲学专家。1926年夏至1927年夏在天津南开大学哲学系任教授，郑昕先生是汤先生那时的学生，后来成为我国研究康德哲学的专家。1927年夏至1930年夏，在南京中央大学（当时称“东南大学”）任哲学系教授、系主任。1930年夏至1937年，在北京大学任教授，1935年起兼系主任。

抗战期间，任昆明西南联合大学哲学系教授兼系主任，并兼任北京大学文科研究所主任。

1946年到解放前，任北京大学哲学系教授、系主任兼文学院院长。1947年夏到1948年，休假期间曾赴美国加利福尼亚大学讲学一年。1948年秋返国，仍任北大哲学系教授、系主任、文学院院长。

1949年北平解放到1951年，任北京大学校务委员会主席、文学院院长。

1951年夏到1964年逝世，一直任北京大学副校长。

解放后，曾任中国科学院历史考古组专门委员、《哲学研究》编委、《历史研究》编委、中国科学院哲学社会科学学部委员。

1949年任全国人民政治协商会议委员。历任全国人民代表大会第一、二、三届代表，第三届全国政协常务委员。

著作有《汉魏两晋南北朝佛教史》《魏晋玄学论稿》《印度哲学史略》《往日杂稿》《魏晋玄学中的社会政治思想》等。未完成的有《梁高僧传校注》。尚有关于佛教史、道教史的论文多篇分别发表于国内各杂志。

1954年冬，汤先生患脑溢血，先是几个月神志不清，以后逐渐恢复了记忆，在医生的多方抢救下，最后使失去活动的右半边肢体恢复了机能。医生告诉他每天只能上午工作一小时，下午工作一小时。这时汤先生双目患白内障，一只眼睛已失去视力，他还是艰难地找资料、翻书，有些重要的发现，就叫助手帮他记下来，有时自己也动手摘录，病中做了不少札记，其中有关于佛教史的，有关于印度哲学史的，还有一部分是翻阅《道藏》时摘录的。在病中《高僧传校注》工作还在进行。在床头为哲学系青年教师讲授印度哲学课程。每逢和研究生谈过一次话，当天下午甚至第二天，健康状况立刻下降，有时发低烧。汤用彤先生为青年教师讲课，帮助他们掌握基本知识，从不觉得疲倦。记得朱熹晚年“虽疾病支离，至诸生问辨则若沉疴之去体。一日不讲学则惕然常以为忧”。汤先生只要谈起学问来，什么医生的嘱咐、家人的劝告全都忘了。

二、汤用彤先生与北大哲学系

旧中国有哲学系的大学不多，北京（当时称“北平”）一个城市，倒有三个大学有哲学系——清华大学、北京大学和燕京大学。燕京大学归美国教会领导，自成体系，这里且不说。旧中国一切大学的哲学都讲唯心论，轻视唯物论。当时人们称清华哲学系是“逻辑实在论”学派。清华大学哲学系重视形式逻辑思维的风气，在于培养独立思考、构造体系的“哲学家”。有一位教授戏称，清华哲学系出来的学生是“成则为王，败则为寇”，意思是只要学成了，就是了不起的哲学家（“为王”）。“为王”的确实有不少。清华大学的哲学系，金岳霖先生任系主任多年，形成了清华大学哲学系的学风和学派。

北大哲学系不大注重逻辑学，甚至没有一个专职讲授逻辑学的教授。张申府、金岳霖诸先生都曾在北大兼任过逻辑学的课程。

1934年起，由郑昕先生讲授一年级的形式逻辑。郑先生兴趣在康德哲学，逻辑学在北大一直鼓不起同学们的兴趣。北大强调哲学史和佛教思想的研究。哲学史又分为欧洲哲学史、中国哲学史和印度哲学史。研究佛教哲学在北大哲学系也沿袭成风。汤用彤先生之外，还有周叔迦、熊十力等几位先生，马叙伦先生讲授庄子哲学也是用佛教法相唯识学说来解释庄子。旧北大的哲学系，其特点是重视佛教史的研究和哲学史的研究。汤用彤先生从1935年起，到全国解放（1949年），一直主持北大哲学系，因而哲学系的教学及研究方向，受他的学术领导影响至深。

当时北大哲学系人数很少，不分专业。每年毕业不过四五人。那时同学中间，多半研究欧洲古典哲学。美国的实用主义在教育界影响颇大，但在北大哲学系没有市场。西方的现代哲学，像怀特海、罗素的哲学，北大哲学系很少引起注意。哲学系师生有兴趣的还是斯宾诺莎、笛卡尔、洛克、休谟、贝克莱、康德、黑格尔。佛教方面的有关课程开得比较多，有佛教选读，有因明，还有个别宗派的研究，如天台宗、华严宗、隋唐佛学、佛教概论、新唯识论等。中国哲学史也是着眼断代研究和专题或专著研究，如老庄哲学、周程哲学、王阳明哲学等。

抗日战争时期，北大、清华等校合并为西南联合大学，汤先生任西南联合大学哲学系主任，两校特点在哲学系尚各有一定的影响。

全国解放后，经过1952年的全国院系调整，全国只保留了北大一个哲学系。哲学系的主要课程是马列主义哲学课程，即辩证唯物主义与历史唯物主义，也还有一系列的马列主义专题和专著研究。北大哲学系从此进入了一个新的阶段。专业课程中，在历史唯物主义观点的指导下，重视中外哲学史和佛教史的研究的风气还相当浓厚。

解放后到“文化大革命”前的十多年间，北大哲学系的毕业生，大都分配到各大专院校担任中外哲学史课程的教师。一个有学术特色的大学，建立自己的学术重点很不容易，这种学术重点一旦形成学术传统，它发生的影响也是十分深远的。

全国解放后，北京大学的哲学系师生也和全国人民一道，沐浴在党的阳光下，汤先生肩负的行政领导工作比过去更重了。新任北大的校长是马寅初先生，副校长是江隆基同志和汤用彤先生。当时正处在教学改革，全面向苏联学习的时期。江隆基副校长主管教学改革及思想政治教育，汤用彤先生分管基建和财务。这方面的业务对汤先生这样一位老教授来说，不能说没有困难，只要是党的安排，汤先生愉快地承担了这一任务，还学会看施工蓝图，管理得很好。

时间和精力已不允许汤先生战斗在教学第一线，但他仍然是哲学系中国哲学史教研室的成员，有些学术讨论会、政治学习会，他也分在这个小组。院系调整对哲学系来说是大事，全国所有大学的哲学系教授、副教授都集中到北大来。哲学系教授、副教授达二十八位之多，这种盛况在全世界也是仅有的。学术上互相讨论的空气十分活跃，汤先生也是其中的积极分子。北大哲学系在1957年以后才变得沉寂起来，1959年又有点小的活跃，也只限于讨论讨论曹操、老子等问题。在一年一度的“五四”科学讨论会上，汤先生也和大家一起提出论文，参加讨论。1954年大病之后，已不能写长篇文章，他还挤时间一点一滴地集资料，对佛教、道教方面不断提出新的见解，在《北大学报》上发表的几篇文章，虽是时断时续病中之作，仍然保持他当年精密严谨的学风。这时期他的文章命名为《康复札记》，他自己说，不是为了纪念自己的健康恢复，而是要记住党和人民对他的健康的挽救。1963年五一节的晚上，在天安门上看焰火，周总理见到汤用彤先生，关心地问起他身体恢复的情况，并把他领到毛泽东同志身边。毛主席对他说："你的病好了？你的文章我都看了，身体不大好，就写那种短文吧！"那天回来汤先生十分兴奋，表示要更好地把他的知识贡献给人民。总是每天读书、学习、接待哲学系来问问题的青年师生，直到他逝世。

三、治学的基本功

从事社会科学研究，要有起码的基本训练，要求从幼年、少年就要打下基础。好像唱京剧，不论生旦净末丑哪一个行当，都要自幼喊嗓子、练腰腿功夫一样，有些功夫须要从小培养、锻炼。也好像一切单项的运动员都要求一定的田径运动训练为基础一样。我国上一代的文化人，差不多不自觉地承受了一种传统，文史哲三方面不要求过早地分科，几乎是综合训练的。老一代的学者如范文澜、郭沫若、王国维、陈寅恪等，都在少年时期经受了严格的训练。古文作为一种工具，运用得比较纯熟。涉猎的范围也比较广泛。在过去分科不细，"国学"一门，经、史、子、集无所不包，在前人未必自觉地认识到这种学习方法有其合理性，但从实践中培养了不少基础扎实的专家、人才。今天看来，老一辈学者的培养训练方法不免有它的浪费时间和精力的地方，但无可讳言，其中有它的合理的内核。他们不同于乾嘉学者，又超过了乾嘉学者。乾嘉学者如戴、段、钱、王诸人，缺少近代科学的训练，缺少外国语文的知识，接受的是纯经院式的训练，因而局限了自己的视野。汤先生自幼学习英语，后来又学习梵文、巴利文，还通晓法文、日文。他是我国第一代经过近代科学训练的学者，具有广泛世界文化历史知识，对古代圣贤经传不那么迷信，敢于推敲、怀疑。因此，具有超过前人的条件，对中国古典文献的自由阅读、正确理解，也不是很容易的事。前一代学者从家庭教育、社会上耳濡目染，无形中得到学习的机会，正如汤用彤先生在他的《汉魏两晋南北朝佛教史》绪言中自己说过的，“幼秉庭训，早览乙部”打下的基础。

今天的青年人已不可能具备那样的环境和条件，今天的青年人有更多的新知识、新工作要做，接触古典文献的机会比几十年前的人要少得多，应用文言文的机会更少。在今天如何克服时代给带来的不利条件，利用时代的有利条件，以最经济的手段、最节约的时间，把古典文献中必要的文史哲知识学到手，这是提到今天青年学者面前的一项新任务。这一点通过现代手段、科学方法并不是不可以学到，而且可以学得很好。像西欧某些卓有成绩的汉学家，如高本汉、伯希和等人，他们生长在异域，比中国现代青年更加缺少实践汉语的机会，但是他们通过科学方法，不但学得很好，而且还对汉学有所贡献。今天有了电子计算机，有了更完备的索引工具，检阅、查考可以免于记诵之劳，而且比记忆又快又准确，这都是有利的条件。但是我们必须承认对古文献资料要掌握它、消化它，还要触类旁通，这一关非打通不可。这样，我们的新一代必定能够胜过前一代，这不是大话，而是规律。

前人的经验，比如说，文史哲的基础知识都要具备，而不是过早地分专业，专业分得越细，越使人陷于断港绝河，视野受到限制，没有回旋的余地，当然更谈不上左右逢源了。

汤先生落脚在中国佛教史。他们写佛教史以前，他在东南大学、南开大学任教时几乎教过哲学系所有的课程，包括伦理学、逻辑学等，向达先生翻译过亚里士多德的《伦理学》一书，就是在汤先生的指导鼓励下完成的。他在北大哲学系，除了教他的佛教方面的课程，还讲授哲学概论，这是为一年级学生打基础的入门课。解放前，旧中国各大学没有统一教材，而是根据教师的专长任意讲授。汤先生的哲学概论介绍西方当代主要流派，也讲授哲学界争论的若干主要问题。他讲授欧洲大陆理性主义、英国经验主义。他讲授佛教方面的课程并不限于佛教内部，也涉及古代印度哲学（佛教斥为“外道”的那些流派）。佛教课程中，既讲授过佛教的历史，也讲授早期佛教的一些主要经典原著。还开设过魏晋玄学，这是断代思想史，也是断代的中国哲学范畴研究。

佛教与道教有密切关系，两家不断交互影响。社会上只知道汤先生致力于佛教史，而不大了解他对道教的研究功力甚深。《读太平经书所见》一文已奠定了基础。抗战期间，他指导的研究生王明，论文题目为《太平经合校》。经过整理后的《太平经》，现已成为国际国内学术界公认的定本。

这些课程的开设和讲授都为汤先生的中国佛教史奠定了极为广泛的基础。有了中外文、史、哲广泛探索的基础，又具备丰富的背景材料，所以汤先生的佛教史的研究，讲的虽是一个方面，但读者从中得到的感受如饮醇醪，值得回味。

四、尊重史实的态度

汤先生的佛教史著作已足以说明他是一位史学家，佛教史也是历史的一部分。汤先生的史学成就受到同行的尊重，有人惊叹其渊博，有人心折其谨严，有人欣赏其考证精审，不论从哪一个方面对汤先生著作感兴趣的人，有一个共同的印象，即认为他的著作使人信得过。好像和一个淳朴忠厚的人交朋友，使人感到他值得信赖，听了他的话不会使人上当。我接触到不少中外治中国佛教史的学者，这些学者来自不同的社会，有不同的国籍、不同的世界观，好像不约而同地对汤先生的著作有类似的感受和评价。这不是偶然的巧合，原因是汤先生的研究著作贯串着尊重历史事实的精神。

研究历史，首先要尊重历史，不能歪曲，不能恣意挦扯自己所需要的资料，故意忽略对自己观点不合的资料，更不能任作者的偏好，混淆客观是非。汤先生曾说过，研究历史不能没有自己的看法和想法（看法和想法包括作者对某些历史事件、历史现象的解释、说明、介绍等）。当历史事实与自己的看法和想法不一致的时候，要毫不顾惜地修正自己的看法和想法，而不能修正历史事实，因为历史事实客观地摆在那里，是不能修正的。汤先生解放前没有接触过历史唯物主义，也没学过辩证唯物主义哲学，他在哲学体系上是个典型的唯心主义者。但他尊重历史，明确地提出史实与想法不一致时则修正自己的想法，不修正史实。这一点是科学的实事求是的态度。

研究历史要客观，不杂主观成见好恶，这是西方资产阶级学者一贯标榜的一条原则。甚至有一些西方学者用这一条攻击马克思主义者的治史方法，他们说要有了立场观点就是主观主义。这样的攻击，早已被许多研究者所驳斥，这里不再申述。现在要说的是同一件事实，确实有由于立场的不同才得出不同的价值判断，如农民起义，官方正史叫作“叛乱”，等等。现在只就佛教史范围内的一些具体事实来谈尊重历史事实的问题。比如说佛教传入中国的时间，历史上有种种传说。当佛教和道教互相争夺宗教界领导权时，佛教徒力图把佛教产生的时代以及传入中国的时间提前，为了把道教尊奉的神老子压下去，使他在释迦面前只能充当晚辈。汤用彤先生在他的佛教史中，就曾把佛教传入中国的诸说胪列出来，一一加以评论，客观地向读者介绍了佛教传入的时代。

关于佛教净土信仰，社会流传慧远结莲社的说法，汤先生指出，净土念佛一派出于北方，“中唐之世，尚无信徒唱弥陀而求往生西方者，如后代俗僧之所信也”[①]，并指出，世所推崇之净土三大师昙鸾、善导、道绰均生长于淮水之北，行化亦限于北方，道绰《安乐集》卷下，经叙此土大德，不言远公。

汤先生研究佛教而不信奉佛教，与当时名僧及佛教界名流素不交往，他认为信仰某宗教，必然对它有偏好，有偏好就很难客观地评论其得失。汤先生谨严地、客观地把中国古代佛教这一社会现象当作历史学的一个分支来探讨。

考据之学，到了清代发展得比较充分，方法多为搜集大量的资

① 《往日杂稿》。

料，证其真伪，辨其异同。汤先生精通考据方法，他的学术论文充满着考据精神，精密而不烦琐。30年代，他指导的研究生王维澄完成了一篇《老子化胡考》，取材详备，论据周密，曾引起学术界的重视。这一考证的特点，不但考证了《老子化胡经》伪出（这是一般考据学一般应当做到的），而且进一步揭示此伪经出现的社会原因，从中看出佛、道两教斗争的背景。又如佛教史上国际国内聚讼纷纭的《牟子理惑论》的真伪问题，汤先生也顺利地提出了令人信服的论据，以说明此书不伪。他的态度是尊重史实，让史实站出来做证。

汤先生的考据不同于传统的考据，还在于他不是传统的汉学家，他是受过现代科学训练的史学家和哲学史家，不只懂考据之学，还懂得义理之学。读者容易感到焦循的《孟子正义》和刘宝楠的《论语正义》有差别。前者胜过后者，就在于焦氏兼通义理之学，刘氏只局限于汉学。使考据为史学服务，所以能简要不烦。

五、功能学派或批判学派的文化社会观

旧社会的大学里，像北大这类学校里，通晓马列主义、历史唯物主义的教授极少。在旧社会，国民党办的学校中，马列主义不能公开讲授。只在“五四”前后，李大钊同志曾在北大开设过唯物史观这类课程，只是昙花一现，以后没有继续下去。

汤先生在解放后才开始和全校师生学习马列主义。汤先生的解放前的著作一直用唯心史观，他在佛教研究工作中，比较注意文化与社会思潮的联系。在旧时代的学者中，他的见解值得重视。比

如他讲授印度哲学史，讲到佛教早期分布时，没有忽略古天竺北方各地与南方各地的学风差别；讲到中国禅宗的兴起，菩提达摩的禅法与惠能禅宗的差异时，他也注意到北方禅法重坐禅修炼方法与北方地论宗的关系；讲到惠能禅宗时，注意到五祖弘忍于黄梅东山寺以《金刚经》为主要教材的转变，指出《金刚经》与南方流行的三论宗传布地区的关系。这些见解有的已得到国内外学术界的承认。因为他看到了社会上文化思潮流行与佛教有某些联系的大量现象。他讲隋唐佛教史（仅在北大印有铅印本讲义，汤先生生前未公开出版。1982年，遗稿由中华书局出版，书名为《隋唐佛教史稿》），在归纳隋唐佛教的特点时，曾列举隋唐佛教有四个特点（这里指的特点是与汉魏南北朝相比较而言）：

第一，隋唐佛教的统一性。南方佛教与玄学理论相融会，重玄谈、思辨探索，佛教流行及发展偏重宗教理论方面。如梁武帝发动群臣批判范缜的《神灭论》，只表现为在文字围攻而没有行动上的人身迫害。北方宗教重实践、修行、坐禅、造像念佛，对理论的兴趣不大。北方信佛教与反佛教冲突，理论方面的辩论不多，行动上往往表现为拆庙、杀和尚等活动。隋唐统一，南方、北方的特点开始互相吸收，调和统一。政治上的统一也表现在文化上的统一。

第二，国际性。隋唐国势强盛，东西方经济商业来往较多，由长安通向西方的丝绸之路畅通，海上交通也发达。佛教僧侣来往频繁，中国僧人西到印度，东到朝鲜、日本，各国学人互相往来。隋唐时期的佛教也成了国际文化交流的媒介。

第三，自主性。佛教在隋唐时期，各宗派纷纷建立，自成体系，建立自己的传法世系，寺院庙产世袭，庙规僧规也有各宗派的传统，与印度佛教的差异越来越显著。

第四，系统性。各宗派建立了完整的判教体系，把外来各种佛教流派的理论重新排列、安置，给以适当的位置。从历史事实归纳出来佛教的特点，从而得出外来文化与本土文化接触后产生什么后果问题。

西方有些社会学流派主张世界文化来源只有一个，中国有人也主张文化的出路在于全盘西化。汤先生在一次讲演中说，文化发展，将来的事，我们不是预言家，不相信预言，不过过去的事往往可以作为将来的借鉴。汤先生比较倾向于文化功能学派和批判学派的观点。从汤先生佛教史的著作中看，确曾运用这种方法作为他的研究工作的指导，他从佛教的传入后与中土文化的接触过程中看出，外来文化与本土文化必发生影响，但必须适应本土文化环境，即为本土文化所接受；外来文化也要经常改变自己原来的某些方面，以适应本土文化环境，不能原封不动地移植过来。本土文化有它自己的特点，虽然接受外来文化，但不可能完全改变自己的特性，它的结果将引起新的变化，外来文化变得适于本土文化环境，本土文化吸收外来文化后，自身也起了变化。他还举例来说明他的观点，如“地狱”和“灵魂”的观念，中国人也有，但佛教传入后，含义发生了变化。中国人的理解，轮回是鬼（灵魂）在轮回，佛教主张轮回而不主张有鬼（灵魂）。佛教的“念佛”本来是坐禅的一种方法，中国人理解为“念佛”即口唱佛名，与印度本来的意义不同。等到完全吸收后，外来文化即已变成中国文化的一部分，已不再是外来文化了。

汤先生当年不懂得历史唯物主义，也未接触过上层建筑与基础的相互关系。但他从大量历史事实、文化现象中发现外来文化与本土文化要相适应，不适应即不能生存。陈寅恪先生也看到玄奘的学问不适合中国人好简易的习惯。这些解释虽然还值得进一步讨论，他们从事实出发，看到这一文化生活中的现象，尽可能做出的科学解释，因而他们能做出有价值、有意义的学术贡献。他的文化功能学派的观点，其合理内核是看到并强调外来文化的传播要适应当地的文化土壤条件。这是他后来较快地接受马列主义的历史唯物观的一个外因。

六、历史的比较法

在没有学习马列主义以前，汤用彤先生的治学方法，我暂称为“历史的比较法”。从道理上讲，为提高鉴别能力，避免片面性，就要进行比较，古今的比较，中外的比较。我们近代几位有成就的历史学家，所以能够超越封建历史学家，如王国维、陈寅恪，他们成功地运用了历史的比较法，研究中国古代史，不局限于运用中国古代当时的文献资料，而要对比同时外国的文献资料；不但要从中国看中国，还要从外国看中国，尽量了解当时中国四邻的状况。有了对比，则便于鉴别。在马克思主义历史唯物主义未被认识以前，这是世界上资产阶级史学工作者通常采用的方法。有了历史唯物主义，这种方法也不能废弃，还不失为一种辅助方法，只是不作为第一位的方法罢了。

汤先生研究并讲授西方近代哲学史，讲授印度哲学、魏晋玄学，无形中充实了佛教史的研究。他讲授欧洲大陆理性主义，重点在斯宾诺莎、笛卡尔；讲授英国经验主义，重点在洛克、休谟、贝克莱。这两门课程每年交替开设，他经常采取双方对比的方法。他讲授魏晋玄学课程，也经常采取以王弼与郭象的学说对比的方法。他讲授佛教课，经常采用与印度“外道”对比的方法；讲授中国佛教史，也经常采用与西方近代哲学的概念、范畴对比的方法。他还对我说过，越是研究中国哲学，越要了解欧洲的哲学和印度的哲学。这是说，他的佛教史撰写的背后，埋藏着人们没有看到的大量的工作和功力。他有深厚的知识积累，才能在他专业范围内驰骋自如，游刃有余。这种横剖面的比较研究，对哲学史的研究十分必要。因为范畴、概念，每一个民族都有它的特点，不能忽略了这些特点；同时作为认识论，人类的推理，认识外界，又有它一般性、共同性的因素。如果不是这样，我们中国人无法了解亚里士多德的逻辑学，印度的因明之学也传不进中国来。

更为重要的对比，在汤先生用作研究方法的还是古今对比，从历史现象的发展中找寻变化的线索。汤先生的魏晋玄学未写成书，但有了一个基本体系框架。这也可以说汤先生在中国哲学史研究中一项重大贡献。因为魏晋南北朝正逢中国哲学思潮的变革时期，两汉经学神学目的论到魏晋时期已临绝境，这时佛教、道教在社会上也广泛流传。不研究魏晋玄学，佛教、道教也难以深入。汤先生于1936年在北大开始讲授魏晋玄学课。这一哲学形式和内容与以前以后都有显著的差异。当时我国学术界人士也都感到这一特定阶段的哲学形态有它的特色，还没有形成一个固定的名称，有人称为“清谈之学”，也有人称为“思辨之学”，还有一些其他的名称。今天

“魏晋玄学”这一名称已为多数哲学史家所采用。我记得用“魏晋玄学”概括这个时期哲学特点的是汤先生。他为了纪念这一年开始讲授魏晋玄学的课程，汤先生为他小儿子命名为“一玄”。昔年章太炎《五朝学》有云：“俗士皆曰：秦汉之政，踔踔异晚周；六叔（魏、晋、宋、齐、梁、陈）之俗，孑尔殊于汉之东都。其言虽有类似，魏晋者，俗本之汉，陂陀从迹以至，非能骤溃。”[①]汤先生认为历史变迁常具继续性。文化学术异代不同，然其因革推移，悉由渐进，研究历史不能不弄清它的变迁之迹。他还说，研究时代学术的异同，虽当注意其变迁之迹，即客观现象，更应当注意变迁的理由。变迁的理由又有两个方面，一方面要注意时代思潮的影响，另一方面要注意治学的眼光与方法。新学术的兴起，虽然受时代思潮的影响，如果没有新的眼光与方法，也不能产生组织完备的新时代哲学体系。

汤先生在他的《读〈人物志〉》一文中说：“汉魏之际，中国学术起甚大变化。”即在魏晋时期，细加分别，它变化也很大。如“正始名士”（老学较盛）、“元康名士”（庄学较盛）、“东晋名士”（佛学较盛）；正始以前，“魏初名士”（刑名较盛）。占有广泛资料，把历史现象给以排比、归纳，分梳其前后时期的异同，才可以说明一个特定时期的思潮的精神面貌。汤先生从先后对比，提出从两汉到魏晋，在认识上是一大进步。汉代学者对天地万物的总体观，不出宇宙生成论（Cosmology）。魏晋玄学则由宇宙生成论进而为探究天地万物之本体，哲学的重心不在于宇宙由何物构

① 《章氏丛书·文录》卷一。

成，是元气还是什么，而在于本体论（Ontology）。不但揭示汉魏两个时期哲学形态不同，而且提出汉魏哲学的性质的不同，认识深度的不同。章太炎早年也看到了汉魏学术不同，对魏晋学术也很欣赏，评价颇高，但章氏没有从思想发展的内部指出从汉到魏晋何以不同，两者的不同意味着什么。从认识论的角度来进行探索，这是汤先生魏晋玄学的研究工作超过章太炎的地方。

在中国佛教史研究方面，汤先生把重点放在魏晋南北朝的断代研究方面，这是有原因的。因为汉末，佛教刚刚传入中国。魏晋南北朝时期，佛教蔚为大宗，道教也逐渐扩大它的影响，中国固有文化与这一陌生的外来文化接触后，动荡激摩，有抵牾，有融会，情况复杂，问题多，困难也大。把这一段搞清楚了，对以后的佛教发展史的研究才可以顺利开展，收到振衣挈领的效果。又由于魏晋南北朝正逢中国哲学思潮的变革时期，两汉经学到魏晋时期已陷绝境。佛教、道教也广泛流传。魏晋玄学思潮是佛教、道教滋生的土壤。抓住这一大变革的环节，经过周密的历史的比较，佛教史的脉络比较容易被发现。又由于佛教是个外来的意识形态，又提出了中外比较的有利条件。这也给有功力、有才能的学者以充分施展专长的机会。

旧中国的哲学界就是旧中国的政治、经济状况的一面镜子。半殖民地半封建的社会症状一一表露在学术界。买办的、封建的货色充斥市场，也充斥学术界。当时中国哲学界几乎成了西方资产阶级哲学流派的分支机构。说分支机构也许夸大了，也许可以说是售货商亭或推销外国流派的小摊贩。胡适的实用主义，张东荪的柏格森主义，其他新学派、新体系，凡是外国时兴的，国内都有一点。汤先生对当时趋时髦、凑热闹的学术界十分看不惯。他曾说，第二等的天资，老老实实做第二等的工作（即从事历史资料考证等工作，而不挂上什么流派的牌号），可能产生第一等的成果；如果第二等的天资，做第一等的工作（建立体系），很可能第三等的成果也出不来。汤先生说，他有自知之明，甘愿做第二等的工作，给后人留下点有用的资料也好。学术研究本无所谓等级高下的差别，这分明是针对当时务虚名、不务实学的一种批评。

七、史学与史识

在旧中国，从事考据之学的，不少人喜欢引用一些别人看不到的材料借以抬高身价，沾沾自喜。汤先生和几位有成就的历史学者，如陈寅恪先生，陈垣先生却不是这样。他们主要依据是“五经”、二十四史、《高僧传》《资治通鉴》《大藏经》等，都是摆在大路边上，人人易见的资料。他的立论也平易朴素，从不自诩有什么惊世骇俗的伟大发现。他的著作平实中见功力，经得起时间的考验。《汉魏两晋南北朝佛教史》出版到现在快半个世纪，仍然被学术界所重视。后来外国出版的同类著作，至目前为止，我所看到的，多半是在他原来的间架上有所增益，没有重大的突破，有的作者由于对古汉语的隔阂，还有不少知识性的缺陷。经得起时间考验的学术著作从来是为数不多的。经得起时间考验的主要原因，考订谨严，资料扎实，学术界信得过。汤先生自幼身体不大强壮，三十多岁即满头白发，患高血压，写字手颤，写文章也不像有些作家那样下笔万言，一挥而就，而是反复斟酌，日积月累，逐渐完成的。内行人都佩服他的文章古朴、厚重、典雅、平实，寓高华于简古，深具汉魏风骨。

汤先生读书十分仔细，他治学谨严，对原始材料一字一句，一个标点也认真考虑，从不轻于放过。他早年写的几篇《大林书评》（收在《往日杂稿》）中对日本一些著名学者的著作提出评论，有根有据，平心静气地说道理，并严肃地指出他们对古代汉籍的断句、标点的错误，从而造成对古人原文意义的误解。作为一个有修养的中国学者，对中国文化遗产的整理应当最有发言权，也应当善于运用我们的发言权，为国争光。这一点，汤先生表现出中华民族的学术骨气。旧中国有些文化人，生就一副奴颜媚骨，在洋人面前不敢争是非，这种恶劣影响今天还有待于肃清。

汤先生十分注意一个学者的史识，他经常说，做学问，除了广泛占有资料，还要有科学的识见，他经常用Insight这个词。没有史识，光是资料的汇集，不能算作史学著作。有意识地运用历史比较法研究中国佛教史，开创者是汤先生。在汤著佛教史以前也有几本中国佛教史，基本上是封建主义的、资料摘录式的介绍，有成就，但他们的成就受到方法的局限，使问题钻研的深度受到一定的限制。汤用彤先生提出，史学者要有史识。他不同于封建史学者。他对西方现代资产阶级唯心主义哲学有较深的理解，具备现代资产阶级的一些思想方法，对佛教思想进行分析比较，比起那些只会用封建的含混不清的叙述，用佛经解释佛经的中世纪办法提高了一个历史阶段。又由于他能把佛教的传播与发展当作一种社会现象来对待，他解放前用的是唯心史观，但比起那些和尚居士们对佛教怀着迷信态度的膜拜，成就自然高得多，这是他能超出封建学者的原因。

解放以后，汤先生学习了马克思主义，接受了唯物史观，扩大了眼界，才进一步认识天外有天，感到过去的观点方法与唯物史观比较，又有霄壤之别。汤先生认为过去所强调的“史识”有了质的改变。他表示要下决心学好马列主义，对佛教史重新钻研，对自己过去的著作成绩也要自己重新估价。可惜他的健康一直没有完全恢复，这一深切愿望没有完全实现。解放后发表了不少短篇论文等著作，但汤先生对此并不满足。他一直想把中国佛教史重新写过。汤先生从30年代到北大以后，日本帝国主义侵华行动年年加剧，北京大学师生均有地处国家边陲之感。抗日战争时期，蒋管区政治黑暗，贿赂公行，安分守己的教育工作者更是衣食不周，过着半饥半饱的生活。抗战胜利后。国民党又发动内战，民不聊生。几十年的内忧外患，一大批知识分子、学者目击国家多难，不愿与国民党同流合污，又不懂得哪是革命的出路，他们打算在学术中寻求安身立命的道路。他们皓首穷经，潜心研究，工作条件艰苦，心情沉重。虽说做出一些成果，这些成果对挽救国家灾难有什么用，他们自己也茫然。汤先生的佛教史著作，就是在这种阴暗低沉的气氛中写成的。

中国解放后，汤先生不止一次地说过：“若不是遇到全中国的解放，可算糊涂过了一生。”汤先生研究史学，把史识放在第一位，直到解放后，学习了马列主义，才真正找到最高明、最科学的指导历史研究原则——唯物史观。

和汤先生同辈的一些学者，解放后都在自己的岗位上做出了不同的贡献。抗日前在北大哲学系教书时，朋友过从较密的有蒙文通、熊十力、钱穆、贺麟、郑昕、洪谦诸先生。汤先生早年在东南大学时学生有向达、陈康诸位，在南开大学时学生有郑昕等。抗战前在北大哲学系的老学生有熊伟、胡世华、王森、韩镜清、庞景仁、齐良骥、韩裕文、石峻等。这些老朋友和老学生中，有的漂泊海外，有的凋谢，有的成为光荣的共产党员，成了马克思主义者。汤先生若在世，按照他思想发展的逻辑，人们相信他会成为一个光荣的中国共产党党员和马克思主义者的。

《汤用彤全集》序*

欣值《汤用彤全集》出版之际，特向读者推荐这部书。

这部《全集》包括作者早年到老年的论著，写作时限跨度较大。汤先生几乎讲授过旧大学哲学系的大多数课程。1934年，我考上北大，汤先生为一年级讲授哲学概论。这门课讲得生动深入，如果能把这类听课笔记整理出来，很有出版价值。据我所知，汤先生教学的讲义，学生听课的笔记，如果把其中一部分搜集起来，数量相当可观。

汤先生不大写信，但遇到学生请教有关学术问题，他也回信。我曾保存汤先生写的关于宋明理学的信。1939年在昆明北大文科研究所读书时，汤先生看过我的日记，并在日记上写了多处批语，长短不一，长的一百多字，短的一两句话。这些手迹可惜毁于“文化大革命”。如果这类文字资料搜集全，这部《全集》的字数会不止这些。

《全集》中的《隋唐佛教史稿》是汤先生在北大的讲义。新中国建国后，中华书局曾请求将此讲义出版，以应社会急需。汤先

* 据《汤用彤全集》，河北人民出版社，2000年9月版。曾载《中国哲学史》2001年第2期。

生不允，说还要补充、修改。可惜先生逝世，此稿无从修订，只能照原稿出版。前辈学者对待学术著作标准很高，要求很严。这种学风，今已罕见。

汤先生生活的时代，正当新学、旧学并存的时代。他们这一辈学者，自幼受过严格的旧学训练。上一辈的文化人，如王国维、陈寅恪、范文澜、郭沫若等差不多都接受过严格的中国传统教育，文、史、哲三个领域没有过早的分科。古文，作为一种工具，运用得比较纯熟，对经、史、子、集有广泛的接触，又有古汉语的坚实基础。同时，他们又是现代人，广泛接触到近现代科学方法的训练，对世界历史文化知识有广泛的了解，专业领域外的知识和工具也运用自如。这些条件是清代乾嘉诸儒所欠缺的。汤先生自幼学习英语，后来又学习梵文、巴利文，还通晓法文、日文。他也是我国第一代经过近代科学方法训练的专业学者，对古代圣贤经传不那么迷信，敢于怀疑，善于推敲，他治学的条件比前代有优势。这新旧文化的结合点，在汤先生的学术著作中有很好的体现。这是他们这一辈学人特具的优势，因而他们治文史之学可左右逢源。

汤先生治学，落脚点在中国佛教史，对佛教史投入了大量精力。他并不局限于佛教史，他也精研魏晋玄学、印度哲学、道教思想。他对道教的关心不下于佛教，只是没有写成著作，他的功力鲜为人知。他写的《读太平经书所见》已透露了坚实的功力。抗战期间，他指导研究生王明，论文题目为《太平经合校》。《太平经》这部道教最古老的经典，经过整理，现已成为国际国内公认的定本。我当时看到这部《合校》是汤先生手把手带着王明做出的，如果说它是师生合著也不为过。

汤先生的治学，既广博又精专，细心的读者从中可以得到文章以外的收获。汤先生的学术著作受到同行的尊重，有人惊叹其渊博，有人心折其谨严，有人欣赏其考订精审。不论从哪一方面接触汤先生的人都有一个共同的印象，认为他的著作使人信得过，好像和一个纯朴忠厚的长者交朋友，使人对他信赖，听他的话不会使人上当。我接触过不少中外治中国佛教史的学者，他们来自不同的社会、不同的国家，有不同的世界观，竟不约而同地对汤先生的著作有类似的感受和评价，这不能认为是偶然的巧合。原因是汤先生的著作贯串着尊重历史、实事求是的科学精神。

20世纪对中华民族来说是个多灾多难的时代，全国人民受尽外来侵略势力的凌辱、压迫，大多数人民群众挣扎在死亡线上。1900年八国联军侵占中国的首都北京，中华民族带着耻辱跨进20世纪。

“多难兴邦”这句古训，在中国得到完全的应验。多灾多难的中国人从中受到刺激，从各个方面使中华儿女奋发图强，立志做一个无愧于时代的中国人。与20世纪先后同龄的有志人士，从各自的角度，迸发出激越的呼喊，焕发出智慧的光芒。这是个多灾多难的时代，又是一个人才辈出的时代。他们的成就，从不同的领域表现出中华民族的聪明智慧，显示了中华民族跻身于世界民族大国之林的气概。适应时代的要求，中国出现了军事家，与外来侵略者进行了长期的斗争，最终把外来侵略者赶走；中国出现了卓越的政治家，把积贫积弱的旧中国改变成丰衣足食的新中国。有五千年文明史的中华民族，即使在历史上最繁荣、最富强的汉唐盛世，还有死于饥寒的百姓。解放后到了世纪之末，中国已经解决了温饱问题，正向更高的生活水平迈进。

中华民族的内在精神，还在于它既有优良的文史传统，又有深厚的人文科学的积累。正是依靠这些文化遗产，给人们提供了精神动力、精神食粮。我们的文学家、史学家、哲学家善于“究天人之际，通古今之变，成一家之言”，使中华民族无愧于世界上任何优秀民族。他们建树的文化事业，流传于子孙后代。他们提供的精神食粮，不但有利于中华民族自身，也充实了世界精神文明的宝库。

办一所大学要有众多大师来支撑，一个伟大民族的振兴也离不开文化大师们的支撑。汤用彤先生就是我国学术界众多支撑文化大厦的梁柱之一。

《汤用彤全集》的出版，不仅是中国学术界的一桩盛事，也为世界文化宝库添加了新库藏。事实上，在几十年的中外文化交流史中，他的有些著作已成为该专业的必读的重要著作，经历了半个世纪，历久不衰。

汤先生治史，重视史料的甄别，又不限于烦琐考订，而是站在应有的高度来纵览所考订的对象。30年代，他指导的研究生王维澄完成了《老子化胡考》，取材详备，论据周密，曾引起学术界的重视。他的考订方法不只是考订了《老子化胡经》为伪书，这是一般考据家应当做到的，而且进一步指出此伪经出现的社会原因，并从中清理出佛、道两教斗争的背景。如佛教史学者争论的《牟子理惑论》，汤先生顺利地提出了令人信服的论据，证明此书不伪，这个结论把多年来聚讼纷纭的问题画上了句号。

汤先生治学总是从大处着眼，小处入手。由于他视野开阔，才不会局限于具体问题不能自拔。他所做出的结论，基本上经得起时间考验。注意从历史的前因后果，从发展的观点考察历史事件，同时又注意结合地理、社会环境来考察历史现象，这是史学研究者的基本要求，这也是汤先生大量著作常用的一种方法。读者可以从中得到文字以外的收获。

汤先生著作中还可以看到大家名家治学的风格。学术界从事历史学、考据学的学者往往以占有别人未见过的资料自炫，沾沾自喜。汤先生和一些有成就的治史学者却不是这样。他们主要依据的是“五经”、二十四史、《高僧传》《资治通鉴》《大藏经》等摆在大路边上人人能得到的资料，而立论平实、朴素，不自诩有什么惊世骇俗的发现，却在平实朴素中见功力，经得起历史考验。以汤先生的《汉魏两晋南北朝佛教史》为例，虽已逾半个世纪，仍然被海内外学术界所重视。后来出版的有关这一方面的著述，有不少优秀作品，多半是在汤著原来的框架上有所增益，没有重大的突破。原因在于其考订谨严、资料扎实，为后来人提供了继续前进的基础。

汤先生自幼患高血压，写字手颤，写文章也不像有些作家那样，下笔万言，一挥而就，而是反复斟酌，日积月累，逐渐完成的。内行人都佩服他的文章古朴、厚重，寓高华于简古，深具魏晋风骨。

汤先生治学从早年到晚年，一贯细致严谨。他治学一字一句也不轻易放过。早年写的《大林书评》收到《往日杂稿》中，对日本某些著名学者的著作提出批评，平心静气地说道理，并严肃指出他们对古代汉籍断句标点的错误。汤先生老年在札记中指出中国佛教无十宗，否定了多年来中国学人照搬日本佛教宗派划分方法的谬误。汤先生作为一个功底深厚的中国学者，最有发言权，并善于利用我们的发言权，为国争光。反观我们学术界有些学人，生就一副奴颜媚骨，在洋人面前不敢争是非，这种恶劣影响今天还有待于肃清。

经历了两次世界大战的20世纪，人们对人生、对社会的认识并没有从根本上有所提高。人们看到并感到现代科技的巨大作用，但人们却没有看到由于人文科学的相对滞后，给人类社会带来了不幸，甚至灾难。

生活在21世纪的人们，都要根据新形势重新审视面对的社会和人生，这一任务只有依靠人文科学来承担。作为有五千年文明史的中华民族，既有丰富的历史经历，又有丰富的人文科学文化遗产。

指示人类前进的方向，勾画未来生活的蓝图的重任，只有靠人文科学担当。只有人文科学有资格根据人类社会过去、现在的经验，对未来社会提供参考性的设计。缺了人文科学，人类的知识是残缺不全的，必将陷于历史的"近视"，将患"社会夜盲症"。

《汤用彤全集》反映了一代学人从一个专业学术领域总结历史经验的成果，鉴于前人兴衰发展的道路，为今后做参考。比如，从佛教史中中印文化交流的过程，预测今后中外文化交流的前景和措施；可以从历代废佛政令的失败，进一步认识宗教的社会性，并悟出行政命令并不能取消宗教信仰；从隋唐佛教文化的发展过程，瞻望未来新文化的创造特色，等等。

谨以殷切的希望、欣慰的心情看到《汤用彤全集》的问世，看到了老一辈专家学者爱祖国、爱文化的成果将在构建新中国文化大厦中起到它应起的作用。

1999年10月25日

历尽艰辛找到通向真理之路*
——贺麟著《五十年来的中国哲学》序

《五十年来的中国哲学》今天重印，是件很有意义的事。本书所收文章始于30年代初到40年代末。有些篇章的写作过程，我还记得清清楚楚。

本世纪进入30年代的第一年，发生了九一八事变，东北沦陷，华北危急。1937年全面抗日战争开始，北京大学迁往昆明，成立西南联合大学。日寇投降后，北大迁回北平。又三年，全国解放，新中国诞生。这二十年间，我们的国家发生了根本变化，哲学界也发生了根本变化。新中国建立以前，中国哲学界有两支队伍，一支是马列主义的队伍，他们代表哲学界的主流，预示着未来的方向。还有一支队伍，他们多半是在国民党地区高等学校的专业工作者，研究西方哲学流派，介绍西方思潮，也有研究中国古典哲学的，这一些哲学工作者学有专长、勤勤恳恳地从事教学和研究。具有代表性的学者中，如贺麟先生、冯友兰先生、朱光潜先生、汤用彤先生、熊十力先生，都是学有专长的学者，专业不同，性格不同。他

---

* 据贺麟：《五十年来的中国哲学》，辽宁教育出版社，1989年3月版。

们都希望祖国繁荣富强，“天下兴亡，匹夫有责”是他们共同的抱负。抗日战争时期，他们是坚决的抗战派。解放战争时期，他们对共产党的政策不尽理解，对马列主义不理解，有的持怀疑以及反对态度。他们的爱国主义思想占了主导地位，看到国民党把国家搞得民穷财尽，怨声四起，对国民党不抱希望，因此都拒绝了国民党诱劝，没有离开大陆，而是在各自的教学岗位上，留下来迎接新中国的降临，把中国富强的希望寄托在中国共产党身上。他们各自用实际行动来履行他们爱国主义的心愿，与中华人民共和国共命运、共忧乐。1959年以后的三年困难时期也与全国人民共同受饥饿。极“左”思潮下的政治运动，他们曾成为批判的靶子，在一般知识分子所遭受的折磨外，还受到更多的折磨。尽管如此，他们的爱国的初衷没有动摇，而是坚定地继续前进，与国同休戚。他们从唯心主义转变到唯物主义，有的加入了中国共产党，成为马克思主义者，贺麟先生就是其中的一位。

贺先生在北大教学多年，他讲授的课程、大量译著介绍的是西方哲学，并带出了几代攻读西方古典哲学的学者，开创了中国学者研究黑格尔的道路，这些方面是大家看得见的，并被社会上、学术界所公认的，用不着多说。

如果深入地了解贺先生的为人为学，会发现他是旧中国成长的知识分子，从他身上可以看到影响深厚的中华民族文化传统，这个传统表现在为人处世的方方面面。他是研究西方哲学的有数的专家，而他思想深处更多的儒家入世、救世的倾向往往被忽视。他治学不光是说说而已，而是要见诸实行；他讲学偏重在西方哲学，而用心却在中华民族的安危存亡。他不满足于讲论的义理之学，他还要付诸实践，参与社会活动和社会文化变革。可惜他所操之术和他的善良愿望未能吻合，以致走了弯路。直到找到马列主义，才算找到了最终归宿，给自己找到了一个足以安身立命的地方。

《五十年来的中国哲学》中记载着当年的大学讲坛上，一些真心实意追求真理的学者们辛苦探索的历程。他们对传统文化（中国的、西方的）有真实感情，他们追求真理的态度是严肃的。正是由于他有爱国主义的思想基础，对传统文化有真实感情，探索真理有严肃态度，才有可能使贺先生晚年成为一个马克思主义者。

五十年来，许多哲学工作者从唯心主义转变成唯物主义，历尽了艰辛，才找到通向真理之路。《五十年来的中国哲学》一书不失为哲学工作者的一面镜子，它反映出旧中国的一些哲学工作者的观察世界的方法。

作者经过长期的考察、比较，最后才从唯心走向唯物主义，虽说步履艰难，但是立足坚实，当初不轻信，既信了就不动摇。中国知识分子的优良传统在贺先生身上也体现得比较充分。贺先生的这部著作反映着旧中国一批学者的学术造诣和认识水平。中国传统文化的优点和局限都可以从中看出来。总结过去，为了更好地开创未来。近三十年来哲学界成败得失，至今尚未来得及很好总结。如果对《五十年来的中国哲学》给以适当注意，对以后的三十年的中国哲学的认识也会有所裨益。

贺麟先生*

1934年，我考入北大哲学系。一年级听汤用彤先生讲授哲学概论，郑昕先生讲逻辑课，引发了钻研哲学的兴趣。第二年学习西方哲学史。三年级学黑格尔哲学及斯宾诺莎选修课。四年级毕业论文，贺先生指导，论文为《朱子哲学》。

北大哲学系的老师都主张自学，从不把着手教。如能主动读书，可以有较大收获；如混日子，也不难混下去。后考上研究生，导师是汤先生。北大文科研究所规定，导师外还要有一位副导师，我的副导师是贺麟先生。现在看来，这是个很好的制度，学生可以兼采导师的长处，中国哲学与西方哲学相结合，对以后成长有利。学生听课也自由，不限制听课时数，有充分时间读书、准备论文材料。

在抗战时期，国家多难，大家在流亡中，学生生活有困难，老师很愿意予以帮助，师生关系比在北平时显得更亲近了很多。

大学毕业时，面临就业选择，哲学系留一名助教，同学石峻留作助教。同班毕业的还有两人，我和韩裕文。韩去外县教中学，我也考虑去教中学。正值北大法学院周炳琳先生到重庆中央政治学校

---

* 据《念旧企新——任继愈自述》。

任教务长，请贺先生教哲学概论课。贺先生约我去担任助教，帮他改改学生的读书报告。我觉得这可以有更多时间读书，就答应了。

中央政治学校是国民党培养干部的学校，当官的多，没有什么学术空气。贺先生教哲学概论课，给学生以新鲜感，很受欢迎。第二年，贺先生不再在中央政校教书，回到昆明。有好几个学生自动转学，改进西南联大哲学系，陈修斋、樊星南就是其中优秀的学生。

学校设在重庆南温泉。这一年，我看到许多国民党军政要员。校长是蒋介石。蒋介石去学校时，随行的文人有吴稚晖、陈立夫等人，军人有何应钦、陈诚等人。这一批文武大员，没有一个像有独立人格的人。蒋介石训话时，学员要保持立正姿势，学校职员也要站着听蒋训话。教员自由参加。贺先生受特别礼遇，他可以不参加这种训话。

这一年，贺先生给我开了一个书单子，读了不少西方伦理学及哲学史的书。寒假期间，听说北大恢复文科研究所，招收研究生（报考研究生要附上一篇论文），我也准备了一篇《王阳明哲学》的论文。这时，熊十力先生逃出北平沦陷区，也来到重庆南温泉附近——鹿角场，住在他学生周鹏初家。他们听他讲中国哲学的一些问题和读书中遇到的问题。写《王阳明哲学》这篇论文时，有些问题向他请教，采取闲谈的方式，不像上课那样正规。熊先生有时教书，有时也评论政治，回忆清末的一些掌故。每去一次，都有收获。

我在初中时，军训教官粗暴对待同学，使我对国民党没有好感。在中央政治学校，亲眼见到国民党上层官僚集团的腐败无能，更生了一层反感。这个学校有学生两百人、职员两百人、校内工人两百人，上下等级分明。有一位高级职员，在食堂饭桌上大讲某年某次，“委员长亲自骂过我，骂的什么话……”，说者不以为耻，反引以为荣。更令人诧异的是，许多听者不以此举为可耻，反露出某种艳羡之色。“知耻近乎勇”，不知耻可以无所不为，还有什么希望？

在研究哲学的道路上，对我帮助最大，甚至可以说有终生影响的老师中，贺先生是其中一位。

大学四年，有三年在北平，一年在长沙和昆明。此后十几年间，我和贺先生都未离开北大哲学系（贺先生离开北大哲学系在1956年，我们才分开，但都在北京，经常见面）。

贺先生治学，有现代人的特点。从听他的西方哲学史、斯宾诺莎、黑格尔哲学，到参加他主持的西洋哲学名著编译会，长期学术熏陶，受益最深的是接受了他的中西哲学比较法。我们这个时代是个中外文化交流的时代（有时主动，有时被动）。中国人的衣食住行、语言词汇，无不带有中外交流的痕迹。贺先生从事翻译事业，也是从行动上贯彻了中外交流的思想。

贺先生受旧社会长期教养，又接受西方近代科学训练，他身上体现了中外道德观结合的痕迹。他在北大、在联大并不是一帆风顺的。有的教授留学回国后就担任教授。贺先生留学回来是先从讲师做起，一步一步走过来的。我初进北大时，他还是讲师，后来升为副教授、教授。贺先生在清华大学与张荫麟是同学。和张荫麟两人一同去拜见梁启超。贺先生对我说，“梁启超对张说（用广东话）：‘你有做（jie）学者（xuejie）的资格呀。’他没说我有做学者的资格。”清华是贺先生的母校，从美国回来，他想回清华。金岳霖先生主持哲学系，认为贺先生治学不重视逻辑，喜欢讲直观方法，不大符合清华哲学系的学风，没有请他到清华。贺先生接受了北大的聘书。

1947年，北平面临解放前夕，国民党骨干纷纷南下，担任训导长的陈雪屏逃往南京，陈的训导长职务交给贺先生。训导长当时的任务是监视学生、管理学生，不使学生有反对政府的行动。贺先生没有站在国民党立场监视学生，而是设法保护学生免于逮捕，被捕的设法保释。北大学生送给他一面锦旗（不是绸制的，是用红布写的），写着“青年的保姆”。贺先生主持西洋哲学编译会，解放前夕共有成员四名，其中有三个地下党员。北京大学也有向贺先生告状的，贺先生置之不理。这四个编辑工作人员为汪子嵩、黄楠森、邓艾民、王太庆，后来成为新中国的哲学专家。

贺先生为人忠厚，即使别人对不起他，他也从不记仇、不报复。“文化大革命”期间，文化教育界是重灾区，贺先生又是学术界的重点人物，有些人乘势落井下石，批他的政治，还批他的学术，批他的翻译。政治错了，连翻译的黑格尔哲学也要打倒。事后贺先生对我说：“政治可以批判我走错了路；我翻译黑格尔的《小逻辑》，确实呕心沥血，字斟句酌，连我的翻译也说得一无是处，感到屈辱。”“四人帮”垮台后，那位学生登门道歉，申明当时迫于形势，言不由己，贺先生对此人并未介怀，不再计较。

北大哲学系的教师，学问虽有专长，但应付日常生活，对跟行政部门打交道，很不行。贺先生在北大燕东园分到的住房，不见阳光，他不去争，一直住到工作调动，才搬到城里干面胡同宿舍。

贺先生为人忠厚，没有架子，平等待人。几十年来，我没有见他发过脾气，即使遇到极不痛快的人和事，也不疾言厉色。他是西方哲学专家，但更具有东方文化熏陶下的涵养。在南温泉中央政治学校时，他说，从前曾国藩和他的老师倭仁交换日记看，借以互相促进。他知道我也有记日记的习惯，便也和我交换看日记。日记本来不是写给别人看的，对某人某事的不满，日记中可以自由发泄。贺先生在我的日记上，有时批注几句话，规劝我对人对事不宜过于严苛，为学读书不能过于峻急。他还说，办事能做到日后不要失悔是最好的结果。青年人为了一时快意，不顾后果，给人以伤害，到了自己懂得道理多时，会感到后悔。我也从贺先生的日记中看到他对待青年的爱护。他还善于发现青年的长处，青年身上容易犯的毛病也予以宽容。可惜我这本日记毁于“文化大革命”，没有保存下来。

贺先生和我在昆明翠湖公园散步，谈起沈有鼎先生。贺先生说，沈为人聪明，善于思考，可惜他文人相轻的坏习气太深，难成大器。沈曾对贺先生说：“金龙荪（按：金岳霖字龙荪）那点学问只能骗骗冯芝生（按：冯友兰字芝生）罢了。”一句话骂了两位大师，太刻薄，连老师也骂，而且骂得没有道理，不可取。

在昆明时，经常听贺先生讲宗教对文化的重要性，他特别指基督教，也一再提到《圣经》值得研究。当年我年轻，翻开《圣经》，见到有些以水变酒、使跛子行走等神奇法术，认为没有什么看头，对宗教的社会作用很不理解。贺先生说，中国文化是礼乐；在西洋，他们的礼乐包容在宗教中。宗教与文化是一回事。光从哲学著作中还不足以认识西方文化的全部。我对文化、哲学摸索了多年，自己已进入老年，才深刻懂得贺先生这一见解的深刻、正确。宗教是人类知识的源头。人类知识起源于宗教这个母体，以后每前进一步，又必须摆脱它的限制。不了解一个民族的宗教，即无法认识一个民族的文化。

欧洲最大的宗教是基督教，中国的宗教是什么呢？最后我终于找到中国的宗教是儒教。西方的礼乐包含于基督教，中国的礼乐包含于儒教之中。

贺先生凭借他的学术感召力，赢得学术界的钦重。解放前，他是中国哲学会的成员兼秘书，主编中国哲学界唯一的刊物《哲学评论》。那时，中国哲学会不是专门研究中国哲学的学会，而是全中国的哲学界同仁的学会，是逻辑、西方哲学、中国哲学、伦理学共同发表研究成果的园地。现在台湾的中国哲学会仍沿袭当年在大陆的格局。

解放后，贺先生最大的贡献是推动了西方哲学名著翻译，培养了一代西方哲学和黑格尔研究的人才。黑格尔的几本主要著作都有了可供传世的汉译本，完全是贺先生主持、推动的功劳。近现代中国翻译著作，影响最大的有两部书，一部是严复译的《天演论》，一部是贺麟译的黑格尔的《小逻辑》。《天演论》为近代中国革命敲响了警钟，完成了它的历史使命。《小逻辑》为今后若干年中国研究黑格尔哲学建立了基本资料，这部书不曾风靡一时，却成为中国精神文化财富。

记得1948年，有一次在他家，他发现我身体瘦弱，有些病相。他告诫我："你三十岁刚过，不可过劳，这是中国学者很难度过的年龄，颜回三十二岁，僧肇三十一岁，你可得小心。物价贵，生活困难，是实情，也要把身体养好，心情要开朗。"

熊十力先生的为人与治学*

30年代初，我在北大哲学系当学生，后来又在北大教书，熊先生这三十年间，有短暂的时间不在北大，可以说基本上没有离开北大哲学系。这三十年间，国罹劫难，人遭苦厄，社会相、人心相呈现得更加分明，使人加深了对熊老师为人与为学的认识与怀念。

从课堂讲授到书院式的讲学

记得1934年考入北京大学时，听高年级的同学们介绍北大的老师们，其中有一位唯一在家里上课的老师，是熊先生。比我高两届的同学说，他们听熊先生讲课还在北大红楼。到了我们这届，1935年始就不在教室上课了。因为他受不了上下课时间的拘束。熊先生认为听者得不到实际的益处，记得他写给选他课的同学们的一封信，有“师生蚁聚一堂，究竟有何受益”的话，这封信贴在哲学系办公室有很长时间。

* 据《任继愈学术论著自选集》。

熊先生冬天室内不生炉火。北京的冬天差不多有四个多月，听课的学生全副冬装，坐着听讲。熊先生开的课是两个学分，也就是两节课。但熊先生讲起来如长江大河，一泻千里，每次讲课不下三四小时，而且中间不休息。他站在屋子中间，从不坐着讲。喜欢在听讲者面前指指画画，讲到高兴时，或者认为重要的地方，随手在听讲者的头上或肩上拍一巴掌，然后哈哈大笑，声震堂宇。有一次和张东荪谈哲学，张在熊先生面前也成了学生，一巴掌拍在张的肩上，张东荪不得不眨眨眼，逡巡后退，以避其锋芒。抗战时，听郑昕先生说他在天津南开中学求学时，听熊先生讲课，他怕熊先生的棒喝，每次早一点到场，找一个离老师远一点的位子坐下。我才知道熊先生这种讲课方式由来已久。

听熊先生讲课，深感到他是教书又教人，讲“新唯识论”“佛家名相通释”往往大骂蒋介石东北失陷，不抵抗，卖国投降。熊先生不止传授知识，他那种不媚俗、嫉恶如仇的品格，感染了听讲的人。

颠沛流离中不废讲学

自从“九一八”以后，北平，昔日故都就成了边城。日本侵略势力逐年向华北延伸。华北之大，摆不下一张安静的书桌。熊先生平时深居斗室，不参与政治运动，但他对同学们的罢课、游行是支持的。同学们罢课，反对华北独立，熊先生的课也上不成，熊先生是同情学生的。对胡适强迫学生上课，也表示不满。七七事变后，北平为日军占领，熊先生冒险化装成商人，乘运煤的货车逃出北平。随行的有刘锡嘏（公纯），也是北大的学生，一路照料，火车上正值大雨倾盆，衣履尽湿，生怕熊先生感受风寒，幸好未生病。熊先生辗转到了武汉，又到了四川壁山县。这时已是1938年的冬天。

熊先生从北平脱险后，住在壁山县中学里，中学校长钟芳铭欢迎熊先生住下。熊先生的学生钱学熙夫妇、刘公纯也随熊先生留在那里。熊先生没有闲着，写他的《中国历史讲话》。贺麟先生和我从重庆南温泉去壁山看望他。熊先生兴致勃勃地谈他的《中国历史讲话》的内容梗概，大意是讲“五族同源”说。在民族危急存亡关头，对中华民族的热爱，促使他不知疲倦地撰写他的这一著作。我们去时，熊先生很得意地讲述他如何解决了回族的起源问题，说这个问题使他苦苦思考了很久，才解决的。这时，他已同时着手写他的《新唯识论》语体文本。由钱学熙译为英文，刘公纯代他抄写。

在四川八年，熊先生生活很不安定，物价飞涨，大后方民不聊生，熊先生只好投靠老朋友、老学生，艰难度日，和家属不在一起。但他没有一天不讲学，没有一天不修改他的《新唯识论》语体文本。他看到国民党横行霸道，胡作非为，还是指名道姓地骂蒋介石，却从不显得灰心丧气，给人的印象是勇猛精进、自强不息。

熊先生在1939年离开壁山中学，住到南温泉鹿角场学生周鹏初家。我当时也在南温泉，每星期天到熊先生处。后来，我回到昆明，他中间到过嘉定乌尤寺，和马一浮主持复性书院。不久，书院遭到日寇的轰炸，熊先生膝部中弹片受伤，他也离开了复性书院，和马一浮先生还发生过小的不愉快。熊先生回到壁山来风驿，与梁漱溟先生住在一起，借住在一所古庙西寿寺。我和贺麟先生同去看过他。那天晚上，梁先生还讲述了他到延安，和毛泽东同志在一个大炕上，连续谈过八个通宵的事。熊先生这时还没有忘了讲学，韩裕文从复性书院退出，随同熊先生。熊先生对韩裕文也分外关心。按通常习惯，我们对熊先生自称学生，熊先生命韩裕文称“弟子”。“弟子”，大概有及门或入室的意思吧。韩裕文是我在大学的同班同学，为人笃实，学问也朴实，对中国的理学、西方的古典哲学有很深厚的基础。在熊先生那边学了一两年，韩裕文因为生活无法维持，不得不离开，到了昆明贺麟先生主持的西方哲学名著编译会当专职的翻译，每月有了固定收入，略相当于大学的讲师。1947年间，韩裕文赴美留学，因肺癌不治，半年后病逝于美国。熊先生为此十分伤痛。如果天假以年，韩裕文在哲学上的成就必有可观。

梁漱溟先生在重庆北碚金刚碑创办了勉仁中学，熊先生被邀到勉仁中学去住。梁先生的几个学生，黄艮庸、云颂天、李渊庭等也成了熊先生的学生。这时熊先生也还是修订他的《新唯识论》语体文本。我在西南联大哲学系，利用暑期，到北碚勉仁中学熊先生处住一两个月。熊先生在北碚除了给勉仁中学讲讲哲学，还结识了郭沫若先生。郭沫若听说熊先生爱吃鸡，滑竿上捆了两只鸡去看熊先生，以后两人通信，讨论先秦诸子及中国传统文化问题，这时郭还向熊先生介绍周恩来同志，他的信上说“周恩来先生，忠厚长者”，愿来看望先生。熊先生与郭沫若结下的友谊，到全国解放后，一直维持着。

在北碚时，牟宗三、徐佛观（后来改为“复观”）等都常来熊先生处，牟宗三也住在那里。

胸怀坦荡　古道热肠

熊先生的老朋友邓高镜先生，抗日战争期间，没有到大后方去。北平收复后，熊先生回到北京大学，又见到他。见他生活潦倒，很困难，熊先生自己还约集林宰平、汤用彤诸先生按月给他生活费，由我每月发工资后汇寄给他。这种资助一直到邓老先生逝世。

抗战时期南京的支那内学院迁到四川的江津，称支那内学院蜀院。欧阳竟无先生是内学院的创立者，有一大批弟子。熊先生、吕澂先生、汤用彤先生都从欧阳先生问学。吕先生是欧阳先生的事业的继承人。梁启超当年在南京也从欧阳先生学佛学。熊先生的哲学体系已突破佛教思想体系，融佛入儒，欧阳先生认为他背离佛教、背离师说，命人写《破新唯识论》以驳斥熊先生的学说。熊先生又著《破破新唯识论》。从此师生不相来往。我和熊先生相处三十年间，熊先生谈起欧阳先生，总是带有十分敬意，认为他是一代伟人、有造诣的学者，没有不满的言辞，只是在学术观点上不一致。欧阳先生在江津病危，熊先生听说后，还是到江津内学院探视，希望与老师最后见一面。当时内学院的同仁，认为欧阳先生垂危，怕见了熊先生情绪激动，受刺激，反而不好，没有让熊先生与欧阳先生见面。熊先生出于师生情谊，前往做最后的诀别。事后人们谈论起这件事，都认为熊先生做得对。

马一浮先生与熊先生多年来是学术上的知己，互相了解，也互相欣赏。熊先生的《新唯识论》出版时，马先生为此书作序。文中有“生肇敛手而咨嗟，奘基矫舌而不下”的话，认为此书的见解超过道生、僧肇、玄奘、窥基。抗战期间在复性书院有一段时期有点不愉快而分手，后来抗战胜利后，两人友好如初。我和熊先生通信，有些见解，熊先生认为有道理的，也把信转给马先生看；马先生的信，熊先生也有时转给我。熊先生的生日，马先生有诗相赠，有云“生辰常占一春先”，因为熊先生的生日在农历正月初四。

全国解放后，熊先生在北京时收了一个义女，命名“仲光”，和他自己的女儿幼光、再光排行。仲光喜静，爱读佛书，帮助熊先生料理家务、抄写稿子。熊先生一生很少和师母在一起，子女也不学哲学，在北京及在四川，都是独立生活，晚年有一女儿作为弟子，又能听他讲学，十分满意。他说“伏女传经，班女受史，庞女传道”，今得仲光，又多了一个可以传道的人。熊先生南下后，仲光留在北京未随去。

熊先生一生没有积蓄，有时靠亲友的资助，抗战时期有几年很困难。熊先生对他的学生凡是去看他的，他都留下，吃住和他在一起。学生给老师带点礼物，如带只鸡、送点药物，熊先生也不客气，慨然收下，相处如一家人。但是在学问上有错误（对古人的思想理解不对），熊先生也不客气地指出，从不说敷衍、客气话。有问必答，甚至问一答十。跟熊先生在一起，令人有虚而往、实而归的感觉。和熊先生相处，好像接近一盆火，灼热烤人；离开了，又使人思念难以忘怀。

昂首天外　挥斥八极

北京大学蔡元培当校长时，仿照西方大学的规章，教授要开三门课程；只担任一门课的，聘为专任讲师；外校教授在北大讲授一门课程的，聘为兼任讲师。当年鲁迅就是兼任讲师。我在北大时，清华大学的张申府、金岳霖先生都担任过北大的兼任讲师，林宰平、周叔迦先生也是兼任讲师。熊先生经蔡元培先生介绍到北大哲学系，是专任讲师，每月薪水一百二十元。那时蒋梦麟主持北大，熊先生的为人，不会与人俯仰，只是做自己的学问，他这个讲师的名义一直继续到“七七事变”，离开北京为止。他从不参加系里的开学、毕业、迎新送旧的活动。他这个讲师，在任何教授面前屹然而立。不论什么人来访问，他从不和人谈论天气，一谈起来，就是讲学问。除学生们前来请教的，在北平常和熊先生来往的，有汤用彤、林宰平、蒙文通、贺麟、张东荪诸先生。都是这些先生到熊先生家，熊先生从不回访。抗战时期在重庆，有不少国民党的达官显宦来访，居正是当年辛亥革命时的朋友，陈铭枢从欧阳竟无先生学过佛学，与熊先生也友好。熊先生住北碚时，陈铭枢请熊先生在一个背山面江风景优美的饭馆吃饭。熊先生朝江面看风景，陈铭枢面对熊先生，背对着江面。熊先生问陈：“你为什么不看看风景？”陈说：“你就是很好的风景。”熊先生哈哈大笑，声震堂宇，说：“我就是风景？”熊先生对他们也是讲他的“体用不二”的道理。不论什么人，只要常到熊先生处，听他讲学，不知不觉地就成了他的“学生”了。熊先生有一种气势或者说有一种“境界”把来访的人慑服了。

我的老朋友韩裕文曾对我说过，熊先生告诉他，做学问，不能甘居下游，要做学问就要立志当第一流的学者，没有这个志向，就不要做学问。做学问，要像战场上拼杀一样，要义无反顾，富贵利禄不能动心，妻子儿女也不能兼顾。天才是个条件，但天才不能限制那些有志之士。他还告诫青年学者，要爱惜精力，他在勉仁中学写了一联赠一青年学者：“凝神乃可晋学；固精所以养气。”他对韩裕文讲过，像×××，人很聪明，可以成器，他就是爱嫖，这也成不了大器（据说此人现在台湾）。

全国解放后，董必武同志、郭沫若同志函电邀请他到北京来。熊先生路过武汉，当时林彪、李先念主持中南工作，设宴招待他，他还是讲他的唯心主义哲学。到北京后，对人讲，林彪心术不正，怕不得善终。老朋友们劝他不要随便乱说。到北京后，毛泽东同志给他送了几本书，还写了信。熊先生申明，他拥护共产党，爱新中国，一辈子学的是唯心论，无法改变自己的哲学主张。我们的党没勉强他，还出钱帮他出版了好几种唯心主义的著作。他的表里如一，爱国、热爱学术的精神，受到共产党的尊重。

他住在上海，担任全国政协委员，到北京开会，他先说明，保证“三到”（开幕、闭幕、照相），其余的大小会都不参加。会议期间，他有机会去与多少年的老朋友叙叙旧，也很高兴。他与钟泰、张难先、吕秋逸过从。陈毅同志也前往拜访，鼓励他写他的书，帮他出版。解放后，熊先生的心情基本上是舒畅的。

以理想滋润生命　以生命护持理想

从熊先生和许多良师益友的身上，使我懂得了应当走的路和如何去走。教训深刻而又使我铭记不忘的，使我首先想到的是熊先生。

熊先生这个人，以他的存在向人们展示了一种哲学的典型。一生坎坷，没有遗产留给儿孙，家庭关系处理得也不尽妥善。几十年来，没有见他穿过一件像样的、考究的衣服。伙食注意营养，却不注意滋味，甚至可以说他吃了一辈子没有滋味的饭。人们认为值得流连的生活方式，对熊先生毫不沾边。熊先生博览群书，不讲究版本，手头藏书很少，可以说没有藏书。我认识的学者中，熊先生是唯一没有藏书的学者。别人也许觉得他贫困，他却显得充实而丰足。别人也许认为他不会安排生活，他却过得很幸福、坦然。他也像普通人一样，有时为了一点小事发脾气，过后，却深自谴责，好像雷阵雨过后，蓝天白云分外清新，他胸中不留纤毫芥蒂，真如古人所说的："如光风霁月。"他具有只有他才具有的一种人格美。

我常想，是一种什么力量使他这样？这里面大有学问。我感到熊先生在生命深处埋藏着一个高远的理想，有了这个理想，使他百折不回，精进不已，勇往直前，义无反顾。在四川北碚时，熊先生说他在北平寓所有一副自写的对联："道之将废也，文不在兹乎。"胡世华同学看了想要，熊先生送给了他。前不久遇见胡世华，问起这件事。他说确有此事，还补充说，熊先生取下这副对联，在上面写上"此联吾自悬于座，世华见而索之"。"文化大革命”劫火之后，不知此联是否尚在人间。这十个字，充分说明了熊先生的理想。他孜孜不倦，汲汲遑遑，从南到北，开门授徒，著书立说，无非是为了这个理想。熊先生讲学，不问对象（有学人，也有官僚政客、商人）是否值得讲，听讲者是否真正愿意听，他总是苦口婆心、锲而不舍地讲授，讲述的中心，无非要人们认识中华民族传统文化的价值。他中年以后，建造自己的哲学体系后，“舍佛归儒”。除了在他著作中写出来的、理论上发现的佛教哲学缺失，还有一个埋藏在他内心深处的“第一因”——对中华民族传统文化的热爱。有了这种深挚的爱，虽长年病躯支离，却肩起振兴中华文化的责任。这种深挚而悲苦的责任感，是20世纪多灾多难的中国爱国的知识分子独有的。对中国传统文化了解得愈深刻，其深挚而悲苦的文化责任感也愈强烈。这就是熊先生理想的动力①。

熊先生抽象思维、辨析名相的功力为常人所不及，《因明大疏删注》即是明证。但熊先生的著作中反复申明的，倒不在于抽象思维的训练，而是教人端正学习的态度。他指出学问的精髓不在于言说文字，而在善于体认言说文字之外的中心恻怛的心怀（超乎小我的感情）。他一再教人不要把学问当作知解看待，要学会体认心之本体。他在著作中反复叮咛，玄学不同于科学，中国哲学不同于西方哲学。这里不存在抬高中国哲学、贬低西方哲学的意思。熊先生只是提供人们如何正确理解中国传统文化的一把钥匙。因为中国传统文化的核心部分，熊先生称为“玄学”（与西方玄学、形而上学意义不同），它既有思辨之学，又有道德价值观、美学观等更丰厚

① 有这种思想感情的，事实上不止熊先生一个人，而是一批这样的仁人志士。哲学家个人的具体遭际，以及对文化的认识、观点的差异，各人的表现也不尽相同。

的内容，这些内容确实是近代西方意义的哲学所包容不进去的。

“道之将废也，文不在兹乎。”这说明进入20世纪，中西文化接触后，引起中国有识之士的广泛而深刻的反省。西方侵略国家挟其船坚炮利的余威，给中国的经济生活以破坏，连带引起社会生活、政治生活，以至家庭生活的变革。面临前所未有的大冲击、震荡，发展下去，必然引起知识分子深刻的世界观的动荡。春秋战国在中国历史上曾被认为是个大变革，它与“五四”以后的变革相比，简直微不足道。熊先生的哲学的核心问题，与其说它讲的哲学问题，不如说它讲的文化问题，传统文化的前途、出路问题。

熊先生“弃佛归儒”，正是由于儒家传统带有浓重的民族特色，而佛教（特别法相唯识之学）更多思辨特色。思辨精神与中华民族的生死存亡的关系不是那么直接。“为生民立命”，在西方近代哲学家看来，本不是哲学家的事，而中国知识分子则认为责无旁贷。熊先生与欧阳竟无先生的分歧在于熊先生以佛为妄而舍佛归儒；欧阳竟无先生在抗战前后发表的关于《大学》《中庸》的论著，以及对孔孟的评价，也有“舍佛归儒”的倾向，只是欧阳先生认为儒家高明博大，佛亦不妄，佛儒交相融摄，更趋向于儒而已。

熊先生为了他的理想，生死以之。他很早就宣称他不能接受马列主义，不能相信唯物论。像他这样一位爱国的知识分子，这是可以理解的。

我和熊先生相处多年，相知甚深。我过去一直是儒家的信奉者。新旧中国相比较，逐渐对儒家的格、致、诚、正之学，修、齐、治、平之道，发生了怀疑；对马列主义的认识，逐渐明确。在1956年，我与熊先生写信说明，我已放弃儒学，相信马列主义学说是真理，“所信虽有不同，师生之谊长在”，“今后我将一如既往，愿为老师尽力”。熊先生回了一封信，说我“诚信不欺，有古人风”。以后，书信往来就不再探讨学问了。熊先生历年给我的信很多，可惜毁于十年劫灰中。

学马列主义也不能在言语文字上打转，也要身体力行，这方法和态度还是从熊先生的教诲中得来的。熊先生是我永不能忘的老师。

赘　语

海外不少学者和同行们出于对熊先生的关怀，流传着不少传闻和推测。有人认为新中国对待旧社会的老专家实行压迫，他们失去了讲学的自由，受到不公正的待遇，解放后，一直受折磨，饮恨而终。我对此不得不做一些必要的说明。

先说解放前熊先生在北大所受的待遇。熊先生在旧北大一直当讲师。七七事变后，教授可以到西南联大报到，仍能教书，不致失业，而熊先生不是教授，迁到大后方，拒绝收容他，任他漂泊西南天地间达八年之久。全国解放后，董必武等政府领导人请他来北京。北京解放不久，教授的待遇按小米折价，刚从美国回来的华罗庚和熊先生的工资都按最高标准定为八百斤小米。

抗战胜利后至解放前，熊先生住在沙滩北大孑民堂后院的两间改造过的集体宿舍里，面积约二十平方米。解放后，国务院在交道口附近给他租了一处住房，北房五间，并为他购置了必要的家具。

他和义女仲光来京后，即住在这里。两三个月以后，熊先生嫌这个院子嘈杂，又搬了一次家，搬到西城宝禅寺街，住在最后一进院子，是个独院。在这里未住多久，国务院又给熊先生在北海鸦儿胡同购买了一所小四合院，出门不远就是什刹海后海。住在这里不到一年，熊先生感到年老，不耐北方严寒，打算到上海依儿子世菩。这是他唯一的儿子，当时世菩在上海招商局任工程师。熊先生的客人、学生来往的人多，世菩向招商局申请，扩大他的住房面积，以便安置年老的父亲。格于制度，没有办到。最后由国务院指示上海市委，在愚园路给他安排住房，这个地方比较安静、宽敞。熊先生的工资仍按月由北大汇寄，后来熊先生嫌每月汇寄麻烦，工资由上海市委统战部支付。

旧中国不曾限制唯心论，只限制唯物论，但熊先生的著作出版遭到种种挫折，有的书是熊先生自己出钱印的。解放后，他的书由国家出钱，出版了七八种，公开发行。说到这里，也附带说一说陈寅恪先生。陈先生抗战期间，为英国庸医所误，双目失明，仅有光感。解放后，中山大学在他的楼前特别用白色涂刷了一条小径，以便于他借助白色反光饭后散步。陈先生用的药品，国内买不到的，由香港购进，二十四小时有护士三人轮流护理。还请他到北京担任历史所所长。陈先生的朋友、学生多在北京，他也有意北来。由于敦请陈先生的那位学生说话不慎，惹得陈先生不高兴，他拒绝北来。

熊、陈这两位老先生备受政府礼遇，这些事实都说明共产党是尊重学有专长的专家学者的。到了“文化大革命”，是非颠倒，国家遭难。外人只看到知识界、文化界人士在“文化大革命”中所遭受的折磨，误认为是共产党政府搞的。“四人帮”是共产党的敌人，共产党的开国元勋，上至主席、元帅、将军，包括周恩来总理在内，下至一般干部、一般群众，遭难的何止成千上万？这些罪恶行径，应与共产党政府无关，这是不得不说明的。

艾思奇同志*

1949年，艾思奇同志受聘为北京大学哲学系教授。艾思奇同志是中国最早的马克思主义哲学家之一，在青年中有广泛的影响。不少知识青年读了他的《大众哲学》，投奔了延安。解放后，他又是与旧大学哲学界广交朋友，普及马克思主义哲学的功臣。

记得北平解放后，北京大学定期举行哲学双周座谈会。参加者有两部分学者：一部分是较早接受马克思主义思想的学者，其中有侯外庐、何思敬、徐特立、艾思奇和胡绳。另外一部分学者是当时北京大学和清华大学哲学系教师。北京大学有汤用彤、朱光潜、贺麟、郑昕、胡世华、齐良骥、任继愈。清华大学哲学系有冯友兰、金岳霖、邓以蛰、任华、王宪钧、张岱年。座谈地点在北大孑民堂。这是北大最大的一个会议室和对外接待室。时间定在隔周的星期日上午。每次谈论会，推一位主讲人，大家提问题讨论，不拘形式，交换意见，会场气氛生动活泼。清华大学远在城外，交通虽不便，但清华的教授们都按时参加，风雨无阻。因为解放后大家对马克思主义哲学很感兴趣，新旧哲学工作者互相交流，获益很多。

---

* 原载《念旧企新——任继愈自述》。

讨论的题目，记得有西方美学思想、黑格尔哲学、康德哲学、罗素哲学、杜威哲学、形式逻辑、数理逻辑、中国近代思想。记得关于形式逻辑是不是形而上学，当时有过争议，艾思奇同志主张形式逻辑即形而上学，金岳霖及清华、北大的学者都认为这两者不是一回事。经过反复辩论，后来取得共识，认为形式逻辑不是形而上学。金岳霖为形式逻辑正名，坚持真理，艾思奇虚怀若谷的风格深为哲学界称道。时隔几十年，当时争辩的问题早已不成问题，这次争辩已被遗忘，但在当时却被看作一件大事。

旧中国有一个中国哲学会，完全由会员交纳的会费维持，是一个纯粹民间的学术团体。这个学会不是专门研究中国哲学，而是在中国全国范围内研究哲学的学会，中外哲学史、逻辑及其他属于哲学的领域都包括在内。全国解放后，这个学会自动停止了活动。原来在延安成立的新哲学会在北京成立，重新选举了会长和副会长，会长是李达，副会长由艾思奇和郑昕两人担任。李达当时任湖南大学校长，常住南方，实际负责人是艾思奇同志。

新哲学会成立后，吸收了社会上更多有造诣的哲学爱好者。记得当时佛教界巨赞法师也申请加入了中国哲学会。按照学会章程，新会员入会要有两位会员介绍，会长批准才能入会。郑昕和我充当了巨赞法师的入会介绍人。中国新哲学会会址在南河沿金钩胡同十九号一所两进院的平房内。下设中国哲学史、外国哲学史、逻辑、中国近代思想史、辩证唯物主义与历史唯物主义五个组，各组分别为大学哲学系编写教学大纲及有关资料，也在这里举行过多次学术讨论会。新哲学会成立后，孑民堂的双周座谈会停止了活动，新哲学会的活动吸收了更多人参加。

当时全国解放不久，物资匮乏，编写的讲义都是手工刻写蜡纸，用手工操作的油印机印刷的。编写的《中国近代思想史提纲》就是在金钩胡同新哲学会中国近代思想史组筹备，后来由北大的几位教师完成的。

艾思奇同志在北大讲课，最初讲的是社会发展史，这是北京大学全校学生共同必修课。当时北京刚解放，北京大学有文、理、法、工、医等学院，地址分散，人数众多，无法集中听课，而且也找不到能够容纳万人的大课堂。北大集中了几十位青年教员组成辅导班，由艾思奇同志先向辅导班教员讲一遍主要内容，然后由辅导班教员分别回到各个班向同学授课。艾思奇先向辅导教师讲一次，辅导教师回到各系，结合各系的情况，分别编写教材，向学生讲授。讲课方式与旧大学方式不同，隔周上课，隔周讨论，有点像西明纳尔（Seminar）的教学方式。艾思奇同志在这门全校必修课上，既负责讲课，隔一周又负责解答学生提出的问题。我作为社会发展史的辅导教师，既要上课，又要解答上课讨论中遇到的问题。因为有三位教师轮流讲课，我有充分时间阅读了一些马列主义有关参考书及马、恩等原著，接触到马克思主义哲学这个新领域，从此开拓了视野，打开了思路。艾思奇同志是我学习马克思主义的启蒙老师。在清华大学，讲社会发展史也采用北京大学的讲授方法，任华也担任过辅导教师。

在孑民堂双周座谈会期间，学习过《实践论》和《论人民民主专政》。会上大家讨论过几次，后来又在新哲学会举行过讨论会。这几次讨论会艾思奇、胡绳等都多次发言。因为《实践论》中讲到知行问题，中国哲学史和西方哲学研究者多有自己的体会，发言很踊跃。冯友兰、贺麟、汤用彤、任华都有较长的发言，艾思奇同志也有多次发言并解答问题，与会者都有不同的收获。

艾思奇同志最初讲授全校的共同课社会发展史以后，接着在哲学系开设的课程有辩证唯物论与历史唯物论及马列原著等课程，哲学系的学生都听过艾思奇同志讲课。他在延安、在高级党校讲课多年，经验丰富，深受学生欢迎。教员中我也是旁听者之一。

艾思奇同志为哲学系讲过一系列的课程，他主要讲辩证唯物主义、历史唯物主义。他讲话有浓重的云南口音，缓慢而有条理，具有云南人朴实、厚重的风格。他从不放声大笑，有时也迸发一句幽默的话。有一次讲到人的道德意识是自觉的行为，他说："道德出于自我意识，不同于动物，狗就没有自我意识，只能给人当走狗。"引起同学们的笑声。艾思奇同志不笑，照常讲下去。

艾思奇同志讲历史唯物主义，引用中国"英雄造时势，时势造英雄"的成语。他说，社会存在决定社会意识，英雄是社会发展潮流中产生的。顺应社会潮流，英雄才能成为成功的英雄。不顺应社会潮流或客观条件不具备，英雄便无用武之地。三国时期诸葛亮只能三分天下占据一分，要统一中国，就没有办到。欧洲的拿破仑也是英雄，他只是历史时代的产物，当时法国没有拿破仑，法兰西也会产生一位相当于拿破仑的人物出来，完成法国这场变革。在1951年，胡乔木发表了《中国共产党三十年》，文章中也讲中国共产党按照中国工人阶级的需要，培养塑造出自己的领袖。艾思奇、胡乔木的观点是历史唯物主义的，很有说服力，有力地驳斥了国家的兴衰全靠"圣人"，"圣人"出，天下治的唯心观。唯心史观认为有了尧、舜这样的"圣王"，天下大治，尧、舜不经常有，所以天下乱多治少。这种观点不合历史实际。

艾思奇在北大哲学系讲辩证唯物主义的范畴时，关于“必然”和“偶然”一对范畴，他举例说，一切反动的、不得民心的反动派必然失败，这是必然；至于哪天哪月灭亡，这是偶然，科学的历史观不同于算命卜卦的先生，区别在此。又举长期采用农村包围城市的战略，战略出于革命需要，出于群众的拥戴。有了革命，就有领袖，这是必然；至于这革命领袖产生于湖南还是江西，他是否一定叫毛泽东，则是偶然。他把道理讲透了，他的话是对的，经得起时间考验的。

艾思奇同志讲授历史唯物主义，也受到当时历史的局限。讲到社会的生产时，他引用恩格斯的说法：人类社会生产有两种，一种是物质生产，一种是人的生产（生产下一代，生育子女）。当时斯大林的政治经济学只承认物质生产，人的生儿育女不算生产。艾思奇讲课时接受了斯大林的观点。记得他说，像恩格斯这样伟大的思想家“也难免有错误，不过只是一小点，不算什么大事，恩格斯还是了不起的大思想家”。斯大林反对恩格斯关于生产的说法，后来已得到改正。可见，学术问题有它的严肃性，政治干预奏效于一时，但不能行久及远。

北京大学哲学系的马克思主义哲学奠基人最早是20年代的李大钊，他讲授过唯物史观，后来中断了几十年。艾思奇来到北大后，中断了的马克思主义思想不但活跃起来，而且发展了。

艾思奇同志在北大讲课大约五年，把马克思主义普及到高等学校，在北大哲学系留下深刻的印象，和高等学校的知识分子结下了深厚的友谊。艾思奇同志功不可没。

1953年以后，大批苏联专家来到中国，北京大学也分配来几位苏联专家。他们讲课很机械，只讲正面结论，不讲反面论点，不提倡辩论，不许反问。本来内容十分丰富的辩证唯物主义课，被苏联专家讲成了干巴巴的教条。考试也提倡死记硬背，学生的创造性受到压抑。《联共党史》讲到俄国十月革命后，农村消灭了富农阶级。学生问："当年那些富农哪里去了？"苏联专家不耐烦了，反问学生："你打听他们干吗，是不是要与他们通信？"学生们不敢再问了。

后来才知道，苏联派来的这些教师大多数不是第一流专家，也有从党政机关抽调来的，学术造诣和艾思奇同志不在一个档次上。

艾思奇同志向社会、向广大群众普及哲学，人们早已熟知。他在解放后，把马克思主义普及到大学、高等研究机构，与知识分子广交朋友，似未引起注意。当时形势下的哲学普及工作十分艰巨。他把本来站在唯心主义阵营的大批旧知识分子引导到了马克思主义一边来。固然这是由整个革命形势决定的，但他的功绩是卓越的。我就是闻道较迟，接受启蒙教育的一个。

1961年，参加编写大学文科教材，我负责主编《中国哲学史》教科书，集中住在西郊的高级党校，见面的机会较多，对艾思奇同志了解渐多。他多才多艺，喜游泳，喜音乐，爱好绘画，收藏齐白石的国画。对中国哲学史也有广泛的兴趣和独到的见解。为人豁达，能容忍，不与一般俗人争一日之短长，真理所在，则分毫不让。我深为他英年早逝而悲伤，又为他在"文化大革命"前离世而庆幸。艾思奇同志如果生前遇上"文化大革命"，其结局将难以预料。

冯友兰先生在中国哲学史领域里的贡献*

那是在1932年，我在北平大学附属高中读书，国文老师讲课，选了不少辅助教材，其中有关于老子年代的学术争论。那时起，开始知道胡适、梁启超、张煦、冯友兰、唐兰几位先生对老子年代的见解，他们争辩的问题引起了我对哲学史的兴趣。

由于这种偶然的机会，使我后来在考入北大文学院时选中了哲学系。记得有一次开中国哲学年会，冯友兰先生的论文是《朱子的理与气》。冯先生说，朱子的“理”意为“形式”（form），朱子的“气”意为“料”（stuff）。冯先生还说，stuff可译为“士大夫”，可见士大夫还够个料，不是废物。记得会上还听了邓以蛰先生讲中国画的“气韵生动”；胡适先生的题目是《程绵庄的哲学》。约在1934年，北大学生会邀请校外专家做学术报告，冯先生讲的题目是《新三统五德论》。冯先生运用发展观阐明社会变革与学术变革之间的关系，印象极深，至今不忘。

大学的第四年，北大、清华两校被迫南迁，只在湖南住了半年，文学院设在南岳衡山脚下。冯先生开设了朱子哲学课，金岳霖

---

* 原载《冯友兰先生纪念文集》，北京大学出版社，1993年10月版。收入《念旧企新——任继愈自述》。

先生讲知识论课。因为这两位先生都是清华大学哲学系的老师，北大的学生平时听不到他们的课，我都选修了。冯先生的朱子哲学课的内容和朱子关系不大，只是借用朱子哲学的某些范畴，发挥冯先生自己的体系。授课的讲义随讲随印，后来在云南蒙自石印出版，书名定为《新理学》。冯先生在书的扉页上题诗云：

印罢衡山所著书，踌躇四顾对南湖[①]。
鲁鱼亥豕君休笑，此是当前国难图。

在蒙自半年，西南联合大学新校舍建成，文学院迁回昆明。冯先生此后一直在西南联大讲授中国哲学史课，还曾用《新世训》代替教育部规定的伦理学课程。冯先生写《新知言》，注意禅宗的方法论，曾在全校做过关于禅宗的讲演。抗日战争期间，冯先生曾应聘到重庆讲学半年，我曾替冯先生讲授过中国哲学史课程。教材还是采用冯先生的书，对冯先生的观点有了一般的了解。

冯先生的《中国哲学史》比胡适的《中国哲学史大纲》在国内外有更长远的影响。“五四”时期，胡适的《中国哲学史大纲》（上）曾引起过学术界的广泛重视，因为它改变了中国哲学的面貌，从取材到立论都带有现代化的标志，远远超出了封建时代的眼界。胡适的《中国哲学史大纲》只有先秦部分，汉以后没有写下去。胡适过多地采用了美国实用主义观点，对古代哲学学说的评论往往停留在表层。金岳霖先生曾指出，胡适写的中国哲学史，好像

① 南湖在蒙自城外。学校附近是一所公园，称南湖公园，是西南联大师生朝夕游憩的地方。

是一个外国人谈论中国的哲学。[①]胡适批评庄子哲学，说他“使人变成达观的废物”，这种评论显得没有说服力。又由于胡适抱着西方学术界的偏见，认为中国只有思想，没有哲学。以致后来他主持的北大文学院哲学系没有中国哲学史课程，只有中国思想史课程。胡适在历史系开设中古思想史，讲授的内容还是中国哲学史的资料。

冯友兰先生认为中国不但有哲学，而且中国哲学有它内在的体系。他不是简单、轻率地对待古人，而是力图把古人的体系按古人自己的思路，用现代人的表达方式表示出来，他称为同情的理解。冯先生自己说，讲到庄子，令人读了似乎站在庄子的立场上说话；讲到孟子，令人读了似乎站在孟子的立场上说话。这种方法显然比胡适的方法深入了一层。

冯先生具有系统的现代科学方法的素养，又有高度抽象概括的能力。他讲的中国哲学史，能把一些长期讲不清楚的问题讲清楚。比如把先秦名辩思潮中的惠施哲学归结为“合同异”，把公孙龙的哲学归结为“离坚白”。现在的中国哲学史界都接受了这一观点，并认为本来应当是这样的。其实，这只是前辈学者留下的成果，后来者顺利地接受下来罢了。冯先生以前的学者都没有这样简明。像这样的例子还多[②]，都表明冯先生善于以简驭繁、高度概括的本领，值得学习、借鉴。

哲学史上下数千年，重要的哲学家，有资格上哲学史的，列举一二百家不算难事。这样做，只能给人以流水账的印象，好的哲

① 见冯友兰：《中国哲学史·审查报告二》，商务印书馆，1934年版。

② 把佛教哲学列入中国哲学史是从冯先生开始的。冯先生自己虽然对佛教部分感到不满意，但他的开创之功不可湮没。

学史，不在讲述的人头多少。冯先生的哲学史（包括《中国哲学史新编》）在几千年的断限内，有重点地浓墨重彩、着意介绍的不过十几家，该简化的简化，该突出的突出。先秦各家是中国哲学的源头，对这一段的哲学花了大量篇幅，这是必不可少的。好像西方哲学史不能不详细介绍古希腊哲学一样。汉以后，重点介绍了董仲舒、王充。魏晋时期重点介绍了王弼和郭象，并把他们从《老子注》和《庄子注》的附庸于老、庄的地位分离出来，使他们独树一帜。这种见识在今天看来认为是理所当然的，可在当时，无疑是一个创举。

宋明时期重点放在程朱，这些篇章写得精彩而充实。

更值得称道的，也是表现冯先生哲学史的卓越见识的地方，还在于他的中国哲学史的分期。

《中国哲学史》旧著分为“子学时代”和“经学时代”。子学时代的断限约为四百年，经学时代断限约为二千多年。没有真知卓识，是不敢这样处理的。冯先生当年还没有接受社会发展史、用历史唯物主义的观点来观察社会，但他通过广泛而深入的科学实践，感觉到这两大时代的哲学有着本质的差异。子学时代的特点是建造，经学时代的特点是阐述。子学时代奴隶制解体，封建制尚在形成中，新兴的阶级及集团各有自己的社会力量，必然要有自己的代言人。秦汉以后，政权统一、政教合一的格局越来越完备，很多哲学学者“以述为作”，借古代经典为招牌，装进新的内容，冯先生称之为“旧瓶装新酒”，从而形成经学时代的特点。这两大段落的划分，今天看来，还是经得起考验的。

秦汉开始，中国建立了大一统的封建政权，高度集中的中央政府管辖着广大分散的农村。政治上要求高度集中，不集中就不能维持国家的统一；经济上却出于小农经济的本性，只能极端分散。政治上的高度集中与经济上的极端分散这一对矛盾贯穿了二千多年。强化集中统一，严格等级制，是中央政府的要求；希望自给自足，不要政府过多干预，使小农生产安居乐业，是自然经济的特点。在朝的强调集中统一，在野的强调分散自由。这一对矛盾直到鸦片战争始（1840年）才告一段落，此后中国历史进入近代阶段。

为了更好地协调政治的集中统一和经济的极端分散这一对矛盾，从汉代董仲舒开始，历魏晋、唐、宋、元、明、清，一直在解决这个问题。这一大段（二千多年）恰恰是冯先生《中国哲学史》中所指的“经学时代”。

整个经学时代，学派寿命最长的有两家：以孔孟为旗帜的儒家和以老庄为旗帜的道家。儒家偏重在朝，道家偏重在野。在朝讲孔孟，在野讲老庄。有时同一个人，做官时讲孔孟，不做官时讲老庄。这两大流派都有广泛的社会基础。朝廷的势力总是大于农民，所以孔子的势力大于老子。“六经”中留下注释最多的是儒家的《周易》，先秦诸子中留下注释最多的是《老子》。冯先生的哲学史叙述的流派中，儒家占的篇幅最多，道家所占的篇幅较少，也是符合历史实际情况的。

自从1949年起，中华人民共和国成立，过去没有占重要地位的马克思主义哲学占了主导地位。学术界广大知识分子先后接受了马克思主义的观点和方法。据我所认识的老先生中间，有陈垣、汤用彤、朱光潜、贺麟、郑昕，冯友兰先生也是其中的一个。学术界也有不愿放弃旧观点的，如熊十力、梁漱溟、陈寅恪诸先生。不论接受或放弃，他们都是认真考虑后才做出抉择的。这里只说冯先生和他的《中国哲学史新编》。

冯友兰先生的新旧两种《哲学史》很不一样，两书的差别是显而易见的。这里只想说明新旧《哲学史》之间的衔接关系。在旧《哲学史》中已包含着后来新观点的某些重要因素。

历史唯物主义的一个重要观点是发展观点，在旧《哲学史》中已有充分的表现。历史唯物主义强调社会存在决定社会意识，旧《哲学史》中在讲到某一时代的新思潮时已充分注意到社会变迁与思想变迁的密切联系。马克思主义哲学有两个突出特点，一个是阶级性，一个是实践性。阶级性是为了广大人民群众（儒家传统说法为关心天下忧乐），实践性是为学不尚空谈理论，这也是中国传统哲学的重点（为生民立命，为万世开太平）。旧哲学不是马克思主义哲学，但旧哲学与新哲学之间可以找到某些衔接点。正如佛教传入中国内地时，东方人不懂得佛教，很自然地把佛教与中国的方术祠祀相比附，认为黄老与浮屠教义“差不多”一样。马克思主义哲学不是排斥过去的旧哲学，而是继承旧哲学中一切有价值的遗产，消化、吸收以后，使它转化成新生的哲学的一部分。新哲学有容纳、改铸旧哲学的功能。

冯先生的新旧《哲学史》是先后衔接的，而不是“尽弃其所学”，另起炉灶。

冯先生相信历史是发展的，解放后，这一观点更有所加强。冯先生相信历史是连续的，解放后，这一观念也有所加强。在极“左”思潮盛行时期，冯先生曾受到不公正的批判，这些批判并没有动摇他的信念，他相信文化不能中断，新文化只能在旧文化的基础上建立，不能凭空构建。冯先生的《哲学史》一改再改，这里且不说他的某些章节的是非得失，而要大书特书指明他热爱优秀传统文化，随时给它注入新血液，排除其中不应保留的东西，使它获得新生命。他对“周虽旧邦，其命维新”的新解释是足以说明他的爱国主义的心情。

冯先生在旧《哲学史》中曾提出过历史是不断前进的，历史是已存在的事实，它不会错。正因为有这种观点，他到晚年写《中国哲学史新编》时更加尊重历史事实，而反对从概念出发，他讲的一些哲学家和流派，更注重它在当时发生的实际效益，因此对多年来一致歌颂的太平天国的思想提出了自己的看法。正是由于他接受了马克思主义的历史唯物主义的观点，他敢于提出马克思主义中国化是必由之路，割断旧传统，另起炉灶，自以为与旧传统彻底决裂，看起来很革命，到头来非但没有与旧观念彻底决裂，反倒招引出被打下去的旧社会的沉渣乘机泛起，造成了更为麻烦的倒退。

真正的爱国者要对人类负责，要对历史负责，要有魄力吸收全人类一切有价值的文化。哲学的发展有连续性，哲学史的发展也有连续性。我国第一代哲学史研究者的功绩应受到尊重。

冯友兰先生在新中国成立之后，撰写《中国哲学史新编》，直到生命的最后一息，不断前进的动力是什么？

冯友兰先生写的中国哲学史，是生长在这块多灾多难的中国大地上的知识分子的产品，特别是儒家关心天下安危及万民忧乐的传统的体现。他在旧著《中国哲学史》开头引用张横渠的“四句教”以见志。在抗战时期，学校避地南岳，冯先生同几位教授游南岳的方广寺。同学的墙报上曾发表了游方广寺的几位老师的诗。冯先生的诗是：

> 二贤祠里拜朱张[1]，一会千秋嘉会堂。
> 公所可游南岳耳，半壁江山太凄凉。

饱受帝国主义侵略之苦的中国人民，对国家的爱慕眷恋之深情，切盼祖国繁荣强大的愿望是外国知识分子所无法理解的。

1982年，冯先生去美国讲学，参加学术讨论会。会上会下遇到不少关心冯先生的人，有人怀疑冯先生是否在大陆这几十年说话不自由，又受了一些折磨，希望冯先生讲讲他心里的话，在外国人面前诉诉苦，有人觉着冯先生的思想和行为是个谜。照冯先生自己的话说，这个谜并不难解，他是个地道的中国人，他热爱中国，他感到作为新中国的学者有责任也有义务使自己所学的一切为祖国的新文化建设尽力。冯先生有他坚贞不渝的信念：中国有希望，中国哲学不是书本上的空话，它将继承过去的优秀遗产创造新文化，使中国真正做出现代的成绩。冯先生不愿置身事外，他决心参与这场文化上的历史性大变革。他比一些口头上曾念诵马克思主义词句的人更坚决相信马克思主义要在中国生根，就要中国化。光有马克思主义在中国，并不能保证马克思主义在中国生根、发展，只有建成中国的马克思主义，才能使中国走向现代化。中国的马克思主义的政党的产生，第一推动力不同于西方的民主和反剥削，中国共产党的产生是为了寻找救国图存的真理，是要国家富强，摆脱侵略者的奴役。马克思主义之所以在中国取得成功，就在于它使中国站立起来

---

① 朱熹与张栻同游南岳方广寺，共同讨论哲学问题。后人为纪念两位哲学家的会晤，建有嘉会堂，有匾为“一会千秋”。

了，使它成为东方的大国，亿万农民的贫困有所缓和。这一点是从旧中国走过来的人，包括像冯先生这样的知识分子亲眼所见的。他们对新中国的爱护之情发自内心。

冯先生在他写的《三松堂自序》中写他几十年间讲授中国哲学史的感受时，说过下面的一段话：

> 我于1946年到1947年曾去美国一次，在各地方讲授中国哲学史。这次再去美国[①]，觉得心情与上次完全不同。原来西方的汉学家们，把中国文化当作一种死的东西来研究，把中国文化当作博物院中陈列的样品。我那时在西方讲中国哲学史，像在博物院中做讲解员。讲来讲去觉得自己也成了博物院中的陈列品了，觉得有自卑感，心里很不舒服。这次我到美国，虽然讲的也是中国的东西，但心情完全不同了，自卑感变成了自豪感，不舒服变成了舒服。中华民族的古老文化虽然已经过去了，但它也是将来中国新文化的一个来源，它不仅是过去的终点，也是将来的起点。将来中国的现代化成功，它将成为世界上最古老也是最新的国家。这就增强了我的"旧邦新命"的信心。新旧接合[②]，旧的就有了生命力，就不是博物院中的陈列的样品了；新的也就具有了中国自己的民族特色。新旧相续，源远流长，使古老的中华民族文化放出新的光彩。现在我觉得这个展望并不是一种空想、幻想，而是定要实现的，而且一定能实现的[③]。

---

① 这次指1982年冯先生在夏威夷开朱熹学术会议，后去哥伦比亚接受荣誉学位。

② 这里用新旧"接合"，而不是用"结合"，意思是说，新文化是接着旧文化讲的，不是割断旧文化就能产生新文化。

③《三松堂全集》第一卷，第344-345页，河南人民出版社，1985年9月版。

冯友兰先生的这种出自爱国的责任感，由此产生的自信心、自豪感，具有在祖国这块土地上才能满足，只有与祖国的命运紧紧连接在一起的人，才有这种真切的情操。他发表这个意见时，他已遭受过“文化大革命”给他带来的痛苦和灾难，“文化大革命”是国家的灾难，知识分子在这次灾难中损失最重，冯先生的遭遇又是许多知识分子所不曾遇到的。这些经历人们记得，冯友兰先生也不会不记得。但是，冯先生把自己作为祖国的一员，把文化事业放在第一位，并不为研究哲学史而懊丧，而为自己研究中国哲学史而自豪，满怀信心地把新中国的文化建设事业（尽管只是其中的一部分）揽在自己身上。

冯先生的《中国哲学史新编》是接着旧编讲的，这两者是两部分，却又有密切的联系，新编是旧编的补充。无论新编和旧编，写的都是作者的真知灼见，没有随大流，说空话。《中国哲学史新编》对冯先生来说，可以认为是他把自己的哲学史研究推向了一个新的境界。他用历史唯物主义观点，打破多年来陈陈相因的旧成说，提出自己的创见，保持了一个爱真理、爱科学、爱祖国的知识分子应有的品格。《中国哲学史新编》提出的这类学术问题，无疑将对今后中国哲学史研究起着启发借鉴作用。

《中国哲学史新编》定稿于“文化大革命”以后，思想更加成熟，文风更加洗练，冯先生以简驭繁的优点更加突出，这部七卷本的著作，将与旧编并列，必享有长久的学术生命，成为哲学史界的宝贵遗产。

20世纪中国哲学的使命感*

冯友兰先生是哲学史家，又是哲学家，他以哲学家的观点治哲学史，故能独具特色。这里只讲一个问题——20世纪中国哲学家的使命。

一

冯友兰学术活动的时代在20世纪。中国人是怀着屈辱走进20世纪的。1900年，八国联军占领了中国的首都北京，赶走了皇帝，中国被迫签订了不平等条约。从此，中国时时处在被瓜分的边缘。20世纪给中华民族的历史使命是救亡图存，促进中国现代化，迅速摆脱半殖民地的地位。冯先生的哲学史是在这种背景下撰写的。它是一部学术著作，却又不是纯学术的著作。国家危难，唤醒了广大爱国人士，人们从不同的岗位提出救亡图存的主张。企业家提出实业

* 据《竹影集》。原载《齐鲁学刊》1996年第2期，题为《冯友兰先生对中国哲学的继承和发展》。

救国，教育家提出教育救国，各政治团体和党派也都提出了他们的救国纲领。旧版《中国哲学史》出版于1933年，当日本军占领东北三省（1931年）的后两年，他在《中国哲学史》序二中写道：

> 此第二篇稿最后校改时，故都正在危急之中，身处其境，乃真知古人铜驼荆棘之语之悲也。值此存亡绝续之交，吾人益思吾先哲之思想，其感觉当如疾痛时之见父母也。吾先哲之思想有不必无错误者，然“为天地立心，为生民立命，为往圣继绝学，为万世开太平”，乃吾一切先哲著书立说之宗旨。无论其派别如何，而其言之字里行间，皆有此精神之弥漫，则善读者可觉而知也。“魂兮归来哀江南”；此书能为巫阳之下招欤，是所望也。

序中用了“铜驼荆棘”的典故，绝不是夸大其词。当时的中国确实处在亡国的边缘。当时，日本军用飞机无限制地在市区上空低空飞行，学生上课时飞机噪音干扰了讲课，有时不得不停一两分钟，飞机过去接着再讲，机翼上鲜红的日本徽志刺伤了每一个中国人的心。北京已经是一个边城。果然，1937年，日本侵华战争全面开始了。

十年后，冯友兰先生在战争流离颠沛中先后出版了几部哲学专著，《新理学》《新事论》《新世训》《新原人》等六部。他在《新原人》序中说：

> “为天地立心，为生民立命，为往圣继绝学，为万世开太平”，此哲学所应自期许者也。况我国家民族值贞元之会，当绝续之交，通天人之际，达古今之变，明内圣外王之道者，

岂可不尽所欲言，以为我国家致太平，我亿兆安心立命之用乎？……此新理学、新事论、新世训及此书所由作也。

出版《中国哲学史》十年后，也就是在日本侵略军战败投降的前二年，冯先生两次提出张载的“为天地立心，为生民立命，为往圣继绝学，为万世开太平”的名言，国家危难之际，爱国知识分子的历史使命感，一片赤诚跃然纸上。

冯先生从事哲学研究，不论治哲学史还是从事哲学理论构建，都与祖国的文化建设、民族振兴相联系。他不是寻章摘句地论述前代思想，而在于为民族、国家建立新文化准备条件：

通观中国历史，每当国家重成统一，建立了强有力的中央政府，各族人民和睦相处的时候，随后就会出现一个新的包括自然、社会、个人生活各方面的广泛哲学体系，作为当时社会结构的理论基础和时代精神的内容；也是国家统一在人民思想中的反映。儒家、新儒家都是这样的哲学体系。中国今天也需要一个包括新文明各方面的广泛哲学体系，作为国家的指针。[①]

这是1982年美国哥伦比亚大学授予哲学名誉博士学位时冯先生的讲话。他要用哲学为新中国的文化建设尽自己的力量。有些研究冯友兰先生思想的学者，兴趣都放在冯先生早年的哲学与晚年哲学的区别上。有人对他早年哲学多所肯定，对晚年哲学多有指责；也有人持相反的看法，肯定晚年，否定早年。冯先生自己却没有把它

① 《在接受哥伦比亚大学授予名誉博士学位的仪式上的答词》，《冯友兰学术论著自选集》，北京师范学院出版社，1992年5月版，第6页。

看作两种性质不同的著作，他认为文化不能割断，建立新文化离不开旧文化，继承旧文化是继承，批判旧文化也是继承。新与旧本不是对立的，而是衔接的。

在极“左”思潮冲击下，冯先生还是充满了自信，他从未怀疑中国哲学的价值，坚信为了建设社会主义的新思想体系，必须吸取中国古代哲学作为来源之一。离开旧文化就建不成新文化。

二

冯友兰先生是受旧哲学熏陶、培养的学者，他何以能很快地接受马克思主义的唯物史观？这种怀疑是可以理解的。事实上冯先生的旧《哲学史》中已开始运用西方社会学来观察社会，在许多地方已存在着与唯物史观的结合点。他的旧《哲学史》讲到汉代思想时说：

> 盖人之思想，皆受其物质的精神的环境之限制。春秋战国之时，因贵族政治之崩坏，政治、经济社会各方面之新秩序亦渐安定。自此而后，朝代亦屡有改易，然在政治、经济社会各方面，皆未有根本的变化。[1]
>
> 自春秋至汉初，一时之政治、社会、经济方面，均有根本的变化。然其时无机器之发明，故无可以无限发达之工业，因之亦无可以无限发达之商业，多数人民仍以农业为业。不过昔之为农奴者，今得为自由农民耳。多数人仍为农民，聚其宗

① 《中国哲学史》(上)，中华书局，1961年4月版，第493页。

族，耕其田畴。故昔日之宗法社会，仍保留而未大破坏。故昔日之礼教制度，一部分仍可适用。不过昔日之仅贵族得用者现在大部分平民亦用之而已。[①]

这些观察社会的方法已接近唯物史观，已具有社会存在决定社会意识、经济为社会变革的基础的观点。冯友兰比贺麟更容易接受唯物史观，他们两人的旧哲学的根基不同，应是原因之一。

旧史学家把秦始皇焚书，尊信法家看作与儒家完全对立，冯先生在旧《哲学史》中早已指出秦始皇、李斯焚书与汉武帝“罢黜百家”走的是同一条路线，都在为加强大一统的集权而努力，只是秦始皇的手段简单急躁了些。他说：

及汉之初叶，政治上既开以前所未有之大一统之局，而社会及经济各方面之变动，开始自春秋时代者，至此亦渐成立新秩序；故此后思想之渐归统一，乃自然之趋势。秦皇、李斯行统一思想之政策于前，汉武、董仲舒行统一思想之政策于后，盖皆代表一种自然之趋势，非只推行一二人之理想也。[②]

冯友兰先生这些观察问题的方法，都成为后来接受马克思主义唯物史观的思想基础。关于秦始皇与汉武帝所做的统一天下的思想，以及汉武帝尊儒的措施，在旧《哲学史》中也有接近唯物史观的看法。他说：

秦用儒家之说，以“坊民正俗”，即其焚书、禁私学，亦

① 《中国哲学史》(上)，中华书局，1961年4月版，第487页。

② 《中国哲学史》(上)，中华书局，1961年4月版，第486页。

未尝不合于儒家同道德、一风俗之主张，不过为之过甚耳。秦皇、李斯废私学，为统一思想之第一步，汉武、董仲舒罢黜百家为统一思想之第二步。[①]

三

古人所谓“知人论世”，是全面评价历史事件和历史人物的公平秤。中国的爱国知识分子在中国这个大环境中造就了他们的特性。如果不是有丰富的文化传统，不是深受帝国主义殖民主义的压迫，贫困落后的旧中国的知识分子的爱国主义思想不会这样坚定而强烈。

欧洲马克思主义有三个来源，这几乎是多数人的共识。也有人认为中国共产党也应上溯到这三个来源，这种推断不符合中国的实际状况。中国的马克思主义是爱国志士向西方寻求救国救民的真理、救亡图存的爱国主义，由此而引发为促进中国现代化。因此，中国的马克思主义是在中国这块土地上，结合中国的实际而形成的马克思主义。把马克思主义的原理与中国革命实际相结合，才真正找到出路。中华民族的救亡图存是20世纪中国各族、各界的共同课题。

紧紧抓住这个主题，用它来衡量一个人、一件事、一种政策、一种主义，才能不致失误。

冯友兰先生的学术观点，人们可以赞成，也可以不赞成，见仁

① 《中国哲学史》(上)，中华书局，1961年4月版，第487页。

见智，不必强求共同的认识。冯先生的爱国主义是明白清楚的，是值得钦重的。有些崇拜洋人、迷信洋人，不懂得中国文化、不珍惜中国文化的人，没有资格对冯友兰先生的人格轻下断语。

在30年代初，冯先生在他的旧《哲学史》中曾说过：

> 历史上时代之改变，不能划定于某日某时。前时代之结束，与新时代之开始，常相交互错综，……故中国哲学史中之新时代已在经学时代方结束之时开始。所谓“贞下起元”，此正其例也。不过此新时代之思想家，尚无卓然能自成一系统者，故此新时代之中国哲学史，尚在创造之中；而写的中国哲学史，亦只可暂以经学时代之结束终焉。[①]

到抗战中后期，冯先生贞元之际的哲学著作陆续发表，并开始形成自己的体系。他在《新理学》及以后的论著中以他自己的哲学作为结束。这种做法可以讨论。但是冯先生考虑问题的方法值得重视。因为他意识到中国已经进入一个新时代，与古代（冯先生叫作“经学时代”）有本质的不同，是从来没有遇到过的崭新时代。新时代要有与之相应的新哲学体系。新旧时代不同，不系于年代的先后，而在于社会性质的差异，在冯先生早年已看到并指出来，这种发展观是十分可贵的。他说：

> 直至最近，中国无论在何方面，皆尚在中古时代，中国在许多方面不如西洋，盖中国历史缺一近古时代。哲学方面特其一端而已。近所谓中西文化之不同，在许多点上，实即中古文

① 《中国哲学史》（下），中华书局，1961年4月版，第1041页。

化与近古文化之差异。此亦非由于中国人之格外不长进，实则人之思想行为之多为适应环境之需要。[①]

贯穿着冯友兰先生一生的爱国主义精神成为他在为中国文化的发展，在旧中国和新中国始终不渝地精进不息。他把学术的命运与国运联系在一起。直至逝世前，还念念不忘地讲到知识分子对国家的兴衰要有参与意识，并指出这是中国知识分子的好传统，应当继承和发扬。他九十二岁高龄时还说过：

凡古老民族，都有许多文化传统，后来的人应当溯其源而究其流。择其善者而从之，其不善者而改之。从之是继承，因为这是历史在旧基础上的发展；改之也是继承，因为这也是历史在旧基础上的发展。从之改之结合起来，这个民族的特色就表现出来了。

《诗经》有一首诗说，“周虽旧邦，其命维新”，我把这两句诗简化为“旧邦新命”。这四个字，中国历史发展的新阶段足以当之。

“旧邦”指源远流长的文化传统，“新命”指现代化和建设社会主义。“阐旧邦以维新命”，余平生志事盖在斯矣。[②]

最后，引用冯友兰先生自己的话作为对他的哲学思想做出评价：

---

① 《中国哲学史》（上），中华书局，1961年4月版，第495页。

② 《康有为“公车上书”书后》，《冯友兰学术论著自选集》，北京师范学院出版社，1992年5月版，第9–10页。

> 我经常想起儒家经典《诗经》中的两句话“周虽旧邦，其命维新”。就现在来说，中国就是旧邦而有新命，新命就是现代化。我的努力是保持旧邦的同一性和个性，而又同时促进实现新命。我有时强调这一面，有时强调另一面。右翼人士赞扬我保持旧邦同一性和个性的努力，而谴责我实现新命的努力。左翼人士欣赏我实现新命的努力，而谴责我保持旧邦同一性的努力。我理解他们的道理，既接受赞扬，也接受谴责。赞扬和谴责可以彼此抵消，我按照自己的判断继续前进。这就是我已做的事和将要做的事。[①]

作为20世纪的中国哲学家，冯友兰确实尽到了一个爱国知识分子、爱国哲学家的职责，无愧于时代赋予的历史使命。他爱祖国的优秀文化，他爱哺育他的这块国土，他与中华民族共同经历了山河破碎的苦难，甚至自己也加入了流亡的行列，他也分享了站起来的中国人不再受外国欺凌的欢欣。他和学生们庆祝新中国五一节冒雨游行。只要国家富强，文化繁荣昌盛，求仁得仁，无怨无悔。坚定不移，为文化、为国运而铭心刻骨、忍辱负重、致力于学术的人太少了，太少了！

① 《在接受哥伦比亚大学授予名誉博士学位的仪式上的答词》，《冯友兰学样论著自选集》，北京师范学院出版社，1992年5月版，第8页。

沉重的悼念　永恒的遗憾*

回想与张岱年先生初识，是在1935年中国哲学会第四届年会上。当时他在清华大学任助教，我是北大哲学系的学生。旧中国的中国哲学会是一个民间组织的学术团体。凡属大学开设的学科，中外哲学史、学派、美学、伦理学、逻辑学诸学科的专业者，都可以加入学会为会员。记得当时北大参加的教师有汤用彤、贺麟、郑昕、胡适、林志钧等几位先生；清华大学参加年会的教授有金岳霖、冯友兰、邓以蛰，还有两位青年教师，一位是研究美学的李濂，另一位是张岱年。北大的同学对本校的教授们见惯了，不大注意他们会上的发言，对清华的教授们提的问题倒是很感兴趣。金岳霖先生讲“道、式、能”，这是他后来《道论》和《知识论》两部专著的雏形。冯友兰讲“朱子的理与气”，开头讲，朱子的“气”不同于流动的气体，它指的是天地构成的原始材料，英文叫作stuff，可以译为“士大夫”，可见“士大夫”还够个料，不是废物。

我特别感兴趣的是两位青年教师。李濂讲中国古代绘画的重要范畴，“气韵生动”。李濂操河南方言，他的老师邓以蛰怕听众

* 原载《不息集——回忆张岱年先生》，北京大学出版社，2005年4月版。

听不懂，把主要名词帮他在黑板写出来。他们师生间的融洽，老师对学生的关怀，我们这些学生感到新鲜、敬佩。张岱年当时风华正茂，头发自然弯曲呈波浪状，最初疑心他烫发，后来知道他是天生的卷发；口才不流利，却清晰、扼要，没有废辞。他讲的题目我大致记得是“现在中国所需要的哲学”。短短几十分钟，难以阐发得详尽，大意是说中国需要在传统哲学的基础上，吸收西方近代的新哲学思想。他的论文已经孕育着他晚年的“综合创新论”的构架。这次哲学会上，北大、清华以外的教授发言有中国大学傅铜的《快乐主义新诠》，彭基相的《孔德哲学述评》。傅的论文欠深入，失之浅；彭的论文无新意，失之平。

两年以后，七七事变，北平沦陷，我在西南联合大学，张先生身陷敌占区，音讯隔绝近十年。

日寇战败投降后，西南联大解散，各自回到原来的旧址。北大与清华又分在城内、城外两地，接触多的时期还得算全国解放以后的两三年以及院系调整后，我们在同一个教研室工作许多年。

听金岳霖先生说，张先生平时不苟言笑，安步徐行。有一次哲学系教师散了会，回家的路上大家边走边说。张先生忽然脱离了大伙，一个人蹑手蹑脚快步向一棵大树下走去。原来他发现了一只刚脱壳的蝉，正向高处爬，张先生手到擒来，带回去给他五岁的儿子玩。张先生在讲学研究心性之学外，还有富于人情味的家庭生活。蹑手蹑脚给小儿子捉蝉的张岱年和阐明天理人欲之辩的张岱年结合起来认识，才是一个活生生的张岱年先生。

由于众所周知的原因，张岱年先生受到不公正的对待，在学术界沉埋了二十年。他身处逆境，仍然从许多方面实现他早年关心的三个方面：一、哲学理论问题的探索；二、中国哲学史研究；三、文化问题的研究。

全国解放后，中国学术界在文学、史学、考古、艺术诸多方面成绩显著，唯有哲学理论界成绩平平，可以载入史乘的不多。马克思主义本来不是纯学术，它与当时现实政治、阶级关系密切，以及国内国际的政治形势密不可分。张岱年先生20世纪20年代，已接触学术思想的马克思主义并参与当时的社会史论战。当年列宁在世时，曾称赞普列汉诺夫是优秀的马克思主义理论家，曾造就了一代马克思主义者。斯大林当政后，普列汉诺夫、布哈林都不算马克思主义者，够哲学家资格的，列宁以外只有斯大林。20世纪20年代的马克思主义讲述方式与50年代后期的马克思主义很不相同。解放后和大家一同学习马克思主义，显然受苏联哲学教科书的影响。苏联的哲学教科书认为，只有国家的领导人才享有马克思主义的阐释权、发展权。新中国只有毛泽东称得起马克思主义哲学家，其余哲学工作者都是注释者。如果有人不自量力，妄图以个人名义发展马克思主义，即使持之有故、言之成理，也难有施展的机会。

全国大学院系调整后，全国各大学的哲学教师集中到北大哲学系，当时，教授、副教授共有二十八人之多，堪称世界最大的哲学系。主要是学习、改造思想，只开了两门课。一门是中国近代思想史，由三位教师集中备课，由一个人出面讲授。一门是中国哲学史，是哲学系的重点必修课，两年讲完；课程由四位教师分担，粥少僧多，张岱年先生只担任了宋元明清这一段，占中国哲学史这门课程的四分之一，没有能够充分发挥其所长。文化问题的研究，由于政治的条件不具备，也难有充分发挥的机会。

一个人的成功，既要主观努力，也要有适当发展的客观环境。有时环境起着决定性的作用。张岱年先生在哲学史教学方面未能尽其所长，但他培养研究生、教育青年学者成绩卓越，比如他带出来的博士陈来就是其中的佼佼者。张岱年培养了许多研究生，在学术界有很好的声誉，北大新一代青年学者今天都成为学术界骨干，有的成为学科带头人。张岱年先生开的中国哲学史课虽然未能从头到尾讲到底，但他为研究生讲的中国哲学史史料学，充实而精湛，来听讲的除北大研究生，社科院、北师大的学生也慕名而来，虚而往，实而归。哲学史史料本来属于张岱年当年自己治学的准备工作，哲学史史料学不是罗列书目，而是结合自己治学的过程，带着青年同学到后台参观，指点某处台词配合的某些道具的用处，使听讲的学生得益匪浅。人们只看到张岱年理论空灵高明，往往忘了张岱年用过扎实的工夫，为理论的空灵高明打下了坚实基础。

新时代有新时代的哲学体系。记得抗战时期，我国有好几位哲学家构建了他们的哲学体系。金岳霖的《道论》《知识论》，冯友兰的《新理学》，熊十力的语体文本《新唯识论》，都是抗日战争时期的精神产品。浙江杭州马一浮讲他的《六艺论》，以“六艺”为框架，发挥他的中国传统文化哲学，他在四川乐山复性书院的一系列的演讲录是《六艺论》的一部分，由于条件不具备，未能完成。

张岱年的“综合创新论”既包括了他的哲学观，又包括他的历史文化观，是他构建的新时代哲学体系，由于条件不具备，未能亲手完成。以他高明的才智，学殖的丰赡应该不成问题，可惜条件不具备，这一宏伟设计未能实现。

一个比较完整的哲学体系，从酝酿到成型，总要经历长期反复思考的过程，如果经过不同学派的攻击辩论，其系统会更臻完善，立于不败之地。抗战期间，张岱年先生“抱刘越石之孤忠”，坚贞自守，与广大哲学界同仁长期隔绝。解放后，他的发言机会蹉跎了二十年，旺盛的精力、活跃的思想遭到禁锢，他个人受的损失无法弥补，使人深感沉痛；他的精神产品没有来得及奉献给学术界，更是无法弥补的损失。

所幸张岱年先生全集留下来，给后人以借鉴、启发的依据，这是无可奈何之中的慰藉。

与张岱年先生先后相过从近七十年，临文时，心情无比的沉重。汉代王充曾在《论衡·命义篇》说，“闻历阳之都，一宿沉而为湖”，“数万之中，必当有长命未当死之人”，在极“左”思潮的趋势下，知识分子难以掌握自己的命运。“国命胜人命”，王充当年深为感叹。我们不赞同王充的命定论，相信王夫之的“唯君子可以造命”，我们有创造历史主宰命运的使命。看到张岱年先生的一生，使人感到人类创造历史的道路还很长很长。愿与大家共勉。

张先生教书育人的贡献不可估量*

——在《张岱年全集》出版座谈会上的发言

张先生的贡献除了写作，在教育上、培育人才上成就也是很大的。现在各大学的哲学系，凡是教中国哲学史的，很多都是北大哲学系分散出去的。而那时教哲学史的，张先生是主力。中国的学术传统，从孔夫子起，就是一面著述，一面教书。张先生做得很好，而且已经见到了显著成果。拿教书育人来说，从第一代大学生，到第一代硕士生，再到第一代博士生，都是在北大哲学系这个重要基地培养的，张先生都是亲身参与、亲手做出了贡献的。我觉得，对国家的这个贡献不可估量。

张先生的生活很有规律，性情也好，不大生气。张先生会烹调，能做菜。在清华园时都是自己买、自己做，一方面养生养身，一方面也怡养性情。张先生还很有童心。

张先生的著作分文献的整理、考据、哲学史。还有一方面，他没有得到充分的发挥，自己的体系年轻时开始酝酿，后来没有得到机会发展，这是客观原因造成的。第一代的教授，像汤先生、冯先

* 原载《出版广角》1997年第3期《哲学：人类文明的灵魂——专家学者评〈张岱年全集〉》。

生、陈岱荪先生，他们有机会发挥他们的才能。张先生这一代为第二代，受时势环境所限，不光是张先生个人，整个一段相当长的时期，没有出现以个人出名的哲学家，这是很可惜的事情。不过在培养人才方面得到了补偿。张先生的学生，第三代、第四代都成长起来了，这是个很了不起的事情，意义重大。

《石峻文存》序*

回忆1934年考入北大哲学系的共有十六人，中间还有转系的，又经过抗日战争及其他变故，1938年在哲学系毕业的只有三人。三人中，有一人赴美国留学期间死于肺癌，几十年间哲学系毕业生始终从事哲学史研究的只有我和石峻两人。我和石峻是多年老友，互相称名道姓，有时我称他为“石公”。

当年北平共有五所大学，国立大学有哲学系的只有北大、清华，教会创办的辅仁大学和燕京大学，很少学术交流。清华大学的哲学系注重逻辑学和美学，北大则注重中、西哲学史及佛教哲学。石峻学长（以下均称“石公”）和我都受北大学风熏陶，也都偏重中外哲学史和佛学。

大学二年级时，我们俩曾打算翻译一本英文讲康德的小册子，他译前半，我译后半。后来日本侵华形势越来越紧张，同学们都关心时局，无心译书，这件事就不再提起了。当年北大的校风比较重自学，必修的课程不多，学满一百三十二个学分即可毕业，自学时间很多，图书馆出入自由，看书随便，石公看了不少俄国作家的小说（多为英

* 据《石峻文存》，华夏出版社，2006年10月版。

译本）。除了哲学，我们还旁听了一年的初等微积分。

真正朝夕相处，还是在大学三年级读完。抗战开始以后，北平沦陷，北京大学、清华大学及天津南开大学成立临时大学。师生可以到湖南长沙报到，我从山东到湖南长沙报到。由于长沙校舍不够，文学院、法学院的师生又从长沙迁到衡山脚下，租用圣经学院的校舍上课。半年后，又迁到昆明，学校改名为国立西南联合大学（这是后话）。

石公和我同住在一个宿舍，同室共六人。交往就多了，虽然只有半年，我们二人的交谈时间比在北平三年还要多，相互了解也更多了。我们都感到学哲学是个严肃的事业，要全力以赴、认真对待，不能潦草马虎，首先要把原著读懂，做学问没有捷径。石公已定下了他将从事佛教哲学和西方近代哲学。

我们有一次同游南岳，一同参加的还有几位外系的同学。参观佛教古迹磨镜台时，石峻讲了禅宗七祖怀让启发马祖道一的故事。大家听了石公的讲解，都敬佩他的博学多识。

全国解放前，他应武汉大学哲学系之聘，一度离开北京大学。直到1952年，全国院系调整，全国各大学的哲学系教师都集中到北大哲学系。这时，北大哲学系的教授、副教授共达二十八人之多，主要任务是集中在一起学习马克思主义哲学，我和石公又聚在一起了。

全系教师以学习为主，只开中国近代思想史一门课，每周二学时，由石峻、任继愈、朱伯崑三人备课，轮流写讲稿，石公一人主讲。讲稿由人民出版社出版，书名为《中国近代思想史讲授提纲》。这是解放后出版的由个人署名的第二部书，第一部由个人署名的著作是刘大年的《美帝侵华史》。

以这部书为契机，石峻同志后来成为中国近代哲学史学会的创始人，并被选为会长。

北大哲学系后来又开了一门中国哲学史课，是全系共同必修，两学年讲完，因粥少僧多，一门课分为四段，由四位教授分担。先秦段由冯友兰先生讲授，魏晋隋唐段由任继愈讲授，宋元明清段由张岱年讲授，近代段由石公讲授。这种开课方式只实行了一遍。1955年，国内各校又恢复或创建了哲学系，石公分配到中国人民大学，担负了中国哲学史挑大梁的工作，见面的机会少了。

新中国建立了学位制度，开始培养自己的硕士、博士。中国哲学史建立博士点，石公任博士生导师，为人民大学的学术建设做出了贡献。

石公博览群书，有口才，教学方法独具心得。他告诉青年教师，初次教书，要注意“少讲多说”。“少讲”，是讲课内容不宜过多，而讲述、分析时，要反复多讲几遍，语言也不怕重复，这样讲课，同学记得牢，效果好。这些宝贵的经验是他几十年来教书的切身体验，值得重新提出来，供参考。

石公治学广博，眼界也高，对学术要求极严，他对学问谈论得多，写成文字的少。这个文集对他的造诣和学识来说不过百分之一。他留下来的文章不算多，这对他个人、对学术界都是不可挽回的损失。老朋友中像他这样性格的还有历史学家、古文字学家张政烺教授。他也没有把自己的学问写成书留下来。

石公嗜书爱书。每次买回新书，必先亲手用牛皮纸包书皮，其技术整齐方正，无人能及。我们老朋友去他的书房提出书名，请他把包着书皮的书取出，他能信手取下，百试不爽。我们都说他有“特异功能”。听说他临终前已不能说话，手写了两个字留给家人，这两个字是“保书”。

石公生活朴素，无任何嗜好，喜喝酒，但量不大；喜散步，每天必散步一小时；喜旅游，全国名山大川，他没有去过的地方不多。他履幽谷深涧不怕险阻，有似徐霞客；他率性恬淡，有似陶渊明；他目空千古而口不臧否人物，有似阮籍；他善处师友而不善于理家，又有似我的老师熊十力先生。

环顾当前我国学术界，学风浮躁，自己没有读过的书也敢乱发议论，甚至以讹传讹；抄袭剽窃，不以为耻，反以著作等身自诩，欺世盗名，泛滥成灾。对照石公为人治学，岂能无愧疚？临文执笔，不禁泫然，戚然，怆然，惘然。

石峻字柏宓，与我同年、同学、同事数十年。欣逢他的文集出版，谨为短序，以志怀念。

2006年8月1日

旧中国知识分子的爱国主义*

20世纪对全世界来说，是很不平凡的一百年。它的前五十年爆发了两次世界大战。第一次世界大战，战场中心在欧洲；第二次世界大战，战火波及欧、美、亚、非，有二十亿人口被卷入。世界地图重新画过，历史也要增加新的篇章。这里只说中国。

一

20世纪的中国也经历了差别明显的两个阶段。前后两段大体各占五十年。

有五千年文明史的古国，文化底蕴深厚，它的创造发明曾对世界文明做出过卓越贡献。鸦片战争后，列强侵掠日甚一日，丧权辱国条约一个接着一个被迫签字，国耻、国难纷至沓来。一旦受到此种空前的奇耻大辱，其精神所受震动的强烈，远非不曾经历此种苦

---

* 原名《20世纪的中国与中国的哲学家》，载《玄圃论学续集——熊十力与中国传统文化国际学术研讨会论文集》，湖北教育出版社，2003年3月版。收入《皓首学术随笔·任继愈卷》时改今名。

难的国家人民所能理解。中国人民带着屈辱跨进20世纪的门槛。八国联军占领北京，城区分驻八国的侵略军。北京大学属于沙皇俄国占领区，教室用作马厩，教学仪器被破坏弃置，狼藉满地。市区大街天天有侵略军杀人示威，把砍下的人头挂在高处示众。今天仍可看到当年西方记者拍摄的老照片，侵略军用来记载他们的战绩。中华民族发愤图强，摆脱民族危难的强烈念头，化为全国、全民的共同意志。

八国联军侵华的第二年，强迫清政府又一次签订了丧权辱国的《辛丑条约》——今年恰恰是《辛丑条约》一百周年。孙中山推倒帝制，建立民国，但清政府签订的不平等条约仍未能废除。1949年新中国建立以后，才废除一切不平等条约，中国人真正站起来了。

20世纪的后五十年，新中国建立，中国得以行使一个主权国家应有的权利。中间走过弯路，受过挫折，犯过错误，但终于靠自己的力量，纠正了错误，探索前进，才取得今天的成绩。

新中国建国已过了五十年，人们深感把一个贫穷落后、发展不平衡的大国使它现代化，还要走很长的路。这里不需要预言，只能根据中国的国情，结合历史经验，进行可能的瞻望。

“多民族的统一大国”是秦汉以来两千年的国情。“多民族的统一大国”这个现实可谓来之不易。它是无数志士仁人从理论到实践，进行千百年长期探索得来的。

中华民族的历史表明，它是几千年来生活、栖息在广大的黄河、长江流域，众多的族群部落的融合、交流的结果。传说舜南巡，死于苍梧，禹会诸侯于涂山，与今天考古发现的华夏古遗存有了可以理解的联系。南方的河姆渡文化，北方的龙山文化、红山文化，都说明华夏民族生存的空间的广大；又从发现出土的带有龙凤形象的古器物及生活物品看，及民间古老传说，伏羲、女娲、洪水故事、天地开辟故事，人类起源，此类传说南北相望，十分相似。过去我们过于看重已有的文献记载，对文物考古见到得少，而且未给予足够的重视，认为黄河流域是文化的源头，不算错，但不全面。近年来，荆楚文化的大批发现，又有四川三星堆文化，长江三峡工程发现巴文化，使我们扩大了视野，打开了思路。《山海经》这部传说很久的地理书也要重新研究，给予新的评价。

长江、黄河广大流域成为中华民族的生活基地，又是文化基地。由于生活、文化的长期融合，才出现几千年稳定巩固的政治结构，多民族统一的大国。因此，中华民族几千年来形成了融合、交流、共同发展的好传统。从春秋战国开始酝酿建立统一大国，古人讲平治天下的途径。秦始皇开始实现了这个设想。秦始皇以后，汉到清末，维持多民族统一大国的政治格局长达两千多年不是偶然的，这是中华民族从生活实践中共同认可的。多民族的统一大国是中国几千年民族赖以延续、国家赖以生存的根基。

秦汉以后则是探索多民族统一大国如何完善和巩固的途径与可能。经过千百年无数聪明才智之士的实践论证，前人的目的已达到了，而且做得很有成绩。我们几千年物质建设、文化建设的实物具在，均可以证明前人的成功。

16世纪，西方欧洲社会发生了变化，他们社会变化的结果到19世纪逐渐扩大影响到亚洲。清朝乾隆盛世已与西方发生接触，以后与西方接触越来越频繁，直到鸦片战争，引发了正面冲撞。中国从“天之骄子”“天朝王国”的地位跌落下来，成为半殖民地。这个打击对全体中国人民太大，此后一波未平，一波又起，国家由富强小康趋于贫弱。

20世纪中国的遭遇，引起有识之士的深刻反思。“五四”以后，西方科学知识大量涌进，震动了朝野上下。20世纪的中华民族，20世纪的中国，这个大环境中成长起来了一批知识分子阶层，春秋战国以后，中国又出现规模空前的“百家争鸣”。这个新的“百家争鸣”，超出中国已有的百家流派，还有外国的百家，势如潮涌，参加进来，规模之大，前所未有。

20世纪80到90年代，社会上学术团体纪念名家、专家、大师百年诞辰纪念会接连不断。史学家有郭沫若、陈垣、陈寅恪、侯外庐、吕振羽、翦伯赞等人；经济学家有马寅初、孙冶方等等；语言学家有罗常培、魏建功、王力、吕叔湘；文学领域有冰心、陆侃如、冯沅君、郑振铎、茅盾、沈从文、闻一多、老舍、朱自清、叶圣陶等；哲学家有熊十力、汤用彤、金岳霖、朱光潜、宗白华、梁漱溟、冯友兰，逝世于台湾的有方东美、钱穆，逝世于美国的陈康、萧公权，等等。这里只是随手列举，不能详备。以毛泽东为首的一代革命家，领导中国翻身自强，已家喻户晓，不必多说。这些事实都足以说明20世纪是人才辈出、群星灿烂的特殊时代。说它千载一遇也不过分，因为20世纪的后五十年，地球上有五分之一的人口改变了命运。

学历史的人都知道，人才随时都存在，只有社会大变革、新旧交替之际，才能有脱颖而出的机遇。汉初人才多出于丰沛；光武中兴，大臣多出于南阳。民国以来，人才多出于闽粤、两江、两湖。北方京师首善之区，往往成为保守势力的堡垒。

我们比较熟悉的文化学术界之所以人才辈出，有其共同原因。

中国哲学产生于中国这块土地上的人才，20世纪的中国哲学家只能产生在20世纪的中国，他们受过中国传统文化的熏陶，又亲身接受过现代科学的洗礼。其中的大师们不能说人人学贯中西，但都受过近现代文化、科学的影响，有的还经过严格的科学训练。

第一，他们都和全国人民共同遭受列强欺凌，有着刻骨铭心的切身体会。凭着知识阶层对新事物的敏感，对过去的文化、历史有较多的认识，他们的爱国热忱、忧患意识更甚于一般群众。新旧文化交替之际，他们身上既有旧学传统，又有新学烙印。

第二，他们受过传统旧制度的折磨，有对新思潮的向往。即使他们中间有人反对白话文，提倡文言体，他们的精神还是现代型的。如林纾文言文体翻译西方小说，这是新潮下的产物；学衡派坚持用文言写作，他们还是推动着现代化的道路前进，反对回到中世纪。

第三，他们都不同程度地构建自己的新体系。他们的体系中各人条件不同，其体系有的朴实，有的善巧；有的中国成分多些，有的外国成分多些。他们共同的倾向是以他们的新体系为中国文化建设尽力。

第四，他们有的对中国传统的缺点看得多，有过激的批判，但总的倾向在于除旧布新，清理旧文化，创建新文化。因而，国学大师也接受进化论，自称“不好读古书”的金岳霖先生以“论道”名其哲学著作。

二

中国哲学家是在中国这块土地上哺育成长起来的知识分子。他们的经历与中国近代史同步，他们的生活遭遇与中华民族同命运。他们所从事专业、学科不同，但他们都认同中国多民族统一大国的现实情况。他们观察问题的着眼点也都是从这里出发的。熊十力先生精于玄思，他不是历史学家。1939年抗战期间，他和几个学生在重庆璧山县中学借住、讲学，写他的《新唯识论》语体文本。我和贺麟先生去看望他，他很兴奋地对贺先生说："我正思考'五族同源'的问题，最难解决的回族起源，现在解决了。"说到高兴处，在贺麟先生肩上拍了一掌，放声大笑。当中华民族危急存亡的关键时刻，多民族统一大国的命运也牵动着这位哲人的心。1948年，冯友兰先生在美国讲学，他说："当时我有一种感觉，我在外国讲些中国的旧东西，自己也成了博物馆里的陈列品了。当时我想，还是把自己的国家搞好。我常想王粲《登楼赋》里的两句话：'虽信美而非吾土兮，夫安可以久留？'"他启程回国，上船以前过海关的时候，查护照的人看见上面打的是"永久居留"的签证，就说："你可以保存这个签证，什么时候再到美国来都可以用。"冯先生说："不用了。"把签证交给他就上船了。

每一个爱国的知识分子都深知"多民族统一大国"是中国几千年来立国的基石。靠了它，形成了中国特色的思想文化传统，生活准则、宗教信仰、伦理规范都要符合这一基本国情。这一现实，连反对中国的敌对势力也看到了它的重要性，有的力图破坏民族的团结，有的制造国家领土的分裂，阻挠统一。

回顾中国哲学发展史，即可发现中国过去的一切哲学流派都是在研究中国文化中的民族的和睦共处、融合交流，维护国家安全统一的学问，它成为几千年的思潮主流。

20世纪已过完，正走向21世纪的时刻，站起来的中国人继续走现代化的道路。国家的处境已不像20世纪初期那样列强环伺，危机四伏，已不同于严复《天演论》发表的时代。记得庆祝金岳霖先生从事教学六十五周年的大会上，金先生感慨万分，语重心长地说："从少年起就怕亡国，现在总算放心了。"在场的我们这一辈的老学生都深为感动，为之动容。现在我们的国土上还有强国插手，千方百计分裂我们的国土；我们公海航行时还受到强国无理阻挠，领海领空还受到无理侵扰，证明富民强国的路还很长，还要继续走。迄今为止，20世纪的梦魇并未完全消失。20世纪学人传下的接力棒，发展学术、爱护祖国两重任务，我们21世纪的学人还要接过来，传下去。

中国哲学家在中国这块土地上研究哲学，外来新学说必须吸取，上一辈学人已经树立了榜样。以往的经验表明，任何外来的新学说，必须有一个与中国已有的学说相结合的过程。按照中国人所理解的模式来理解外来思想，由于语言和民族传统不同，不可能与发源国家有同样的理解。也就是说，外来外国新学说、新思想，自觉或不自觉地加工后才能起作用，发生社会影响。有时中国人理解的外来新思想到中国经过移植，看上去有些走样，却更能化为中国文化的新成分；原封不动地照搬，往往不成功。尽管有人认为失去原味，却正是具有深厚传统文化的民族的优势所在。

中国哲学的繁荣昌盛时期是在古代封建社会。封建社会的影响既深且久。因此，未来21世纪的中国哲学必须以最快的进度跳出中世纪封建哲学的模式，全力迎接新时代的现代思潮。由于中国哲学走出中世纪并不太远，过去中国哲学提倡干预生活、深入生活，不走纯学术的传统还要保留。西方哲学的发展，由浑沌到分析，又由高度分析到综合，看来这是未来学术的大趋势。这是一条认识发展的必由之路，中国也要这样走，才能以更高明的方式，构建成完备的新体系，适应新时代。先有宗教，后有哲学，哲学是从宗教分离出来的学问。今天的哲学要以崭新的面貌出现，结果当年宗教曾负担过的职能，化解人们的心理精神困惑，解答人们的终极追求，干预生活，深入生活，提高人类的精神境界，使人性的优点、特点得到充分培养，全面发展。人们有信心，也有能力通过自己的理性力量来对待一切可能遇到的疑难问题。

将来，人们不靠神仙皇帝、不靠外力，而是靠哲学来指导人生。20世纪的中国给中国锻炼了几代哲学家，我们要在前人开创的道路上继续前进。

将来人类进入大同社会，国家组织消亡，还会有宗教和哲学存在。如果社会再发展，宗教消亡后，哲学还会存在，因为哲学可以兼容宗教的职能，宗教不能兼容哲学的职能。哲学将与人类共存。

推荐一部哲学入门书——《通俗哲学》*

《通俗哲学》（韩树英主编，中国青年出版社1982年出版）是一部值得向读者推荐的哲学入门书。它浅显易懂，道理讲得比较透彻。马克思主义哲学的基本原理，这本书都讲到了。它不仅对青年读者适用，而且对干部自学哲学也有用，对一些专业哲学工作者也有参考价值。

不久前，我在《中国青年报》上写过一篇短文，介绍艾思奇同志主编的《辩证唯物主义和历史唯物主义》教科书。有些自学青年觉得那本书深了一些。的确，那是为大学生编的哲学教科书，对于初学哲学的青年来说，学起来可能有不少困难。现在有了这本《通俗哲学》，刚好作为艾思奇同志主编的教科书的配合读物。这两本书的体系结构大致相同，两书配合相得益彰。

《通俗哲学》用通俗、科学的语言，用人们生活中经常遇到的事例，用历史上人所共知的故事，说明唯物主义和辩证法的基本道理，配有寓意隽永的插图，读起来引人入胜。这本书还有一个长处，它不是教人背诵教条，而是启发人从哲学中汲取生活的营

---

* 原载《光明日报》，1982年4月24日。

养，从中学习观察世界、改造世界的本领。改造世界，既包括改造自然界，也包括改造人类社会和改造自己。这本书使人们在同各种错误的哲学比较中学习马克思主义哲学的基本原理，理解哲学的基本范畴，接受哲学的指导。读了它固然可以增长知识，更重要的还在于帮助人们树立正确的世界观和思想方法，使读者在工作中、在行动中少走弯路。由于这本书是在粉碎“四人帮”之后写成的，对清除“四人帮”的思想流毒也给以充分的注意，因此具有时代的特点。

文字表达做到通俗并不容易，作者们在这方面取得了可喜的成绩。马克思主义哲学本来是群众的哲学。对革命群众来说，好比布、帛、黍、菽，人人离不开它。它是真理，所以平凡无奇；它平正通达，所以群众容易接受。这是马克思主义哲学的一个重要标志。

历史表明，每当社会生活发生重大变革的前后，往往伴随出现哲学的高潮。原因是社会上出现了新问题，要求有新的指导思想、指导原则。在这种情况下，哲学往往更被人们所关注。

“五四”前后，中国社会面临着一场巨大的变革，当时资产阶级和无产阶级的哲学流派都提出了认识世界、观察社会的方法，对许多事物给以新的价值判断。

30年代初，中华民族处在生死存亡的关头。马克思主义哲学经历了长期的实践的考验，逐渐被广大革命青年所接受。当时艾思奇同志写了《大众哲学》。这本书前后发行了三十三版。许多青年受了它的启发而走上革命的道路。艾思奇同志的书受欢迎，固然由于他写得好，但更应当看到，他书中讲的道理，正是广大革命群众所需要的。革命的理论一旦与革命群众结合，便立刻产生了光和热。

人民共和国的成立，是我国历史上空前的大变革。建国以后，翻译出版了马克思、恩格斯、列宁、斯大林的全集，出版了多种文字的《毛泽东选集》，还编写了一系列的辅导教材。我国千千万万的群众都在学哲学，马克思主义哲学得到了空前的普及。

但是，同其他事物一样，哲学普及的道路也不是平坦的。1958年以后，马克思主义哲学的“实事求是”原则被忽略，辩证法的原则也受到损害。在十年动乱期间，“四人帮”更是打着马克思主义的旗号，破坏马克思主义的原则，败坏了马克思主义的声誉。

十一届三中全会以来，党中央进行了一系列拨乱反正的工作，实事求是的好传统逐渐得到恢复，全国人民开始同心同德地进行社会主义现代化建设。我们又面临哲学普及和提高的新形势、新任务。《通俗哲学》在这种形势下出版，无疑地将对哲学的普及和提高做出贡献。

《通俗哲学》是一本哲学入门书。入门之后，向哪里走，走多远，这要看各人的客观条件和主观努力。学了哲学，要善于运用学到的理论去解决实际生活中遇到的各种问题，这里的学问是没有边际的。

马克思主义哲学从创立到现在已有一百多年的历史。一百多年来，世界上出现了许多新的问题，阶级斗争的形势也有了新的变化。有些问题是马克思主义的创始人所经历过的，有些问题却是他们未曾经历过的。因此，我们必须运用马克思主义哲学的原理、观点、方法，去独立地分析、处理当前的问题。只有这样，才算真正学懂了哲学。

中华民族是一个优秀的、有高度文明的民族。哲学是一个民族智慧的集中表现。没有哲学的民族不能成为伟大的民族。我们中华民族具有深厚的哲学素养。今天，建设社会主义的精神文明，离开了马克思主义哲学，那是不可想象的。学哲学先要入门，但是不能止步。丰富和发展马克思主义哲学，是我们大家的责任。